新时代

非凡十年的长宁答卷

中共上海市长宁区委党史研究室 编

上海人民出版社

编委会

主　任　纪晓鹏
副主任　张　晔
委　员　王佩娟

主　编　张　晔
副主编　王佩娟
编　辑　彭梅芬　袁鲁宁

目　录

第二章　稳步推进民主法治建设

第三章　保障改善民生，提升群众幸福感

第四章　改善城区环境，打造美丽长宁

综　述

加快建设具有世界影响力的
国际精品城区的长宁

　　长宁，身处上海的开放前沿。随着新形势下国家和全市持续扩大高水平开放，特别是建设虹桥国际开放枢纽重大战略的实施，长宁的开放发展迎来独一无二的重大机遇。党的十八大以来，长宁在中央和市委的坚强领导下，特别是从习近平总书记考察上海重要讲话精神和考察长宁工作重要指示要求中汲取奋进力量，创造性抓好中央、市委决策部署在长宁的落地落实。长宁以时不我待的紧迫感，把发展作为第一要务，抢抓虹桥国际开放枢纽建设和城市数字化转型两大战略机遇，进一步打响"虹桥之源""数字长宁"优势品牌，不断增强城区能级和核心竞争力。长宁积极践行"人民城市人民建，人民城市为人民"重要理念，着力推动高质量发展，奋力创造高品质生活，倾力实现高效能治理，努力在更高水平上全面建成小康社会，创新驱动、时尚活力、绿色宜居的国际精品城区建设取得明显成效，并朝着奋力打造更具竞争力的开放之城、更富创造力的智慧之城、更有吸引力的宜居之城、更强凝聚力的人民之城，加快建设具有世界影响力的国际精品城区的宏伟目标奋勇前进。

近年来，市委在深化改革创新、推进上海自贸试验区和科技创新中心建设、创新社会治理等方面，提出了一系列新的要求。市委、市政府在谋划上海2035总体规划时，提出建设"卓越的全球城市"的目标愿景。在城市空间格局和功能定位上，明确包括长宁在内的中心城区是将来上海的主城区，中山公园地区将成为上海"中央活动区"的重要组成部分，作为集中体现上海全球城市竞争力和影响力的核心地区。这一定位，从规划上明显提升了长宁在上海未来发展大格局中的地位和作用。长宁对接上海2035总体规划，在区十次党代会报告中提出建设"国际精品城区"，就是勇于用国际最高标准衡量和引领建设、管理等各项工作，不断提升能力与水平，使长宁与上海卓越的全球城市主城区和中央活动区的定位相适应。在深度转型的关键时期，长宁在转变发展方式上率先突破，努力形成更具竞争力的创新优势、功能优势、品质优势和人文优势。坚持将创新作为引领发展的第一动力，坚定不移推进创新发展、深度转型，通过改革创新，厚植发展动力、增添发展活力，在提升城区功能和产业能级、提高发展质量和效益等方面走在前列。长宁充分挖掘区文化资源，注重从大处着眼、从细节着手，努力使长宁既宁静优雅，又充满时尚活力。充分发挥已经形成的绿色发展比较优势，在低碳节能、绿色惠民、环境保护等方面进一步加大力度、探索创新，在城区的舒适便捷和宜居环境建设等方面持续用力，推进人与自然和谐共生。

进入新征程，党中央提出"把握新发展阶段、贯彻新发展理念、构建新发展格局"。在"两个一百年"奋斗目标的历史交汇点，上海向着加快建设具有世界影响力的社会主义现代化国际大都市目标迈进的关键时期，长宁进入高质量发展阶段。特别是2019年11月2日，习近平总书记亲临长宁考察，作出重要指示要求，为长宁的工作指引了方向。面向未来，市委明确强化"四大功能"、优化市域空间格局、建设人民城市、提升城市软实力等事关全市发展的基本战略架构。2021年2月，国务院正式批复同意《虹桥国际开放枢纽建设总体方案》，虹桥国际开放枢纽建设升级为重大国家战略。城市数字化转型是市委谋划"十四五"时确定的主攻方向，是事关全局、事关长远的重大战略。对于习近平总书记的重要指示要求、中央和市委的决策部署，长宁区委抢抓新机遇，把握"虹桥之源"和"数字长宁"独特优势，区第十一次党代会报告明确提出，要努力铸就开放特征最鲜明、高端产业最集聚、城区功能最完备、辐射作用最突出的"最虹桥"金字招牌。全力建设数字经济转型标杆区、数字生活示范引领区、数字治理最佳体验区。作为全过程人民民主重大理念的首提地，作为凝聚力工程的发源地，长宁着力以高质量党建引领高质量发展，丰富拓展全过程人民民主基层实践，加强城区软实力的建设，打造尽善尽美的善治效能、有滋有味的文化魅力、温暖温馨的人居环境，不断提高长宁的城区吸引力和生活体验度。

一、坚持创新驱动，全力提升经济发展的内生动力

长宁坚持"主动对接、主动服务、主动改革"的思路，对接服务"三大任务、一大平台"，不断强化"四大功能"，在服务国家战略和全市大局中彰显优势和特长。区域经济稳中有进、健康向好，发展动能加速转换、强劲有力，市场活力充分激发、持续释放。2022 年，地区生产总值突破 1900 亿元，创历史新高，增速并列全市第一，区级一般公共预算收入超过 155 亿元，增速位居中心城区第三名，现代服务业税收占全区税收比重达到 82.75%。

（一）主动抢抓发展机遇，促进产业能级持续提升

打响"最虹桥"金字招牌。开放，是长宁的鲜明标识；虹桥，则是长宁拥抱世界，世界感知长宁的重要窗口。2007 年，习近平同志在上海工作时鲜明提出"大虹桥"的概念。长宁，作为虹桥国际开放枢纽上海市域范围内唯一的中心城区，在国家战略的赋能下，充分发挥自身综合优势，着力推动产业结构转型调整，园区临空经济、数字经济、总部经济、开放经济四大高地态势渐显，"3+3"重点产业活力迸发，实现了这非凡十年中全区经济社会的飞跃发展。党的十八大以来，制定加快推进上海虹桥临空经济示范区建设的实施意见并由市政府办公厅印发。集聚全市 60% 的基地航空公司总部，联合利华、博世、江森自控等一批跨国公司地区总部及科大讯飞、爱奇艺的上海总部坐落其中。上海国际航空仲裁院、英国皇家航空

学会等功能性机构落地。虹桥临空经济园区获批上海市跨境电子商务示范区。2021年，主动对接长三角一体化发展战略及虹桥商务区打造国际开放枢纽的机遇，制定《长宁区推进虹桥国际开放枢纽建设行动方案》，明确4大主攻方向和80项重点任务，推动一批改革举措、一批功能平台及一批重大项目率先落地。虹桥临空数字经济产业园、虹桥临空跨国公司（总部）科创园、大虹桥营商服务中心等重点功能平台加速落地赋能。2022年，成立东虹桥发展办公室，以枢纽建设一周年推进会为契机，发布行动方案、重点任务清单、重点产业目录。

打造数字经济新优势。2012年，制定《长宁区"智慧高地"建设实施方案》，确定重点建设项目55个。2013年，加强信息化基础设施建设，城市光网进社区覆盖率达到98.6%，区域无线网络有效覆盖面积超过99%。2015年，以"无线长宁"为基础设施建设目标，以民生领域智慧应用为重点，全面推进区域信息化建设。2016年，上海市政府正式批复在长宁设立"互联网＋生活性服务业"创新试验区。长宁积极贯彻落实市委、市政府重大战略决策，充分发挥创新试验区的示范引领作用，使得数字信息产业能级持续提升、制度建设卓有成效、品牌影响力逐步增强。2017年以来，抢抓数字化发展先机，进一步提升长宁数字经济的先发优势，推动数字技术向传统产业赋能，催生更多新业态、新模式。在线新经济成为全区第一大产业，信息服务业营收约占全市五分之一，电商平台交易额占全市四分之一以上。集聚4900多家互联网企业，拼多多、携程等3家企业入选工信部中国互联网百强企业前20强。积极抢抓疫情倒逼下的产业转型变革机遇。2020年9月，长宁区人民政府与中国人民银行数字货币研究所签署战略合作协议，共同打造高品质金融科技功能平台和区块链技术应用示范区。推动国际互联网数据专用通道等一批重量级项目落地。虹桥临空数字经济产业园获评上海市特色产业园区，全市首个数字人民币应用场景落地同仁医院。2021年，"数字长宁"的吸引力、创造力不断增强。区委牵头开展城市数字化转型大调研，制定出台区全面推进城市数字化转型行动方案，组建"数字化转型战略合作联盟"和"大虹桥数字化转型媒体联盟"，推出首批"数字化转型生态伙伴"。2022年6月，长宁区"虹桥之源"在线新经济生态园正式发布，积极推动人工智能、5G、大数据、区块链等新技术发展，形成数字消费、人工智能、数字健康、数字出行四大重点发展区及数字空港融合发展带。统筹推进经济、生活、治理领域数字化转型，建成数字长宁体验馆。成功举办首届上海数字贸易论坛，全国首个数字人民币数字贸易创新孵化基地落地长宁，2022 年，5800 余家数字经济企业实现综合税收超过 250 亿元、同比增长 33.8%。长宁的在线新经济、人工智能等新兴产业发展势头强劲，截至 2022 年底，全区亿元以上交易量的电商平台达 23 个，电子商务平台交易总额已位居全市第一。

承载进口博览会溢出效应。2018 年，制定《长宁区关于对接中国国际进口博览会促进贸易发展的若干政策意见》，组织企业和机构积极参与进口博览会交易，现场成交意向金额位居中心城区前列。积极承接进口博览会溢出效应，成立虹桥国际贸易服务中心，联手区域内知名平台企业开设进口商品线上"直营专窗"。顺应消费升级趋势，做精做实进口博览会"6 天+365 天"常年展示交易平台，建设全市进口贸易集聚中心，打造长宁进口贸易新高地。涉外经济不断发展，集聚外资企业 6600 多家，截至2022 年底，其中跨国公司地区总部累计 80 家。在疫情冲击背景下继续保持新增，体现外企在长宁发展的坚定信心。

（二）持续强化改革创新，打造国际一流营商环境

打造营商环境新优势。以国际最高标准、最好水平为标杆，以稳定公平透明、可预期为原则，不断提高制度供给能力，各领域营商环境便利度不断提升。2016 年 7 月，"一照多址"登记改革、《关于设立上海市长宁区金融服务办公室（上海市长宁区投资促进办公室）的工作方案》审议通过，长宁开启了营商环境 1.0 改革，以此为基础，持续发布并实施长宁区深化改革创新优化营商环境升级版方案，重点突出"八张改革特色牌"，主动探索"一照多址""一证多址"、跨区域网络市场协同监管、"验放分离、零等待"等举措。全区先后有 6 项改革创新举措获国务院通报表扬。"一照多址、一证多址"改革项目获首批"全国法治政府单项示范创建项目"。率先设立互联网审判庭，健全多元化商事纠纷解决机制，加大知识产权保护力度。率先制定出台长宁版的市场监管轻微违法违规经营行为免罚清单，明

确 10 个领域 42 项轻微违法不予处罚事项，把"法治是最好的营商环境"落到实处。2022 年，长宁营商环境改革迈入 5.0 时代，在区优化营商环境暨投资促进大会上，首批 12 家"营商合作伙伴"成为长宁营商服务新力量，20 家重点项目签约落地，改革正式。

积极推动政务服务"一网通办"。坚持把政务服务"一网通办"作为优化营商环境的重要抓手。坚持以用户为中心，对线上线下政务服务流程进行革命性再造，努力做到一网受理、只跑一次、一次办成，实现协同服务、一网通办、全市通办。持续深化业务流程再造，创新推出多项延伸服务。如全市首创的"社区事务受理延伸服务系统"，可实现远程直办和一次办结，并进行材料远程审核，实现电子化办证。全区 10 个街镇社区事务受理服务中心率先实现了"一键延伸办"进社区全覆盖，居民通过"一键延伸办"设备即可办理就医记录册更换等 20 余项社区高频事项，实现足不出户"一键全搞定"。2022 年，便捷就医 2.0 版、"为老服务一键通"成效显著，发布全市首个区级数字养老报告。"一网通办"全程网办率、"高效办成一件事"办件量位居全市第一，"一网统管"上线运行城运平台 3.0 版、城市生命体征建设工作走在全市前列。

大力推进科技创新人才集聚。实施更加积极、开放、有效的人才政策，构筑提升城区能级和核心竞争力的人才基石。2020 年，制定《关于加快推进科技创新人才集聚区建设的若干意见》，出台 20 条人才创新举措。为进一步深化科技创新人才集聚区建设，完善 31 项人才政策细则。在全国率先承接外国人来华工作许可区级审批权，截至 2022 年底办理 4 万件，居中心城区首位。上海虹桥海外人才一站式服务中心实现"17+ N"功能，辐射大虹桥效应日益显现，累计办理各类服务事项 10 余万人次。长宁在全区商务楼宇和园区密集处设立 38 家"虹桥人才荟"服务站，将区级人才服务资源和服务功能向企业和人才密集的园区、楼宇和社区延伸，切实打通人才服务"最后一百米"。探索涉外人才创业居留新路径，颁发长宁首张创业签证、首批中国永久居留推荐函。鼓励优秀外籍人士为长宁建设有世界影响力的国际精品城区提供国际经验和咨询建议，深化交流合作，2020 年，上海首个为优秀外籍人士设立的区级交流平台——"虹桥友谊联盟"成立，由上海市"白玉兰奖"获得者、长宁的"虹桥友谊奖"获得者，以及其他为上海和长宁作出突出贡献和有重要影响力的优秀外籍人士构成。2021年5月，入选第二批"科创中国"试点城市，"虹桥智谷"获评全国第三批大众创业万众创新示范基地，城区创新活力持续增强。

二、激发时尚活力，全力提升城区治理的现代化水平

践行"人民城市人民建，人民城市为人民"重要理念，立足超大城市中心城区实际，坚持从群众需求和城区治理突出问题出发，以绣花功夫提升城区精细化管理水平。

（一）积极践行全过程人民民主，加强民主法治建设

着力打造全过程人民民主最佳基层实践地。2019年11月2日，习近平总书记亲临长宁考察，对虹桥街道全国人大常委会法工委基层立法联系点建设等工作给予肯定，首次提出"人民民主是一种全过程的民主"，为持续加强社会主义民主政治建设等基层实践提供了根本遵循。架起了最基层与国家最高权力机关的"直通车"和"连心桥"，是人民当家作主的真实写照和中国民主制度的生动实践。2021年，荣华居民区荣获第八批"全国民主法治示范社区"称号。与市人大共建上海人大全过程人民民主研习实践基地，有效发挥研习、实践、展示和辐射等功能作用。持续深化虹桥街道全国人大常委会法工委基层立法联系点及区法院、古北市民中心两个市人大常委会基层立法联系点建设，推动功能内涵从参与立法向监督执法、促进守法、宣传普法拓展延伸。截至2022年10月底，虹桥街道全国人大常委会法工委基层立法联系点共参与68部法律草案的意见征询，上报意见1608条，121条被采纳。古北市民中心市人大常委会基层立法联系点共参与30部法规草案的意见征询，上报意见477条，23条被采纳。区法院市人大常委会基层立法联系点共参与31部法规草案的意见征询，上报意见350条，22条被采纳。大力推动人民建议征集制度化实践，积极搭建高质量参与平台，广泛倾听民意、吸纳民智，选树24个基层践行全过程人民民主的社区范例。

民主法治建设稳步推进。不断加强和改进党对人大、政协工作的领导，

制定《区委关于新形势下进一步加强人大工作和建设的意见》《区委关于加强政协协商民主建设充分发挥政协作用的实施意见》，大力支持区人大、区政协依照法律和章程开展工作。区人大工作的制度化、规范化、科学化水平明显提高，区政协履行政治协商、民主监督、参政议政职能的能力明显增强，社会主义协商民主广泛多层制度化发展。各领域统战工作整合推进，积极维护少数民族合法权益，加强爱国宗教力量建设，侨务工作、对台工作等不断深化，各民主党派、工商联顺利完成换届，自身建设不断加强，为长宁经济社会发展作出了积极贡献。

依法治区工作深入推进。着力加强对法治建设的统一领导，不断健全完善依法治区工作体制机制，坚持用法治思维和法治方式化解社会矛盾，着力打造平安长宁升级版，营造更加安全稳定的社会环境。2012年，开展平安创建工作，扎实推进平安建设实事项目，3个街道被命名为上海市首批"安全社区"。2013年，获得"全国平安建设先进区"称号。2014年，落实《长宁区法治城区创建指标评估体系》，建立行政机关"权责清单"。2015年，被评为第三批"全国法治县（市、区）创建活动先进单位"。区公安分局获评"全国公安机关执法示范单位"，区检察院荣获"全国群众最满意的基层检察院"，区法院获评"全国优秀法院"。2019年，成立依法治区委员会，推动法治政府、法治社会、法治城区一体推进。出台全面加强和改进基层法治建设的实施意见，在10个街镇全覆盖成立基层法治建设委员会。

（二）完善基层社会治理体系，推动城区管理精品精细

充分发挥党建引领作用。坚持党建引领是长宁基层治理的最大优势。建立区、街镇（片区）、居民区（园区、楼宇）和楼组的党建服务中心（站点）四级服务网络，探索形式多样的党建引领自治共治方式。华阳路街道试点建立社区综合服务管理标准体系，2017年，荣获第四届全国基层党建创新最佳案例。"两代表一委员"联合接待机制、"三建"融合、行业党建联盟等创新发展，凝聚各方力量参与治理。建立健全以党组织为核心，居委会为主导，业委会、物业公司和其他各类组织为补充的基层治理架构，促进党建引领下的自治、共治、德治、法治一体化推进。长宁将多元主体

参与社区治理作为党建引领社会治理创新的重要实践点，加强居民区分类治理，针对不同小区的特点和需求，实施社区治理"五大计划"，形成"一居一特"，探索加装电梯服务中心、"AI+社区"、古北国际社区治理、老年宜居社区等46个社会治理创新"一街一品"项目，2021年成功获评全国社区治理和服务创新实验区。深化街区治理、消除治理盲点，以"15分钟社区美好生活圈"建设、"美丽街区打造"等为抓手，建立健全公共议题协商、项目双向认领等机制，把治理融到项目中，以区域化党建带动多元治理主体互动联动、协商共赢。

着力提高城区精细化管理水平。长宁坚持把加强社会管理作为提升城区综合功能、完善文明城区创建长效机制的重要内容抓紧抓实，圆满完成全国社会管理创新综合试点任务。2012年，制定《长宁区社会管理创新综合试点工作总体方案》，初步构建了综合联动、融合共治、科技支撑的社会综合服务管理体系。2013年，加强社会管理创新综合试点工作的系统谋划，统筹协调、督促推进，20个试点项目全面完成，通过中央督导组验收。2018年，研究制定《长宁区国际精品城区精细化管理三年行动计划》，完善与国际精品城区相适应的建设和管理标准，以改革创新精神统筹推进市容市政、绿化景观、河道养护、城管执法等领域的精细化管理，运用智能化管理手段提升城区管理效率，推动城区管理服务更加精品精细。依托政务服务"一网通办"和城市运行"一网统管"两张网建设，以智能化为突破口，推动城区治理模式创新、治理方式重塑、治理体系重构，探索形成一批可复制可推广的应用场景和治理方案。如疫情期间率先开发疾病预防控制智能化系统，率先试点防疫专页，在110非警情、防台防汛、生活垃圾分类等应用场景进行探索。

（三）大力推进城市更新，推动城区面貌振奋人心

攻坚克难推进区域环境综合整治。在全市率先完成沿街"居改非"、户外屋顶广告和"五亭"整治。完善违法建筑治理机制。全区所有街镇及临空园区创建成为上海市无违建先进街镇、园区。大力开展架空线入地和杆箱整治，累计实施115公里，占全市五分之一，实现中山公园、虹桥、临空三大片区整区域架空线全面入地、全区主要交通干道架空线全面入地。

精雕细琢实施城市更新行动计划。加快实施城市更新战略，实现历史文脉保护、新型业态发展、生活品质提高同步推进，使长宁更具品质、更加精致、更有温度。2017年，出台全市首个区级城市更新总体方案和行动计划，实施两轮城市更新行动计划，启动百联西郊购物中心等70余个重点项目。大力推进"美丽街区"建设，"艺术愚园""静雅武夷""人文新华""漫步番禺"美丽街区等商旅文化更加融合、更有温度、更具品味。2021年，愚园路街区入选全国首批城市一刻钟便民生活圈试点地区。2021年8月，长宁全面完成"15分钟社区生活圈"行动规划编制，成为全市首个全覆盖推进规划建设的区域，不断实现群众居住、就业、服务、休闲、出行等方面的实际需要。

三、突出绿色宜居，全力提升居民群众的生活品质

按照国际精品城区的标准，坚持精耕细作优化城区生态环境，着眼于人民群众对美好生活的期待，大力增加多层次、高水平的公共服务供给，努力创造高品质生活。

（一）建设绿色生态的美丽长宁

加快提升生态环境品质。全面促进资源集约利用，持续加大生态环境保护力度，努力在水体质量、大气环境、绿色亲民等标志性强、感受度高的方面走在全市前列，还自然以宁静、和谐、美丽，共享天蓝地绿水清的美好家园。十年来，全面建成外环林带生态绿道、临空音乐公园、虹桥体育公园、临空滑板公园、中新泾公园、临空2号公园等西部六公园，新建绿道长度达23.06公里，创建市级林荫道14条。2021年，长宁人均绿化覆盖率达到33.29%，居上海市中心城区第一。积极拓展绿色生态空间，11.2公里苏州河长宁段慢行步道、3.7公里新泾港健身步道全线贯通开放，苏州河"生活秀带"公共空间、华政段滨河空间"一带十点"、中环桥下空间全面开放。2021年，建成8个"生境花园"项目，绿八乐颐生境花园入选全球"生物多样性100+案例"。2022年，新建公共绿地1.88万平方米、立体绿化2.56万平方米，建成3座家门口的口袋公园。推动公园与城市的有机融合、全面开放，在扩大绿化总量的过程中，更加强调生态功能、环

境功能和景观功能。完成中山公园品质提升和融合开放工程，优化慢性系统，改善交通体验，推动中山公园百年公园和华东政法大学百年校园实现融合开放。贯彻落实与华东政法大学、上海工艺美院、上海音乐学院签订公园主题功能拓展战略合作协议，深化探索"公园＋特色"功能拓展。持续优化水环境，区域内河道提前一年全面消除劣 V 类，达到地表景观水标准。联泾港、外环西河获评上海市"最美河道"，展现碧水蓝天、鸢飞鱼跃的城市"山水画"，市容环境市民满意度保持全市前列。

大力推进生活垃圾分类。2017 年起，长宁启动垃圾分类定时定点投放工作，让更多市民参与到市容环境建设中来。在此过程中，探索以党建为引领，以源头自觉分类为基础，以定时定点分类投放为特色，以分类收集、分类运输、分类处理为目标要求，全过程、全区域、全覆盖推进的城市生活垃圾分类新路子，形成垃圾分类"八大首创"，使生活垃圾资源化利用率从 18.6% 上升至最高 63.62%，全区生活垃圾全程分类体系趋于成熟，垃圾分类减量实效明显。2018 年，3 个街道创建成为上海市生活垃圾分类示范街道，超过 55% 的小区创建成为生活垃圾分类达标小区。2019 年，成功创建成为全市首批生活垃圾分类示范区，10 个街镇全部创建成为上海市生活垃圾分类示范街镇。2020 年，持续深化巩固生活垃圾分类工作成效，资源化利用率始终走在全市前列。

（二）提供优质均衡的公共服务

打响融合发展的"长宁文化"品牌。不断探索公共文化服务"优质＋均衡"发展新路径，满足百姓对普惠、共享、优质基本公共文化服务新要求，文化场馆升级更新，文化惠民工程持续推进。2021 年，成功创建国家公共文化服务体系示范区，扩大与长三角地区的文化交流与合作，进一步完善文化设施布局，不断提升公共文化供给能力。深耕细作"长宁舞蹈""长宁音乐""长宁演艺""长宁阅读"等文化品牌，中山公园红色文化圈、虹桥海派文化圈、新泾江南文化圈内涵不断丰富拓展。连续多年举办上海国际芭蕾舞比赛、上海世界音乐季等一批有影响力的时尚文化活动，提供多样的文化"大餐"；"荷花奖"舞剧评奖、上海女子半程马拉松等品牌显现；程十发美术馆、虹桥体育公园等市、区重大文体项目建成使用。

全方位助力打响"上海文化"品牌。深入开展公共文化惠民工程，获得国家群众文艺最高奖"群星奖"。成功举办"中国旅游日"主题活动，持续推进"建筑可阅读"等重点文旅项目建设。优化升级公共文化服务网络，倡议并牵头建立长三角地区公共文化合作机制，成功举办首届长三角地区公共文化服务发展论坛、优秀原创群众文艺作品展演等。2022年，创新推出线上"万千百"文化惠民活动，以"何以爱长宁"为主题打造6条音乐、艺术、非遗巴士微旅行线路，新华历史风貌街区获评国家级文化和旅游夜间消费集聚区，长宁图书馆建成全市首家智慧图书馆应用场景。

大力促进教育事业优质发展。十年来，长宁教育以德为先，立德树人，学前教育普及普惠水平逐年提高，教育数字化转型工作不断深化，各学段改革成果显著。落实各层次合作办学，建设一批全市一流、富有特色的好学校，努力让每个孩子都能享有更加公平、更有质量的快乐教育。建成11个教育集团和2个教育联合体，支持市三女中特色办学，先后与华东师范大学合作挂牌附属天山学校，与上海外国语大学合作建设上外附中国际部，与复旦大学合作设立复旦中学哲学教育基地，深化与华东师范大学、华东政法大学合作办学，积极推进全国义务教育优质均衡发展区创建工作，成立全市首家社校联盟。深入推进教育综合改革和"三好两优"系统工程，实现义务教育阶段学校校内课后服务全覆盖，获评全市首批教育数字化转型实验区。2016年，长宁被评为"全国家庭教育实验区"；2022年4月，被教育部确定为"义务教育优质均衡先行创建区"。

大力发展医疗卫生事业。把加强医疗机构能力建设作为深化医改的重要内容，推进公立医院综合改革和高质量发展，加快优质医疗资源扩容和区域医疗均衡布局，构建有序的就医和诊疗新格局，持续改善基本医疗卫生服务公平性可及性，保障人民群众身体健康。持续提升区域和区属医院能级，探索形成具有长宁特色的分级诊疗模式，与儿童医院等9家医院建立合作通道，同仁医院升级为三级综合性医院，光华中西医结合医院挂牌上海中医药大学附属医院，成为国家区域中医（风湿病专科）诊疗中心。顺利通过国家慢性病综合防控示范区复评审，成功创建全国妇幼健康优质服务示范区、国家健康促进区。顺利完成国家卫生城区复评审迎检，因

"公立医院综合改革成效较为明显"，获国务院通报表扬。探索家庭医生工作室创新，通过建设一支高素质、有创造力、热爱社区卫生工作的家庭医生队伍，不断提升社区卫生服务能级。区内 10 家社区卫生服务中心开展"一中心一品牌一特色"建设。

全力抗击新冠肺炎疫情。2020 年以来，面对来势汹汹的新冠肺炎疫情，坚持人民至上、生命至上，坚决贯彻"外防输入、内防反弹"总策略和"动态清零"总方针，不折不扣落实中央、市委各项防控要求，优化指挥体系、科学研判形势、加强指挥调度，带头建立领导干部包保责任制，深入防控一线实地检查督促指导防控工作。全区上下紧急行动、齐心协力。发现并治愈全市首例病例，拉响全市疫情防控的第一声警报。率先开发基于"一网统管"的疾病预防控制智能化系统，率先试点防疫专页，织密织牢防控网。2021 年，严格落实"外防输入、内防反弹"要求，扎实推进常态化疫情防控，动态调整优化核酸检测流程、隔离闭环管理等保障机制，加强"一码到底"录入和运用。疫苗接种工作有力有序，取得全市"三个第一"的佳绩。虹桥街道办事处荣获"全国抗击新冠肺炎疫情先进集体"荣誉称号。2022 年，主动依靠自身力量挖掘潜力，率先将学校体育馆改建为方舱医院，积极探索核酸样本"二次转运""六合一"数字哨兵系统、沿街店铺专项整治等有效举措，严格落实"四应四尽"要求，持续开展十大攻坚行动。累计开设 18 家集中隔离点，建成区级方舱 7 个，定点医院床位扩容至 500 张，深化"无疫小区"创建，推动 2 万余名在职党员向社区报到，近 3500 人次区级机关干部下沉一线，团结带领全区上下并肩作战、同心抗"疫"，奋力实现社会面动态清零，为打赢大上海保卫战贡献长宁力量。

（三）营造舒心安心的居住养老环境

持续改善群众居住环境。十年来，长宁老旧小区旧貌换新颜，实现从住房条件、居住环境到生活品质全面提升。2013 年，在全市率先全面完成二级以下旧里改造。在全市率先完成二级以下旧里改造的基础上，以更高标准推进老旧小区改造：如"抬底部"实施非成套房屋综合改造，"优环境"开展精品小区建设，"提品质"推进多层住宅加装电梯，"广覆盖"推进"家门口工程"等，不断改善居住条件。持续破解"老、小、旧、远"

等民生难题。2017 年，精品小区建设试点启动。2018 年起，按照每年不少于 100 平方米的推进速度，实施"精品小区"特色工程，在修缮房屋、完善设施、改善环境的同时，增进人文关怀、凸显区域特色。截至 2022 年 9 月，累计实施精品小区建设 513 万平方米，惠及群众 10 万户。2021 年，基本完成全区 24.6 万平方米、6300 户非成套房屋综合改造。在试点启动精品小区建设的同时，成立全市首家加装电梯服务中心，截至 2022 年 8 月，既有多层住宅加装电梯已累计共开工 530 台，正式投用 247 台。

有效提升养老服务能级。2011 年以来，长宁进入推进新一轮"幸福养老"指标体系建设和"老年友好型城区"试点创建的重要阶段，围绕"努力使老年人在长宁享受幸福养老"主线，全区老龄工作以老年人的需求为导向，加快推进区域为老服务体系发展，进一步提升老年人的生活和质量。努力构建以居家为基础、社区为依托、机构为支撑、医养相结合的养老服务格局，切实增强老年人的幸福感。高质量推进全国居家和社区养老服务综合改革试点、全国智慧健康养老应用示范基地建设。老年人床位拥有率持续位居中心城区首位，老年人在家门口就能享受幸福安康的老年生活。加快推进智慧养老，上线区智慧养老大数据平台，率先打造综合为老服务"一卡通"，7 个街道荣获全国智慧健康养老示范街道。十年来，建成并投用 14 家社区综合为老服务中心，做到 10 个街镇全覆盖。建有 16 家规模相对小的长者照护之家，让老年人在享受专业的养老服务的同时，不脱离熟悉的社区环境，2020 年，居村养老顾问点覆盖率率先在全市实现全覆盖。2021 年，户籍人口期望寿命达到 85.85 岁，高于全市平均水平 1.74 岁，达到国际顶尖水平。

四、坚持全面从严治党，全力提升党的建设的科学化水平

认真落实新时代党的建设总要求，以党的政治建设为统领，全面从严治党纵深推进。深入开展党的群众路线教育实践活动、"三严三实"专题教育和"两学一做"学习教育，深入学习习近平新时代中国特色社会主义思想，开展"不忘初心、牢记使命"主题教育、"四史"学习教育和党史学习教育，举办庆祝中国共产党成立 100 周年系列活动，学思用贯通、知信行

统一的成果不断显现。坚决落实全面从严治党主体责任，深化细化全面从严治党"四责协同"机制，统筹推进纪检监察体制改革，纪律监督、监察监督、派驻监督、巡察监督的工作格局基本形成，67家处级单位巡察实现全覆盖，"四风"问题得到有效遏制，不敢腐、不能腐、不想腐一体推进成效明显，反腐败斗争取得压倒性胜利并全面巩固。

党的十八大以来，区委坚决贯彻党中央、市委的各项决策部署，将坚持和发展"凝聚力工程"作为重要命题，深入贯彻以人民为中心的发展理念，推动惠民举措落地实施，在着力解决群众最关心、最直接、最现实的利益问题，切实保障和改善民生方面交出了新答卷。坚持把抓好党建作为最大政绩，坚持思想建党与制度治党紧密结合，推动全面从严治党向基层延伸，在构建新型党群干群关系、丰富群众工作方法方面开创了新局面。将党建引领作为创新社会治理、加强基层建设一条红线贯穿始终，在推动城市基层党建、创新社会治理方面创造了新经验。

（一）坚持以政治建设为统领，进一步强化政治凝聚

区内联合、区域统筹、自主承接的方式，创设"初心讲堂"学习教育品牌，打造多层次、全覆盖的党员学习教育体系。持之以恒推动学习宣传贯彻习近平新时代中国特色社会主义思想走深走实，自觉把党的政治建设落实到基层组织建设的全过程各方面，牢固树立"四个意识"，坚决做到"两个确立""两个维护"。贯彻中央、市委要求，先后组织开展"不忘初心、牢记使命"主题教育、"四史"学习教育、党史学习教育等，举办庆祝中国共产党成立100周年系列活动，全力铸造坚如磐石的理想信念。2018年以来，已经坚持举办"初心讲堂"4年，精心安排近40讲活动。2021年度的"初心讲堂"以"真学深悟百年路、凝心聚力启新程"为主题，以思政党课、朗读党课、故事党课、音乐党课等形式，精心安排20讲，通过区内联合、区域统筹、各方联动的方式，整合区域资源，持续打造成为受广大党员干部欢迎的理论学习平台、党性锻炼平台和实践交流平台，深化推动各级党员干部学思践悟新思想，为推进长宁改革发展形成强大合力。

（二）坚持以提升组织力为重点，进一步强化组织凝聚

健全城市基层党建工作机制。贯彻落实"城市基层党建20条"精神，

深化三级联动体系建设。区委作为"一线指挥部"负责整体布局和指挥协调，街镇党（工）委作为"龙头"负责统筹推进和抓好落实，居民区党组织作为"战斗堡垒"负责组织动员和服务管理。完善街道社区"1+2"党建领导体制，推进社区党委实体化运作，配强配齐专职党群工作者，形成街道党工委把关定向、行政组织党组协调解决、社区党委整合资源、居民区党组织组织发动的工作格局。深化拓展多层次、扁平化、融合式区域化党建，做实长宁区域化党建工作联席会议及其分会、专委会，完善需求、资源、项目"三张清单"，细化落实"双报到""双报告"制度，深化"双向认领""双向服务"机制，推动单位党建、行业党建、区域党建互联互补互动。立足连接长三角的区位优势，健全完善与虹桥商务区区域党建联建联席会议的联动协同、沟通合作机制，主动融入长三角基层党建创新发展，实现党建融合、发展融合、工作融合、感情融合，更好服务保障国家战略。

全面从严治党纵深推进等"六个有利于"的总体原则和标准，通过龙头企业和枢纽型组织带动、按"业缘"和"趣缘"联建、选派党建指导员等多种举措，创新组织设置，着力消除党建"空白点"。健全资源整合型党建模式，推动区域化党建延伸至业态相同、功能相似、区域相近的新领域、新空间，大力推进企业群、产业链、功能区党建创新，进一步提升航空服务业、互联网＋生活性服务业、人工智能产业、时尚创意产业集群党建能级，通过党建引领，促进产业发展，深化社区共治，打造健康有序、充满活力的产业党建"生态圈"。探索楼宇"大总支"等新模式，设置专职党组织书记和专职党务工作者，更好地服务企业、服务员工、服务人才。持续加强律师、卫生、教育、文化等行业党建工作，紧扣行业特点，提升覆盖的针对性和有效性，使行业党建有项目、有阵地、有品牌。

（三）坚持以人民为中心，进一步强化服务凝聚

2013年，长宁区委制定《关于坚持和发展"凝聚力工程"，做好新形势下党的群众工作的实施意见》。10月，长宁建成以上海基层党建为主题的上海凝聚力工程博物馆。作为上海基层党建联系服务群众的阵地和宣传展示的窗口，上海凝聚力工程博物馆不仅是新时代"凝聚力工程"建设的见证物征集、保存、研究和展示的固定场所，还是广大党员干部和群众进

行红色教育学习、了解社会发展、开展组织生活等活动的首选地。截至2022年底，上海凝聚力工程博物馆共接待了海内外观众141万余人次，社会反响良好，被中央组织部列为全国党性教育基地。

积极探索更多富有时代气息、体现时代特色、充满时代活力的新途径、新方式、新载体，更好服务群众、凝聚民心。"六个有"（有坚持、有制度，有思想、有灵魂，有色彩、有温度）主题党日得到中组部肯定，实现全区33个党建责任工作片区185个居民区全覆盖，获评第三届上海社会建设十大创新项目。持续深化"六个便利"服务，将"六个便利"服务作为楼宇党建工作的有机组成和服务楼宇企业、员工的直接抓手，实现对全区重点商务楼宇"六个便利"服务的全覆盖和能级再提升。完善优化"党建连线、行政联手、社会联动"运作模式，推动党政群资源、条块资源、社会资源一体化联动、精准对接，形成"六个便利"服务资源清单、需求清单和项目清单，有效服务企业、员工。找准定位、注重集成、形成特色，持续为党建服务站点赋能，将党建服务站点"硬建设"与"六个便利"服务"软支撑"同步考虑、同步推进、同步运行，注重政治引领和服务保障并重。

优化基层社会治理格局。不断完善社区党建、"两新"组织党建、驻区单位党建"三建融合"机制，积极构建党组织统一领导、各类组织积极协同、广大群众广泛参与的基层治理体系，建立健全以党组织为核心，居委会为主导，业委会、物业公司和其他各类组织为补充的基层治理架构，促进党建引领下的自治、共治、德治、法治一体化推进。以建设行业党建为牵引，以社区党组织为主体，探索实施"红色物业惠民行动"，按照"党建引领、行业助推、国企主导、市场协同、多元融合"的原则，以"党组织更有力、治理更精细、家园更美丽、居民更满意"为目标，分类试点、总结规律、加强支撑、面上推广，更好地满足人民群众对幸福安全的更高需求。强化基层党组织对业委会的政治、思想和组织领导，稳步实现业委会党的组织、工作全覆盖，构建业委会党组织与居民区党组织、党建网格、物业公司党组织"四方联动平台"，通过联学联议联动联评，助推业委会规范健康运行，把党组织的意图转变成各类组织参与治理的举措，把党组织的主张转化为群众的自觉行动。健全党组织领导下的居民自治、民主协商、群团协同和社会参与机制，将多元主体参与社区治理作为党建引领社会治理创新的重要实践点，深化推进居民区分类治理，形成"一居一特"。党组织引领推动社会组织广泛参与老旧公房加装电梯、精品小区建设、垃圾分类等社区事务，完善提议、动议、审议、评议"四议"工作机制，打造家门口的"百姓议事厅"，推动党的建设贯穿、引领、保障基层治理，确保基层治理有魂有序有力。

广泛培育多元主体参与平台，激发基层活力。坚持推进"班长工程"，聚焦活力、能力、动力，健全锻炼、培养、选拔、使用工作链，实行居民区党组织书记区级备案管理制度，着眼队伍适龄化、管理规范化、培育科学化、能力专业化，建设一支党性强、能力强、创新意识强、服务意识强的居民区党组织书记队伍。认真落实"每个党支部书记每年都要接受一次集中轮训"的要求，分层分类落实各领域基层党组织书记培训全覆盖。围绕"党性修养、专业素养、人文涵养"三维目标，发挥高校、党校、社区的理论资源和实践平台优势，健全完善"专业化、进阶式、积分制、带教型"居民区党组织书记系统培训模式。成立于2014年的零距离工作室，以"育人才、强自治、创特色"为工作理念，提供"培训、指导、咨询、实践"等服务，为基层社区治理提供丰富的经验和力量。2022年10月，俞静、萍聚、雅玉、零距离工作室针对各街镇实际情况和不同需求，创新推出多项定制赋能项目，与长宁10个街镇签约结对，进一步助力基层治理骨干力量。

（四）坚持以价值认同为根本，进一步强化文化凝聚

充分发挥社会主义核心价值观的引领作用，融入精神文明创建各方面，真正使社会主义核心价值观成为长宁全社会广泛认同、普遍接受、一致认可、共同追求的最大公约数，成为团结凝聚人心的精神纽带。长宁持续蝉联全国文明城区称号，连续三次被评为全国文化先进区，创成国家公共文化服务体系示范区。新时代文明实践中心建设试点成效显著，建成1个区中心、10个街镇分中心、185个居民区实践站，实现三级阵地全覆盖；推进新时代学雷锋志愿服务制度化常态化，连续七次获评全国"关心下一代工作"先进集体。

立足长宁人文特色、区位特点、历史特征，规划设计开发红色旅游线路，讲好红色故事、讲好街区历史、讲好文化传承，连点成线、聚线成面，促进党建、文化资源融合融通融汇。挖掘打造 18 处红色革命旧址（遗址），全国、市级、区级爱国主义教育基地 14 家。着力打造愚园路历史风貌保护区党建共融体，系统展现基层党建特点、城市更新重点、历史文脉亮点，使中山公园区域成为展示红色文化、传承红色记忆的先锋地。充分发挥《布尔塞维克》编辑部旧址、上海凝聚力工程博物馆、各级党建服务中心等家门口学习阵地功能，着力打造党员学思践悟新思想的主课堂，努力做到党性教育直抵人心。积极创建"美丽街区"，打造人文新华、艺术愚园、静雅武夷、漫步番禺四个示范街区。加大"阅空间"与党建服务站点的共建共融，网点覆盖面每年均有递增，培育受党员、群众欢迎的文化阅读品牌，不断赋予各类党建服务站点更多文化资源、文化服务和文化内涵。

当前，长宁正在加快推进"四力四城"建设，全区上下紧紧对标国际最高标准、最好水平，勇担当、敢改革、善创新，以开放的胸怀和包容的环境，以非凡的智慧和巨大的勇气，不断构筑长宁未来发展新优势。

1

第一章
坚定转型升级，紧抓改革机遇

第一节　推进改革创新，优化营商环境

长宁区持续打好"八张改革特色牌"

2018 年 2 月，长宁区出台《长宁区深化改革创新优化营商环境行动方案》。其总体目标是，主动对接服务上海自贸试验区、科创中心建设两大国家战略，不断深化"放管服"改革，强化人才服务，增强产业发展的差异性和集中度，使企业对长宁区优化营商环境改革成效的感受度进一步提高。

其中，作为优化营商环境"八张改革特色牌"，即深化"验放分离、零等待"改革试点，推进"一照多址""一证多址"改革，深化网络市场监管与服务，服务集聚海内外优秀人才，加强企业精准服务，提升"一网通办"政务服务效能，提升特色产业能级，探索互联网审判新模式，受到区内外广泛关注。长宁区按照优化营商环境行动方案推进各项改革任务，重点打好这八张改革特色牌，推动全区营商环境不断优化，多项改革举措 5 次获得国务院通报表扬。

八张改革特色牌是优化营商环境的"组合拳"。八张牌中，既有为企业发展提速的，也有为企业经营减负的；既有为行业能级升级的，也有为市场安全提供保障的。如深化"验放分离、零等待"改革试点，则是大幅缩短企业的通关时间。如在人才服务方面，上海虹桥海外人才一站式服务中心实现"17+N"功能，外国人来华工作许可办理时间由 15 天缩短至平均不超过 2 天。

40 多年前，长宁借着改革开放的"东风"，"依托虹桥，发展长宁"。虹桥开发区成为全国最早以发展服务业为主的国家级开发区，也是最早进行国际招标土地批租的开发区。可以说，长宁自带营商环境改革的"基因"，为优化营商环境做了有益探索。2016 年，长宁区率先在全市试点实施"一照多址"政策，长宁开启营商环境 1.0 改革；2017 年 10 月，"一照多址"启动 2.0 升级；2018 年，出台优化营商环境"八张改革特色牌"；

长宁优化营商环境八张改革特色牌

- 深化"验放分离、零等待"改革试点
- 推进"一照多址"、"一证多址"改革
- 深化网络市场监管与服务
- 服务集聚海内外优秀人才
- 加强企业精准服务
- 提升"一网通办"政务服务效能
- 提升特色产业能级
- 探索互联网审判新模式

长宁优化营商环境八张改革特色牌

2019 年，长宁区试点食品经营许可证"一证多址"；优化营商环境 4.0 推出的 2021 年，大虹桥营商服务中心启用；2022 年，在区优化营商环境暨投资促进大会上，首批 12 家"营商合作伙伴"成为长宁营商服务新力量，20 家重点项目签约落地，改革正式迈入 5.0 时代。2023 年，发布《长宁区加强集成创新持续优化营商环境行动方案》，标志着营商环境 6.0 版的到来。

几年来，长宁持续推进营商环境改革从 1.0 到 5.0 迭代升级，各部门齐心协力，守正创新，为构建国际一流营商环境而不懈奋斗。截至 2022 年底，全区各类企业总量达 40467 户，存量企业注册资本总额 8043.14 亿元。

链接一：

从"一照多址"到"一址两证"

2016 年 7 月，上海市工商局出台《上海市工商行政管理局关于支持长宁区加快推进上海市"互联网＋生活性服务业"创新试验区、上海虹桥航空服务业创新试验区、上海虹桥时尚创意产业集聚区建设的若干意见》，首次在上海市范围内提出"一照多址"概念，长宁区率先试点实施。根据该意见，在长宁区从事不扰民、不影响周边环境和公共安全的"互联网＋生活性服务业"的内资企业，在长宁区内增设一个或多个经营场所时，只需申请在原有营业执照上再增加新的经营地址，无须重新办理分支机构营业执照。这为营业执照的办理简化了流程，提升了企业准入的便捷性。

2019年，长宁区将准入的经验拓展到准营，创造性推出"一证多址"，为食品准入效能做加法。"一照多址""一证多址"的创新做法，

长宁区诞生全国首家食品许可"一证两址"企业

先后被国务院办公厅作为地方优化营商环境的典型案例、中央依法治国办作为第一批全国法治政府建设示范项目通报表扬。

2020年4月8日，长宁区为上海东方航空食品有限公司核发食品生产区可证。该公司成为全国首个同时具备航空配餐、集体配餐和食品生产资质的企业，由此诞生全国首家食品许可"一证两址"企业。

2023年2月27日，长宁区市场监督管理局与上海市市场监督管理局共同为联合利华（中国）有限公司上海分公司颁发食品生产许可证，实现食品研发、食品生产"一址两用"，这是继"一址两证"后，长宁区在食品生产许可领域的又一次创新。

链接二：

长宁区举行 2023 年重大项目签约大会暨重大工程开工仪式

2023年1月29日，长宁区举行2023年重大项目签约大会暨重大工程开工仪式。大会发布《长宁区加强集成创新持续优化营商环境行动方案（营商环境6.0版）》，推出长宁区2023版"八张改革特色牌"，即高效直达的政务服务、自主便利的贸易投资、优质贴心的企业服务、活力迸发的人才服务、公平有序的市场秩序、审慎均衡的监管机制、精准有效的信用赋能、规范高效的法治保障。2023年，长宁区围绕政务服务、政策服务、

长宁区 2023 年重大项目签约大会暨重大工程开工仪式

企业精准服务等环节破圈增效，构建重大产业项目、重大工程项目全程帮办的综合服务模式，强化对东虹桥涉外营商环境、长三角高水平营商环境、张江长宁园科创特色营商环境三个重点区域的创新引领。

2022 年，面对复杂严峻的发展环境，长宁 GDP 全年增速继续位居全市前列，展现出较强的发展韧劲。金虹桥国际中心成为 2022 年全市首幢税收"百亿楼"，单位面积产税创造上海商务楼宇单位亩产的高峰纪录。

2023 年，长宁区推进市重大工程 7 项，区重大工程 30 项，区重大工程总投资额超过 634 亿元，计划竣工项目 16 个，总建筑面积 136.8 万平方米。晶耀虹桥、虹桥东片区 P 地块等 5 个工程项目开工，海粟文化大厦、虹桥联合大厦等 4 个工程项目竣工交付，工程项目包括甲级写字楼、商业综合体、城市更新等新建载体。

链接三：

"上海硅巷"正式落地长宁

2022 年 11 月 28 日，虹桥办和华阳路街道联合举办"科技武夷　点亮生活"展览与论坛，多方围绕"上海硅巷"科创街区的打造进行交流探

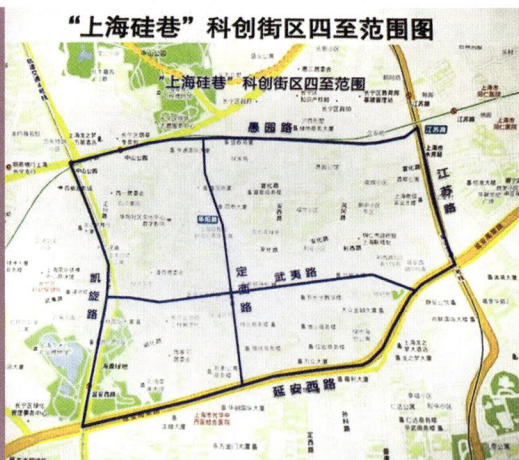

"上海硅巷"科创街区四至范围图

讨。在《推进"上海硅巷"科创街区试点建设方案》中，"上海硅巷"整体呈现以江苏路、延安西路、凯旋路、长宁路—愚园路为轴线，武夷路、定西路为十字支撑的"田字格"结构，围绕大院、大校、大所打造一站式新"双创"街区。

华阳路街道将重点围绕"上海硅巷"科创街区建设，通过产业创新、文化创新、制度创新，集聚一批高科技企业、吸引一批高技术人才、打造一批高效能产品，努力实现学区园区社区"三区联动"、生产生活生态"三生融合"、产业链创新链人才链"三链叠加"。

"硅巷"这个词诞生于纽约曼哈顿的老城区，指以存量空间更新为主的科创产业集聚街区，主要包括新型技术、科创人才、资本金融、文化创意等在内。对比纽约硅巷，长宁区有诸多相似之处：空间众多，拥有老厂房、老大楼、老洋房、老小区、老院落等；周围拥有上海交大、华东师大、外经贸大学等众多高校辐射，科技人才、科技创新氛围浓郁，吸引大量科技企业聚集；老上海生活情调和文化底蕴的渲染浓厚，吸引更多年轻的创新群体加入其中。

长宁区出台《关于加快推进科技创新人才集聚区建设的若干意见》

2020 年 4 月，长宁区出台《关于加快推进科技创新人才集聚区建设的若干意见》（以下简称《若干意见》），主要围绕实施重点人才工程、打造国际创新人才集聚高地、提升人才资源市场化配置能级、搭建科技创新人才事业发展平台、完善创新创业人才服务保障机制等五个方面共推出 20 条创新举措，旨在加快推进长宁区科技创新人才集聚区建设，进一步激发人才创新创业活力，厚植区域人才优势，打造海内外人才近悦远来的良好环境。

新时代非凡十年的长宁答卷

长宁区出台的《长宁区关于加快推进科技创新人才集聚区建设的若干意见》

此次《若干意见》制订针对性更强的专项扶持政策——对企业引进的符合长宁产业发展导向的国际国内一流高峰人才或团队实施量身定制、个性化支持；在具有较大发展潜力、成长性较好的民营科技企业中设立硕博士创新实践基地，对企业引进的硕博士科技人才给予一定激励补贴；在原有市级政策基础上，新设区级技能大师工作室、区首席技师认定和资助工作；增加人才引进储备、实习实践、培养使用等的投入。

《若干意见》提出"打造国际创新创业人才集聚高地"，支持鼓励各类机构、组织举办具有较大影响力的涉外人才活动和国际创新创业活动；加强国际医疗、国际教育资源供给等。同时，试点开展外籍人才表彰激励、外国高端人才服务"一卡通"、海外人才创新创业"一站式"服务等工作，从渠道、载体、服务、环境等方面精准施策。

《若干意见》首次提出加快长宁区人力资源服务业多元化发展，大力引进一批知名人力资源企业和新兴业态人才服务机构，打造更加市场化、专业化、高品质的人才服务机制。组建人力资源经理人联盟，搭建学习交流、经验分享、信息沟通、合作共赢平台。

《若干意见》探索建立人才发展重点扶持企业目录，采取由企业自主认定人才的方式，让"人才认定由企业说了算"。卫健系统试点在系统内统筹设置和使用中高级职称；教育系统，支持教育系统设置特设岗位，以项目化、聘任制方式柔性引进高层次紧缺急需人才。

《若干意见》进一步加大人才安居保障力度，拓宽人才公寓筹措渠道，支持国有企业、社会化住房租赁企业提供人才公寓配套服务，根据创新创业人才入住人数给予一定激励补贴。深入打造"虹桥人才荟"服务品牌，增设"虹桥人才荟"服务站点，实现人事人才业务就近就便办理。为区域内重点企业"一对一"配备人才服务专员，对人才服务需求做到"一口受理、专人专办"。

为进一步推进落实《若干意见》20条创新举措，长宁区还配套出台《长宁区民营科技企业技术创新人才扶持计划》《长宁区优秀青年人才开发计划实施意见》《长宁区支持校企合作人才共育项目》《长宁区支持鼓励和促进博士后研发工作》《长宁区支持和促进人力资源服务产业发展》《长宁区鼓励社会力量参与引才引智则》等31项实施细则，为全区进一步激发人才创新创业活力，厚植区域人才优势，打造海内外人才近悦远来的良好环境按下"加速键"。

链接一：

2022年长宁区科技节开幕

2022年8月25日，以"走进科技，你我同行"为主题的2022年长宁区科技节在长宁ART PARK大融城开幕。

长宁区科技节是区内重要活动品牌之一，具有良好的影响力和美誉度，旨在展示创新发展成效，弘扬科学精神，普及科学知识，凝聚科技力量，激发全民科技创新热情，促进科技创新与科学普及协同发展。

仪式上，上海市眼病防治中心、上海市长宁区妇幼保健院、江森自控（中国）投资有限公司、爱立信（中国）通信有限公司上海分公司、上海诠视传感技术有限公司及上海佳和青年创客公益事业发展中心等新一批"长宁区科技志愿服务队"获得授牌。

区生态环境局发布新版《长宁区低碳地图》。该地图是长宁区积极探索节能降碳新举措，大力推进碳达峰、碳中和的有力见证，目前地图上的低

长宁区低碳地图

碳点位多达 23 个，辐射居民社区、商务楼宇、创意园区等。

长宁区充分发挥区域国际化、数字化优势，以人工智能、区块链、5G、工业互联网等新技术为引领，持续推进科技创新发展，有力推动创新产业集聚，积极引进培育优质企业，形成颇具规模的数字产业集群，科技经济深度融合。

链接二:

长宁区 4 家高科技企业获评 2021 "科创中国" 新锐企业

2022 年 2 月，"科创中国" 年度会议在北京召开。会上，发布 2021 "科创中国" 系列榜单，来自长宁的氪信科技、深兰科技、西井科技、软中信息 4 家高科技企业登上 "科创中国" 新锐企业榜。

上海氪信信息技术有限公司成立于 2015 年 12 月，先后获得招商局创投、浦信金融科技基金、真格基金、火山石创投等国内知名投资机构多轮投资。氪信致力于用 AI 技术解决客户在数字化转型中遇到的难题，为金融

深兰科技（上海）有限公司

机构提供可信赖的 AI+ 金融数字化转型解决方案。

深兰科技（上海）有限公司创立于 2014 年，是快速成长的人工智能领先企业。作为 AI 产业生态制造者，公司广泛布局智能驾驶、智能机器人、智能工业与智能大健康等领域，在全国设立北方、华中、西南与华南等多个区域总部。因在科技抗击新冠疫情过程中表现突出而获得国家工信部表彰。

上海西井信息科技有限公司成立于 2015 年，致力于以人工智能激活多产业潜能。成立以来，西井科技以人工智能技术为锚点，结合无人驾驶技术，驱动全球大物流领域的生产要素智能化服务，以及城市生活要素的数智化运营转型升级。

上海软中信息技术有限公司成立于 1997 年 3 月，是一家国有控股高新技术企业，专业从事大数据相关的技术研发、系统开发和集成服务，提供数字化转型相关的产品和解决方案，主要为金融、国资、政务、交通、医疗、教育、制造业等行业客户，提供创新可靠的软件平台产品及相应技术服务。

链接三：

长宁区成功入选第二批"科创中国"试点城市

2021 年 5 月，两院院士大会、中国科协第十次全国代表大会召开，会上公布第二批"科创中国"试点城市名单，长宁区成功入选，成为"科创中国"打造科技经济融合的"样板间"之一。

2020 年底，上海市科协启动"科技经济融合发展的区域试点培育研究"课题，长宁区以"新微模式"为特色，以数字经济为导向，成为上海市五个试点培育计划之一。长宁区高度重视"科创中国"行动，对标要求，自觉推进科技经济融合发展的实践与探索。

新微智谷

2021年4月19日，上海市长宁区经济数字化转型基地新微智谷"科创中国"项目正式启动。启动仪式上指出，上海正在加速建设科技创新中心，加快推进城市数字化转型，长宁区把握时代机遇，积极汇聚"政产学研用金服"各方面的资源和力量，结合"新微模式"，促进创新链和产业链相沟通，前进道路宽广。长宁要坚持服务国家战略，扎实推进科技经济深度融合，让更多的创新成果走出实验室，走上"生产线"，以数字赋能百业，以数字造福民生，为新发展格局服务，让科技更好服务于长宁经济社会可持续发展。

新微智谷已成功吸引矽睿科技、力引万物、泰砥科技、新微超凡、新微资本等优质高科技企业及技术转移服务企业的入驻。未来，新微智谷将以人工智能为导向，依托科协的科技工作者和学会资源、微系统所的专业技术优势和人才优势，打造专业领域产业聚集区，助力长宁区"虹桥智谷"战略布局，真正成为科技成果转化基地和营造科创人才发展的生态圈。

上海虹桥海外人才"一站式"服务中心成立

2016年3月21日，上海虹桥海外人才"一站式"服务中心在虹桥临空经济园区揭牌成立。目前共设有5个服务窗口、17项服务功能。该中心以"功能更多""效率最高""服务最优""效果最好"为目标，帮助长宁吸引更多海内外优秀人才，深化科技创新人才集聚区建设，已具备外国人来华工作许可、薪酬购汇、华人华侨事务、外事业务办理、海外人才居住证办理、出入境证件办理、台胞服务、高层次人才服务专窗等功能。多项业务可通过同一办理大厅解决，成为全国第一家整合人社、公安、科委、侨务、台办、外事办等多部门资源的涉外人才服务综合体。受益对象不仅包

上海虹桥海外人才"一站式"服务中心外景

括注册和办公在长宁的企业，更涵盖辐射大虹桥和周边区域，很多企业把相关涉外人才类业务迁入长宁区办理。

同年6月，实现外国人（台港澳人员）就业证、外国专家证、海外人才居住证和海外人才居留许可"一站式"办理。12月，上海市开展外国人来华工作许可制度试点工作，将原来的外国专家证和外国人就业证"两证整合"，长宁区将此项业务放在上海虹桥海外人才"一站式"服务中心。2017年，长宁区在全国率先承接外国人来华工作许可区级审批权。

该中心自成立以来，努力为海外人才提供优质、高效、便捷的服务，实现从"多处奔波"到"一站受理"，从"不超时限"到"尽快办结"，从"多次往返"到"最多跑一次"的转变。

在服务优化方面，大力推进人才服务"一网通办"，实施容缺受理、诚信管理、预约服务、开辟绿色通道服务等便利化服务举措，切实提高企业及人才的感受度。积极整合社区资源，进一步扩大"虹桥（海外）人才荟"实体点布局，在虹桥街道古北市民中心设立全市首个外国人来华工作许可社区受理点，实现涉外人才服务由线上向线下实体拓展，区级人才服务资源和服务功能向园区、楼宇、社区延伸。

该中心争取把上海市人力资源和社会保障局留学生回国落户业务纳入受理范围，大力推进人才服务"一网通办"力度，在数据融合提速、线上线下融合贯通方面"出实招"，积极做好跨区域、跨地区办理业务，扩大服务大虹桥、辐射长三角、面向全世界的服务效果。

与此同时，长宁在建设虹桥人才特区、对接创新创业方面与各大高校都展开密切合作。上海工程技术大学大学生科技创业分基金会增资仪式举行，长宁区与上海市人社局签署《上海市人力资源和社会保障局、上海市长宁区人民政府共同支持"集聚海内外创新创业人才"合作备忘录》，与团市委签署《共青团上海市委员会、长宁区政府关于实施"创新创业，我们在行动"青年创新创业引领计划的合作备忘录》，与东华大学、华东政法大学、上海工程技术大学、上海对外经贸大学、上海交通大学医学院等五所高校就支持创新创业人才发展专项合作协议进行签约，进一步助推虹桥人才特区建设。

链接一：

长宁区晨品人才公寓正式启用

2021年6月26日，位于上生·新所内的晨品人才公寓正式启用。这是长宁区历时三年多打造的又一处具有高端品质、智慧生活、时尚活力和社交平台功能的人才公寓。

晨品人才公寓共有住宅套数116套（其中，一房70套，一房一厅8套，二房一厅38套），地理位置优越（延安西路近番禺路路口），周边商业配套和生活设施齐全。

"年轻、时尚"的设计风格，符合青年人审美的现代自然装修，配备厨房卫生、家具家电等。"智能、温暖"的配套服务，包括人脸识别系统保障住户安全，智能信箱、智能商品贩卖机、快递柜方便生活，公共空间的开放书吧、健身房和共享会客室满足健身和社交需求，楼顶特别设计公共晾晒空间并配备智能洗衣机。"多元、丰富"的党建元素，其中晨品人才公寓建有宁聚里新华PLUS·上生·新所党群服务分中心，融合党群服务站点、新时代文明实践站、虹桥人才荟人才服务站点、新企空间营商服务站点等

上生新所·党群服务分中心

功能，服务辐射上生·新所园区及周边企业，打造集约、共享的党务＋政务＋服务空间。

近年来，长宁区为优化人才发展环境，减轻优秀人才生活成本压力，缓解优秀人才阶段性住房困难，采取多种措施，积极推进"四位一体"人才安居工程。实施优秀人才租房补贴政策，公租房优先配租，鼓励社会力量提供人才公寓。

链接二：

长宁区深入打造"虹桥人才荟"服务品牌

长宁作为虹桥国际开放枢纽范围内唯一的中心城区，近年来，为了进一步优化区域营商环境，深入打造"虹桥人才荟"服务品牌，长宁区设立了10个人才服务分中心和29个人才服务站，这39个服务站点布点在长宁企业最集中的园区和楼宇，以优质、专业、便捷的服务构建起"15分钟人才服务圈"，全力打通人事人才政策"最后一百米"，让企业和人才在"家门口"就能享受优质人才服务。

截至2023年上半年，长宁区人才服务各站点已累计服务7万余人次。

除在人才服务站点线下为企业提供优质服务，长宁区每周一还在"长宁虹桥人才荟"微信视频号开展"宁听我讲"人才政策云宣讲系列活动，与企业进行实时互动，实打实、点对点解决企业和人才办事瓶颈难题。

截至2023年上半年，"长宁虹桥人才荟"已开展53场"宁听我讲"人才政策云宣讲，直播视频累计观看近6万人次。

"虹桥人才荟"特色服务还在进一步优化和探索。如虹桥街道通过"窗口前移，预约办理"方式，将上海市海外人才居住证（上海市居住证B

证）受理业务延伸至古北市民中心人才服务分中心，实行"安居乐业"一条龙服务；天山路街道探索一核多点，着重楼宇服务，聚焦金虹桥、南丰城、SOHO 等重点楼宇，拼多多、云账户、春秋等重点企业，推动人才服务进楼宇，建立人才服务专员"我来跑一次"的全新办理模式；北新泾街道配合大虹桥营商服务中心建设，设立人才服务延伸点，提供 17 项服务清单，进行国内和海外人才业务咨询和受理等工作；新泾镇开设"虹桥人才荟"高层次人才服务窗口，满足高层次人才的工作、生活、就业创业等需求，组织开展形式多样的人才服务沙龙活动，如为留学生公寓送政策、送服务。

"虹桥人才荟"人才服务站点分布图

链接三：

虹桥街道被确定为全市首批青年发展型街镇试点建设单位

2023 年 4 月 25 日，"建设青年筑梦地 绽放青春绚丽花"虹桥街道青年发展型街镇共建联盟成立仪式暨青年脱口秀大赛在古北市民中心举行。

在长宁团区委的大力指导下，虹桥街道被确定为全市首批青年发展型街镇试点建设单位。活动现场，街道正式成立全市首家"青年发展型街镇共建联盟"。

青年发展型街镇共建联盟单位，将结合长宁区、虹桥街道相关工作实施方案要求，紧抓青年发展型社区、街区、园区和创新实验室 4 类场景建设，强化青年政策和服务成果导向，推动解决青年在就业创业、宜居安居、婚恋社交等方面的"急难愁盼"问题。

青年发展型社区、街区、园区和创新实验室代表纷纷表示，将立足绿色低碳社区的特色，着力优化青年宜居环境；做好倾听者和贴心人，打造更富青年元素、更吸引青年参与治理的青春社区；进一步发挥街区党群联盟优势，将青年标识融入街区营造；继续为入驻的创新创业者搭建服务平台，让青春梦想在园内激昂绽放；在民主法治的播种阵地建设中注入青春动力，讲好全过程人民民主故事。

虹桥街道的团员青年以组队形式表演《向阳生长》《斜杠青年说》《拆招牌》等脱口秀节目，用年轻人的语言表达各自在党的二十大报告中汲取的精神力量、在岗位上感悟的初心使命，以及在虹桥建设中勇担的时代责任。

虹桥街道青年发展型街镇共建联盟成立现场

首届上海数字贸易论坛举办

2022 年 11 月 8 日，首届上海数字贸易论坛开幕论坛在长宁区 IBP 国际会议中心举办。论坛上，发布首批 100 家上海数字贸易创新企业，10 家长宁企业入围。同时，全国首个"数字人民币数字贸易创新孵化基地"正式落地长宁。

首届上海数字贸易论坛，以"数字贸易枢纽港　开放合作新启航"为主题，旨在引导行业把握发展大势，共享机遇，进一步拓展数字贸易开放合作的新空间。

论坛发布首批 100 家上海数字贸易创新企业，包括 13 家云服务企业、54 家数字服务企业、24 家数字内容企业及 9 家跨境电商企业。长宁共有 10 家数字贸易企业成功入围，成为入围企业数最多的中心城区之一。分别是翼健（上海）信息科技有限公司、斯必克（中国）投资有限公司、福迪威（上海）工业仪器技术研发有限公司、上海爱奇艺网络技术有限公司、

首届上海数字贸易论坛

电通（上海）投资有限公司、上海西井信息科技有限公司、携程旅游网络技术（上海）有限公司、统一（上海）商贸有限公司、纽仕兰（新云）上海电子商务有限公司以及科大讯飞（上海）科技有限公司。

会上，"中国银行数字人民币数字贸易创新孵化基地"揭牌仪式举行。基地设在长宁区。作为中国银行重点项目，此次揭牌意味着项目在全国首次落地，也将成为长宁数字人民币项目的重要创新举措之一。

该项目将在提升数字人民币在零售支付领域份额的基础上，聚焦长宁总部经济和数字经济企业全球布局发展的需求，充分发挥政府、企业和银行各自的资源禀赋优势，利用数字人民币智能合约技术，探索数字人民币在数字贸易中的创新试点、实践和应用。以此次项目为契机，长宁将积极构建数字人民币场景生态建设发展的"试验田"和"样板间"，打造数字人民币发展的"先行示范区"，助力上海市全球数字贸易枢纽港建设。

未来，长宁将持续放大区内产业集群效应及示范企业创新发展带动效应，发挥"数字经济"先发优势，大力发展数字贸易新业态模式，优化数字贸易综合营商环境，全面促进贸易高质量发展。

此外，论坛上举行上海数字贸易国际枢纽港临港示范区启动仪式、国家特色服务出口基地颁牌仪式。

首届上海数字贸易论坛的成功举办，标志着上海数字发展进入新阶段。

"6天+365天"交易服务平台专场活动现场

"6天+365天"交易服务平台专场活动举办

2022年1月6日，长宁区商务委2022年度"商务会客厅"首场活动举办，区商务委联合会展中心海关、长宁国际商会共同为区内企业进行针对性服务。长宁东方国际Gracina Life进口商品展示中心、上海世贸商城全球贸易共享服务平台、Bonnie&Clyde新奢美妆护肤品牌孵化平台、希华馆、上海高岛屋日本进口品展示交易馆、上海百秋Futail新中间服务平台等"6天+365天"交易服务平台的企业代表参与本次活动。

本次活动以"6天+365天"交易服务平台为切入点，围绕进博会溢出效应，共同探讨进博会机遇、虹桥国际开放枢纽、数字化转型、RCEP协定为企业带来的发展变革等热点话题。各平台企业分享了自己在发展过程中的经验与诉求，介绍了自身的特点与优势，表示将充分发挥"6天+365天"交易服务平台放大进博会溢出效应的功能，在线上宣传、线下展销、代理运营、仓储物流、企业联动等方面持续提供优质资源，为长宁整体提升区级产业能级和地位、为长宁经济的高质量发展作出贡献。

区商务委将通过企业诉求，在RCEP协定的新环境下为企业提供更为精准的服务。接下来，借助各"6天+365天"交易服务平台之间的互补优势，区商务委还将持续推动企业之间的融合共赢，为企业的发展提供更强有力的支撑。

在后续的"商务会客厅"活动中，区商务委将围绕商贸、产业、细分领域等主题开展系列活动，从服务企业发展的全生命周期出发，巩固服务机制，持续推动长宁贸易高质量发展。

链接二：

首场 RCEP 中日企业服务专场活动举办

2022 年 8 月 2 日，首场 RCEP 企业服务专场活动暨大虹桥中日发展联盟交流会在上海国际贸易中心举办，长宁区 RCEP 专家顾问团和上海市商务委、上海会展中心海关、长宁区商务委、北新泾街道等部门共同参与，日本贸易振兴机构上海代表处、阿途贝司机电技术（上海）有限公司、王子制纸管理（上海）有限公司、日奔纸张纸浆商贸（上海）有限公司、上海中硝商贸有限公司、兄弟（中国）商业有限公司、捷太格特（中国）投资有限公司等企业家代表出席活动。

在市商务委的指导下，长宁 RCEP 企业服务咨询站已正式投入运营，并建立"四专"工作机制，即"专窗现场答疑、专线电话咨询、专业机构服务、专家顾问团队"，全面开展 RCEP 协定相关服务工作，提升长宁贸易企业参与国际合作和竞争的能力。

活动现场，区商务委对新实施的《长宁区加快贸易高质量发展 提升消费能级的实施办法》进行解读和推介。海关总署纺织消费品技术规范委主任、海关干部管理学院教授谢秋慧，专家顾

RCEP 中日企业服务专场活动现场

问团成员厉力博士分别围绕"以 RCEP 服务自贸区为契机，推进贸易安全与便利聚力发展""把握 RCEP 新机遇"进行解读。活动现场，长宁 RCEP 专家顾问团队与相关企业进行现场会商、精准把脉，共同探讨 RCEP 协定带来的变革机遇、降税红利、市场开拓、贸易发展等领域的热点话题。同时，专家对企业提出的协定实际操作、各相关协定优势比较、现有政策运用等问题进行现场解答。

接下来，RCEP 专场服务活动还将以国别、产业为切入点，通过如空中云课堂、定制化服务等多样形式开展，为企业搭建相互交流的平台，进一步促进长宁外向型经济发展。

上海虹桥贸易便利化"一站式"服务中心成立

国际贸易是"大虹桥"的发展方向。为了优化"大虹桥"营商环境，向西更好地对接长三角地区，长宁区在发布行动方案的同时，打出八张改革特色牌。八张改革特色牌之一就是推进虹桥贸易便利化一站式服务中心能级提升，聚焦深化"审单放行、零等待""进口直通"等精准监管试点举措。

贸易便利化是上海建设国际贸易中心的重要内容。2013 年 5 月 8 日，上海虹桥贸易便利化"一站式"服务中心成立。该服务中心为地方和企业提供更加便捷高效的服务窗口和通关通检环境等。"一站式"服务中心开创中心城区内海关与检验检疫合署办公的先例。

海关为企业提供进口通关、加工贸易减免税审批、保税等业务；检验检疫局在长宁区设立工作点，为企业提供进出口报关报检业务和境外展会备案等业务。海关和检验检疫机构将相关政策在长宁区先试先行。海关在长宁区加大通关无纸化改革试点范围；利用公共保税仓库帮助企业简化贸易手续，降低成本；为总部企业申请支持总部优惠措施，包括"集中申报"模式、总部属地化管理；建立海关事务联络员机制；为企业提供海关政策法规引导。检验检疫局对重点企业试行"信用监管""检企合作""直通放行""通报通放"政策；设立快速通关窗口，对企业推行先通关放行、费用段结服务；对申领产地证企业实施无纸签证措施。

虹桥贸易便利化"一站式"服务中心　　　　虹桥贸易便利化"一站式"服务中心内景

　　长宁区成为上海市政府国际贸易便利化试点区有其独特的区位优势：地处沪宁、沪杭发展轴"Y"形交汇点上，虹桥国际机场、虹桥枢纽均在其内，成为上海连接国内外的重要交汇点，同时连接市区和虹桥，交通相当便利。

　　2017 年 6 月，"虹桥贸易便利化一站式服务中心"搬迁至世贸商城，海关、国检的办事能力进一步提升，也为大虹桥国家会展中心及长宁区周边的企业提供更加便利的报关报检服务。

　　其中，海关主要工作职能：办理企业的进口货物通关手续，上海所有口岸（吴淞、外港、洋山、机场）进口货物均可办理；办理长宁区等区企业的加工贸易合同备案、报核和核销；办理长宁等区加工贸易企业深加工结转和外发加工备案；对长宁区等区企业进行验厂、核查；负责长宁区保税监管场所（保税仓库）的管理；负责长宁区的企业管理（企业注册登记、变更、认证等）。国检主要工作职能：上海口岸（包括外高桥、洋山、吴淞和机场等各口岸）入境货物的通报通放工作；上海出口企业各类优惠原产地证书、一般原产地证书的审核、签发和申领工作；保税展示交易商品的检验检疫监管工作；浦西地区进出境展品的备案申请、检验检疫及监督管理工作；进出口商品检验鉴定机构和认证机构的日常监督管理工作；注册在浦西报检单位、报检员的备案工作；实验室检验检测受理工作；"一口式"受理上海西区各类业务，如消费品、机电产品、出入境动植物产品、食品及化妆品等的检验检疫（根据国家规定，禁止入境及需前置行政审批的商品除外）；出入境人员健康体检、传染病监测、预防接种等相关检验检疫政策和业务咨询工作。

链接一：

长宁区举行大虹桥营商服务中心启用仪式

2021年3月18日，长宁区召开推进虹桥国际开放枢纽建设部署会，发布《长宁区虹桥国际开放枢纽建设行动方案》。同日，大虹桥营商服务中心正式启用。启用仪式推出五大重点功能平台签约。

五大重点功能平台具体情况如下：与市商务委携手创建国家数字服务出口基地；与市人社局深化推进海外人才服务合作；与市通信管理局合作建设国际互联网数据专用通道；与民航华东管理局共同促进航空要素集聚发展；与东航共同推动机场东片区城市更新改造。

长宁区政府通过与有关各方携手合作，聚焦创建国家数字服务出口基地、深化推进海外人才服务、建设国际互联网数据专用通道、促进航空要素集聚发展、推动机场东片区城市更新等五个方面，开展市区、政企签约，将构建一批有显示度和影响力的高能级重点功能平台。

大虹桥营商服务中心可为企业提供营商基础服务、跨部门集成服务和引导企业战略发展服务。作为唯一一个全域纳入虹桥国际开放枢纽"一核两带"功能布局的上海市中心城区，长宁区围绕优化营商环境4.0版本内容，全力对接推动《虹桥国际开放枢纽建设总体方案》的各项任务举措落实，并在上海地产集团等各方的大力支持下，积极打造大虹桥营商服务中心。

大虹桥营商服务中心启用仪式

RCEP 企业服务咨询站

链接二：

长宁 RCEP 企业服务咨询站正式启用

2022 年 7 月 21 日，长宁 RCEP 企业服务咨询站正式启用。该服务站将助力区内企业快速把握 RCEP 发展机遇，全面提升长宁贸易企业参与国际合作和竞争的能力。

RCEP 是目前全球最大的自由贸易协定，也是一个全面、现代、高质量和互惠的自贸协定。RCEP 协定生效将进一步促进区域内贸易投资往来与合作，为区内企业带来更多机遇和利好。长宁 RCEP 企业服务咨询站投入运营，成为上海四个服务站（在上海亚太示范电子口岸网络运行中心、虹桥国际中央商务区管委会、外高桥保税区管理局、长宁区商务委分别设立）之一，旨在为帮助企业抢抓机遇，用好用足 RCEP 生效红利，提升企业参与国际合作与竞争的能力。

该服务站设置"四专"服务架构，即"专窗现场答疑、专线电话咨询、专业机构服务、专家顾问团队"，将多维度引导长宁贸易企业用好用足、应享尽享 RCEP 关税降税政策红利，运用"零"关税等优惠政策降低成本。其中，线下服务专窗为大虹桥营商服务中心 6 号窗口，可开展线下定点答疑咨询服务，咨询事项包括 RCEP 相关跨境经贸、贸易合规、关税筹划、原产地规则判定、原产地证书申请等。该点位的落地，表明大虹桥营商服务中心功能不断拓展，正在逐渐成为深化涉外贸易服务功能、做强竞争优势、打造总部经济、服务国别企业的新平台。

第五届中国国际进口博览会开幕

举办进博会，是以习近平同志为核心的党中央推动新时代高水平对外开放的重大决策，是推动构建新发展格局的重要举措。2022年11月5日，第五届中国国际进口博览会开幕，是党的二十大胜利闭幕后我国举办的首场重大国际展会，是学习宣传二十大精神、贯彻落实中国式现代化、推进高水平对外开放的重要平台。

在展商方面，长宁共有33家区内企业报名成为展商，上海氦豚机器人科技有限公司成为进博会服务商。在成交采购方面，长宁交易分团共上报成交采购金额超越往届，创下历史新高。

第五届进博会，长宁区围绕"越办越好"总要求，主动跨前，统筹推进长宁进博会筹备工作，推动城市服务保障工作再上新台阶，全力确保第五届进博会成功举办。编制《长宁区对接保障第五届中国国际进口博览会工作方案》《长宁区2022年对接保障中国国际进口博览会行动方案》，明确具体任务、具体分工、具体责任部门，举全区之力共同保障好进博会。吸取往届进博会服务中的优秀经验，建立专员联络、专业答疑、专人审核、专窗服务的"四专"制度，开展24小时的问题解答工作。线上举办专业观众预登记工作专题会，召开第五届进博会展前动员会，全面保障进博会的顺利召开。

长宁区积极服务企业，借助进博优势，为企业提供更多的露出机会、展示机会，帮助企业持续拓展影响力。例如，参与长宁展商纽仕兰的"低碳植物基包装 A2 1L 家庭装纯牛奶"的首发首展活动、参与展商电通的卡通形象发布活动以及出海/入海品牌及全域营销部门落地启动等。举办第五届进博会倒计时50天暨"迎进博品质生活节"发布会活动，推荐展商企业纽仕兰加入上海交易团综合贸易服务商联盟，推荐联合利华、住友电工、百秋等企业参与并进行代表发言和倡议发布。在"新格局、新合作、新成果"发布与签约活动中，推荐展商住友电工、电通在活动中进行首发首展。承接上海首届数字贸易论坛，推荐区内翼健、斯必克、福迪威、爱奇艺、电通、西井、携程、统一、纽仕兰、科大讯飞等10家企业入围首批100

长宁展商纽仕兰"重量级新品"——"低碳植物基包装 A2 1L 家庭装纯牛奶"在第五届进博会全球首发首展

家上海数字贸易创新企业。

长宁区通过一系列企业服务手段，持续增强区内企业持续投资长宁的信心与热情，助力第五届进博会成交采购金额创下历史新高。为了充分释放进博会溢出效应，打造"永不落幕"的进博会，区商务委积极推进"6 天 +365 天"交易服务平台的各项工作。全面助力区内企业快速把握 RCEP 发展机遇，应享尽享政策红利，降低成本。区商务委积极争取市级资源，正式运营长宁 RCEP 企业服务咨询站，并开展"RCEP"海关线上政策专题培训会、"优服务·稳外贸·促发展"国际货代企业服务进出口对接会、RCEP 中日企业服务专场活动等活动，持续扩大 RCEP 政策的惠及广度。

长宁区持续加强与海关、东方国际、中国银行单位等单位的合作创新，持续优化招商招展资源，推动进博会创新政策优先在长宁试点。与上海市国际货运代理行业协会签订合作协议，促进双方在贸易资源领域实现互利共赢。与东方国际集团签署新一轮合作协议。全力推动盒马 X 会员店跨境 GO 创新业务在东虹桥中心落地，助力虹桥商务区进口贸易集散地建设，该项目于 2022 年 11 月下旬正式运营。推动"中国银行数字人民币数字贸易创新孵化基地"正式揭牌。修订并正式实施《长宁区加快贸易高质量发展 提升消费能级的实施办法》，围绕进博企业最为关注的进博采购、贸易平台建设、进博会活动等开展扶持，持续增强企业参展采购的热情与信心。

国际货代企业服务进出口对接会会场

链接一：

"优服务·稳外贸·促发展"
国际货代企业服务进出口对接会举行

2022年2月24日，"优服务·稳外贸·促发展"国际货代企业服务进出口对接会在大虹桥营商服务中心举行。

会上，长宁区商务委与上海市国际货代协会签订合作协议，开启双方的首次合作，将在国际贸易供应链、企业个性化服务需求、资源利用、贸易供应链业务等方面开展合作。

市国际货代协会"服务直通车"在会上正式上线，各货代企业可通过微信小程序平台提交服务需求、提供建议，协会会及时解答并反馈可行的供应链服务方案。

2021年度上海市国际货运代理行业信用等级评估3A级企业名单发布，市国际货代协会与代表企业新景程、运去哪、瀚钰通、百福东方签署诚信服务公约，将共同引领行业诚信、平稳发展。

长宁作为上海国际化程度最高的城区之一，正在主动对接虹桥国际开放枢纽发展及提升上海国际贸易中心能级规划。凭借得天独厚的区位优势、开放包容的发展环境和数字创新的服务理念，长宁积极承接长三角一体化战略，持续为贸易企业、进出口企业的发展打造一流的营商环境。

2022年以来，长宁以推动贸易高质量发展为核心，围绕RCEP协定、虹桥国际开放枢纽、数字化转型、进博会机遇等热点话题举办多场活动，为广大企业创造兴业的平台，提供发展的机遇。接下来，长宁将继续以服务贸易企业发展的全生命周期为出发点，巩固服务机制，持续推动长宁贸易高质量发展，让更多企业在长宁开拓美好未来。

链接二：
"新格局、新合作、新成果"发布与签约活动举行

2022年11月7日，"新格局、新合作、新成果"发布与签约活动在国家会展中心举行。

本次活动围绕"新格局""新合作""新成果"三大主题，邀请来自德国、牙买加、特立尼达和多巴哥、阿根廷等10余个国家驻华代表及外宾，30余个国家的展商代表和国内采购商参会，携手多国展商共同发布全球新品、促进采购签约、推动进博溢出效应。

进博会持续发挥国际采购、投资促进、人文交流、开放合作"四大平台"作用，已成为中国构建新发展格局的窗口、推动高水平对外开放的平台、全球共享的国际公共产品。为进一步打响"进"字招牌，现场举行"携手助力进博溢出效应及虹桥国际开放枢纽建设仪式"。

作为"助力方"之一，长宁区正着力铸就开放特征最鲜明、高端产业最集聚、城区功能最完备、辐射作用最突出的"最虹桥"金字招牌，依托区位优势和历史积淀，长宁将发挥人流、物流、资金流、信息流等重要汇集地功能，打造成为长三角的前沿阵地。

活动中，长宁展商住友电工向与会者介绍其在本届进博会全球首发的高精度光纤熔接机新机型T-402S。深耕长宁区的电通中国今年首次参展，企业代表现场分享了《效果营销基准数据银行白皮书》。

"新格局、新合作、新成果"发布与签约活动会场

　　本次活动由东方国际（集团）有限公司主办、长宁区人民政府协办。自首届进博会起，东方国际便是中国国际进口博览局的重要合作伙伴，也是唯一具有全系列资质的进博会一站式服务商。

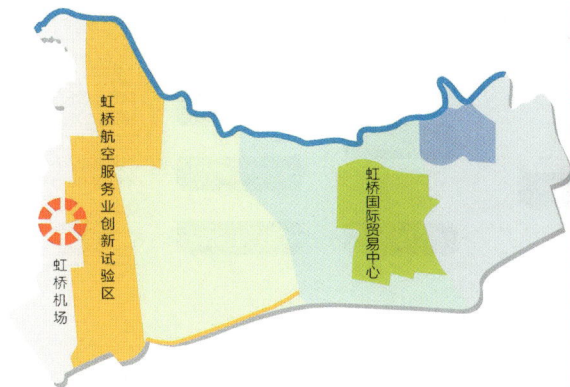

上海虹桥航空服务业创新试验区区位图

第二节　现代服务业特色发展

上海虹桥航空服务业创新试验区挂牌成立

2015 年 5 月 29 日，上海虹桥航空服务业创新试验区在长宁正式挂牌。仪式上，六大核心功能及对接自贸试验区建设项目一一亮相，首批入驻创新试验区的企业进行现场签约仪式。

创新试验区总占面积为 6.74 平方公里，由虹桥商务区机场东片区和上海虹桥临空园区外环线以内部分区域组成，其中，东片区面积约 4.0 平方公里，规划总建筑面积 268 万平方米，涉及长宁约 2.4 平方公里土地，可开发项目用地 32.84 公顷，可开发建筑总面积约 50 万平方米，涉及机场红线范围 1.6 平方公里，以土地的整理和改造更新为主。四至范围为：北起苏州河，东临淞虹路、外环线，南至沪青平公路，西迄虹桥机场停机坪。

创新试验区将通过城市建设、产业导入与功能布局，努力形成"一核、两区"的航空服务业发展格局，驱动航空服务业"功能、形态、产业"在创新试验区及虹桥国际贸易中心（总约 10 平方公里）的一体化联动发展。

从区位优势上讲，创新试验区作为上海"四个中心"建设中国际贸易中心的主要功能承载区，是上海发展现代服务业黄金走廊的西部核心，是承接整个长三角地区联动发展的国际化商贸总部聚集区。园区毗邻世界最大的虹桥综合交通枢纽，集中高速铁路、城市机场、高速公路、地轨道交

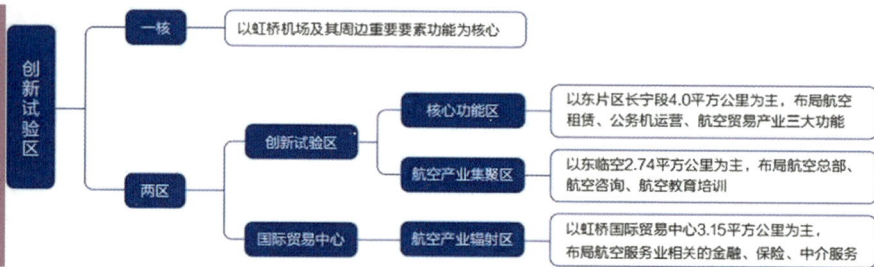

创新试验区	一核		以虹桥机场及其周边重要要素功能为核心	
	两区	创新试验区	核心功能区	以东片区长宁段4.0平方公里为主，布局航空租赁、公务机运营、航空贸易产业三大功能
			航空产业集聚区	以东临空2.74平方公里为主，布局航空总部、航空咨询、航空教育培训
		国际贸易中心	航空产业辐射区	以虹桥国际贸易中心3.15平方公里为主，布局航空服务业相关的金融、保险、中介服务

"一核、两区"的航空服务业发展格局

通等多种现代化交通方式，成为人流、物流、资金流、信息流的集聚地，具有重要战略意义。

从资源配套上讲，创新试验区不仅拥有位于试验区内的如凌空SOHO、中山国际、新长宁二期、建滔商业广场等优质楼宇资源，同时还拥有星级酒店、公寓式酒店、购物广场、综合会议中心、滨水公园、航空、轨道及公路交通等良好的配套资源。

从产业发展上讲，临空园区作为创新试验区的重要组成部分，已形成一定的现代服务业产业基地，以现代服务业为主（现代服务业中，金融服务业、航空与物流业、信息服务业占比最高），房地产业、现代商业、都市产业为辅的产业结构。创新试验区（长宁区部分），主要从事飞机维修、飞机销售、航空客运、航空货运、通用航空服务、航空货代、航空票务分销和代理服务等业务。

创新试验区吸引三大产业集聚：推动现有航空服务业能级提升，促进现代航空配套服务业的集聚，吸引航空服务业功能性平台机构落户。

与此同时，创新试验区六大功能落地：推动保税免税功能落地；推动公务机产业功能落地；推动航空要素市场化配置功能陆地；推动航空专业服务功能落地；推动航空金融服务功能落地；推动航空快递功能发展。

链接一：

上海开放大学航空运输学院在长宁区揭牌成立

2018年9月1日，上海开放大学航空运输学院在长宁区正式揭牌成立。这标志着上海第一家由第三方机构针对各航空公司开展的定制化教育机构正式运转。

随着民航对各类人才的需求不断增加，民航企业员工对职业技能提高和继续教育的需求量不断上升，专业配套院校的成立也呼之欲出。航空服务业是长宁的支柱产业，位于长宁的虹桥临空经济示范区入驻了一批如东航、南航、春秋等龙头企业。上海

上海开放大学航空运输学院实训中心

60%的基地航空公司总部注册在长宁，长宁有着深厚的航空服务业发展根基和航空人才的需求。

在上海积极推进"国家临空经济示范园区""上海虹桥航空服务业创新试验区"建设大背景下，长宁区人民政府、中国航空运输协会、上海开放大学三方经协商后达成合作共识，共同推进上海开放大学航空运输学院的建设。2017年11月23日，上海开放大学批准其长宁分校更名为"上海开放大学航空运输学院"。

航空运输学院将引入飞机制造商作为社会资源，联合开发建设符合企业标准的与可供教学和实训使用的静态模拟仓、动态模拟仓、驾驶模拟仓等专业设备，以此开展民航业教育标准引领下的民航职业教育与培训，形成学历教育和民航职业教育相结合、教育培训和产业实训相结合的办学模式。航空运输学院第一批总共招收40名学生，均为空乘专业，学制为两年半，毕业时，学校根据学生特点和航空公司岗位需求推荐工作岗位。

链接二：

长宁区人民法院举行"航空案件审判站"成立仪式

5月18日，上海市长宁区人民法院"航空案件审判站"正式成立并入驻虹桥临空经济园区，与航空争议调解中心、上海国际航空仲裁院一起，

仪式上颁发"航空争议一站式解纷专家智库"首批专家聘书

构建国内首个航空争议"一站式"解决平台。

会上，颁发"航空争议一站式解纷专家智库"首批专家聘书。长宁区人民法院、上海国际仲裁中心、上海市法学会航空法研究会、华东政法大学、中国航空运输协会共同签署《关于共同构建航空争议一站式多元解纷机制的合作备忘录》，探索形成以司法引导、诉调对接、裁审联动、行业协同的航空争议多元化解机制和航空法治建设合作交流平台，实现航空领域矛盾纠纷的高效、便利、稳妥化解。

在华东政法大学与区人民法院联合举办的"建设世界一流国际航运中心背景下的航空案件集约化、专业化审理研讨会"上，与会嘉宾分别从"以专业化的争议解决机构助力行业高质量发展""汇聚航空法专业力量，助力航空司法审判发展""专业、协同、实效——从机场角度看航空案件专业化审理""专业化审理护航大飞机产业""'专精特新'——航空仲裁助力上海国际航运中心建设的探索与发展""我们航空人将面对的法庭""加强院校航空人才合作培养的经验与思考""国际航运中实际承运人责任抗辩"等不同角度进行深刻阐述，深化理论和实务界的共识。

上海首个"互联网＋生活性服务业"创新试验区在长宁区设立

数字经济在长宁区已有20多年的积淀。2016年6月1日，上海市政府正式批复同意在长宁区设立上海首个"互联网＋生活性服务业"创新试验区，将用三年左右时间，在全市形成20家左右具有国际竞争力的大型生活性服务业企业和100家左右的行业龙头企业，确立上海"互联网＋生活性服务业"在全国发展的优势地位。

创新试验区范围总面积达37.19平方公里，涵盖整个长宁区行政区域。试验区创新试点包括五大类18项具体措施，主要涉及政府职能转变、投资

金虹桥国际中心

管理开放、税制和政策保障、基础设施建设及电子商务示范区等长宁区示范性工程建设。包括携程、大众点评、格瓦拉在内，60家"互联网＋生活性服务业"企业将作为试验区首批重点企业。

试验区将以放宽准入、创新监管为中心加快政府职能转变，以外资开放、登记改革为重点深化投资管理开放，以税费改革、政策扶持为核心落实税制和政策保障，以信息基础、示范工程为抓手探索技术和业态创新，实现"互联网＋生活性服务业"若干重点领域的深度融合发展，释放消费市场潜力，增加就业机会。

一系列简政放权措施将在试验区内推进，包括将一批"互联网＋生活性服务业"领域企业的行政审批事项改为备案；放宽医疗、保健品、废旧物资回收等领域信息发布和交易资质的准入门槛；逐步修改互联网教育等原本针对实体企业设定但不适应互联网企业情况的条件和要求；推进适用于生活性服务业第三方电商平台资质管理办法试点的探索研究。

融资难、税负重，一直是困扰企业的两大"难"。试验区加强对特殊股权架构企业回归中国境内上市的支持，鼓励行业龙头企业开展兼并重组。长宁区积极发挥政府产业引导基金作用，吸引各类资本共同参与形成"互联网＋生活性服务业"投资基金或并购基金。试验区成立后，长宁区加强对中小、初创型企业的走访，收集企业遇到的税费、融资等各类问题进行汇总，并协同市级乃至国家级层面解决企业创新创业时遇到的难点。

长宁区在推动新虹桥智慧商圈试点建设的同时，培育集移动终端、云数据平台和O2O线上线下活动为一体的现代化商圈建设，推动智慧城区建设。

长宁区积极贯彻落实市委、市政府重大战略决策，充分发挥创新试验区的示范引领作用，使得数字信息产业能级持续提升、制度建设卓有成效、品牌影响力逐步增强。

链接一：

"虹桥智谷"人工智能产业联盟、"互联网＋生活性服务业"联盟揭牌仪式暨产业集群发展和集成服务的对话在世贸商城举行

2018年6月14日，"服务·融合·引领"——"虹桥智谷"人工智能产业联盟、"互联网＋生活性服务业"联盟揭牌仪式暨产业集群发展和集成服务的对话在世贸商城举行。

两个联盟的首批铜牌分别挂在"虹桥智谷"华为联通人工智能科技新示范中心和长宁德必易园。仪式上，宣布成立人工智能产业党建专委会、"互联网＋生活性服务业"党建专委会和产业服务党建专委会。

仪式上，来自不同领域的联盟成员代表，就新时期下如何创抓时代机遇、服务国家战略、推动长宁人工智能，以及"互联网＋生活性服务业"产业集群发展、集成服务等，畅谈各自的独到见解。

"虹桥智谷"人工智能产业联盟、"互联网＋生活性服务业"联盟揭牌仪式背景

作为首个上海市"互联网＋生活性服务业"创新试验区，统统积极打造"虹桥智谷"人工智能产业高地，长宁集聚一批国内外知名的"互联网＋生活性服务业"创新企业和人工智能企业，具备良好的产业基础和先发优势。企业愿意

留在长宁不仅是因为有好的政策，更因为有好的区位优势。一批接一批的先行先试、勇于创新的服务措施，让企业在长宁有更多归属感。"互联网＋生活性服务业"不光是服务长宁，服务长三角，更是服务全国，服务国际。

链接二：

长宁检察服务保障"互联网＋生活性服务业"发展

2018年10月23日，长宁区检察院发布《关于充分发挥检察职能服务保障"互联网＋生活性服务业"发展的实施意见》(以下简称《意见》)，通报《涉互联网企业刑事检察白皮书》(以下简称《白皮书》)。

此次出台的《意见》共10条，分别从明确涉互联网企业刑事犯罪的打击范围、加大对互联网企业及企业家权利的保护力度、加强法律监督和法律政策把握、提升法律服务主动性和精准度等方面，对检察机关如何切实服务保障"互联网＋生活性服务业"发展作出规定。

《意见》要求依法严惩背信损害企业利益等严重扰乱市场秩序，以商业贿赂、虚假诉讼、强迫交易等不法手段破坏公平市场营商环境等妨害"互联网＋生活性服务业"发展的各类刑事犯罪；依法严惩利用 App 或网站漏洞侵害互联网企业合法权益的犯罪，利用企业互联网平台损害第三方或社会公共利益的犯罪，督促企业履行消费者权益、环境安全、知识产权、网络安全与个人信息等方面的保护义务，主动接受政府和社会的监督。

《意见》还提出加大对互联网企业及企业家的权利保护力度。对社会危险性不高的涉案互联网企业重要岗位人员，依法慎用逮捕强制措施；通过打击侵犯互联网企业财产权、创

长宁区人民检察院新闻发布会现场

新权益及经营自主权等犯罪，全面保护企业物权、债权、股权等财产权利；强化互联网产业领域知识产权司法保护，加大对驰名商标、发明专利等知识产权保护力度。

会上，区检察院以《白皮书》形式通报三年来办理的涉互联网企业犯罪案件情况，归纳犯罪特点和趋势，分析违法犯罪风险点，并就强化法治教育、健全内控机制等方面建言献策，推动区域内互联网企业健康发展。

链接三：

长宁区发布"在线新经济发展白皮书"

2020 年 10 月 13 日，上海"在线新经济"论坛·虹桥峰会召开。会上，长宁区发布《在线新经济发展白皮书》。白皮书从区情概况、发展现状、规划布局、扶持政策等四个方面介绍长宁区发展"在线新经济"的区域优势和未来规划。

长宁作为拥有互联网基因的中心城区，也是上海市唯——个"互联网＋生活性服务业"创新试验区，"互＋生"产业建设多年的基础，给予在线新经济良好的培育土壤，在线新经济也为"互＋生"产业提质再升级、深耕再创新提供新的契机。依托前期建设，在"无接触"配送、在线教育、生鲜电商零售、在线文娱、在线医疗、在线金融等重点领域，长宁均有较好发展基础。

同时，长宁区拥有丰富的在线新经济载体资源，依托中山公园商业中心、虹桥国际贸易中心、虹桥临空经济示范区三大功能区，推进"虹桥智谷"品牌建设。在东、中、西部打造中山公园数字金融城、虹桥国际时尚圈和临空总部新高地，形成华为联通创新示范中心、新微智谷、缤谷人工智能大厦、东方国信跨国企业（总部）科创园、东华大学国家大学科技园、上海工程技术大学国家大学科技园、携程智慧出行产业园等 15 个特色产业园区。

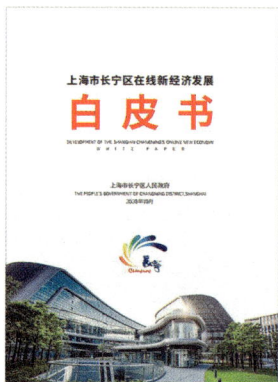

上海市长宁区在线新经济发展白皮书封面

长宁区"虹桥之源"在线新经济生态园发布

在 2022 年 6 月 16 日举行的上海全球投资促进大会上，长宁区"虹桥之源"在线新经济生态园正式发布。

"虹桥之源"在线新经济生态园作为三个市级在线新经济生态园之一，也是上海市在线新经济在西部的重要布局，将努力建设成为全国领先的在线新经济创新高地和数字经济总部集聚带，成为全国经济高质量发展和数字化转型的样板间。

为进一步落实虹桥国际开放枢纽建设国家战略和市在线新经济发展行动方案工作部署，不断放大"虹桥之源""数字长宁"等核心品牌优势，形成"大虹桥"和"数字化"两大机遇相互赋能、双翼齐飞的生动局面，长宁区打造面向国际、创新开放、要素集聚的在线新经济生态园。计划到 2025 年，将"虹桥之源"在线新经济生态园打造成为虹桥国际中央商务区乃至全市在线新经济标杆区域，在上海城市数字化转型进程中发挥长宁优势，展现长宁作为，彰显长宁担当。

"虹桥之源"在线新经济生态园区位图

"虹桥之源"在线新经济生态园毗邻虹桥综合交通枢纽，现已形成天山西路发展轴、北部临空片区、南部机场东片区"一轴两翼"的总体发展格局。其中：园区"北翼"——东临空建设基本完成，商居办功能融合，从单一产业园区逐渐发展为富有活力的产成融合区；"南翼"——机场东片区正在进行开发建设，逐渐形成新的骨架结构，为后续发展奠定基础。

除独特区位优势外，园区产业载体丰富，供给充足。目前在建近期可供入驻的经济楼宇建筑面积 70 多万平方米，未来还将围绕产业功能落地需求，聚焦实力企业招商，计划供应出让经济载体用地，通过存量转型，促进机场集团、中航油、东航和民航华东局、空管局等驻场单位的自有土地整体更新，以强化东片区商务功能。

在线新经济 新城业态

上海将培育壮大在线新经济作为构筑未来发展优势的发力点，着力推进技术集成创新、业态模式创新和服务管理创新，围绕企业、场景、技术、品牌四个"100+"目标，打造具有国际影响力、国内领先的在线新经济发展高地。

◆ 张江在线
在线医疗、在线金融、在线文娱

◆ 长阳秀带
在线教育 在线文娱 新型移动出行

◆ 市北数智生态园
大数据、区块链、5G

◆ 虹桥临空数字经济产业园
数字创意、数字健康、数字出行

上海重点培育的在线新经济

"虹桥临空数字经济园区"获评上海市特色产业园区

2021 年 4 月 7 日，上海全球投资促进大会对本市 40 个特色产业园区进行整体推介（包括首批 26 个和新增第二批 14 个），虹桥临空数字经济产业园以"在线新经济"作为园区特色，进入新增第二批 14 个园区之一。

虹桥临空数字经济产业园位于上海虹桥临空经济示范区内，规划面积 2.74 平方公里，毗邻虹桥综合交通枢纽。外环线穿区而过，路网四通八达。虹桥临空数字经济产业园以上海虹桥临空经济示范区为发展依托，充分发挥枢纽经济的区位优势、流量优势、平台优势，顺应高质量发展新要求和技术赋能新趋势，推动传统支柱产业向高端化、智能化方向转型升级，深度打造数字经济产业新高地。目前，虹桥临空数字经济产业园已形成数字创意、数字出行、数字健康、人工智能等特色数字产业和形态，集聚携程、联合利华、爱奇艺、科大讯飞、联影等一批优质数字经济企业。

从产业形态上讲，虹桥临空数字经济产业园依托爱奇艺、亦非云等龙头企业，加快推动 5G、AR/VR、人工智能、区块链等数字技术赋能文化创意产业，促进文化科技深度融合；围绕网络视频、动漫游戏、网络音乐、数字阅读、数字电影等重点领域，加快新产品的研发与推广，打造数字内容消费新增长点。依托东方航空、春秋航空等龙头企业，进一步集聚各类出行场景的服务供应商；充分发挥携程全球智慧出行平台资源优势，以 5G、大数据、人工智能等新技术赋能传统旅行出行行业，打造覆盖出行全程的立体交通服务平台，提供集航班 / 列车动态信息、票务 / 酒店预订、专车接送等在内的一站式智慧出行解决方案。聚焦联影智慧医疗总部项目，加快建设智慧医疗运营总部、高端健康管理中心、国际交流培训中心、医疗大健康产业集群和高端医疗设备融资租赁中心，发展基于新一代信息技术的智慧医疗服务新模式，打造全智能化的"长宁大健康产业基地"。聚焦

博世总部大楼

科大讯飞等优质人工智能企业，持续引进神马等"中国智能制造"领军企业，推动人工智能研究院、人工智能企业研发中心等创新业务总部和功能落地。

从区位优势上讲，虹桥临空数字经济产业园坐拥中环、外环、京沪、沪昆、沪蓉多条快速道路，10分钟可达虹桥综合交通枢纽、虹桥商务区、国家会展中心，1小时通勤圈覆盖包括无锡、苏州、杭州在内的长三角产业经济重镇。

从功能平台上讲，虹桥临空数字经济产业园推进国家数字服务出口基地建设，加速形成数字服务的先发优势和引领示范效应。研究探索符合条件的境外数字贸易企业提供数字贸易增值服务试点。推动国别商品交易中心、专业贸易平台和跨境电商平台集聚，大力培育一批交易规模百亿以上的商品交易平台。

链接一：

虹桥临空经济示范区入选 2023 年度低碳发展实践区创建名单

2023年1月，虹桥临空经济示范区入选2023年度低碳发展实践区创建名单。开展低碳示范创建工作，是上海市贯彻落实碳达峰和碳中和目标、引领倡导全社会绿色低碳转型的有效途径。2023年度低碳发展实践区将于2025年底前完成创建中期评估，2027年底前完成创建验收工作。

序号	名称
1	嘉定区嘉定新城远香湖区域
2	普陀区桃浦智创城
3	松江区天马无废低碳环保产业园
4	浦东新区张江科学城
5	崇明区陈家镇瀛东村
6	闵行区临港浦江国际科技城
7	奉贤区海湾镇海湾特色功能片区
8	青浦区青浦现代农业园区
9	虹口区北外滩核心区
10	长宁区临空经济示范区
11	闵行区莘庄工业区
12	奉贤区工业综合开发区核心区
13	崇明区庙镇联益村

2023 年度低碳发展实践区创建名单

位于长宁片区的上海虹桥临空经济示范区设立于 2016 年 12 月，总占地面积拓展至 13.89 平方公里，目前已形成以现代服务业为绝对优势的产业集聚。园区依托虹桥机场天然优势和虹桥商务区联动效应，深入打造航空全生命周期产业体系，持续推动航空服务业、"互联网＋生活性服务业"、智慧出行产业等高端临空产业集聚发展，同时，围绕特色产业打造更多特色楼宇，为商务区产业经济的发展、功能形态的提升提供新的助力，努力将商务区产业园区的品牌擦得更亮、打得更响。

作为总部经济集聚区，示范区内有 10 余个楼宇项目在设计建造时获得中国绿色建筑二星、三星标识和美国 LEED 绿色建筑设计认证。区域内的东方国信商务广场、阿纳迪酒店、三峡设计院等先后开展能源审计工作。

区域入驻众多低碳明星企业，企业节能环保意识强、低碳实践参与度高，为区域低碳发展做出示范。博世、江森自控、朗诗等低碳建筑为实现自身的低碳管理，都设计并应用楼宇智慧管理平台，让能效控制可视化、集成化、智慧化。其中，博世总部大楼被授予"上海节能模范单位"，2022 年入选第一批现代环境治理体系试点示范单位。

链接二：

虹桥商务区举行产业园区、特色楼宇授牌仪式

2019 年 5 月 13 日，虹桥商务区举行产业园区、特色楼宇授牌仪式。

虹桥进口商品展示交易中心、上海虹桥临空经济示范区、上海新虹桥国际医学中心、中国北斗产业技术创新西虹桥基地、长三角电子商务中心、长三角区域城市展示中心、上海阿里中心智慧产业园、中骏企业总部园、正荣中心商务港、西虹桥同联创新产业园、上海北虹桥时尚创意园等 11 家

虹桥商务区产业园区、特色楼宇授牌仪式现场

获得特色产业园区称号，长三角会商旅文体示范区联动平台、虹桥海外贸易中心、虹桥品牌（商标）创新创业中心、虹桥绿谷WE - 硅谷人工智能（上海）中心等4家获得特色楼宇称号。此次授牌涵盖总部经济、卫星定位、智慧办公、时尚创意、电子商务、进口贸易、航空、医疗等多个虹桥商务区重点支持领域。

虹桥商务区始终围绕承接进博会溢出效应和长三角高质量一体化发展战略，打造虹桥进口商品展示交易中心、长三角城市区域展示中心、海外贸易中心等一批功能性平台，支持各功能片区推进航空、北斗、医疗等产业集聚，联动开发商、专业营运企业打造中骏企业总部园、上海阿里中心智慧产业园等一批产业园区，形成"一主多辅、相互配套、协同发展"的产业格局。本次评选产生的15家产业园区和特色楼宇在产业集聚度和品牌影响力等方面具有很好的引领效应，进一步加强产业集聚和功能打造。

链接三：

科大讯飞上海总部正式入驻长宁

2021年4月16日，科大讯飞上海总部启动仪式在上海虹桥临空经济示范区中山国际广场举行。仪式上，科大讯飞与长宁区卫健委正式签署战略合作协议。疫情期间，北新泾街道先试点通过讯飞智能语音随访辅助进

科大讯飞人工智能体验馆

行重点人群发热筛查和跟进随访，协助疫情防控和宣教，后推广覆盖长宁全区进行语音外呼随访健康状况、口罩预约，共担疫情防输入和防扩散工作，给予长宁乃至上海疫情防控极大助力。

2018年9月，长宁区政府与科大讯飞正式签署合作协议，上海总部落地长宁，致力共同打造科大讯飞辐射长三角乃至全国的发展平台。目前，科大讯飞政法创新业务总部、金融创新业务总部、运营商大数据创新业务总部、海外业务总部已落户上海长宁。

作为长宁区人工智能产业重点培育的代表企业，科大讯飞（上海）科技有限公司2019年7月在长宁注册成立，是科大讯飞股份有限公司的全资子公司，也是科大讯飞集团的华东总部。科大讯飞人工智能体验馆展示科大讯飞的讯飞开放平台、AI+听见、C端产品、智能家居、科大讯飞多语种研究院研发成果，以及AI+教育、AI+医疗、AI+工业、AI+智慧城市等多场景的最新技术应用，全方位体验AI数字经济带来的智慧生活新变化。

虹桥时尚创意产业联盟正式成立

2018年5月15日，"虹桥时尚创意产业联盟"成立大会在上海广播大厦举行。成立该联盟旨在加快推动时尚创意产业发展战略，优化提升长宁营商环境，提高共建共治共享的社会治理水平，打造以时尚创业产业为主题的政府、企业、社区共建平台和发展枢纽。虹桥时尚创意产业联盟党委同步揭牌成立。

长宁在发展时尚创意产业方面具备良好的基础和相对优势。区政府围

绕"十三五"产业发展目标，制订《上海虹桥时尚创意产业集聚区建设总体方案》，在2020年成为上海时尚之都的标杆性区域之一，形成上海乃至全球的时尚大脑和时尚产业策源地。时尚创意产业是长宁三大重点产业之一，经过多年积累，已经形成一批细分领域的龙头企业，汇聚一批有影响力的品牌活动，集聚一批高品质的时尚资源要素。

虹桥街道地处长宁"时尚金三角"中虹桥舞蹈演艺集聚区和东华时尚产业集聚区地块，辖区内有上海第一个国家级开发区——虹桥经济技术开发区和第一个规模化开发的国际社区——古北新区，区域内汇集时尚设计、娱乐影视、全媒体、会展等六大类众多代表性企业。

区委、区政府始终主打"虹桥牌"，在区"十三五"规划中明确提出"深化虹桥品牌，放大虹桥效应"，着力打造虹桥时尚创意产业集聚区。此次成立虹桥时尚创意产业联盟，是长宁庆祝改革开放40周年、迎接中国国际进口博览会、打响上海"四大品牌"的系列活动之一，也是对接《长宁区全力打响上海"四大品牌"加快建设国际精品城区三年行动计划》要求，提升"虹桥舞蹈""长宁音乐""虹桥艺术商圈"等区域文化名片显示度的重要举措。联盟的成立，有利于促进城区深度转型和现代服务业能级提升，进一步擦亮"虹桥牌"，构建以时尚创意产业为主题的政府、企业、社区共建平台和发展枢纽，形成党建共建、发展共建、治理共建于一体的产业联盟。

成立"虹桥时尚创意产业联盟党委"，是区域化党建工作的一次创新探索，是区域化党建突破有形的空间限制，串联起产业链上无形的党建资源，通过"大党委"构建起一个与创新驱动发展、经济转型升级相适应的党建工作新格局，打破壁垒、对接供需、共治共享。

联盟党委下辖联合党支部 2 家、独立党支部 8 家、活动型党组织 14 家。通过"党建＋时尚创意产业带"建设，充分发挥产业党建的政治优势、组织优势，促进产业内不同类型、不同层级党组织间的交流互动，强化对文创产业的政治引领、组织覆盖、发展服务、人才凝聚，促使时尚创意产业单位间联系更紧、活力更强、成效更显著。联盟党委还通过党建引领联盟"知新荟"，凝聚服务时尚创业产业内的新的社会阶层人士。

党建引领结同心，汇聚资源，并搭建项目活动的平台。如"联盟政策宣讲季"率先打响头炮，邀请专业人士宣讲解读企业扶持政策、人才服务政策等各类权威政策；举办"记忆虹桥——献礼改革开放 40 周年展"，挖掘城市内涵，讲好城市故事；人文讲堂——"彩虹艺术课堂"发挥联盟资源优势，面向国际学校、社区居民、企业白领等分类组织开展艺术导赏课堂、音乐大师课、芭蕾精品鉴赏等系列时尚创意教育活动。

链接一：

"上海李宁中心"在长宁正式启用

2023 年 6 月 9 日，以"宁聚·上海 2023"为主题的上海李宁中心启幕仪式在长宁经济文化新地标——海粟文化广场举行，标志着上海李宁中心正式投入使用。

上海李宁中心位于长宁区新地标海粟文化广场，是"虹桥时尚创意产业聚集区"的重要组成部分，建筑面积约 2.2 万平方米，地理位置优越，与上海轨道交通 3、4 号线无缝衔接，延安高架路、内环高架路及北横通道环抱，集文化、运动、时尚元素为一体。

凭借上海的国际化背景、人才资源及零售消费创新活力等优势，上海李宁中心的启用，将为李宁集团的人才引进、储备和发展，提供更多资源和空间。除办公功能之外，上海李宁中心还将逐步落地李宁门店、健身房等配套设施，积极融入社区，带来运动生活方式更多选择和可能。

上海李宁中心外景

　　未来，李宁集团将依托上海李宁中心，加强立足上海，辐射长三角，凝聚人才、凝聚创意、凝聚资源，以更具国际化的视野，进一步开拓品牌、市场和渠道，把握市场需求和发展趋势，全方位满足和提升消费者的产品体验、运动体验和购买体验，进一步强化组织协同能力、零售运营能力、电子商务运营效率及产品研发设计能力，提升品牌影响力。

链接二：

"活力制造　时尚消费"：2023年"三品"全国行之 "上海制造佳品汇"启动仪式举行

　　2023年6月8日，"活力制造　时尚消费"：2023年"三品"全国行之"上海制造佳品汇"启动仪式在长宁区武夷路305城市会客厅举行。仪式上，2023年度上海"品牌100+（时尚消费品）"榜单和2022年度上海"时尚100+"榜单揭晓，长宁品牌及企业荣获20个奖项。

　　"双榜单"是推进上海时尚消费品产业高质量发展、助力上海建设国际消费中心城市、激发市民消费热情的"重要指南"。

　　2023年度上海"品牌100+（时尚消费品）"榜单，聚焦生活佳品、精致食品、服饰尚品、智能用品、化妆美品、运动优品、数字潮品、工艺精品等上海消费品"时尚八品"，共有83个品牌正式入选。其中，长宁6大品牌入选。

　　2022年度上海"时尚100+"榜单，辐射时尚酒店、时尚空间、时尚

2023 年"三品"全国行之"上海制造佳品汇"启动仪式现场

家居、时尚文创、时尚服饰、时尚活动、时尚医美、时尚美妆、时尚食品、时尚人物、时尚可持续、时尚元宇宙等 12 个维度，共评选出 102 个获奖单位和个人。其中，长宁荣获 14 个奖项。

在 2022 年度上海"时尚 100+"榜单颁奖典礼上，长宁区商务委获得"年度优秀组织奖"。"时尚 100+"快闪店同步官宣。上生·新所成为"时尚 100+"快闪店首批时尚空间合作代表之一。

长宁企业通过技术创新、模式创新、品牌创新，已形成具有各自特色的品牌成长范式。此次再次荣获市级奖项，既极大增强辖区企业继续发力创新的信心，也充分展现长宁时尚创意产业能级提升的潜力。

链接三：

从工业旧厂房到时尚禅意世界：昭化德必易园

位于长宁区昭化路 357 号的昭化德必易园，其前身是上海广播器材厂。1958 年，上海广播器材厂成功试制 17 英寸电子管黑白电视机，这是中国第一代、上海第一台电视机。

1970 年，上海广播器材厂又研制成功我国第一台晶体管 19 英寸彩色电视机。1971 年，研制成功二套彩色摄像机。1974 年，研制成功我国第一辆彩色电视转播车。1979 年，研制成功一套彩色电视中心设备……在短短几年时间里，先后试制开发 100 余种产品，成为闻名全国的广播电视产品的生产企业。

昭化德必易园外景

到 20 世纪 80 年代，该厂 15 个产品，27 次被上海市、航天工业部、电子工业部评为"优质产品""名牌产品"，荣获 2 枚国家质量银质奖和 10 个国家级先进称号。

2013 年，作为文化创意产业园区的运营服务商，德必集团开始对老厂房进行转型升级，打造成为符合文科创企业办公和经营需求的文化创意产业园区。改造后的园区总建筑面积约 1.2 万平方米，并于 2014 年正式亮相。目前，园区已获评上海市文化创意产业园区、长宁区"时尚地标"等称号。

德必集团作为专业致力于成为中国领先的文科创产业全价值链服务商，并于 2021 年 2 月 10 日正式在深圳证券交易所挂牌上市，经过多年发展，德必集团已在上海、北京、深圳、成都、南京、杭州、苏州、长沙、合肥、西安等多个城市，以及意大利、美国等海外地区运营管理 60 个文化创意产业园区。

全市首家数字长宁体验馆运行

2022 年初，全市首家数字长宁体验馆打造完成并投入试运营。该场馆展厅面积约为 2200 平方米，主要分为三大板块，分别是数字长宁体验馆主馆、"一网通办"自助服务区和数字金融体验馆。

在体验馆主馆，首先通过视频回顾"数字长宁"20 年来的发展，同时也展望长宁"未来之城"的模样。随后，移步至"3320 数字战略"展区，可以看到其中展示着长宁在数字化转型方面取得的累累硕果。综合展区集合数字家园、数字养老、数字教育、数字体育、数字健康等展位，可深切

数字长宁体验馆外景

感受数字化转型给养老、教育和健康等方面带来的新变化。其中：北新泾街道作为 AI 社区的示范典型，通过展示包括居住数空间、出行畅体验、健康慧服务、平安全守护、服务精准达、消费新方式、文娱智享受七大类 30 多个场景的"开门新七件事"2.0 版本，展现数字家园的美好；数字养老展位布置成一处温馨的适老化改造样板间，安装着各式各样的智能家居和监护设备，可令参观者现场感受便利、舒适的生活环境；数字教育展位中的长宁教育数字基座建设，实现全区人员、数据、应用、软硬件资源智联、数联和物联；数字健康展位则呈现长宁区已全面完成的线上精准预约、智能预问诊、区域互联互通互认和医疗付费一件事等数字化转型应用场景。

科大讯飞展厅不仅有掌握英语、日语、韩语等多门外语及上海话、粤语、东北话等地方方言的 AI 虚拟主播，可随时切换不同语言进行新闻播报，还有全国首座 AI 同传间，提供 9 国语种的实时互译，参观者只要进入其中、戴上耳机，点击自己需求的直播语种，即可实时收听该语种语音，与此同时，电子屏上也会以文字的形式呈现实时翻译。此外，声音实验室里，普通话鉴定、英语口语鉴定、声音气质鉴定等互动体验也颇具新意，展现数字科技的多样功能。

城运中心展厅则将"一网统管"大屏 1:1 还原，为参观者呈现数字化政企联动、群众参与、安全可靠的智慧城运平台。

在"一网通办"自助服务区，集合电信运营商，公安、税务等政务服务自助终端，还有一键叫车、文旅云等生活服务自助终端。"一网通办"自助服务区不仅作为数字长宁的展示厅，也将面向广大市民提供交通、文化、

上海科技大学研发构建的人脸采集仿真环境

税务等方面的便民服务。

在数字金融体验馆，这里由中国银行上海市分行承办，以"数字聚智慧、中银融世界"为主题进行展示。体验馆内最为特别的就是"冬奥同款"的数字人民币外币兑换机，以及可随时办理非现金个人金融业务及上海地区 125 项政务服务事项和安徽 24 项政务服务事项的智能柜台。另外，展厅内还打造数币消费场景，观众可在自助文创盲盒售货机上通过扫码支付数币或者"碰一碰"硬钱包支付等方式换购文创盲盒，一系列的参观、体验、互动，让参观者对数字人民币有更具体直观的认识了解。

数字人民币外币兑换机支持人民币和 18 种外币兑换，将它们放入兑换机后，即可获得一张数字人民币硬钱包卡片，右上角的墨水屏能够实时显示交易金额和卡片余额，为使用者消费提供便利。

链接一：

北新泾街道正式发布"线上虚拟社区"

2021 年 9 月 24 日，北新泾街道第十二届公益伙伴日活动在新泾五村"宁聚里·吾爱家"党群服务站多功能厅举行。

此次活动旨在进一步推动社区数字化转型升级，加快建设有温度和归属感的公益"数字家园"，体现数字场景应用给居民生活带来的改变。活动

北新泾街道第十二届公益伙伴日活动现场

发布"北新泾e刻生活圈"小程序，这是一个面向所有生活、工作在北新泾人群的"线上虚拟社区"，将服务从家门口进一步延伸到屏幕前。在线上，可查看、预约辖区内各类场馆、载体、阵地的功能和服务；在线下，可上传、发布活动的最新信息和个性需求。

活动现场还为爱心企业和机构、公益社会组织颁发"慈善爱心奖""'十优'社会组织奖""公益伙伴奖"，并为"2021年公益基地"代表举行授牌仪式。

活动还发布北新泾《苏河源·社区创想节指南》手册，该手册结合北新泾社区创想节的实际案例和大量可操作的工具及方法，主要探讨社区活动管理原则、社区活动管理的关键成功要素、社区活动人员组织、社区活动执行、社区活动评估等内容。手册将发到北新泾街道各居民区居委干部的手中，为居民区自治活动和群众团队提供参考和指导，探索社区自治和15分钟社区生活圈建设的新路径。

链接二：

天山路街道"数字阅读空间"揭幕

2023年4月20日，天山路街道在金虹桥国际中心党群服务站举行"数字助力悦读 书香沁润天山"第十二届悦读节活动。

天山路街道图书馆内景

　　活动中，天山路街道以"文化＋科普"的形式，发布2023年度书香天山"十个一"项目，即举行一次揭牌仪式、打造一张"15分钟社区美好生活圈"科创悦读地图、组织一场科普电影公益活动、举行一个书单发布仪式、开展一次诗朗诵作品征集活动、开设一个春季诗朗诵训练营班、举办一场阅读讲座、签署一份战略合作协议、开展一次"天山阅读联盟优秀单位"表彰、举行一场赠书仪式，并依次进行展示和介绍。

　　与"天山阅读联盟"成员单位"帆书App"（原樊登读书）合作打造的数字阅读空间已经顺利落成，现场正式揭幕。

　　数字阅读空间位于天山路街道图书馆，设置数字化、智能化阅读专区，还可匹配开展相应的视频课程、翻转课堂等线下活动，切实打通全民阅读数字化的"最后一公里"。该空间内还同步设立"无障碍"阅读专区，增设手持式助视器设备、一键式智能阅读机、盲人专用电脑与盲文点字显器等可供视障、听障读者使用的无障碍文化服务设备，创造无障碍阅读环境，更好地满足残障人士的阅读需求。

　　作为全区首个打造无障碍数字阅读空间的街镇图书馆，天山路街道图书馆将推出更多形式丰富的阅读活动，如策划开展"学思践悟二十大　砥砺奋进新征程"系列主题阅读推广活动，与区、街道残联合作开展"聆听世界·书香助残"无障碍阅读活动，面向辖区所有读者搭建阅读、学习和交流的平台。

　　活动上还同步发布"15分钟社区美好生活圈"科创悦读地图及"科创百本书单"。

长宁区首台"便民服务自助预约机""登陆"周家桥

便民服务自助预约机

2023年初,周家桥街道引入全区首台便民服务自助预约机,居民通过新长宁慧生活平台,可以一键预约家政、维修、清洗等众多日常生活所需的上门服务。

自助预约大屏界面设计一目了然、字体也被放大,符合老年居民使用习惯。预约服务涵盖生活服务、物业服务两大类共26项便民服务,其中,预约量最高的当属生活服务类里的家政服务、家电维修、家电清洗等内容。

整个预约流程非常简单。居民需要维修抽油烟机,可以在生活服务里的"慧清洗"中找到油烟机维修,点击立即预约;根据屏幕显示,填写姓名、手机号、地址及期望上门维修时段,机器便会出现维修的具体价格,在提交预约订单后,居民的手机上便会收到预约短信,预约下单顺利完成,居民可以回家等待维修师傅们上门。考虑到部分老人不熟悉操作流程,现场还安排工作人员,贴心地帮助有需要的老人进行线上预约。

作为街道主要的便民服务阵地,中山公园地区的社区生活服务中心常设裁衣、修鞋、理发、家电维修、理疗等居民生活必不可少的"小修小补"服务,同时,依托便民"大篷车"直供服务、长者生活服务等方式,将"小修小补"延伸至辖区21个居民区,为街道构建"15分钟社区美好生活圈"充实民生底色。

除通过触摸屏一键下单外,居民还可以通过"新长宁慧生活"公众号底部嵌入的便民服务菜单栏,查看各类上门服务项目的简介和线上下单链接,让更多的居民可以足不出户预约上门服务。

全国网络市场监管与服务示范区评估认定座谈会

第三节 深化体制改革，突破成效显著

全国首个创建"全国网络市场监管与服务示范区"的城区

2016 年 12 月，长宁区召开网络市场监管与服务示范区创建启动仪式暨创建工作座谈会。这标志着长宁区成为全国首个创建该示范区的城区。2017 年 12 月，市场监管总局再次在长宁召开全国网络市场监管暨推进网络市场监管与服务示范区创建工作座谈会，对长宁示范区创建工作给予肯定，希望长宁区走在示范区创建工作的前列。2022 年 5 月，市场监管总局关于《网络市场监管与服务示范区创建管理办法》及其配套评估指标体系发布实施。区市场监督管理局落实相关要求，对标《全国网络市场监管与服务示范区创建评估指标体系》，结合创建工作围绕"放管服"改革形成的创新举措、创建成效以及亮点特色，形成自评报告。报告主要反映 2020—2021 年近两年本区网络市场发展规模、竞争秩序、消费环境、基础建设、网络市场监管与服务体系构建等方面情况。2023 年 2 月，顺利完成迎接总局评估认定实地核查工作。4 月，长宁区创建"全国网络市场监管与服务示范区"评估合格。5 月，长宁区获评"全国网络市场监管与服务示范区"。

上海市长宁区《关于创建"网络市场监管与服务示范区"总体方案》明确，围绕"放、管、服"，完善创业扶持条件和激励措施，改进网络监管方式，优化政府服务理念，推进社会共同治理。总体上，主要任务得到积极推进和有效落实。

行之有效的监管和服务模式基本建立。结合区域产业发展需求和综合监管要求，便利化服务举措形成长宁特色品牌，企业服务持续做优做实，"以网管网""数据管网""协同管网""信用管网"深入推进，线上线下一体化监管效能有效提高。

网络交易领域相关标准发布并实施。鼓励和支持互联网平台、网络交易经营者分类制定团体标准，及时填补互联网新经济、新业态标准空白。以团体标准加强网络经营规范实施效果良好，标准化建设工作机制作用有效发挥。

可推广的监管和服务经验初步探索形成。积极应对互联网新形势、新变化，主动适应平台经济发展规律，坚持发展和规范并重，在网络市场监管机制、制度、方式、方法等方面，探索形成一批具有可复制、可推广价值的经验做法。

一批头部、总部企业不断培育壮大。区内互联网企业共有 5000 多家，其中，拼多多、携程、春秋、爱奇艺（上海）、盟广信息等一批代表性企业集聚。美腕、百秋、怪兽充电、黑湖科技、西井科技等在线新经济企业蓬勃涌现，区域产业显示度不断增强。

自工作开展以来，长宁区持续深化网络监管机制创新、服务方式创新、社会治理模式创新，总结形成一批可复制推广的制度经验，发展成长一批具有影响力的头部示范企业。

下一步，长宁区将继续坚持谋发展、抓改革、促创新，勇担当、善作为，全方位持续加强网络监管和服务制度创新，推动区域网络经济高质量发展。

长宁区网络企业消费维权诚信联盟成立现场

链接一：

长宁区成立网络企业消费维权诚信联盟

2017年3.15国际消费者权益日主会场便民服务活动在兆丰生活广场举行，活动的主题是"网络诚信，消费无忧"。工作人员通过发放宣传资料、设立宣传展板、现场受理消费者投诉举报等方式，向市民宣传消费维权知识，维护消费者合法权益。

长宁区市场监管局与上海携程商务有限公司签订合作协议书，双方将致力于推进长宁区"网络市场监管与服务示范区"创建，实现政府部门与企业之间良性互动及社会共治，切实维护好消费者的合法权益。

活动现场，10家网络"长宁区网络企业消费维权诚信联盟"正式成立，同时，网络企业代表宣读网络诚信倡议书，各网络企业负责人们，纷纷表示要给消费者诚心、无忧的网络消费平台。网络企业代表倡议，辖区所有企业商家进一步增强社会责任感，合法守法经营，诚信公平竞争，营造长宁良好的消费环境。长宁区市场监管局将试点设置推广企业主营页面消费维权联络点，力求打造富有"线下线上并行"的网络消费维权新模式。

麦考林因其一贯坚持的严选精品原则，作为10家诚信网络企业代表之一，出席此次活动。麦考林（MecoxLane）是一家以会员营销方式为主、专注于为用户提供与健康美丽相关的产品和服务的多渠道多品牌零售和服务企业。麦考林成立于1996年，是中国第一家获得政府批准的从事邮购业务的三资企业，以1对1电话销售＋线上销售＋移动分享式营销，多渠道向消费者提供与健康美丽相关的高品质产品与服务，引领健康和美丽的生活方式。

助企扶持政策宣贯会现场

链接二：

长宁区市场监管局联合区商务委举办助企扶持政策宣贯会

2023年2月15日，长宁区市场监管局联合区商务委、市质量管理科学研究院在大虹桥营商中心共同举办助企扶持政策宣贯会。

本次活动是质量基础设施"一站式"服务窗口正式入驻大虹桥营商中心后举办的第一场企业集中服务活动。会上，区市场监管局解读《长宁区促进质量提升、品牌发展、知识产权运用的实施办法》。制定本办法的目的在于深入实施质量强区战略，充分发挥质量管理、品牌、计量、标准、认证认可和检验检测等工作保障和推动作用，加强知识产权运用，提升城区能级和核心竞争力，实现长宁区加快建设具有世界影响力的国际精品城区发展目标。

区商务委介绍《长宁区支持中小企业创新发展的实施办法》，旨在顺应上海建设具有世界影响力的社会主义现代化国际大都市发展要求，实现长宁区加快建设具有世界影响力的国际精品城区发展目标，进一步提升长宁区中小企业的核心竞争力。

市质量管理科学研究院演示质量基础设施"一站式"服务平台功能，激发企业深入推进质量提升、品牌发展、科技创新的积极性。

下一步，区市场监管局将充分利用质量基础设施一站式服务线上平台和线下窗口，积极开展质量宣传，做好质量服务，提升营商环境，为长宁区高质量发展提供有力支撑。

长宁区市场监管局成立"萤火虫"市场监管楼宇服务站

为深入贯彻落实习近平总书记考察上海重要讲话精神和考察长宁工作重要指示要求，充分发挥党建引领，把楼宇党建阵地打造成服务企业的前沿，2021年5月，长宁区市场监管局成立"萤火虫"市场监管楼宇服务站和志愿服务队，入驻全区40个重点楼宇营商服务专区，开展"营商翼小时"驻点服务。萤火闪烁微光，汇聚成星河，照亮前行之路，市场监管局"萤火虫"们用实际行动不断提高楼宇企业的获得感和满意度，为长宁区"四力四城"建设贡献力量。

2022年3月，随着疫情防控等级的提升，各支"萤火虫"市场监管志愿服务队积极配合属地街道、镇的安排，组织干部上门为商务楼宇里的企业分发抗原试剂，组织检测培训，督促其定期上报信息。4月封控开始后，又及时对接各商务楼宇，完成楼宇留守人员的名单造册，引导留守人员按

"萤火虫"们上门帮助做核酸

要求开展核酸检测，并做好物资保障和保供礼包发放工作。复工复产开始后，主动跨前一步，以"萤火虫"为平台，重点宣传上海市、长宁区政府和市场监管部门关于复工复产的工作要求和帮扶优惠政策，帮助解决和协调企业复工过程中面临的困难和问题，有针对性地提出指导性工作意见。同时，安排专人一对一、点对点地做好后续跟踪工作，形成闭环，确保企业提出的问题"件件有回音、事事有着落"。

各支"萤火虫"小队每年定期在路段商务楼开展"质量标杆开放日"活动，组织区长质量奖获奖代表及拟申报组织的质量负责人开展学习交流。先后开展"长宁区NQI联盟在行动"云上讲座、质量大讲堂、世界认可日宣传等各项活动，邀请专家为楼宇企业提供上门、进门服务。2022年，还联合区其他部门召开"在线新经济质量基础设施一站式线上服务平台建设"研讨会。

长宁区发布《电商主播直播用语规范》团体标准

2021年12月，《电商主播直播用语规范》团体标准启动，由长宁区广告协会发起，美腕、百秋、乐芙兰、拼量、彩贝壳、知定堂等6家企业共同参与并提出倡议，经现场调研、标准起草、意见征询、专家审定等环节，最终完成制定。2023年3月15日，6家企业代表共同签名发布该团体标准，并作出践行直播用语规范、共促直播行业发展的承诺和宣言。

《电商主播直播用语规范》团体标准发布仪式现场

直播团标的推出可以对法律法规中难以明确界定和规范的直播过程中的用语进行明确、清晰的要求和规范，能够对现行法律法规进行有效补充，也是对网络直播活动相关的政府规章与管理要求的细化展开，可以更好地规范直播营销活动中的主播言语行为，有利于网络直播活动的健康有序发展和科学规范运行，保障广大消费者的权益。

标准规定电商主播直播过程中涉及的不同环节直播用语的要求，包括直播开场与结束用语、直播互动用语、商品和服务的宣传用语、公益宣传用语四个方面。

长宁区坚持遵循市场规律，探索并建立"协会牵头组织、政府规范引导、企业广泛参与、社会监督反馈"的工作机制。标准引导制定过程中，支持行业协会等社会组织作为牵头组织方，并引入标准化专业技术机构，为团体标准的制定提供技术支撑；同时，鼓励企业充分发挥市场主体作用，自主制定、自主承诺、自主实施，并自我公开标准，接受公众监督。

长宁国资国企的改革、重组、转型

全面服务于区域经济社会发展大局，是国资国企始终不变的初心使命。十年来，长宁区国资委通过改革、重组、转型、"关停并转"、有进有退等，

江森自控（中国）投资有限公司

进一步优化国资布局，形成与区域经济社会发展相适应的国资布局结构，推动 90% 以上国有资产全面服务于城区基础设施建设、社区公共服务和优势产业发展。

助力区域经济稳增长，保持国有经济持续稳定健康发展，国有经济实力大幅提升。截至 2022 年底，区国资委直接监管企业 261 户，通过推进"关停并转"、改革重组、吸收合并等，比 2012 年减少 73 户。进一步压缩管理层级，实现四级企业的全面清理，基本形成以集团为核心、二级企业为主体的发展格局。国有资产规模保持稳定增长，国资系统围绕服务区域发展大局的核心目标，通过拓展业务范围、拓宽融资渠道、拓张经济载体等方式持续扩大国有资产规模，截至 2022 年底，资产总额达到 621.56 亿元，是 2012 年的 1.62 倍。国有经济发展质量效益稳步提升，所有者权益183.01 亿元，是 2012 年的 2.39 倍。国有经济保持安全可控，资产负债率70.6%，比 2012 年下降近 10 个百分点，资金链保持良好循环。

积极参与中、东、西重点区域开发，建成一批区域性、功能性、标志性重大项目。建成海粟文化广场、IBP 国际会议中心、缤谷大厦、中山大厦等各类经济载体，总建筑面积超过 54 万平方米。其中：江森自控亚太总部大楼获得三星级绿色建筑设计标识证书、LEED 铂金认证、上海绿色建筑贡献奖等荣誉；海粟文化广场获上海市优质工程（结构工程）金奖、三星级绿色建筑设计评价、LEED 金奖预认证等荣誉。服务于区域招商引

IBP 国际会议中心

资，引进南方航空、国货航、中航油、李宁集团、樊登读书会、电通集团等知名企业入驻楼宇。服务于区域城市更新战略，积极参与愚园路 1032 弄岐山村修缮工程、愚园路 1088 弄的"愚园公共市集"、"静雅武夷"城市更新、"人文新华"历史风貌改造等。其中，武夷路 320 号打造"武夷|MIX320"综合性生活服务商业体，武夷路 333 号成功引进工业互联网领域的龙头企业黑湖科技，武夷路 200 号已完成原皮肤病医院的改造置换和招商引资。服务于时尚创意产业发展，改造提升超 8 万平方米厂房资源打造"T 系列"创意主题园区，分别以"时尚＋科技""绿色时尚＆后街潮流""时尚＋服装服饰""创意企业生态圈"等为发展方向，配置多功能共享公共空间，并通过精巧布局贯通周围社区，为入驻企业和个人提供集创业、办公、休闲、社交于一体的优质空间。其中，T STAR 智尚园连续两次荣获"上海文化创意产业示范楼宇"称号，T CAT 创意园荣获 2022 年度 IDA 国际设计"荣誉奖"，T PLAY 数创园完成向数字化科技园区转型升级。服务于宜居城区建设，建成尚品华庭、安澜西郊二期、虹康昭晖苑、愚源名邸等住宅项目，建成晨品公寓、晨荟公寓等多个高品质公租房项目，提供 2170 套房源，在建的虹桥人才公寓、新泾镇 351 街坊 3 丘等 2 个租赁住房项目可提供房源超过 5600 套。

海粟文化广场

链接一：

海粟文化广场全面建成即将正式开业

2017年8月，海粟文化广场动工，2022年12月竣工。项目总建筑面积11.2万平方米，其中，办公面积5.14万平方米，商业面积1.66万平方米，文化面积9635平方米，是一个集时尚、艺术、生态为一体的商业办公综合体。

作为整合的城市空间，该广场融合自然绿色元素，"山峦层叠"的建筑形态和"云海山石"的视觉效果，是长宁区提升城市能级和核心竞争力，打造海粟文化艺术节区的重点项目和实事工程。

2022年，该项目先后获得上海市优质结构、上海市文明工地、三星级绿色建筑设计评价、LEED金奖预认证、上海市建设工程金属结构（市优质工程）"金钢奖"等殊荣，目前在进行"白玉兰"奖项的争创。

项目已成功引入国内知名企业李宁集团、帆书（原樊登读书会）及国际广告界巨头电通集团。其中，项目A栋4—9层引入"电通"这一头部4A广告公司，办公面积约1.4万平方米，将成为电通中国的新总部；B栋为李宁集团长三角总部，办公面积约2.2万平方米；C栋则为帆书（原樊登读书会）上海总部，办公面积约4200平方米。其他办公部分尚在招商中。

海粟文化广场对外开业后，会与武夷路、愚园路、新华路、番禺路等区域内沉淀的人文艺术及生活文化品牌进行再生重塑，通过文化元素导入提升商业品质，并辐射周边地区。长宁将再增一座城市公共文化生活新地标。

武夷路 MIX320 综合性生活服务商业体

链接二：

全力推进武夷路城市更新工作

武夷路街区，东起延安西路，西至中山西路，北起安化路南至延安西路，东西长约 1.7 公里围合区域，总面积约 1.1 平方公里，是全市 64 条"永不拓宽"的道路之一，拥有深厚的历史人文底蕴。

"静雅武夷"是长宁城市更新的重点项目之一，区国资委贯彻落实区委、区政府部署，推动国有企业全力参与武夷路城市更新，承担规划设计、部分道路开发维护、重点地块项目开发等工作。区国资委推动新长宁集团、九华集团、国资公司、东虹桥文化公司联合组建上海辰联建设发展有限公司，全力推进武夷路城市更新"千日计划"。

目前已打造完成武夷路 MIX320 综合性生活服务商业体，以"融合之地、潮乐坐标"为定位，"MIX"融合不同年代的沉淀、风格建筑、潮流业态及时尚跨界玩法，是武夷路城市更新中首个对外开放的大型项目，该项目荣获长三角城市更新贡献奖。2021 年 9 月，黑虎科技和长宁区签订战略合作协议，将总部由江苏南京迁入长宁，武夷路 333 号成功引进这家工业互联网领域的龙头企业，为中国智造贡献自身力量。为配合城市更新整体规划，武夷路 200 号业已完成原皮肤病医院的改造置换和招商引资，"静雅武夷"的形态、业态全面呈现。

链接三：

上海长宁万宏悦馨养老院正式启用

2022年10月28日，上海长宁万宏悦馨养老院启用仪式暨长宁区首批"养老院＋互联网医院"试点机构揭牌仪式举行。

万宏集团全称上海万宏工业投资（集团）有限公司，是一个以工业制造为主的企业，但在养老产业方面，万宏集团探索的脚步从未停歇。早在1996年，全

上海长宁万宏约馨养老院正式启用仪式现场

国的教育体制发生变化，原有属于职工福利的学龄前教育必须剥离，机缘巧合之下，万宏集团运用闲置的物业资源成立集团的第一家养老机构。2017年，万宏集团确立改革转型方向，与街道合作，将坐落在小区里的一家家工厂改造为养老机构，逐渐构建起一个"机构、社区、居家"深度融合的社区嵌入式养老服务体系，实现从"工业制造"到"养老"的成功转型。万宏集团从顶层设计确立"五悦协同、三维融合、五位一体"的"535"战略定位，提出"做家门口的养老服务，让老年人家里家外都有幸福"的使命愿景，更深入地践行"用心守护，做有温度的养老"，积极打造"万宏养老"和"悦"系列"1+5"组合品牌（悦馨、悦膳、悦养、悦康、悦诚），致力于将自身打造成为"养老服务、老年餐饮、适老化产品、教育培训、运营管理输出"五大业务板块协同发展的养老服务集成商。

2020年，万宏养老集团被授牌成为上海市首批高校养老服务类专业实习实训基地，2021年，"万宏嵌入式养老服务管理标准化试点"被纳入上海市标准化试点项目。万宏养老成为长三角国资养老产业联盟、上海市养老服务行业协会的合作单位，主办"2021长三角国资养老研讨会"，建成上海市首批高校养老服务类专业实习实训基地，被纳入上海市标准化试点项目，在上海和长三角地区国企养老行业形成一定影响力。

新长宁集团以改革促整合，打造"六慧"服务品牌

为进一步提高物业服务水平，2018 年 9 月起，新长宁集团物业板块历经近 5 年的改革整合，逐步完成大楼物业、仙霞物业、新程物业、天山物业股权优化改革，实现国有全资化，瑞创物业、瑞强物业、遵义物业等多家物业公司合并重组，大楼物业转型为城市运营公司。最终，10 家物业公司整合为 5 家——新华物业、华阳物业、仙霞物业、新程物业、城运公司，在方位上形成"东、中、西"的板块整体布局。

5 家物业公司分工配合，在功能上初步构成"411"框架，即 4 个民生保障型物业企业。东部（新华、华阳物业）侧重提升花园住宅、历史保护建筑管理服务，探索物业＋城市更新。中部（仙霞物业）侧重做强物业党建品牌，推行智慧物业，探索物业＋生活服务。西部（新程物业）侧重提升售后公房管理水平，探索物业＋社区治理。1 个竞争类物业企业（瑞创物业），实施激励机制改革，深度参与物业行业市场竞争，丰富管理业态，打造区域性物业管理标杆品牌，探索物业＋商业地产服务商。1 个城运公司，打造集呼叫中心、应急中心、电梯维保中心、企业运行指挥中心、智慧物业开发为一体的城市运营平台。

新长宁集团创新实施"红色物业"惠民行动计划，全市首创"物业服务＋养老服务"居家社区养老模式。发挥下属物业公司多元灵活、安全可靠、就近便利等优势，持续整合社区优质资源，将拓展至社区养老服务领域，推出慧居家、慧助餐、慧照料、慧改家、慧加美、慧家园"六慧"服务品牌，解决老年人"急难愁盼"问题，该模式作为全区乃至上海物业先进案例，被写入上海市十五届人大常委会十五次会议文件，并被新华社刊发报道。

老人们在进行水仙花培植制作活动

新泾集体经济合作社揭牌仪式

长宁区新泾镇集体经济高质量发展

新泾镇的发展历程是上海郊区从农村逐步融入城市的历史缩影。新泾镇农村集体经济形成雏形后，经历农业生产合作社、人民公社、新泾乡、新泾镇各个不同时期，具有明显时代特征的管理体制。进入21世纪以后，随着新泾镇城市化的快速推进，形成以镇级集体企业为主、个别村级集体企业为辅的经济格局。

1953年，新泾地区成立农业生产合作社，部分资产在劳动生产时成为集体所有，形成集体经济的雏形。1959年，新泾人民公社成立，下设11个生产大队、86个生产队。该时期，在公社、大队、生产队三级所有制为基础的基本经营管理制度下，集体经济主要为农业生产和牧、副业生产为主。1970年起，每个大队发展了大队企业，部分生产队开始发展队办企业。1987年，新泾撤销人民公社，成立新泾乡经济联合社，乡级层面形成农业、副业、工业、房产开发公司，逐渐出现乡级联营、合资合作、中外合资等各类型的企业。1992年7月，新泾镇从上海县整建制划入长宁区，城市化推进速度逐步加快，集体经济走上快速发展的道路。1993年，上海鑫达实业总公司（以下简称"鑫达总公司"）成立，行使新泾集体资产经营管理权，伴随着城市化的深入和市场经济的完善，集体经济由第一、二产业逐步向第三产业的租赁业转变，资产结构发生根本性变化。2016年，新泾镇农村集体经济组织产权制度改革完成，2017年1月，上海市长宁区新泾经济联合社（以下简称"经联社"）揭牌运行，集体经济从此踏上法制化、规范化的发展之路。

通过产权制度改革，新泾镇摸清集体资产底数，从法律上明确集体资产归属于全体集体成员，使得集体成员真正享有集体资产收益。同时，新泾镇也借产权改革的契机，推动历史矛盾的解决，为社会平稳和集体经济进一步发展奠定基础。

新泾镇集体经济组织在做好传统产业的同时，也积极谋求转型发展、产业升级和业态调整。

在临空经济园区建设过程中，鑫达总公司引入众多符合园区产业定位的企业，坚持发展引入航空服务业、信息服务业等新型产业，2014年引入的各类企业所产生的综合税收超过10亿元；鑫达总公司与同仁医院合作建设"医养结合"和医学培训基地项目；荣贸公司结合"补短板"整治和业态调整工作，引入上海长宁贝尔幼稚园；2021年，鑫达总公司在临空经济园区购置厂房，引入生物科技公司，产生税收每平方米超过1万元。

新泾镇集体企业通过持续引入有创新力、能产生高经济收益的优质新型企业，逐步形成租赁带动产业、租赁提升产能的新发展模式，主营收入稳步增长，2021年，镇集体企业收入达到3.8亿元，比五年前接近翻一番。

集体经济高质量发展的目的之一是实现收益普惠共享，造福广大成员群众。2017年改革成立以来，新泾经联社的年分配总额从3473万元增长到10584万元，年均增长20.42%；年分配单价从73元/份增长到222元/份，年均增长20.36%。

"人民城市人民建，人民城市为人民"，通过产权制度改革，新泾镇农村集体全体成员真正参与了镇级集体资产的管理，也享受了集体资产的收益，成为集体资产的主人。

链接一：

新泾镇率先在上海中心城区六镇之中
完成镇级集体经济组织产权制度改革

在区委、区政府的领导下，在市农委的关心指导下，新泾镇全面贯彻落实党的十八大、十八届三中、四中、五中、六中全会和习近平总书记系列重要讲话精神，积极探索、实事求是、深入基层、反复调研、有序推进，以发展壮大集体经济为目标，以改革组建新型集体经济组织为重点，以加强集体资产经营管理为核心，按照区推进改革领导小组的要求，认真贯彻落实《长宁区新泾镇集体经济组织产权制度改革实施方案》，于 2016 年率先在上海中心城区六镇之中完成了镇级集体经济组织产权制度改革，取得了阶段性成果。

上海市长宁区新泾集体经济合作社第一届成员代表大会第一次会议 11 名理事成员合影

上海市长宁区新泾集体经济合作社第一届成员代表大会第一次会议 49 名成员代表合影

从 2014 年开始，新泾镇遵循"尊重历史、依据政策、实事求是"的原则，结合新泾镇实际，探索性地起草镇级产权制度改革实施方案、代表产生办法，研究分析改革中可能引发的各类矛盾，拟定工作进程、宣传提纲、集体经济合作社章程、议事规则等相关政策文件资料，为进一步推进镇级产权制度改革，确立明确的目标和方向。新泾镇党委、镇集资委领导对合作社改革发展提出了三点要求：一是坚持改革创新，继续做好排头兵、领跑者；二是坚持经济发展，利润不断增加，红利持续增长；三是坚持和谐稳定，党建引领，集体企业健康发展。2016 年底，新泾镇农村集体经济组织产权制度改革顺利完成，上海市长宁区新泾经济联合社（以下简称"经联社"）揭牌运行，集体经济从此踏上了法制化、规范化的发展之路，解答了新泾镇 20082 位农村集体成员挂心的镇级集体资产"归谁所有、由谁管理、让谁受益"的问题。通过产权制度改革，新泾镇建立和完善新泾镇集体经济组织自主管理的现代企业法人治理结构，使集体企业成为市场经济的主体。七年来，经联社累

西郊国际金融产业园

计分配收益金额达 6.17 亿元，分配单价从 73 元 / 份增长至 222 元 / 份，力保经联社成员获得长期稳定的集体产权制度改革成果，成为上海市集体经济发展的典范。

链接二：

西郊国际金融产业园正式开园

西郊国际金融产业园位于剑河路，毗邻虹桥国际机场和虹桥交通枢纽，于 2018 年 12 月开园，是新泾镇集体经济组织以集体经济转型为发力点、推动镇域产业结构调整为目标，实现产业升级的区域典范，也是虹桥国际中央商务区长宁片区金融产业重要载体。

为响应长宁区委区政府关于鼓励金融机构集聚、服务实体经济、优化产业生态、大力发展金融服务业的号召，新泾经联社在镇人民政府的支持下，主动利用绿谷别墅资源积极筹建金融园项目。

金融园项目计划投放 63 幢约 1.5 万平方米别墅资源，目前一期项目已全部完成招商，实体入驻企业 20 家，注册型企业 55 家，管理资金规模超 500 亿，2022 年 1—6 月共有 26 家企业产税 915.63 万元，实现集体资产的保值增值，贡献大量税收。

为了引进优质金融企业，新泾镇为金融园配备专业的物业和招商团队，同时在政策、平台、设施、服务等各方面提供完善的配套措施。政策配套方面，入驻企业可同时享受《长宁区支持金融服务业发展和金融科技创新的实施办法》《上海虹桥商务区促进现代服务业发展的政策意见》《新泾镇集体经济支持长宁西郊金融园建设九项举措》等文件提供的优惠。在平台配套方面，享受上海虹桥商务区和长宁区金融业产业联盟提供的机遇。在设施服务配套方面，金融园周边的大量集体物业楼宇提供便利，金融园区内外设有专业的企业家俱乐部、文化中心等服务设施。

在此基础上，新泾镇进一步提升战略，计划建立以西郊国际金融产业园为核心的"虹桥资产管理走廊"，放大"虹桥牌"效应，涵养"江南韵"文化，展现"滨水带"魅力，加快提升营商环境品质能级，打造服务实体经济和创新创业的现代金融产业集群。

链接三：

新泾镇营商服务中心正式启用

2023年2月1日，虹桥国际中央商务区新泾镇营商服务中心正式授牌并落成启用，"虹桥人才荟"新泾镇人才服务分中心正式授牌。

新落成启用的新泾镇营商服务中心，坐落在鑫达商务广场内，上下两层近900平方米，拥有鑫天地党群服务站、共享书吧、咖啡吧、免费健身区、白领食堂、银行等配套设施。该商务广场距离虹桥国际机场、火车站约15分钟车程，临近临空经济园区，也是虹桥国际中央商务区新泾镇营商服务中心、长宁税务十三所、临空市场监管所等政府办事机构的办公所在地。

新泾镇将把整体入驻鑫达广场的营商服务中心作为重要的招商和对外服务窗口，精准对接企业需求，积极回应企业期盼，助力企业在新泾热土上落地生根，发展壮大，创造更多新成就。

新落成的服务中心集"政策宣传、业务受理、投资洽谈、人

新泾镇营商服务中心

才服务以及举办'两新组织'党建主题活动、企业沙龙"等功能为一体，是立足东虹桥片区、面向长三角的综合性惠企暖才服务阵地和宣传窗口。中心将在政府与企业之间架起沟通桥梁，定期开展互动沙龙、人才服务培训及园区政策、商务服务政策等宣讲。

当天，"虹桥人才荟新泾镇分中心"正式授牌。以本次授牌为契机，新泾镇营商服务中心将更加充分地依托虹桥国际中央商务区的区位优势，着力完善人才服务链，在营商服务、人才服务、党群服务等软环境改善上精耕细作，更好地推动惠企暖才工作与"两新组织"党建工作紧密融合，致力成为联系服务大虹桥乃至长三角优秀人才的专业平台。

链接四：

上海鑫达实业总公司举行 30 周年主题活动

2023 年 2 月 28 日，新泾镇集体企业——上海鑫达实业总公司在位于虹桥国际中央商务区的鑫达广场举行 30 周年主题活动。

活动在介绍上海鑫达实业总公司 30 年奋斗历程的宣传片中拉开序幕。1993 年 2 月，鑫达实业总公司成立。30 年来，鑫达实业面向市场、开拓转型：开始是农牧业，后来转为乡镇工业，再由仓储业变成楼宇经济。

上海鑫达实业总公司脱胎于新泾乡经济合作社。最初十年中，鑫达顺应时代的浪潮，大胆探索，为乡镇企业产业结构调整建立托管平台，为千余农村剩余劳动力谋出路，找岗位，解决后顾之忧；第二个十年里，响应国家机构改革"政企分设"的号召，鑫达把握经济转型发展的形势，稳扎稳打，在优化治理结构和运行机制的同时，托底保障城市化进程，全面焕发生机和活力；第三个十年间，随着深度城市化的推进和产权

上海鑫达实业总公司 30 周年主题活动现场

制度改革的完成，鑫达再次主动转型，着力提升楼宇经济产业效能，在兼顾集体经济发展与收益共享共同富裕的新长征路上，饮水思源，积极回馈，充分发挥集体企业领头雁的作用。

鑫达实业在镇级集体资产处置方面走出自己的道路。公司率先在上海郊区成立集体经济中外合资企业、上市公司、房地产开发公司、涉外酒店、大型仓储企业……引领新泾全镇较早实现由农牧经济向产业经济、产业集聚的历史性转变。

十年来，长宁区历次机构改革……

2012年以来，长宁区共经历三次比较重要的机构改革。

2015年3月3日，长宁区举行创新社会治理加强基层建设推进大会暨机构改革揭（授）牌仪式，分别为全区街道党工委、街道社区党委、街道行政组织党组、区党建服务中心和街道（镇）社区党建服务中心、街道（镇）社区综治中心、街道（镇）城市网格化综合管理中心进行揭（授）牌，标志着长宁区贯彻落实市委2014年一号课题精神，从方案制定阶段正式转入整体实施阶段。

改革后变化在于，取消街道招商引资职能，不再设立相应考核指标和奖励，街道经费支出由区政府全额保障，推动街道工作重心转移到社会治理。街道党政内设机构为"6+2"模式，根据本区实际增设社区发展办公室和干部人事办公室。新建城市网格化综合管理中心和社区党建服务中心。

2016年2月24日，长宁区群团改革试点工作部署会暨2016年党的建设工作会议召开。大会深入学习贯彻中央和市委党的群团工作会议有关精神，部署长宁区群团改革试点工作，对2016年全区党建工作重点任务进行部署。会议强调，要深刻认识群团事业是党的事业的重要组成部分，深刻认识群团组织自身存在的一些突出问题，深刻认识群团改革是一次深刻的自我革新。把思想和行动统一到中央、市委的决策部署上，切实增强改革的思想自觉和行动自觉。

为贯彻落实市委、市政府批准的《上海市长宁区机构改革方案》，2019年2月25日，长宁区召开区机构改革动员会，明确区机构改革的任

图解 上海市长宁区机构改革方案

1 建立健全和优化区委对重大工作的领导体制机制

2 加强区委职能部门的统一归口协调管理职能

● 区委组织部统一管理区委机构编制委员会办公室

● 区委组织部统一管理公务员工作

● 区委宣传部统一管理新闻出版、电影工作

● 区委宣传部统一管理对外宣传、新闻发布、精神文明建设工作

● 区委统战部统一领导民族宗教工作

● 区委统战部统一管理侨务工作

《上海市长宁区机构改革方案》展图之一

务书路线图，对全面推进改革进行动员部署。会议强调，要增强政治意识和大局观念，深刻认识机构改革的重大意义，把改革组织好、落实好、完成好；要进一步明确要求，准确把握好突出加强党的全面领导，突出以人民为中心的发展思想和突出体现优化协同高效的总体原则，重点抓好转隶组建、部门"三定"等主要任务；要进一步压实责任，提高政治站位，加强协调配合，严明纪律要求，切实保障机构改革稳妥有序。

会后，印发《上海市长宁区机构改革方案》。方案包括建立健全和优化区委对重大工作的领导体制机制；加强区委职能部门的统一归口协调管理职能；优化区委工作党委设置，设置区区级机关工作党委，区社会工作党委与区委组织部、区教育工作党委与区教育局、区卫生健康工作党委与区卫生健康委员会、区建设和管理工作党委与区建设和管理委员会合署办公；调整优化区政府机构和职能。因地制宜设置机构，如设置区金融服务办公室、区地区工作办公室等。机构改革后，长宁区共设置党政机构42个，其中，纪检监察机关1个，区委工作机关12个，区政府工作部门29个。

新泾镇人大探索试行"年度政府实事项目票决制度"

2022 年 12 月 29 日，新泾镇第二十届人民代表大会第二次会议召开。

大会听取和审议新泾镇人民政府 2022 年工作报告，审查和批准关于新泾镇 2022 年预算执行情况和 2023 年预算安排的报告，听取和审议新泾镇人民代表大会 2022 年工作报告，通过新泾镇政府工作报告、财政预算报告和镇人大工作报告的决议，表决通过新泾镇人大办公室主任，确定 10 项 2023 年新泾镇政府实事项目。

会议上，代表们围绕全面推进

2023 年新泾镇政府实事项目表决票

序号	项目名称	是否列为实事项目（打"√"）
1	创新建设生境博物馆	
2	新增 1 个生境花园	
3	提升三个宁聚里（XIN 邻驿家）党群服务站	
4	实施"美好社区公益创投"项目	
5	实施美丽楼道等群众需盼求的"家门口工程"项目	
6	启动实施周家浜滨水步道贯通提升项目	
7	落实区任务指标，推动既有多层住宅加装电梯建设	
8	实施 32 万平方米精品小区建设	
9	提升 3 个家门口服务站（社区为老助餐点）	
10	落实区任务指标，实施居家环境适老化改造项目	
11	启动新泾镇基层武装教育基地建设	
12	建设新泾镇社区综合为老服务分中心	

填写说明：请选出最符合新泾人民对美好生活向往的 10 个实事项目，在相应栏目处打"√"。

新泾镇人民代表大会
2022 年 12 月 29 日

2023 年新泾镇政府实施项目表决票

"绿色新泾、精品小镇、善治社区、乐活家园"建设，对镇政府、镇人大报告中今年的成绩与明年的任务、措施作出评价，提出建议意见；从工作实际出发，聚焦群众最关心最直接的问题，积极反映社情民意，建言献策。

新泾镇人大首次探索试行"年度政府实事项目票决制度"。镇人大代表对 12 个备选项目进行无记名投票，最终票选决出 10 项与人民群众利益最密切相关的实事项目，项目充分体现全局意识、普惠原则和新泾特质。具体包括：创新建设生境博物馆、新增 1 个生境花园、提升三个宁聚里（XIN 邻驿家）党群服务站、实施"美好社区公益创投"项目、实施美丽楼道等群众需盼求的"家门口工程"项目、启动实施周家浜滨水步道贯通提升项目、推动既有多层住宅加装电梯建设、实施 32 万平方米精品小区建设、提升 3 个家门口服务站（社区为老助餐点）、实施居家环境适老化改造项目。

长宁区消防窗口正式入驻长宁区政务服务中心综合窗口

2023年4月，长宁区消防窗口正式入驻长宁区政务服务中心综合窗口，标志着上海市注册消防工程师办理和长宁区公众聚集场所投入使用、营业前消防安全检查两项业务全面融入区政务服务中心综合窗口，市民办证、开业变得更加便捷、高效。

原长宁区消防窗口位于长宁消防救援支队（定西路999号窗口），业务相对比较单一，纳入长宁区政务服务中心综合窗口后，群众办事无需在多个部门之间来回跑，办事效率大幅提升。

本次在长宁区行政服务中心和长宁区大数据中心整建制并入区城运中心的机构改革契机下，长宁区消防窗口入驻长宁区政务服务中心综合窗口，引入全市注册消防工程师办理和区公众聚集场所投入使用、营业前消防安全检查两大业务。区消防窗口会融入区政务服务中心OSM标准化现场管理体系，与区市场监管局、区建管委等部门联合办公，实行一体化管理。本次消防窗口入驻将提供"进一扇门办好更多事"一门式服务，充分发挥长宁政务服务"店小二"作用。

引入长宁区政务服务中心综合窗口的两大消防业务均可全程网办，真正实现"让数据多跑路、群众少跑腿"。例如，市注册消防工程师办理按网上预审、受理材料邮寄收取、网上审核、邮寄送达证章流程，"四步走"

长宁区政务服务中心综合窗口

实现全程网办。区公众聚集场所投入使用、营业前消防安全检查业务受理和《消防安全检查意见书》发放，可在"一网通办"全程网办。从"最多跑一次"到"一次不用跑"，从线下"一窗受理"到线上"全程网办"，以数字赋能营商环境创新提升，进一步推动"一网一门一次"改革，深化"互联网+政务服务"。

2

第二章
稳步推进民主法治建设

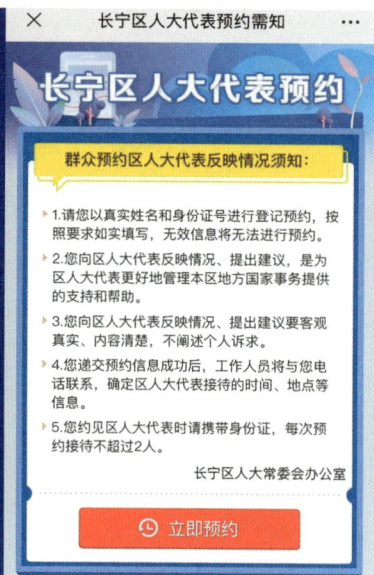

长宁区群众预约人大代表反映情况须知

第一节　加强和改进党对人大、政协等工作的领导

长宁区人大扎实推进人大代表"家站点"建设，畅通社情民意表达和反映渠道

　　人大代表之家、人大代表联络站、人大代表联系点（以下简称人大代表"家站点"）以及与之相配套的网络是全市各级人大代表联系人民群众的平台，具有联系服务人民群众、宣传党的路线方针政策、协助宪法和法律法规的实施、推进基层社会治理、开展代表履职活动等功能。自 2019 年开始，区人大常委会逐步推进人大代表"家站点"阵地建设，实现全区全覆盖的目标任务，并于 2020 年出台《长宁区人大常委会关于"人大代表之家"建设的指导意见》，把加强和规范人大代表联系人民群众平台建设，作为坚持和完善人民代表大会制度、加强"代表机关"建设、夯实代表工作的重要内容和举措，人大代表"家站点"正成为实践全过程人民民主的重要阵地。

人大代表联络站宣传资料

目前，围绕"八有"（有场所，有人员，有制度，有计划，有活动，有记录，有展示，有资料）建设标准，全区共建成209个"家站点"，其中，代表之家10个，代表联络站19个，代表联系点180个，所有街镇均建立代表之家和代表联络站，所有选区均设置代表联系点，部分高校、楼宇、园区创新设立代表巡回接待点，近400名全国、市、区、镇四级人大代表均驻家、驻站、驻点，打通代表联系群众的"最后一公里"。

人大代表"家站点"稳步运行。通过召开交流会、座谈会、知情知政通报会等形式，强化代表履职学习，帮助了解区情、社情，发挥学习培训的作用；组织代表对区政府中心工作、群众关心的热点难点问题进行专题研讨，研究提出代表建议，发挥交流互通的作用；组织代表向选民报告履职情况，形成代表履职痕迹，代表履职记录可查询、可检索，接受选民群众的监督，发挥履职交流的作用；通过代表接待日活动，每季度组织开展代表联系人民群众，以及每年两次的市、区代表集中联系社区活动等，倾听群众呼声，归集分析社情民意，为党委、政府重大决策提供民意支撑，发挥收集社情民意的作用。巩固和运用代表与人民群众"十联系"好经验，线上线下相结合拓展联系方式，继续实行"二维码"双向约见，畅通代表联系选民渠道。截至目前，利用"家站点"平台共有7514人次的人大代表参加接待人民群众16632人次，及时回应群众的意见建议2560条。区人大常委会将意见梳理、分类、汇总后，形成"按类别分建议、按意愿听意见、按节点抓反馈、按实效促督办"的全过程建议办理机制。以"家站点"绩效评价工作为契机，研究制定《关于人大代表"家站点"示范平台创建行动方案》并召开专题推进会，以"评"提"效"，进一步提升人大民情民意表达平台、载体的功能。2022年，共有55家"家站点"获得市、区级示范平台称号。

紧扣提升代表联系人民群众能力主题，不断开拓创新。利用"家站点"平台功能，开展代表对政府民生实事项目评议，通过与民生实事项目评议的结合，把人大监督工作与社区自治共治相结合，完成10个街镇代表组专题调研活动，形成调研报告，推动人大制度优势转化为城市治理效能。由区人大主办、各街镇人大工作机构承办，在"家站点"每月举办一期"代表论坛"活动，通过积极发挥代表专长和资源优势，以代表主讲、线上线下结合、全体代表参加的形式，进一步帮助代表提高政治站位、加强履职交流、提升履职能力。编印《人大代表履职学习参考》作为代表之家代表参阅资料，为代表掌握法规制度、了解区情区政提供帮助。在建好实体"家站点"的同时，探索"线上"互联，增强"家站点"整体效应。开发代表联系选民"二维码"发放选民，并将"二维码"制成海报在家"家站点"平台和事务受理中心、文化活动中心等居民活动场所展示。选民在平台各点通过扫码，进入"菜单式"的代表约见平台，经过街镇人大工作机构专职干部的双向沟通协调，形成最终的约见单。鼓励街镇在做好"共同课目"的基础上，积极打造特色品牌。如：虹桥街道的代表履职"服务厅"；新泾镇人大将代表联络站延伸至临空经济园区，代表带着项目进园区，为企业白领提供专业化服务；江苏路街道在创新开展政府民生实事项目评议，总结"提议定办评"五步法，经验被市人大推广；程家桥街道设立商务楼宇中的代表联系点，组织有经济专业背景的代表开展联合接待等。努力培育更多密切代表联系人民群众的特色亮点，助力打造全过程人民民主最佳基层实践地。

链接一：

扫个二维码就能约见人大代表，长宁人的问题这样解决

2023年4月22日，长宁区人大常委会向各街镇"人大代表之家"统

长宁区人大常委会向各街镇"人大代表之家"统一授牌

工作人员实地检查公园内部分座椅

一授牌，标志着全区人大代表联系群众"家站点"平台建设进入一个新阶段。

2022 年，长宁区人大在新华路街道和天山路街道探索开展选民约见代表"二维码"试点工作，取得一定的成效。市民只需通过手机扫码进入预约界面，填写相关预约信息，点击提交按钮，完成预约。专职干部收到短信后，可以马上在人大代表网上确认预约信息，然后联系代表，促成双方见面，解决问题。

长宁区各街镇人大工委都根据自身特点，因地制宜，积极建设"家站点"平台，不断提升"连心桥"的服务能级。全区"家站点"已经全面实现从无到有的网点建立；各平台规范的接待流程、丰富的活动和不断完善的制度，也让"家站点"正从有到优迈进。下一步，长宁区人大将根据市人大要求，进一步探索建立"家站点"平台建设和运行情况的绩效评价体系，进一步更新完善各"代表之家"的内容、制度和功能。

链接二：

仙霞新村街道荣获 2022 年度人大代表 "家站点"市级示范平台

2022 年，市人大常委会组织开展人大代表"家站点"绩效评价工作。仙霞新村街道荣获 2022 年度人大代表"家站点"市级示范平台称号。

在"家站点"向人大代表反映意见建议要注意些什么？要事先了解些

仙霞新村街道人大代表联系点工作职责及约见代表二维码

什么？首先，需要了解人大代表的职责。向人大代表反映情况、提出建议是人民群众的权利，但是要客观真实、实事求是、内容清楚。其次，代表联系人民群众收集到的意见建议，人大街道工委经汇总整理后按照分级分类原则，转送有关部门研究处理，跟踪了解意见建议处理情况，及时向代表和人民群众反馈。对于人民群众普遍关心的重大问题和重要事项，人大代表通过代表议案或代表建议形式提出，切实推进相关问题解决。此外，还可以积极参与人大代表集中联系社区活动。该项活动一般一年两次在"家站点"开展，集中联系社区活动会邀请人民群众围绕相关主题向人大代表提出意见建议。

人大仙霞新村街道工委将继续探索基层人大践行全过程人民民主的新路径，积极推进人大代表"家站点"做深、做细、做实，凸显人大代表了解民情、反映民意、集中民智方面的作用，打通代表联系群众"最后一公里"，使"家站点"成为人大代表常态化履职服务群众的重要阵地，优化法治供给，攻坚治理难题，服务民生需要，让人民群众感受到人大代表就在身边。

链接三：

打通"最后一公里"，家站点平台呈现新气象

人大代表之家、人大代表联络站、人大代表联系点以及与之相配套的网络是全市各级人大代表联系人民群众的平台。近年来，市、区人大常委会相继出台了加强和规范人大代表联系人民群众平台建设的指导意见，作

人大代表与选民双向约见会

为坚持和完善人民代表大会制度、加强"代表机关"建设、夯实代表工作的重要内容和举措。

2023 年 6 月，全区共建成 209 个"家站点"，所有街镇均建立代表之家和代表联络站，所有选区均设置代表联系点，部分高校、楼宇、园区创新设立代表巡回接待点，代表联系群众的触角不断向"最后一公里"延伸，"家站点"成为代表联系人民群众的窗口，服务人民群众的阵地。比如，江苏路街道结合街区、社区、园区、楼宇集聚的网格特点，在社区事务受理服务中心等服务项目集中、人员流动密集的点位，因地制宜推出代表联系点，丰富人民群众身边的"民主渠道"。

为了进一步拓宽代表同人民群众联系的渠道，区人大常委会探索在"家站点"设置代表和群众双向约见"二维码"，只需通过手机扫码进入预约界面，填写相关预约信息，点击提交按钮，就能完成预约。天山路街道作为先行试点的街道之一，第一时间在辖区进行了普及。平日经常在虹桥公园早锻炼和休闲的附近居民刘阿姨，通过微信扫"二维码"反映"虹桥公园内部分座椅和厕所内的用具损坏，影响整体环境和居民休闲"的情况。天山路街道人大工委从线上接到情况反映后，第一时间联系、安排人大代表接待，代表及时向区职能部门反映。区绿化市容局知悉后，迅速前往虹桥公园实地检查，现场给出答复，并很快更新了设施。刘阿姨感慨："这个扫码快得不得了，问题也马上就解决了，谢谢！"

长宁区政协着力拓宽履职平台，扎实推动政协协商向基层延伸

人民政协是社会主义协商民主的重要渠道和专门协商机构，在推动协商民主广泛多层制度化发展方面发挥着重要作用。自 2015 年起，依托区委领导下每月一次的"两代表一委员"联合接待工作机制，区政协充分发挥党建引领作用，从长宁实际出发，积极探索委员"履职在街镇"工作，扎实推进委员工作站建设，服务、参与、推动基层协商民主建设，深入践行全过程人民民主理念。

委员"履职在街镇"活动小组是区政协着力用好协商这一"看家本领"、组织引导广大委员参与基层社会治理的重要平台。区政协机关根据委员的工作特点、专业特长，打破界别与专委会的限制，将委员分别编入 10 个委员"履职在街镇"活动小组下沉各街镇，由中共党员委员或律师委员分别担任各活动小组正副召集人，并为每组配备 1 名处级干部和 1 名机关联络员，从活动方式、协商重点、服务内容等方面加强协调指导。2020年 7 月，区政协党组牵头，区政协办联合区委办、区委组织部、区地区办，共同印发了《关于规范委员"履职在街镇"活动小组工作方案》，要求委员切实发挥"宣传员、服务员、协调员、监督员"作用，以协商制度优势助力基层社会治理，着力增强基层协商意识、规范协商程序、养成协商习惯。同时，也出台了《区政协主席会议成员联系政协委员参与基层社会治理工作安排》，建立健全主席会议成员分工联系街镇联络组（站）的工作机制。

2020 年，区政协分别召开部门街镇、委员、机关联络员三个层面座谈会，规范相关活动，推动 10 个活动小组围绕社区治理难点、民生实事、自治共治议事规则、法律法规等 4 大类 15 个议题开展协商。区政协鼓励引导广大委员聚焦具体协商议题，积极参加小组活动，进一步加深了委员对基层工作的了解，激发了委员的为民情怀与使命担当，也推动建立了一批基层共治自治的协商规则。例如华阳活动小组围绕 396 弄路管会项目，虹桥活动小组围绕建立黄金城道街区守则，仙霞活动小组围绕建立业委会工作指引，组织委员中的律师、高校社会工作专业教授参与、帮助、指导建立体现公约和章程，形成了可复制、可推广的指导基层自治的有效做法，

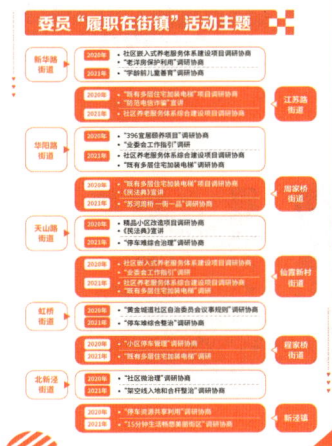

委员"履职在街镇"活动主题

为基层群众共治自治开辟了新的路径和方法。

在此基础上，根据市政协统一部署安排，区政协认真落实习近平总书记"协商于民、协商为民"的指示要求，围绕把政协制度优势转化为治理效能，大力推进政协委员工作站建设，推动在沪全国政协委员、市政协委员、区政协委员落组进站、协同履职。2021年，长宁区10个街镇全覆盖成立政协委员工作站。2022年，在区委支持下，所有街镇分管党建工作的党（工）委副书记当选为区政协委员，并担任工作站召集人，另外配备2位中共党员委员或律师委员担任副召集人。工作站自成立以来，坚持问需于民、问计于民、问效于民，聚焦"苏河华政湾'吾百家园'"等社区治理类、"愚园路1088弄城市更新"等城市更新类、"一刻钟便民生活圈""打造开放式养老社区"等民生实事类年度协商议题，共开展履职活动50余次，组织全国、市、区政协委员深入社区一线、倾听民情民声，有效破解了基层议事难题。通过不断深化实践，委员与群众"双向参与"的渠道更加畅通，"有事好商量"的生动局面得以更好构建，政协参与基层社会治理的探索实践迈出了坚实的一步。

为打通委员联系群众的"最后一公里"，提升政协协商实效，区政协全面走访调研各街镇，积极整合资源，进一步延伸委员联络点，与新华路街道、江苏路街道、华阳路街道等联手探索建立委员议事厅、工作室，推动"点"向园区、楼宇、党建网格延伸，努力培育更多协商民主的特色亮点，助力打造全过程人民民主最佳基层实践地。

长宁区首批政协委员工作站揭牌仪式

链接一：

长宁区首批政协委员工作站揭牌

2021年8月26日，长宁区政协举行政协委员工作站揭牌仪式暨三级政协委员协同参与基层社会治理活动。上海市政协副主席钱锋、区政协主席温新华、区委副书记陈华文等出席会议，与市、区政协各位领导共同为江苏路街道、华阳路街道、周家桥街道、虹桥街道政协委员工作站揭牌，这也是长宁区首批揭牌成立的政协委员工作站。在此之后，区政协陆续完成10个街镇工作站的挂牌成立，实现区内全覆盖。

同年3月，区政协召开委员"履职在街镇"工作推进会，贯彻落实市政协《关于推动政协协商与基层协商有效衔接，更好发挥政协制度优势和治理效能的指导意见精神》，围绕"履职在街镇·共治惠民生"年度调研协商活动作出全面部署。4月下旬至6月中旬，各街镇履职小组分别召开情况通报会，由街镇牵头通报15分钟社区生活圈建设和民心工程面上推进情况；开展一系列调研活动，通过座谈、走访等多种形式了解项目推进情况及困难问题。

政协委员工作站挂牌成立后，区政协坚持围绕中心服务大局，指导各工作站深入开展协商议政、政策宣讲、读书学习、服务群众等工作，持续深化年度调研协商活动，助力街镇有效运用民主协商方式和程序，推动民生工程落地落细。全国、市、区政协委员全面落组进站，依托工作站平台，深入了解各街镇工作推进中存在的共性问题、提出工作建议；深入了解社区群众所需所想，以全过程民主促民生、集民智、聚民心。

华阳活动小组参与 396 宜居颐养项目推进会

链接二：

从"三不管"到"一起管"，聚焦长宁 396 弄转变之路

为更好发挥政协协商助力基层治理的效能，华阳路街道政协委员工作站聚焦基层治理难题，着眼颐养宜居街区建设，积极打造"长宁路 396 弄路管会"社区治理协商的优秀案例。

长宁路 396 弄位于华阳路街道辖区北侧，由于不是市政道路，且路幅狭窄，弄内始终存在人车混行、交会通行不便、停车困难等问题，一直受到周边居民群众的高度关注，为解决弄内管理难题，成立路管会被街道提上议事日程。

为解决群众急难愁盼的民生事，聚焦推进政协协商与基层协商有效衔接，以路管会项目为切入点，区政协委员严嫣、黄晨熹、洪冬英等全程参与这一协商试点项目。一方面，委员们与街道工作组、居委会、第三方社会组织共同探讨路管会成立的法理性、民主性和规范性建设，多次为路管会委员构成及公约、章程等文书起草提供意见建议；另一方面，委员们积极参与居民代表的协商讨论会，与居民代表一起讨论议题，给出专业建议，确保与会人员的平等广泛参与、会议程序的有序高效。委员们的参与把政协协商制度化、规范化、程序化的经验，带到了基层一线，让基层协商更加顺畅。在各方的共同努力下，396 弄内的居民、商户、机构有了自己的协商议事平台，路管会也明确接下来的努力方向。

基层声音"提上来"，委员形象"树起来"

2022年8月10日，江苏路街道政协委员工作站开展协商调研活动，聚焦年度协商议题"愚园路由路及弄城市更新"，围绕愚园路1088弄城市更新瓶颈问题开展协商交流。近20名市、区入站政协委员与街道代表协商互动，围绕挖掘历史文化内涵、打造名人弄堂、延续文化活力、强化以人为本、营造商业生态、加强活动宣传、加快整体融通及充分利用数字化技术等方面积极建言献策。

为了进一步发挥好工作站作用，江苏路街道揭牌成立"和美"议事厅，进一步促进工作站与街道特色平台的融合，促进协商议事与读书学习、联系群众等功能的融合。议事厅成为委员听取基层呼声、发挥政协力量的重要阵地。

同时，为更好发挥工作站优势、拓宽委员履职渠道，区政协探索设立"宁识"委员工作室。工作室由区政协委员领衔，旨在落实好"协商于民"各项要求，畅通党和群众的连心桥，积极推进政协"站厅室"的建设，发挥委员专业优势，树立委员良好形象。会上，区政协党组书记、主席洪流为首个"宁识"委员工作室授牌。洪流介绍，区政协取长宁的"宁"和凝聚共识的"识"组成"宁识"，与"宁读"形成系列品牌，将以学习筑牢初心、以初心引领协商、以协商凝心聚力，在长宁更好凝聚共识。

区政协主席洪流（右）为汪兆军（左）委员领衔的工作室授牌

作为首批挂牌成立的工作站，江苏路街道委员工作站共有全国、市、区政协委员共35名，涉及21个界别。工作站积极发挥委员主体作用，倾听民声民意，贡献政协智慧，极大地整合延伸了政协协商的治理效能。

长宁区侨界艺术节——喜迎二十大活动

文化凝聚侨心，服务汇聚侨力

长宁区有着丰富的侨务资源，是归侨侨眷、华侨华人和港澳台同胞居住较为密集的地区之一。2004年，长宁区侨联举办首届侨界艺术节，此后每两年举办一次，至2022年已举办至第九届。

长宁区侨界艺术节自创办以来，参与面、覆盖面不断扩大，内容和形式持续拓展，广受侨界欢迎和喜爱，形成弘扬中华文化、广泛凝聚侨心的活动品牌。长宁区侨联以侨界艺术节等为载体，丰富侨界精神文化生活，不断增强文化自信和民族自豪感，助力筑牢海内外中华儿女共同的"根魂梦"；侨界艺术家和艺术爱好者当好中国声音、上海形象的传播者，积极推动中华文化走出去，为增强中华文化的影响力、感召力作出贡献。

10多年来，艺术节的主题涉及共襄世博盛举、庆祝改革开放40周年、庆祝党的十八大、十九大和二十大胜利召开、"侨与中国梦"等，主办方从最初的侨联一家单位扩大到区人大侨民宗工委、区侨办、区政协港澳台侨委、致公党区委和区侨联等五家单位，参与面从社区侨界群众发展到全区广大归侨侨眷和海外侨界代表性人士，内容从文艺演出延伸到书画摄影展、艺术沙龙、文化讲座等多种形式的系列活动。侨界艺术节的主题紧扣形势、方法不断创新、领域不断拓展、内涵不断做深，已经成为长宁侨界的一次艺术盛会，成为长宁区侨务工作的一个品牌。

长宁区第九届侨界艺术节内景展览

　　弘扬中华文化是侨联的职能之一，文化艺术是凝聚侨心的重要方式和载体。长宁区侨联深入学习贯彻习近平总书记关于做好新时代统一战线工作的重要思想，关于侨务工作和文化建设的重要论述，坚持充分发挥中华优秀文化的作用，以侨界艺术节等为载体，弘扬民族精神和时代精神，不断增强侨界人士的文化自信和民族自豪感，不断增进海内外中华儿女大团结，不断铸牢强国复兴中国梦，营造弘扬中华文化、广泛凝聚侨心的浓厚氛围，激荡奋进新征程、建功新时代的强大能量。同时，通过侨艺节，不断整合资源和力量，丰富侨界群众的文化生活，展示侨界群众的精神风貌。长宁的侨界艺术家和艺术爱好者，自觉做中国声音、上海形象的传播者，推动中华文化"走出去"，不断增强中华文化在世界的影响力、感召力，为增进中外友好和民心相通作出积极贡献。

链接一：

奋进新征程，建功新时代，献礼二十大

——长宁区侨界艺术节启动

　　2022年9月17日，由致公党长宁区委、长宁区人大侨民宗工委、长宁区政协港澳台侨民宗委、长宁区侨联等联合主办，由天山路街道党工委、天山路街道侨联、长宁文化艺术中心和羽瓦台书法馆协办的长宁区第九届侨界艺术节启动仪式在羽瓦台书法馆举行。本次艺术节活动以"奋进新征

第八届侨界艺术节闭幕式活动现场

程、建功新时代"为主题，策划"喜迎二十大　掌间展党史"铜章展、"我和我的祖国"海外华侨艺术家书画展，组织参与"美好与感动"上海侨界摄影作品展、"根魂梦　奋进曲"主题征文等丰富多彩的系列活动。

长宁区侨界艺术节已经成为"以侨为桥"团结服务广大侨胞、展现侨界艺术家艺术创造和精神风貌的重要平台，同时也是长宁区提升长宁国际知名度和美誉度，讲好"长宁故事""上海故事"的重要品牌，希望不断加大宣传力度、创新传播方式、扩大覆盖范围，把长宁侨界的风采展示出去。

艺术节活跃了长宁侨界的文化生活、展示了长宁侨界的精神风貌，激发了海内外侨界人士爱国爱乡热忱，增强了文化自信和民族自豪感，营造了弘扬中华文化、广泛凝聚侨心的浓厚氛围。

链接二：

长宁区举办第八届侨界艺术节闭幕式暨"深入人心"主题教育活动

2020年12月29日，由长宁区侨联牵头，区人大侨民宗工委、区政协港澳台侨民宗委、区侨办、致公党区委，"五侨"联合举办长宁区第八届侨界艺术节闭幕式暨"深入人心"主题教育活动。

长宁区侨界艺术节主题紧扣形势，方法不断创新、领域不断拓展、内涵不断做深，已经成为长宁侨界的一个品牌，能够进一步弘扬核心价值，

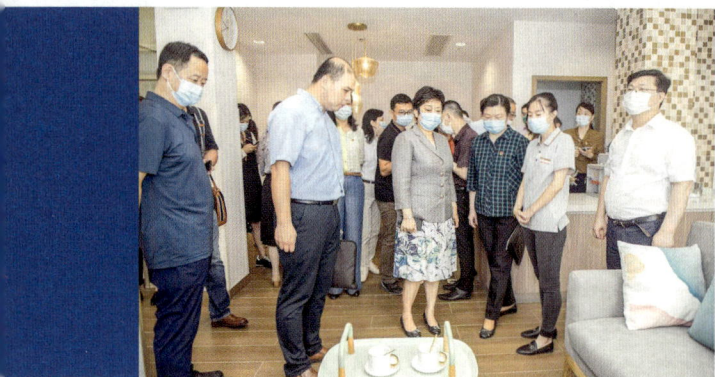

市、区领导视察早期归侨居住环境适老化改造项目

激发民族自豪感，加强文化交流，发挥侨界独特优势，结合学习教育，积累实现中国梦的巨大能量。

2020年侨界艺术节先后开展"亲情中华 同心抗疫"书画展、"疫情下的真情"摄影比赛，全区各街道（镇）侨联，教育、卫健侨联联络组以及广大侨界人士积极参与。闭幕式上，市、区领导向获得摄影比赛三等奖、二等奖、一等奖的侨界人士，以及获得组织奖和优秀组织奖的单位颁发荣誉证书。

此次侨界艺术节的压轴活动是"深入人心"主题教育活动。这个主题活动既是落实市委区委和市侨联关于开展党史、新中国史、改革开放史、社会主义发展史"四史"学习教育及统一战线史、华侨华人史学习教育活动的具体举措之一，又是市侨联机关党委、中科院上海硅酸盐研究所两个党支部和区侨联党组联学共建的一次活动。活动以音乐的形式让大家重温历史，唤起时代记忆，唱出家国情深，弘扬中国精神。

链接三：

长宁区深入推进早期归侨居住环境适老化改造项目

长宁区深刻领会新形势下做好为侨服务工作的重要意义，重点聚焦早期归侨群体，调动各方面各领域的积极性，有针对性地开展"点亮心愿"早期归侨居住环境适老化改造项目，切实把实事项目做细做实做好，极大提升侨界老年家庭的获得感和满意度。

2021年，长宁区委统战部、区侨办积极开展"我为群众办实事"实践活动，以全市侨务系统推广"点亮心愿 早期归侨居住环境适老化改造项目"为契机，协同联动各方，实践促学，认真推进为侨服务实事项目走深走实，努力将党史学习教育成果转化为侨胞叫好的民心工程。

区委统战部为改造项目宣传搭建统战平台，利用召开年度全区 70 多家单位参加的统战系统培训班契机，由区侨办主讲介绍早期归侨适老化改造项目补贴政策，在全区范围内广泛宣传，实现"党务培训也讲民政工程类政策补贴操作实务"的工作转变。

根据市里首批试点街道名单，长宁早期归侨居住环境适老化改造项目于 2021 年 3 月在全区 6 个街道同步开展，7 月后实现全区覆盖。全区 120 名在册早期归侨中，经街镇全口径排摸，最终 14 户早期归侨家庭向区侨办提出改造申请。除 2 户因家庭特殊原因终止外，其余 12 户全部完成适老化改造。与全市各区早期归侨家庭改造项目数量做比较，长宁项目数位居全市第一。早期归侨居住环境适老化改造项目，不仅实现居住环境功能性、安全性的双提升，更为侨界老年家庭带来实实在在的便利和幸福。

长宁区召开 2022 年社区矫正委员会全体（扩大）会议暨党的二十大维稳安保动员部署会议

2022 年 7 月 22 日，长宁区召开社区矫正委员会全体（扩大）会议暨党的二十大维稳安保动员部署电视电话会议。

会上，区社区矫正委员会副主任、区司法局党委书记、局长林子岳部署党的二十大期间本区社区矫正和安置帮教维稳安保工作实施方案，区社区矫正委员会办公室主任、区司法局副局长谢健通报部署区矫正委年度工作，区法院、公安分局、江苏路街道、新泾镇代表分别作交流发言。

会议要求，一是提高政治站位，强化责任担当。以政治建设统领全局，进一步深化区社区矫正委员会体制机制建设，切实把制度优势转化成治理效能。各成员单位要高度重视，切实履职，进一步压实组织领导责任，压实具体岗位责任，压实督促指导责任。二是夯实防控基础，落实具体举措。以实现"五个坚决不发生、一个确保"为维稳安保的总体目标，不断增强思想自觉、政治自觉和行动自觉，抓早抓小，坚持以最高标准、最强措施、最严要求有效落实各项维稳安保任务。三是聚焦创新驱动，追求高质量发

长宁区召开社区矫正委员会全体（扩大）会议现场

展。立足区域实际，争当精于实践的示范者、创新发展的引领者、区域合作的推动者，持续保持社区矫正对象连续五年零再犯、众扶协会作为5A社会组织等方面的比较优势，推动工作创新突破，为建设更高水平的平安长宁和区域社会治理创新再创佳绩、再立新功。

会议同时下发《长宁区社区矫正和安置帮教2021年工作总结和2022年工作要点》《关于做好党的二十大期间本区社区矫正和安置帮教维稳安保工作的实施方案》等文件。

长宁区向来重视社区矫正工作，如组织开展"社区矫正系列论坛"，用专家学者的视角叙述社区矫正工作的发展历程，拆解治理、法治等视角下的社区矫正工作；召开执法工作协调会，推动各成员单位共同探索新的领域、新的平台、新的措施，实现数据共享、信息输送、系统搭建等；举行社区矫正与安置帮教业务培训，在紧扣重大安保节点、落实常态长效督导检查、创新社区矫正与安置帮教上下功夫。做好社区矫正工作更需要整合各方资源，群策群力，专门力量和社会力量相结合，宽严相济，打好"组合拳"，让更多的特殊人群更好地融入社会。

长宁区坚持总体国家安全观，把安全发展贯彻城区发展各领域全过程，始终以"建设上海政治环境最安全、社会环境最稳定、法治环境最公平、社会心态最健康的城区之一"为目标，以推进社会治理现代化为突破口，

司法电动车配发仪式现场

以政治强引领、法治强保障、德治强教化、自治强活力、智治强支撑，着力解决影响国家安全、社会稳定、人民安宁的突出问题，努力为市域社会治理现代化提供"长宁方案"。

链接一：

长宁区举行社区矫正管理局揭牌暨司法电动车配发仪式

2021年1月14日，"上海市长宁区社区矫正管理局"揭牌仪式在长宁区社区矫正中心举行。

仪式上，宣读中共长宁区委编委《关于同意设立上海市长宁区社区矫正管理局的批复》。

会议针对社区矫正工作提出要求，一是要提高站位，开启新征程。围绕长宁十四五规划，确保工作始终围绕中心服务大局；立足长宁社区矫正工作实际，全力以赴推动基层基础工作再上新台阶。二是要对标对表，开拓新思路。以习近平法治思想为统领，持续提升执法规范化水平；发挥社区矫正委员会作用，积极打造多部门协同作战的新格局；加强基层队伍建设，持续增强基层执法力量。三是要稳中求进，开创新局面。强化科技支撑，深入探索智慧矫正信息平台的开发利用，将社区矫正的信息纳入区域"两张网"建设，全面提升长宁社区矫正工作水平。

会议强调，一要紧紧依靠党的领导，确保把党的领导贯穿社区矫正的各方面和全过程；二要强化工作规范运行，努力实现矫正安帮工作政治效果、法律效果、社会效果的有机统一；三要全面加强队伍建设，为做好矫正安帮工作打造更加有力的队伍支撑。

长宁区社区矫正管理局的挂牌成立，体现党对社区矫正工作的坚强领导和依法推进社区矫正工作的坚定决心，为下一步全面依法、规范有序开展社区矫正工作强化组织保障。

链接二：

华阳路街道成立"凝心家园"团队

针对如何调整好心态积极面对疫情等社会需求，华阳路街道完善建立健全党群服务中心"平急转换"机制，建立起"凝心家园"关心关爱和心理疏导团队。

"凝聚力"书记工作室

"凝心家园"团队由人民调解员、"凝聚力"书记工作室带头人、第三方心理服务团队、"两新"组织党组织等组成，同时囊括上海梦晓心理辅导支持中心党支部的心理咨询师、长宁区青少年事务工作站党支部、长宁区矫正社工站党支部的党员志愿者等专业力量。

上海梦晓心理辅导支持中心是一家专业从事心理健康支持和心理健康文化普及的5A级社会组织，拥有自主研发的24小时心理支持情绪疏导平台和100多个面向不同人群、不同心理需求的心理服务类产品。上海梦晓心理辅导支持中心党支部为辖区提供心理疏导，畅通倾诉渠道，帮助民众在注重身体防护的同时，适当采取有效措施调适心态，减轻负面情绪带来的负担，打赢抗击疫情战斗中的"心理病毒"。

"凝聚力"书记工作室充分发挥党组织书记的"传帮带"作用，不断总

长宁区天山路街道未成年人保护工作站

结疫情之下在基层社区治理创新方面的成功经验，共同出谋划策，提升党建引领下的应急处置能力、动员社会的能力，打造政治和心理素质全面过硬的应急处置带头人队伍。

长宁区矫正社工站主要为辖区内社区矫正对象提供教育矫正、心理矫正、社会适应性帮扶等服务。长宁区社区矫正中心成立启扉心理工作室，11名具有心理咨询师资质的社工担任工作室成员，通过心理测量、心理访谈研判对象存在的问题及需求，提供针对性的心理健康教育、心理辅导与咨询等服务。防疫期间，矫正社工的党员志愿者们除了参与社区防疫，也利用专业优势在社区开展心理调适和集中培训。

链接三：

全区首家未成年人保护工作站成立

为进一步关爱辖区内18岁以下未成年人的成长，营造更加和谐、安全、稳定的成长环境，天山路街道于2021年7月打造全区首家未成年人保护工作站（以下简称"未保站"），其中汇集"医、食、住、乐、伴"于一体的"全方位""全天候""全年龄""全功能"一站式关爱服务。

天山路街道"未保站"结合辖区实际情况，探索建立"八个一"标准设置（即有一支工作队伍、一个活动场地、一个服务窗口、一个议事场所、一套制度流程、一本服务台账、一套工作档案、一面展示墙）和

"1+1+18+X"的天山模式（即1个未成年人保护站、1个临时照料点、18个居民区儿童之家和X家辖区企业），为辖区未成年人搭建集"预防、发现、干预、帮扶、持续跟踪"等于一体的未成年人社会保护服务和转介平台，如为低保家庭孩子制定个性化的帮扶方案，请大学生志愿者每周末开展"一对一"课业辅导，帮助监护缺失的未成年人联系心理咨询服务，通过及时的心理干预改善孩子的心理状态等。

除此之外，"未保站"还通过开展春日希望、夏日缤纷、秋日分享、冬日展望的"四季关爱"活动，整合专家资源库、公益资源库、法务资源库、社工资源库的"四库建设"，集合信息汇集共享中心、全面保护促进中心、应急处置协调中心、临时照护兜底中心、社会力量整合中心的"五个中心"，打造童爱、童创、童心、童剧、童治"五大品牌"，形成具有天山特色的未成年人关爱保护"四五加倍"工作法。此外，在"随申办"长宁和天山旗舰店上线全市首个"未成年人关爱平台"，开辟"绿色通道"，提供多样化、专业化服务，全方位保障未成年人健康成长。

全市首个退役军人服务站站长智慧管理屏在新华路街道上线

2023年4月20日，新华路街道举行军地党建联建签约仪式暨庆祝海军节主题集会。全市首个退役军人服务站站长智慧管理屏于会上正式上线运行。

为深入推进双拥创建工作，巩固军政军民团结的大好局面，新华路街道与中国人民解放军海军特色医学中心、海军第九〇五医院进行党建联建签约。本次党建联建签约在巩固街道和医院此前结对共建成果的基础上，充分考虑双方工作特点、资源优势，将围绕新华路街道"15分钟社区美好生活圈"建设，持续强化党建引领，探索建立"15分钟双拥共建圈"，通过建设党建联建创新圈、智慧双拥优待圈、军民互动融合圈、便民医疗健康圈、养老服务幸福圈、文化活动品质圈、国防科普宣教圈、帮困结对公益圈，让特色双拥服务15分钟即达、人文优待政策15分钟即享。

会议强调，要紧紧围绕"创建全国双拥模范城"这一工作目标，保持双拥创建"六连冠"的优势。要统一思想、提升站位，充分认清新时代双拥工作的重要地位和作用，深入谋划和推进基层双拥工作，为开创长宁现

全市首个退役军人服务站站长智慧管理屏在新华路街道上线

代化建设新实践提供有力支撑；强化担当、提质增效，进一步彰显特色、营造氛围，打造新华路街道"党建引领＋社区服务＋致力提升"新模式，做好品牌宣传，讲好双拥故事，厚植拥军优属新风尚；整合资源、齐抓共管，做好双拥创建任务目标分解，激发双拥公益联盟的积极作用，高标准完成创建迎检工作。

为进一步扎实推进双拥工作数字化转型，本次活动正式发布新华路街道退役军人服务站站长智慧管理屏。站长智慧管理屏依托前期建设的"迷彩公园"数字化拥军平台，通过归集站点后台工作数据，使站长"一屏观天下"，可即时掌握本社区退役军人优待和服务的整体情况，避免重复、遗漏，推动基层退役军人服务站提质增效。

站长智慧管理屏上线后，居民区退役军人服务站可以将精力主要用于约占20%的老、弱、病、残、困等重点退役军人群体的服务和优待；可将工作重心由考核向支撑转变，帮助基层站长履职尽责，实现基层减负，提高基层工作效率。

本次活动中，新华路街道还对双拥食堂进行授牌，为驻地部队边海防官兵开通"迷彩公园"优待权限，中国人民解放军海军特色医学中心、海军第九〇五医院、上海创宏建设集团有限公司、上海嘉创建材贸易有限公司、上海潮汕建筑劳务有限公司等，向拥军优属基金会捐款。

2023年4月23日是中国人民解放军海军成立74周年纪念日。主题集会上，新华路街道还准备了文艺表演，向驻地部队官兵和广大退役军人致以节日的美好祝愿和诚挚慰问。

华阳路街道成立长宁区首个双拥行业联盟

双拥咖啡馆一角

2023年4月18日，"纪念人民海军成立74周年·海军第九〇五医院苏河湾义诊活动暨华阳路街道双拥行业联盟成立授牌仪式"举行。活动中，华阳路街道的双拥食堂、双拥咖啡馆、双拥车站正式挂牌成立。

本次挂牌的双拥食堂位于安化路492号，是颇受居民欢迎的社区食堂；双拥车站是百年公交20路中山公园终点站；双拥咖啡馆是位于苏州河华政步道的馆下1575咖啡馆。现役军人、退役军人、优抚对象凭相关有效证件在双拥食堂和双拥咖啡馆，可享受"八一"折优惠。双拥车站除了给军人提供相关服务外，也将成为街道双拥工作的重要阵地，其工作人员中的退役军人和党员将发挥双拥模范带头作用，参与到街道拥军优属的志愿工作中。

为弘扬拥军优属、拥政爱民的光荣传统，巩固发展新时代军政军民团结，大力营造爱国拥军的浓厚社会氛围。华阳路街道以深化新时代"凝聚力工程"建设为引领，整合社区优质资源，以辖区内餐饮商家、为老服务机构、慈善公益团体、便民服务中心等单位为主要成员，构建起华阳路街道双拥行业联盟，这也是长宁首个双拥行业联盟。

活动中，华阳路街道为华阳安化路社区食堂、上海巴士第一公交公司八车队、苏河馆下1575咖啡馆、长宁支路社区食堂、华阳慈善超市、星儿艺术生活馆、生活服务中心、敬老院、社区综合为老服务中心等联盟单位颁发双拥行业联盟成员单位证书。未来还将吸引更多社会资源参与到拥军优属工作中来。

仪式现场颁发"故乡指导员"聘书

链接二：

新泾镇成立全区首家"故乡指导员关爱工作站"

2013年5月12日，全区首家"故乡指导员关爱工作站"在新泾镇揭牌，这标志着新泾镇的特色双拥品牌活动"故乡指导员"将迈上新征程，持续加强新兵"征兵期、服役期、返乡期"全时关注、全程关爱。

"故乡指导员"是新泾镇坚持28年的双拥工作特色项目。此次新泾镇成立"故乡指导员关爱工作站"旨在把这项特色工作做得更加细致。一方面深化内涵，但凡新泾籍青年参军以后，作为"故乡指导员"的武装部干部、居民区书记及优抚干部就会跟踪指导，关心他们的成长，做到十必：入伍必学、当兵必讲、标准必定、有疑必达、有信必回、有难必解、有错必帮、有功必奖、回乡必访、退伍必迎。另一方面将工作向驻镇部队延伸拓展，"故乡指导员"可以到驻地部队探望，带去父老乡亲对他们的关心和期盼，并积极为军属排忧解难。坚持平时不忘子弟兵、节日关心子弟兵，做到逢年过节必访、重要节点必访、需要支持必访。

在新兵入伍前，新泾镇的"故乡指导员"都会及时联系入伍新兵，到其家中走访慰问，了解他们在工作、生活、家庭等方面是否有困难，尽心协调解决，切实做到新兵未离家、服务送上门，把关心关爱送到他们心坎上。新兵离家后，他们也会与新兵家庭结成对子，定期上门走访新兵家庭，排忧解难；定期与新兵联系，聊家乡事、聊训练生活中遇到的困难，缓解新兵心理压力；主动与新兵所在部队沟通，了解掌握新兵的思想动态和实际表现，扎实做好各项服务保障工作，确保让新兵安心、家长放心。

当天的揭牌仪式活动现场，新一批"故乡指导员"代表领受聘书。

"好八连双拥微展厅"落地愚园路原好八连驻地

"好八连"双拥微展厅内景

2023年5月24日，江苏路街道在愚园路原好八连驻地举办"南京路上好八连"命名60周年纪念活动暨"好八连双拥微展厅"落成仪式。

活动现场，街道相关负责人介绍愚园路红色文化双拥一条街和此次好八连双拥微展厅的建设情况，并与愚一小学向红分校、"南京路上好八连"、融通地产（上海）有限责任公司就愚园路红色文化双拥一条街建设进行军、地、校、企签约共建。随后，"南京路上好八连"代表为愚一小学向红分校学生代表授旗，成立"小八连"队伍，校社资源进一步融合。

为纪念延安双拥运动80周年和"南京路上好八连"命名60周年，江苏路街道与"南京路上好八连"携手打造的"愚此共阅好八连 见字如面"双拥微展厅也在活动中揭幕，微展厅图文并茂地展示60年来"好八连"的诞生、获得的荣誉，以及与江苏路街道共建的军民鱼水情。

当天活动还邀请"南京路上好八连"命名后的第一任指导员王经文、现役战士张义龙和退役士兵宁凯，通过线上和线下相结合的方式回忆他们在好八连的峥嵘岁月，讲述好八连精神对自己的人生影响。

此次通过展厅展览的形式开展爱国拥军宣传，既丰富了愚园路红色文化双拥一条街的建设内涵，又加深了"南京路上好八连"与江苏路街道的双拥情谊。未来，街道将继续用好双拥微展厅平台，进一步整合校社资源，开展形式多样的红色活动，将好八连精神传承下去。

区公安分局民警带领平安志愿者在社区开展巡逻

第二节　深入推进依法治区工作

平安长宁：建设更具韧性的安全城区

长宁区始终坚持总体国家安全观，紧紧围绕区第十一次党代会提出的"全力建设更加具有韧性的安全城区"目标，以政治强引领、法治强保障、德治强教化、自治强活力、智治强支撑，全力推进市域社会治理现代化，着力解决影响国家安全、社会安定、人民安宁的突出问题，切实把安全发展贯穿到城区发展的各领域、全过程，努力把长宁区建设成为上海政治环境最安全、社会环境最稳定、法治环境最公平、社会心态最健康的城区。

长宁区着力构筑城区安全预防体系，织密治安防控网，深入推进扫黑除恶专项斗争，持续加大对黄赌毒、盗抢骗等违法犯罪活动打击力度，成功侦破一批有社会影响力的大案要案，滚动排查、挂牌整治治安重点地区和薄弱小区，群众安全感满意度明显提升。

在社会治安整体防控体系建设中，长宁区大力推进"智能安防"建设，精准布局街面巡逻防控体系，实现精准指挥、快速反应、有效处置。社会治安离不开每一位市民的积极参与，长宁区积极创新群防群治组织动员新模式，依托"平安马甲"线上平台和"平安橙"平安志愿者卡通形象，推出主题表情包和相关文创产品有效"圈粉"，年均发动近10万人次平安志愿者主动参与到平安建设中。

在建设安全城区过程中，长宁区坚持和发展新时代"枫桥经验"，深化平安长宁建设协调机制，推动平安实事项目落地见效。规范化推进综治中心建设，发挥平台集成作用，与城运中心实现一屏展示、同台指挥。同时，各街镇综治中心发挥机制集成作用，按大部制设置平安创建室、信访调解室、人员管理室、公共安全室，实现制度、职责等"六个统一"。

在"区—街镇—居村"三级调解网络全覆盖基础上，长宁区完善交通、医疗、涉校等行业性、专业性调解平台实体化运作，并依托派出所、司法所、律所"三结对"合力攻坚矛盾纠纷，健全项目化推进人民调解、行政调解、司法调解"三调联动"机制，巩固提升了矛盾纠纷排查化解实效。

专业化推进社会心理体系建设也是"平安长宁"建设一大亮点。长宁区发挥全国社会心理服务试点地区先发优势，于2019年在全市率先成立区心理服务促进会，全面建成1区中心、10街镇、185个居民区心理服务站点，依托线上"80110808"心理服务公益热线和线下4家心理咨询社会组织，开展及时、普惠的心理服务，全方位做优做强"心防"特色品牌。

链接一：

长宁区蝉联"全国平安建设先进区"称号

2017年9月19日，中央政法委、中央综治委在北京召开全国社会治安综合治理表彰大会。会上，对2013—2016年度全国综治工作先进集体和先进工作者进行表彰。上海市长宁区蝉联"全国平安建设先进区"称号，获中央综治委表彰。

2013年以来，长宁区始终牢记习近平总书记关于平安建设重要指示精神，始终聚焦"建设上海安全程度和法治环境最好城区"工作目标，始终坚持专项治理与"四个治理"紧密结合，全面实施平安长宁升级版建设，荣获上海市平安示范城区，并蝉联全国文明城区。

坚持系统治理，打造立体化、信息化社会治安防控体系，在全市率先建成整合 9 大基础平台 47 类数据的平安建设信息管理系统，率先构建社会心理服务体系"心防"工程，"两抢一盗"等刑事案件持续下降。

全国平安建设
先进县(市、区、旗)
2013—2016
中央综治委

长宁区蝉联"全国平安建设先进区"称号铭牌

坚持依法治理，获评全国"六五"普法先进区、法治宣传教育先进区，构建"1+2+3+X"区域化大调解体系，率先建立公职律师制度，推动 77 个重大决策、项目稳定风险评估，合适成年人参与制度被《刑事诉讼法》吸收。

坚持综合治理，依托党建引领，搭建区域自治、共治、综治平台，培育并涌现一批社会治理明星社会组织、一批居民区共建平安自治品牌，在全市率先成立见义勇为、执法保障基金，建立 5 万人"平安马甲"队伍，群防群治实现线上线下深度融合。

坚持源头治理，三级综治中心建设成为全市样板，建立"平安指数"评价发布体系，深化社区警务改革试点，社会治理"四化"水平不断提升，有力服务保障区域经济社会发展大局。

链接二：

长宁区第一届平安卫士颁奖活动举行

2018 年 9 月 21 日，长宁在区艺术文化中心举行第一届"平安卫士"评选颁奖暨平安长宁系列微视频上线发布仪式。大会以视频短片、现场采访等形式，展示十名长宁"平安卫士"平凡而感人的先进事迹。

近年来，长宁区广大政法综治系统的干部群众，深入推进平安长宁、法治长宁和过硬政法队伍建设，涌现出一批信念坚定、服务人民、敢于担当、甘于奉献的"平安卫士"。

长宁区首届"平安卫士"评选颁奖宣传
海报

为大力宣传长宁平安建设取得的丰硕成果，进一步打造长宁"平安文化"建设品牌，为表彰在法治长宁、平安长宁建设中作出重要贡献的先进典型，鼓舞士气、凝神聚力，为夺取"长安杯"，增强人民群众的获得感、幸福感、安全感，长宁区委政法委、区综治委组织开展第一届平安卫士评选宣传活动。经区政法各部门、武警执勤一支队、区综治委各成员单位、各街镇推荐，通过"上海长宁""平安长宁""长宁法宣""警民直通车长宁""长宁检察在线""上海长宁法院"等投票评选和评审组审核确定，最终产生长宁区第一届平安卫士人选，他们中有全国模范人民调解员"春风化雨"陈凤英、扎根基层从警25年的"鹰眼警长"郭敏、执行果断措施强硬的"铁腕法官"张青等共10名"平安卫士"。为加强正面激励，弘扬社会正气，10位平安卫士的优秀事迹微视频已在搜狐、爱奇艺、优酷、新浪、bilibili、酷网上同时发布。

长宁区召开法治政府建设工作领导小组会议暨创建全国法治政府建设示范区动员部署会

2023年3月15日，长宁区召开法治政府建设工作领导小组会议暨创建全国法治政府建设示范区动员部署会。

会议指出，要提高站位、认清形势，切实增强示范创建的共识和信心。充分认识示范创建工作的重要意义，始终站在全局和战略的高度思考、谋划和推进。一方面坚定信心，持续发力，在肯定所取得成效的同时，把握好自身优势，压茬推进创建工作；一方面认清形势，找准差距，既意识到示范创建的严峻性，也认识到需要尽快补齐提升的短板弱项。

会议要求，要对标对表、克难攻坚，全力以赴做好示范创建各项工作。要认真对照创建指标体系，逐项抓好失分弱项的落实整改，在吃深吃透指标要求基础上，把具体工作做实、做优。要层层压实责任，强化担当、协

新时代非凡十年的长宁答卷

创建全国法治政府建设示范区动员部署会

同作战，推动责任落实落细、到岗到人，确保创建工作有条不紊、高效推进。要善于总结提炼工作经验、做法亮点，以点带面，形成示范引领，营造全民参与创建的良好氛围。

会议强调，要以创促建、全面提升，不断开创长宁法治政府建设的新局面。以创建全国法治政府建设示范区为抓手，健全完善法治政府建设推进机制，全面提升依法行政能力和水平，持续打造一流法治化营商环境，以加快建设更高水平的法治长宁来推动国际精品城区建设。

会议作出部署，要明确目标任务，紧扣时间节点，坚持逐项分解，不折不扣落实创建各项工作；要坚持问题导向，补短板、强弱项，全力以赴抓好问题整改；要增强工作实效，总结经验做法，形成具有长宁特色的法治品牌。

会上，区法治政府建设工作领导小组办公室通报 2022 年长宁区法治政府建设工作及 2023 年工作要点。区公安分局、区市场监督管理局作交流发言。

区府办、区司法局等 8 家区委办局代表领取长宁区人民政府创建全国法治政府建设示范区目标管理责任书。

为树立新时代法治政府建设的先进标杆，进一步推动各地区各部门找差距、补短板、激发内生动力，根据《关于开展法治政府建设示范创建活动的意见》，自 2019 年 7 月起，中央依法治国办在全国组织开展法治政府建设示范创建活动，每两年一批，梯次推进、辐射带动，树立一批批新时代法治政府建设的典范标杆，营造法治政府建设创优争先的浓厚氛围，不断把法治政府建设向纵深推进。2021 年 8 月，中央依法治国办启动第二批全国法治政府建设示范创建活动。

最近，长宁区以法治政府示范创建工作为统揽，加快构建职责明确、依法行政的政府治理体系，为经济社会高质量发展提供坚强的法治保障。同时，借助"七五"普法总结验收工作，社会治理法治指数也在不断提升。

链接一：

长宁区政治监督信息化平台正式启用

2023 年 3 月，长宁区纪委监委召开纪检监察信息化建设推进会。会上宣布，长宁区政治监督信息化平台正式启用。依托全区"3320"数字战略，区纪委监委大胆创新，主动融入城市数字化转型，组建工作专班积极探索开发政治监督信息化平台，在强化政治监督、做实日常监督、贯通各类监督、实现智慧监督上积极实践应用，着力增强监督工作的精准性实效性，努力推动监督体系再完善、监督效能再提升。

现在，纪检监察干部只需登录主界面，就可以看到一个块面清晰、结构合理、内容丰富的综合信息大平台。该平台以"3+3+N"为主体架构，具备智慧分析、实时监测及数据集成 3 项主要功能，开发了政治生态、日常监督、正风肃纪 3 个子系统，实时贯通其他各类监督的信息数据。

长宁"政治监督"宣传海报

依托数据共享的技术支撑，该平台初步实现与区大数据中心、区城运中心等数据的贯通联动。例如，在"12345"日常监测模块里，纪检监察干部可以参考按时办结率、诉求解决率、市民满意率、不属实率和先行联系率，甄选部分热线工单发起监督。

平台还贯通"一网统管""公车北斗监控"等数据，让公务用车、政府服务项目购买等工作在监督下进行。主界面中间是一张长宁地图，其中标出的点位是长宁"1+10+N"廉洁文化阵地。

该平台的重要功能之一在于以信息化助力监督力量下沉，主动向基层纪检监察组织赋能授权，推动监督上下联动，以高质量的纪检监察信息化建设助力新时代纪检监察工作实现高质量发展。

链接二：

长宁区开展"三合一"培训课，赋能法治政府建设

2023 年 6 月 15 日，区司法局、区委党校与上海铁路运输法院共同开展 2023 年行政机关负责人出庭、旁听、讲评"三合一"活动。

庭审围绕一起工伤保险资格认定的行政诉讼案件进行公开审理，区人社局局长张源作为行政机关负责人出庭应诉。在审判长的主持下，原、被告双方围绕被诉行政行为的法定职权、程序、事实认定及法律适用等方面进行举证、质证，充分发表辩论意见。作为被告的行政机关，从法理情的角度，真诚回应当事人的诉求。

组织开展行政负责人出庭旁听讲评"三合一"活动的目的，就是要以案释法、将庭审过程变成培训过程，切实提高全区领导干部法治素养和能力，努力在法治轨道上整体推动全区各项工作。活动要求，一是提高思想站位，充分认识"三合一"活动的重要意义。将"三合一"活动作为密切联系和服务群众、更好解决行政争议的重要途径，推动各职能部门规范依

2023 年长宁区行政案件出庭旁听讲评"三合一"活动

仙霞新村街道为居民播放食品安全科普知识

法行政。二是以"三合一"活动为抓手，进一步提升依法行政能力。通过突出问题导向，加强源头治理，强化协同配合，完善机制建设，练好专业技能，提升应诉质效。三是以"三合一"活动为契机，进一步推进全面依法治区。要积极创建法治政府示范区，持续优化法治营商环境，深入践行执法为民理念，促进依法治区、依法执政、依法行政一体推进、协同发力，奋力开创长宁全面依法治区的新局面。

长宁区率先探索，将精准普法贯穿于基层公共法律服务全过程

近日，区法宣办会同区司法局印发《长宁区基层公共法律服务过程中的精准普法工作指引》（以下简称《工作指引》），在全市率先对居委会法律顾问在公共法律服务过程中开展精准普法进行指导与规范。《工作指引》共4章16条，对基层公共法律服务中精准普法的实施主体、服务对象、普法内容、基本原则、主要方式和组织评估等全过程、各环节作出详细规定。

基本原则体现"和"，把社会主义核心价值观贯穿始终。一是与法治理念相和。推动法律服务与精准普法过程中实现释明法律正确、阐明法理清晰，不泄露国家秘密、工作秘密、商业秘密、个人隐私等不应公开的信息内容。二是与社会效果相和。法律服务与精准普法有效兼顾情、理、法，注重维护社会和谐稳定，力争实现"案结事了"、维护地区稳定。三是与基层实际相和。结合居委会（社区）工作实际，重点围绕居委日常事

辖区警官给学生上防诈骗宣传课

务工作提供法律服务及精准普法，切实增强社区为民服务的针对性与实效性。

基本特征突出"核"，把精准普惠的理念贯穿始终。一是明确核心普法主体。主要以担任居委会法律顾问的专职律师为重要力量，同时包含为居委会（社区）提供法治志愿服务的专职法官、检察官、高校法学专家，以及各街道（镇）公共法律服务工作站（室）工作人员。二是明确核心普法场景。整个精准普法活动融合于居委会法律顾问服务全过程。三是明确核心普法对象。主要是以基层社区为核心，包括社区居民、居委会以及与居委对接的社区内企事业单位、社会组织、群众活动团队、小区业主委员会、物业服务企业等不同服务主体。

普法方式注重"合"，把普法贯彻于公共法律服务始终。一是结合居委日常治理开展精准普法；二是结合解答法律咨询开展精准普法；三是结合参与纠纷调解开展精准普法；四是结合协助申请法律援助开展精准普法；五是结合日常法治宣传开展精准普法；六是结合接受法律服务委托开展精准普法；七是结合提供其他法律服务开展精准普法。

《工作指引》的推出，是长宁区对标全国普法办、司法部全新普法工作责任制，实现"谁执法谁普法"向"谁服务谁普法"普法理念转变的一次全新探索与尝试，也是长宁进一步优化与扩大区域普法工作格局。长宁将加强《工作指引》的对外宣传与推广力度，真正做到将精准普法贯穿于基层公共法律服务全过程，有效融入百姓日常生活之中。

附近居民观看"法治e站"

链接一：

长宁区举行首届法治文化节

2022年9月23日，长宁区首届法治文化节线上主场活动如期举行。此次文化节以营商为重要核心，由五大主题为引领：优化法治化营商环境主题、弘扬中国特色社会主义法治文化主题、青少年法治保障主题、普法依法治理主题、网络信息安全主题，成为长宁深入学习宣传贯彻习近平法治思想，深化"八五"普法规划落实的重要举措。

首届法治文化节上，全市首本由长宁青少年共同参与创作的法治绘本——《"美好生活 民法典相伴"长宁区中小学生绘本》成功"上线"。

作为长宁法治教育的特色品牌，"明德尚法杯"聚焦"美好生活·民法典相伴"的主题，邀请长宁的青少年参与到活动中来，将心中的"法治"通过手中的画笔，展现在大家面前。

在营造法治化营商环境方面，聚焦"十分钟法治文化圈建设"，立足楼宇企业和白领的法治需求，区司法局联手区总工会合力打造"Legal Hi 宁好法治"法律服务品牌。"Legal Hi 宁好法治"不仅是一个法律营商服务品牌，更是一个营商服务平台。

首届法治文化节上，来自多家律师事务所的精英欢聚一堂，聚焦营商环境的内涵和外延，借助一场充满思辨的对话，共同探讨法治化营商环境在实践层面的着力点。

新时代非凡十年的长宁答卷

上海首个长宁区"数字法治文化地图"上线

首期法治文化地图着重呈现了长宁区"三圈一带"法治文化阵地风貌。东部的愚园路法治文化街区代表的是红色法治文化圈,中部则是以古北市民中心为代表的海派法治文化圈,以数字司法所为代表的北新泾司法所成为西部智慧法治文化圈的"代言人"。"一带",指的是以华东政法大学"一带十景"为核心的开放式苏河法治步道,这里一步一景、移步换景,法治文化沁润着苏河沿岸,涵养着长宁的居民。

借助上海市举办首届法治文化节的东风,区司法局、区法宣办聚焦"十分钟法治文化圈"建设,精心设计并上线的"数字法治文化地图",成为长宁深化法治文化数字化转型的重要举措。

长宁区"数字法治文化地图"

"数字法治文化地图"推出的首批 4 个阵地,以视频、图文、语音点播等多功能呈现给观众,翔实的介绍和解读,让大家在轻松的氛围中感受长宁浓厚的法治底蕴。接下来,长宁将结合"数字法治文化地图",推出更多精彩的法治文化阵地、更多便捷的法律服务,以数字蝶变加速法治软实力持续提升。

该"数字法治文化地图"除了扫描查看外,还可以登录"随申办"的"长宁旗舰店"查看或者直接搜索"数字法治文化地图"一键获得。

长宁区法律业营商合作伙伴签约仪式现场

链接三：

长宁区举行首届法治化营商环境主题沙龙活动

2023年6月19日，"党建引领 聚力赋能法律服务供给——长宁区第一届法治化营商环境主题沙龙"活动举行。来自长宁的律师事务所、企业、高校等与会嘉宾开展长宁民营经济圆桌会，就"企业合同体系与内控反舞弊实务"专业内容进行深入探讨和交流。

在区法律业营商合作伙伴签约仪式上，16家律师事务所成功签约，成为长宁营商服务新力量。今后，将充分发挥"平台服务""专业服务"优势，为加快汇聚更多全球功能机构、高端项目、优秀人才和创业团队来长宁投资兴业助力。

近年来，区司法局、区投促办、区工商联在深入贯彻落实上海市委市政府、长宁区委区政府关于优化营商环境的决策部署方面持续互动、不断探索，打好法治化营商环境"组合拳"，为打造长宁市场化、法治化、国际化一流营商环境新高地进行有益实践，收效明显。

未来，三方将逐步创新服务方式、优化服务配置，针对不同企业产业分类和经营特点，量身定做法律"服务包"，做到精准对接、精准服务。与此同时，将持续深化三方合作成果，坚持把服务意识作为核心职能，进一步发挥司法、投资促进、工商联组织的职能作用，构建一个以市场主体自治为基础、协同共建为核心、法律服务保障为支撑的崭新格局，全方位挖掘赋能企业的"生态圈"。

长宁区律师行业党建暨律师队伍教育管理工作会议会场

长宁区召开律师队伍教育管理工作会议

2020年4月23日，长宁区召开律师行业党建暨律师队伍教育管理工作会议。会议总结2020年一季度以来律工委工作，安排2020年下一阶段的工作。

2020年，律师行业党委对接"四项工程"，围绕"六个突出"，不断坚定理想信念，提升党建实效，强化党组织凝聚力，发挥典型引领作用。抓实党员数据梳理、党员发展和党组织建设等基础工作，强化党员"四史"学习教育，加强党员政治轮训，提升对外宣传力度，深入推进律师行业规范化，不断提升党建工作影响力。

会议对今后律师工作做出提示，一是各律所加大人才培养力度，主要以涉外高端及青年律师为主；二是进一步强化律师规范执业；三是积极服务营商环境，服务企业复工复产；四是进一步营造良好的舆论氛围。

会议就下一阶段重点工作进行磋商。要加强女律师队伍建设，通过组建女律师联合会、女律师文体团队等形式，发挥女律师在法律服务、社会实践、参政议政等方面的积极作用；要贯彻落实相关租金减免政策，降低律师事务所办公成本，加大涉外法律服务培训力度；律师行业党委、律工委要加强指导，进一步推动行业内外交流合作，同时应关注中小律所生存状况；要积极调整律师执业模式，以变化应对变化，加强学习，苦练内功，为推动新一轮律师行业长远发展而储备能量；区律师行业党委、律工委要建立定期沟通机制，将党的领导与行业指导紧密结合起来，推动形成合力。同时，依托调查委员会，配合市律协、区司法局有关投诉的处理，安排调查委员会成员进行培训，提高业务能力。

会议通报金杜党委参与抗击疫情的主要做法，并就 2020 年金杜党委换届改选问题进行交流。

会议要求，一是要提高政治站位，坚决服从党的领导，抓好律所疫情防控工作。二是要更加有力地服务国家战略及中心工作。结合长宁经济形势，在全面依法治区、法治政府建设、优化营商环境等方面，发挥律师特有的作用。三是要合力推进全区律师工作。联席会议是很好的一项工作机制，要通过律师行业党委、律工委及局行业管理部门这"三驾马车"整合资源，更好地发挥律师行业党建工作指导员、联络员作用，加强调查研究工作，倾听律师呼声，回应律师需求。四是要努力提升律师行业党委和律工委成员的履职能力。加强学习，以身作则，科学管理，注重团结，勤勉尽责。合理利用好"学习强国"APP 等学习媒介，加强律师党员的教育管理工作，努力做到战时敢担当，闲时善思考，忙时能统筹。

链接一：

江苏路街道在全区率先试行居委法律顾问制度

2017 年 9 月 8 日，江苏路街道举行法治城区建设推进会暨居委会法律顾问签约仪式。本次签约后，江苏路街道辖区内 13 个居委会均配备来自上海海华永泰律师事务所的资深律师作为法律顾问，居委法律顾问将为居委会管理及居委会重大经济、民生和社会管理方面的决策提供法律意见，引导居委会依法管理。

长宁区实施居委法律顾问制度有着非常坚实的实践基础。2015 年，区司法局和区公安分

居委会法律顾问签约仪式现场

局共同制定《长宁区进一步加强人民调解与公安行政调解衔接配合的实施细则》，长宁区各基层公安派出所、司法所分别与结对律师事务所签订《三方社区法治共建协议》，实施由社区民警、人民调解员和专职律师三方力量合作、全区185个居委会全覆盖的"三结对"工作。经过几年实践，这一创新性的基层社会治理法治共建的服务项目已取得较为明显的效果，对推进基层法治实践，对维护社区和谐稳定作出重要的贡献。

2017年以来，根据中央和市司法局的要求，长宁区制定《长宁区关于推进居委法律顾问制度的实施方案》。同时，决定在基层法治实践经验丰富的江苏路街道开展居委法律顾问的试点工作。该街道2016年推出设立街道法治建设委员会、组建法律服务大联盟等一系列创新性基层法治实践，已基本建成全面覆盖、多方参与、优质便捷、均等普惠的公共法律服务体系。此次江苏路街道居委法律顾问先试先行、大胆实践，势必为长宁区2018年全面实施居委法律顾问制度，积累经验，打下坚实的基础。

链接二：

长宁区女律师联谊会成立

2020年6月17日，长宁区女律师联谊会成立仪式暨上海市女律师联谊会走进长宁交流活动举行。

成立仪式上，区女律师联谊会会长张伟华作联谊会筹建报告。长宁律师工作委员会主任顾靖介绍长宁区女律师联谊会成员组成情况。区司法局党委副书记、副局长金喆勋为长宁区女律师先锋队授旗。

为充分维护妇女儿童的

长宁区女律师联谊会成立仪式

合法权益、有效化解社会矛盾纠纷，促进社会和谐，引领女律师有序参与各项社会公益活动，长宁区女律师联谊会分别与长宁区妇女联合会、上海青聪泉儿童智能训练中心签订合作协议。长宁区女律师联谊会将通过系列公益活动，促进社会公平正义，为长宁区女律师提供丰富的精神家园。

长宁区女律师发挥自身专业优势，在优化营商环境、促进社会和谐方面提供坚实可靠的法治服务。长宁女律联要发挥平台优势，有效促进资源共享，通过开展各项活动，将凝聚关爱、提升奉献的理念，普惠至全区每一位女律师；发挥专业优势，弘扬法治精神，助推长宁区建设成为国际化精品城区，提升长宁区的核心竞争力，继续贡献法律人的智慧和力量；发挥女性特有的性别优势，积极通过法、理、情的专业服务，引导人民群众增强法治思维，在法之未及、情之所及的领域，运用女律师的智慧有效化解社会纠纷。

链接三：

长宁区行政争议调解工作室在上铁法院揭牌

2020年11月25日，长宁区政府与上海铁路运输法院签订《司法与行政良性互动 共推法治建设纪要》，并举行长宁区行政争议调解工作室揭牌仪式，此举标志着将进一步发挥长宁大调解作用，将诉调对接机制向行政诉讼领域延伸，着力化解行政争议纠纷，推进诉源治理。

长宁以行政争议调解工作室成立为契机，进一步促进府院之间的良性互动，提升行政争议解纷能力，推动长宁区法治政府建设迈上新的台阶：一是要把握方向目标，始终坚持把法治长宁建设放在全区大局

长宁区行政争议调解工作室揭牌仪式会场

中来思考和谋划，进一步提高法治工作政治站位。二是要突出工作重点，在强化业务培训、强化督促检查、强化分析研讨等方面下苦功，进一步提高执法能力水平。三是要加强责任落实，提升行政机关负责人出庭应诉和旁听审理工作认识，进一步提高出庭应诉率。四是要强化源头防范，推动柔性手段化解城区治理过程中引发的各类行政争议矛盾，进一步完善矛盾化解机制。

近年来，长宁区建成"1+2+3+X"的大调解体系，并在诉调对接、访调对接基础上，推进非诉讼争议解决中心建设，打造互联互通、资源整合的"一站式"枢纽型平台，进一步优化多元纠纷机制。专业性、行业性调解组织建设持续深化，完善了以人民调解为基础，与行政调解、司法调解联调新机制。

"法治人才联合培养基地"和"法学研究与实践基地"成立

为深化院校合作，加强法治人才培养，合力破解法治难题，2022 年10 月 18 日，上海长宁法院与华东政法大学签署《法治人才培养及学术研究合作协议》（以下简称《合作协议》）及《2022—2023 年度项目合作备忘录》，揭牌成立"法治人才联合培养基地"和"法学研究与实践基地"。

本次签署合作协议是对双方以往友好合作的肯定和总结，也是进一步推进审判实践与理论研究、人才培养与实践需求深度融合的有益探索，希望双方进一步增强合作共识、深挖优势资源、强化合作管理，以更高站位凝聚院校合作合力，以更大力度推动院校合作纵深发展，以更高标准细化合作内容、优化合作机制，共同为新时代法治建设和法治人才培养奉献新作为。

此次签约是双方深入学习贯彻党的二十大精神、贯彻落实习近平总书记关于加强法治队伍建设和法治人才培养重要指示的一项具体举措。双方在前期充分调研沟通的基础上，形成《合作协议》，确定了"探索全过程人民民主在司法领域的实践""少年审判经验总结和新时代的探索"等 7 个首批合作项目，标志着双方开启了新时代更为全面、深入的战略性合作。未来，双方将以两个共建基地建设为载体，在双向交流、人才培养、司法实

合作共建座谈会现场

践、学术研究等领域开展深度合作，把高校专业人才"引入"法院，让法院优质实践经验"走进"高校。

本次签署合作协议是对双方以往友好合作的肯定和总结，也是进一步推进审判实践与理论研究、人才培养与实践需求深度融合的有益探索，双方进一步增强合作共识、深挖优势资源、强化合作管理，以更高站位凝聚院校合作合力，以更大力度推动院校合作纵深发展，以更高标准细化合作内容、优化合作机制，共同为新时代法治建设和法治人才培养奉献新作为。

双方就互联网司法、多元纠纷解决、知识产权保护等重点课题开展合作研讨，努力打造一批在全市乃至全国具有重要影响力的标杆性裁判成果、改革成果和研究成果，为长宁"四力四城"建设提供坚实有力法治保障，为法治长宁、法治上海建设注入更强动力，作出更大贡献。

签约仪式后，双方召开合作共建座谈会暨2022—2023年度项目推进会，与会院校领导及各项目牵头人、长宁法院相关部门负责同志围绕"法治人才培养""航空争议解决""电子诉讼证据规则""运用算法推荐技术的平台责任认定"等合作项目，逐项就合作目标、合作计划进行具体对接，推动双方合作共建走深走实，为年度各合作项目落地见效奠定扎实基础。

市场监督管理局执法人员在普及宣传政策法规

链接一：

长宁两个集体、三名个人荣获市级先进称号

2023年4月21日，上海市法治工作先进集体和先进个人表彰名单公布，区市场监督管理局政策法规科、中共上海市长宁区虹桥街道工作委员会荣获"上海市法治工作先进集体"称号；区人力资源和社会保障局任冠申、区审计局包奕敏、区人民检察院尤丽娜荣获"上海市法治工作先进个人"称号。

在市委、市政府坚强领导下，全市各法治机构、法治工作部门、广大法治工作者认真学习贯彻习近平新时代中国特色社会主义思想，坚持以习近平法治思想为引领，深入贯彻落实法治上海建设各项决策部署和目标任务，坚持依法治市、依法执政、依法行政共同推进，法治上海、法治政府、法治社会一体建设，不断推动法治成为最重要的制度供给和最基本的治理方式，成为上海城市软实力和核心竞争力的重要标志，在全市法治工作战线和各个法治工作岗位上创造出了生动实践，涌现出了一批先进集体和先进个人。

为表彰先进，树立典型，充分激励全市法治机构、法治工作部门和法治工作者不忘初心使命、主动担当作为、积极创先争优，市委全面依法治市委员会办公室、市司法局、市人力资源社会保障局决定，授予长宁区市场监督管理局政策法规科等50个单位和部门"上海市法治工作先进集体"称号；授予任冠申等100名同志"上海市法治工作先进个人"称号。

基层法治观察点之一——金虹桥法智驿站

长宁探索设立首批 30 个 "基层法治观察点"

截至 2022 年 11 月，长宁区设置了首批 30 个基层法治观察点，每个观察点配备至少 3 名法治观察员，有效延长基层法治观察 "触角"，持续拓宽 "眼界"。

基层法治观察的重点包括中央、市委关于法治建设重大决策部署的贯彻落实情况，立法、执法、司法、守法、普法等环节运行过程中存在的问题，人民群众反映强烈的法治领域突出问题，以及其他与法治建设相关的问题。在长宁，从首批 30 个点位的合理布局到法治观察工作相关制度的确立，都经过精心地选择和考量。

基层法治观察点有效覆盖 "城区治理、法治营商、执法司法、基层立法联系、依法治校、社区治理、基层法治" 等 7 大领域，每个法治观察点配备了至少 3 名法治观察员，这些人员来自人大代表、政协委员、律师等不同群体。

天山法 "智" 商圈项目正通过大虹桥调解中心、天山法 "智" 商圈小程序、金虹桥法智驿站、天山法治地图和法治电影周等举措，持续深化一流水平营商环境建设。从程家桥司法所的法治观察座谈会，到金虹桥驿家的法治观察点，长宁的基层法治观察工作聚焦法治领域人民群众的急难愁盼，分层、分级、分类开展法治观察，效果也很显著。

　　随着长宁法治观察工作的体制机制建设的逐步推进，将进一步探索形成一批法治观察优秀报告合集，而这些结果也将为职能部门依法履职提供参考依据，成为助力依法决策的"智囊团"。

3

第三章
保障改善民生，提升群众幸福感

第一节　落实民生实事工程

长宁区非成套公房成套化改造基本完成

2020 年底，长宁区 24.6 万平方米非成套公房成套化改造基本完成，共惠及 6000 余户居民。

长宁区有着 1000 万平方米的售后公房小区，多建于 20 世纪 90 年代前，存在房屋老旧、设施不完善等问题，居住环境亟待整改。区房管局积极推进旧小区综合改造工程，包括非成套房屋综合改造、新式里弄房屋卫生设施改造、精品小区建设和既有多层住宅加装电梯，并已取得显著的成效，让越来越多居民感受到"幸福来敲门"的喜悦。

自 2008 年起，长宁区通过 10 年时间，按照旧十字方针"穿衣、戴帽、换胆、改水、整区"的改造标准，基本完成以售后房为对象的第一轮全区旧小区综合整治工程。随着"十二五"成片二级以下旧里房屋征收改造工作目标顺利完成，长宁区正式进入通过城市更新为发展要空间、要功能、要活力的关键时期，从旧十字方针提升到新十字方针"安全、文明、整洁、有序、舒适"，精品小区建设应运而生。

精品小区建设方案明确 24 项必修项目，即包括房屋本体修缮项目与房屋功能性项目，在旧小区综合整治标准上新增雨污混接、化粪池、积水点改造和架空线入地等内容，并结合精品小区，同步实施加装电梯项目。与此同时，还明确多项可选项目，即由各委办局和街道具体实施的叠加项目和民生项目，包括家门口工程、建筑垃圾堆放点改造、无障碍设施，以及文化、体育、卫生等改造项目，争取"统一实施，一次成型"，既可以减少成本，又能缩短工期，减少施工扰民现象的产生。

通过不断的探索实践，长宁逐渐走出一条精品小区建设的新路子，即高起点设计、高标准建设，精细化管理，全过程人民民主，坚持对精品小区建设持续升级换代，做到"一小区一方案"。如新泾六村就以"AI 智能"

工作人员正在讲解加装电梯的相关事项

见长、虹旭二小区则围绕公园式特色进行打造。

2017 年，长宁区精品小区建设试点启动。自 2018 年起，开始按照每年不少于 100 万平方米的推进速度，实施"精品小区"特色工程，在修缮房屋、完善设施、改善环境的同时，增进人文关怀、凸显区域特色。截至 2022 年 9 月，长宁区精品小区建设已累计开竣工 513 万平方米，2022 年第四季度新开工约 130 万平方米，总计惠及约 12 万户居民。

2017 年，长宁区在试点启动精品小区建设的同时，还在摸索中完成全区第一台加装电梯。

2018 年，长宁区启动立项批复与规划许可审批联合公示，将两个环节的审批时限从至少 33 个工作日缩减至 15 个工作日；2019 年，又推出"提前规划，成片整体公示"工作法，即在小区申报首台电梯方案公示的同时，公示整个小区的加装电梯方案；2019 年 9 月，长宁区行政大厅开出加装电梯"综窗"，实现所有手续"一窗"办理，让居民办事少"跑腿"；2020 年 4 月，区既有住宅加装电梯服务中心正式投入运行，提供现场勘察、手续代办，电梯代建"一门式服务"；2021 年年初，长宁区委区政府把加装电梯纳入全区民心工程，区房管局牵头成立加梯工作专班，制订《长宁区既有多层住宅加装电梯工程实施方案》。

随着各项新政策陆续出台，极大地推动长宁既有多层住宅加装电梯的速度。程家桥街道上航新村的 16 幢住宅就于 2022 年 1 月同步完成加装电梯，成为上海市首家加装电梯全覆盖的小区。

在完成精品小区和加装电梯，提升社区的生活环境和品质之余，长宁还积极打造各具特色的生境花园，构筑人与自然亲密相处的空间，为社区增添新的活力。

链接一：

长宁区为居民置换升级燃气设备

2023年3月10日，位于新泾镇南洋新都居民区双流小区的周女士家顺利更换带有熄火保护装置的全新灶具，成为全区首个完成改造的家庭，标志着长宁区老旧小区居民及非老旧小区高龄独居老人等居民家庭熄火保护装置燃气灶具全覆盖工作正式进入实施阶段。

工作人员正在更换带有熄火保护装置的全新灶具

带有熄火保护装置的灶具在使用过程中如发生意外熄火的情况，如被风吹灭、汤汁浇灭、点火不成功等，60秒之内该装置会自动切断灶具的出气通路，即使灶具旋钮处于打开的状态，也不会有燃气泄漏，以保障居民用气安全。

老旧小区等居民家庭熄火保护装置燃气灶具全覆盖工作是2023年长宁区为民办实事项目之一，主要是将辖区内不符合安全标准的燃气灶具统一置换为带熄火保护装置的燃气灶具，筑牢全区燃气安全基础，保障居民群众的生产生活和生命财产安全。

由于长宁区老旧小区房型多样且管道布设复杂，燃气改造难度相对大，为开展好每家每户的改造工作，长宁区成立区老旧小区等居民家庭熄火保护装置燃气灶具全覆盖工作小组，由区建管委牵头，区财政局、区民政局、区房管局、区市场监管局等区职能部门以及各街镇、上海大众燃气有限公司等形成合力，分类分区综合施策，有力有序推进相关工作，切实消除燃气安全隐患。

新泾五村生境花园效果图

链接二：

长宁这座"阶梯式"生境花园即将建成开放

2023年2月17日，以"'春风里迎未来'——社区生物多样性记忆与展望"为主题，新泾五村生境花园科普宣讲暨设计方案意见征集活动举行。活动中，北新泾街道首个"慧居家园"青年议事厅挂牌成立。

新泾五村生境花园，位于天山西路350弄，占地面积约750平方米，地处小区中心部位的居民活动中心"吾爱家"东侧，以"享自然·向未来"为定位，集景观、休闲、科普等功能于一体，是一座融合社区人文与自然环境的多维度花园。

花园建在近2000平方米的居民活动中心旁，内外功能相结合，既是动植物栖息地，也是居民共享的休憩地，可远眺可近观，极大拓展居民对花园的感受度。灵活利用地势高点，这里将构建特色的"阶梯式"生境花园。通过与西延安中学联合打造的"延境"科普点，社校合作将良好链接社区、学校与自然，并借助科普建立更紧密的联系。

自2022年起，北新泾街道聚焦"空间韧性""生态韧性""智治韧性"三大块内容，探索打造绿色数字化韧性社区，新泾五村生境花园是"生态韧性"板块的重要组成部分。2022年1月，街道曾组织专业社会组织、党员志愿者走进居民家中开展问卷调查，就生境花园知晓度、配套设施、设计方案、参与意愿、名称征集和维护等进行意见征询，收回问卷 200 余份。本次活动是北新泾街道在建设绿色低碳韧性社区工作中，扎实推进全过程人民民主的又一次社区实践。

链接三：

天山新苑创造条件建设电动车充电桩

天山新苑是新泾镇双流居民区一个 20 多年房龄的老小区，共有 682 户。小区硬件条件不足，只有两处室内非机动车棚和一处露天非机动车集中停放点，且充电桩数量有限。随着电动自行车的日益增加，飞线充电、电动车占道停放的乱象屡禁不止，滋生安全隐患。尤其是主干道旁的露天停车点，临近小区西门进出口，来往车辆和行人众多。居民备受困扰，纷纷盼望能增设非机动车充电桩，还小区安全和干净整洁。

2023 年 2 月，双流居委会、业委会、物业充分商议，在深入走访调研、听取民声建议、摸排小区电瓶车数量的基础上，决定在露天的停放点进行先行试点，采取室外充电桩形式，增设 2 处智能充电桩。

新增的充电桩位于 21 号、23 号和 25 号楼之间，共有 12 个充电端口，目前已正式投入使用。考虑到室外要防水防风等因素，每个充电口都戴上一顶橙色的"安全帽"，如有突发情况会自动断电。居民可通过扫码或办卡

电动车充电桩改造前后对比图

支付进行充电，充满电后会自动切断电源。充电收费标准一共分为四档，最高一档的收费也仅为 1 元 / 小时，方便又划算。

双流居委会和居民区党总支还将物色更多合适点位，继续安装便民充电桩，尽量满足居民的充电需求。同时进一步加强社区治理，对车辆乱停乱放、环境卫生等进行规范管理，营造和谐、文明、安全的居住环境。

长宁区持续推进精品小区建设

长宁区约有 1000 万平方米的售后公房小区。自 2008 年迎世博以来，长宁区通过 10 年时间，按照旧十字方针"穿衣、戴帽、换胆、改水、整区"为改造标准，全区已基本完成以售后房为对象的第一轮旧小区综合整治工程。结合国际精品城区建设的目标任务，从旧十字方针提升到新十字方针"安全、文明、整洁、有序、舒适"。2017 年，辖区内 3 个小区涉及的 21 万平方米率先试点开展精品小区建设。2018 年起，长宁区按照每年不少于 100 万平方米的速度，实施"精品小区"特色工程，修缮房屋、完善设施、改善环境，增进人文关怀、凸显区域特色。截至 2023 年 5 月，长宁区已累计开竣工精品小区 642 万平方米，总计惠及约 12 万户居民。

长宁区精品小区建设持续升级换代，即全过程人民民主，高起点设计、高标准建设，精细化管理，做到"一小区一方案"。

一小区一方案，美化小区环境。针对辖区内售后公房老旧小区设施老化、功能缺失等难点、堵点、痛点问题，精品小区建设为小区提升基础配套条件，主要包括：构建社区慢行系统，综合考虑老年人出行、儿童友好、机动车合理停放等需求。通过对非机动车棚的智能改造，增设门禁、监控系统，安装充电设施和消防设施等来提升小区安全性。积极引导社区规划师、改造设计师与居民共同推进完善社区公共服务设施，对公共空间进行微更新、小区绿化更新、慢行步道建设、围墙翻新、架空线入地、增加健身点、美丽楼道建设等工作。不断补齐治理短板、提升治理能力、美化小区环境。

项目确定过程中，深入践行全过程人民民主。改造中长宁区着力解决居民"急难愁盼"问题，加强修缮工程流程优化和管理效能提升，动员更

多层住房外立面修缮

多居民参与小区建设，召开居民座谈会、小区内摆放展台听取意见、张贴二维码线上征询、发放线下征询单等多种方式，激发居民表达需求与意愿的主动性和积极性。

项目推进过程中，建立多方参与制度。强化工程参建各方的管理，进一步发挥项目管理主体作用，修订完善《长宁区住宅修缮工程实施单位考核管理办法》，加强实施单位日常考核管理，形成常态长效的工作机制，进一步完善对工程监理单位、投资监理单位、项目建设单位等的考核管理办法。定期召开人大代表、政协委员深化精品小区建设专题协商会，邀请社区能人、专业团队走进社区居委街镇，分享宝贵的经验做法。探讨建立以房管局、绿容局、属地街镇为主体的精品小区绿化调整工作小组，研究探索既符合绿化管理要求又贴合实情的操作口径。坚持发挥"三驾马车"引领作用，邀请居委会、居民代表积极参与项目验收，集中民意，发挥民智，验收后在小区内进行公示，对项目实施情况进行评估。

项目后续管理中，形成"质价相符"后续管理机制。在精品小区建设完成后，做好硬件设施有序移交物业服务企业、业委会管理及后续维护的工作，落实长效化、精细化治理模式，"人人有责、人人尽责、人人享有"小区治理共同体不断完善，解决建成后管理问题，为精品小区"保鲜"。积极开展提高物业管理费收费标准的探索。以探索物业管理质价相符为抓手，建立常态化、可持续的建管并举新模式，落实长效管理机制。研究制定精

精品小区的屋顶花园家门口绿化

品小区建成后物业管理办法。

在精品小区建设中我们为百姓办好实事，针对 29 个老旧小区积水严重这项"顽疾"，长宁制定"一小区一方案"，精准施策，对 14 个小区采用疏通管道改善措施，对 15 个小区采用施工改造方式，结合精品小区建设一并实施。

结合精品小区建设，进一步加快实现悬空老人"最美梦想"，示范效应正在显现：如新泾六村、三泾南宅、上航新村等小区均因结合美丽家园精品小区建设，将加装电梯工作升级成为成片推广的精品小区：实现每个小区两位数以上的签约；整个小区完成规划预公示，省下余下楼幢的规划公示时间；激发居民加梯热情，极大地缩短余下楼幢立项意愿统一所需时间，从而充分发挥"加梯头雁效应"。

链接一：

华阳路街道谱写新时代"凝聚力工程"新篇章
——民生改善让"个案"变"量产"

近年来，华阳路街道全力推进精品小区建设，通过一小区一方案，叠加小区门头退界、水泵房重建、公共活动空间微更新、围墙透绿等项目，

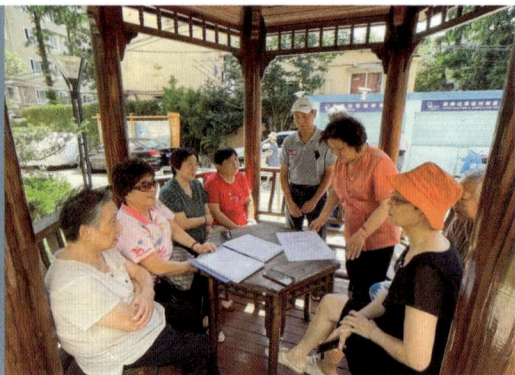

商琳（右二）组织居民协商议事

完成34个小区共45.4万平方米的施工，实现海厦、民心、万凯等老旧小区的华丽蝶变。在拥有百年历史的愚园路，华阳路街道聚焦新式里弄卫生设施改造，为愚园路1293弄、1407弄等里弄小区完成厨卫翻新、房屋修缮、管道翻排等改造提升工程，重塑百年街区芳华。

在刘海粟美术馆和海粟绿地北侧，历时多年建造的长宁文化大厦即将与市民见面。在一旁的陶家宅居民区，深耕社区工作27载的党总支书记商琳，见证了这一地块的变迁以及20多年来居民生活条件的持续改善。

2022年3月，昭化路508弄金衡小区实现加梯全覆盖，居民一圆多年的电梯梦。小区的加梯工作充满温情，住在一楼的独居老人在生病期间由楼上居民倾心照料，因此在加梯征询中毫不犹豫表示同意，"我有困难大家都帮，现在邻居们的心愿我也要帮大家完成"。

针对电梯加装中遇到的各类问题，华阳路街道的各居民区党组织积极牵线搭桥，相继组建了居委干部、楼组居民、施工方的三方沟通平台。华院居民区党支部邀请施工方入驻社区，对居民的各类问题及时给予回复，做好电梯加装的"后半篇文章"。武夷路的多层住宅小区加梯后，街道同步打造生境花园，引入四叶草堂、笙檀、新长宁绿化等多方参与，通过趣味墙绘营造绿色低碳的社区氛围，凝聚志愿者队伍，实现生态建设与居民自治的有机融合。

华阳路街道紧抓人民最关心、最直接、最现实的利益问题，坚持深入群众、深入基层，采取惠民生、暖民心的举措，努力解决好人民群众的急难愁盼问题。正如商琳所述："把居民的'急盼求'放在首位，把加梯等居民最大的诉求作为自己的'一号民生工程'，推动民生改善'个案'走向'量产'。"

虹旭智慧建设步道

链接二：

长宁区首条"智慧健身步道"建成开放

2022年底，长宁区首条"智慧健身步道"亮相仙霞新村街道虹古路427弄。健身步道沿线布设智能健身路径和交互大屏，让"15分钟社区体育生活圈"更加触手可及。

市民生活有两个"圈"，一个是"15分钟社区体育生活圈"，一个是"15分钟社区美好生活圈"。而虹旭智慧健身步道的建成，填补辖区内西南片区市民健身场所的空白。通过挖掘体育场地的潜量，构建"处处可健身"的高品质运动空间。

对仙霞新村街道的居民来说，这是充分利用社区里的"金角银边"，丰富居民的健身路径。虹旭智慧健身步道"因地制宜，优化布局"，增加仙霞社区公共体育面积，满足周边"居民群众出门5分钟就可以到达健身场所"的需求。结合虹古路427弄整体项目的改造，助力仙霞新村街道的"15分钟社区美好生活圈"建设。

虹旭智慧健身步道及其周边空间环境提升项目的"焕新"从整体规划到完成花费近三年的时间。

环形步道的一侧是作为周边小区与中环线之间屏障的水杉林，原来出于安全管理要求，是长期不对外开放的。如今，仙霞新村街道配合步道安装照明、摄像头等安全设施及网络设施，打开"隐秘的树林"，保证市民安全、舒适的健身体验。

虹旭智慧健身步道究竟"智慧"在哪里？它首次实现在沿线布设智能健身路径和交互大屏。在入口处有一面智慧健身的大屏幕。屏幕上有小程序的二维码，市民扫码登录后可以获得自己的运动时长、当日步数、速度、消耗卡路里等数据，还可以参与排名。

链接三：

长宁区全面启动智慧社区建设

2017年9月，长宁公安分局全面启动智慧社区、社会面智能安防项目建设工作，虹仙小区便是试点社区之一。目前，虹仙小区已建成车辆卡口、智能井盖、智能门禁、烟感报警、智能消防栓、智能车棚、地磁感应、周界报警、可燃气体报警等。

虹仙小区建造于20世纪80年代末，共有3000多户、近万名居民。几年前，这里拥有老旧小区的通病：基建老化、设备旧、人员杂、治安差等，治安状况不尽人意。通过智慧社区建设的试点，近两年，虹旭小区实现"零发案"，社区治安情况发生根本变化，居民安全感和满意度大幅提升。

"停车难"是不少小区都有的老大难问题。虹仙小区有停车位400个，但私家车的数量却超过500辆，加上小区门口就是商户林立的仙霞路，不少外来车辆停入小区，引发很大的停车矛盾：车主们每天上演现实版"抢车位"，绿化带变成停车场，车主与保安、车主之间频频发生摩擦。

虹仙居民区党总支牵头召开"四位一体"会议，与物业、业委会、社区民警多次讨论协商，并向所有居民征询公示，最后确定"红黄绿蓝"停车机制。即长期停放的业主车辆发放蓝色停车证；长期停放的租户车辆发放黄色停车证；探望父母的子女临时车辆发放绿色停车证；其他临时停放车辆发放红色停车证。"红黄绿蓝"四色停车证按照不同的标准收费，由物业管理，业委会监督，每天公示停车收费情况。

2019年8月，虹仙小区开始老旧小区微改造，其中一处地下民防空间

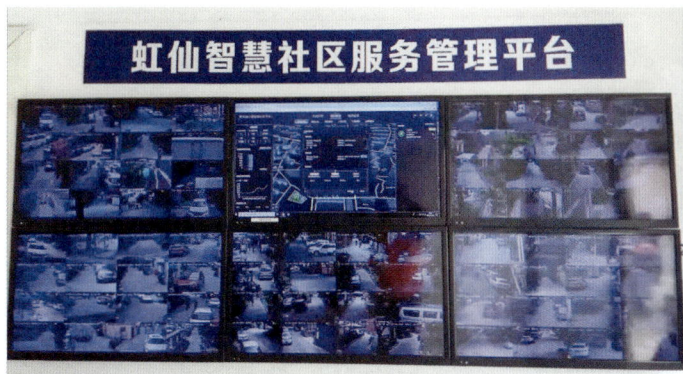

虹仙智慧社区服务管理平台

和一个闲置库房被挖掘出来，计划打造成以社区青年为主体的活动场所。通过邀请小区中青年人一起探讨、让居民自己做设计师，大大拉近年轻人与社区的距离。

综合评估助力精准救助，上海长宁不断推动"政策找人"走深走实

作为上海市唯一的社会救助综合改革试点区，2018年以来，长宁区以数据为基，以服务为本，通过搭建信息平台、开发智能模块，充分发挥数字信息技术优势，为社会救助赋能，提高工作效率，提升服务水平，有效增强困难群众的获得感和幸福感。2022年，长宁区民政局获评"全国社会救助工作先进单位"称号，相关实践案例连续荣获2021、2022年全国社会救助领域创新实践优秀案例。

从"被动受理"向"主动发现"转变。不再是简单手续办理，而是从对象的具体困难类型、程度和特点分析，注重经济困境与身心健康、教育程度等综合性指标同步衡量，主动发现"沉默的少数"，在预防、救助、发展三个层面进行政策干预。从"救助帮扶"向"自助自立"转变。注重困难群体整体赋能，在政策落到位的同时，提供入户探访、心理关爱等救助服务，逐步促进困难群体自助能力和意愿，帮助他们摆脱困境。从服务"基本面"向延伸"上下游"转变。注重困难群体发展性建构，叠加考量能力发展不足、社会融入受阻等多重问题，从贫困家庭未成年人能力提升、失业人员就业技能培训等多方面提供"志智双扶"支持服务，帮助救助对象构建家庭和社会支持网络。

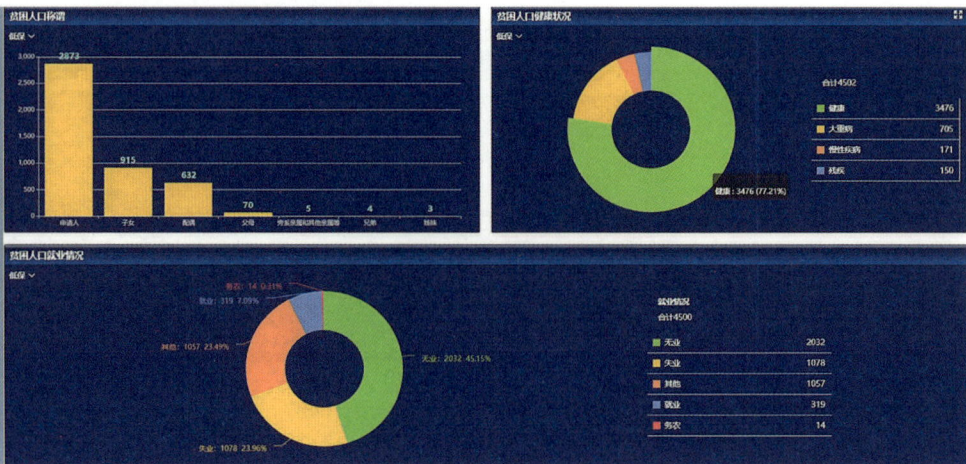

需求综合评估系统

　　建立综合评估指标。遵循维度使用的一致性、稳定性和实际性原则，选取物质、健康、教育、就业、社会支持、家中是否有未成年人等 6 大维度，细化经济状况、身心健康、能力发展、社会参与等 10 个指标，作为衡量致贫致困的考量因子。科学分层困境程度。结合长宁区经济社会发展情况确定每个指标的权重，建构困难家庭风险指标综合测评模型。分别从"家庭贫困强度"和"个人贫困强度"两个方面，对困难家庭进行全面分析，科学研判形成高、中、低三个层级困境程度。研发需求评估系统。将需求评估指标体系、困境家庭困难程度分级、救助政策、救助资源、救助服务管理等功能融入信息系统，创建集智能、精准、高效、便捷于一体的综合评估信息平台。构建多维贫困指数。锁定重点服务人群，兼顾贫困发生率和贫困程度，在街镇、社区层面建立多维贫困指数，全面反映"区域贫困差异"，更客观、更精准地找到家庭及个人致贫致困的根本原因，明确救助帮扶重点。

　　深化"线上＋线下"双线救助实践。组建"专业社区救助顾问＋社区救助志愿者"队伍，通过对社区困难群体进行线下走访排摸，确定重点关注人员清单，通过线上综合评估，明确"中度、高度"困境家庭与社区救助顾问进行结对，列入社会救助服务名单，提供"一户一策"的救助帮扶方案。深化"制度＋载体"救助服务供给。充实"政策库""资源库""项目库"，汇总民政、教育、人社、住房、医保等 11 个部门 22 类项目 72 个政策文件，建立医疗、教育、就业等专项救助政策导入机制。建设救助顾问

新时代非凡十年的长宁答卷

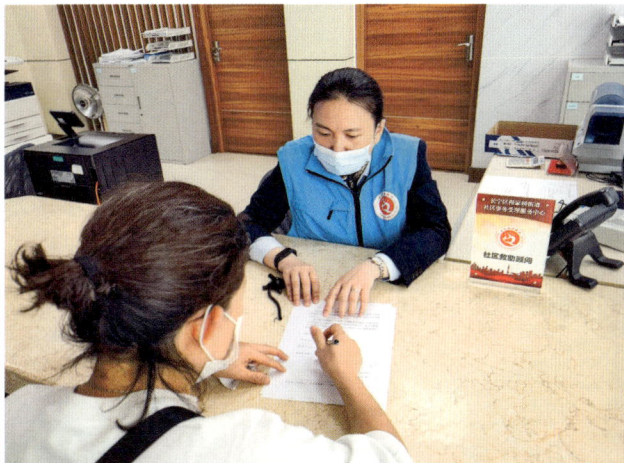
社区救助顾问在工作

实体工作服务站，出台《社区救助顾问工作指南》。不断完善评估指标，定期组织多元主题培训，提高基层社会救助服务水平。深化"物质＋服务＋心理"立体救助服务。根据贫困强度的"高度、中度和低度"划分，建构分层、分类、阶梯式救助服务体系。梳理政府、市场、社会等各类社会救助资源，针对困难群众不同层次需求，在做好基本生活保障的同时，对不同程度的困境家庭开展一般预防型、托底保障型、支持发展型和紧急保护型服务。长宁区开展的"艺术护照""桥计划""爱心传递""爱心助老""帮侬一把""两小时伙伴"等服务项目，都取得较好的效果。2021 年以来，社区救助顾问通过需求评估、上门访视等方式，累计开展陪伴式服务 773 户 3805 次、陪伴式小组活动 2746 人次。

链接一：

长宁区民政局荣获"全国社会救助工作先进单位"称号

2022 年 12 月，民政部印发《关于表彰全国社会救助工作先进单位和先进个人的决定》，表彰社会救助工作中涌现出的先进单位和先进个人，长宁区民政局荣获"全国社会救助工作先进单位"称号。长宁区先行先试，通过整合帮扶资源，吸纳专业力量，改进救助手段，逐步推动救助路径从"生存型"向"发展型"转变，促进救助方式从单一的现金救助向"物质＋

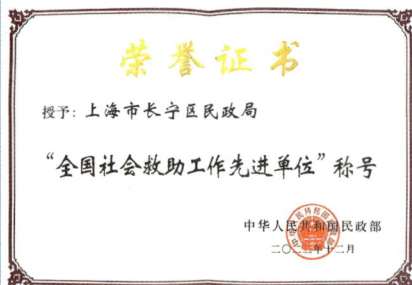

长宁区民政局荣获"全国社会救助工作先进单位"称号的荣誉证书

服务＋心理"的救助转变，引导救助主体从政府为主向多元参与转变，做到精准救助、高效救助、温暖救助、智慧救助。

创筑社会救助"四圈"防线，拓宽救助范围，扩大受益人群，服务对象实现从绝对贫困向相对贫困对象拓展；创设"社区救助顾问"制度，以"政府＋专业机构＋社区救助顾问"为服务主体，以"整合政策＋链接资源＋陪伴帮扶"为服务核心，建立健全分层分类的陪伴式救助服务模式，服务主体实现从政府为主向"政府、市场、社会"整合发展转变；创建"困难群众救助需求综合评估系统"，综合评价服务对象困境程度和救助需求，形成需求清单和"一户一策"救助方案，服务效能实现从兜底保障向综合救助转变；创推社会救助领域"政策找人"，通过"大数据比对＋入户走访核查＋信息动态管理"的工作模式，形成困难群众主动发现综合服务制度，服务途径实现从"人找政策"向"政策找人"转变。

长宁区将持续围绕增进民生福祉、促进共同富裕的目标，有效运用困难群众综合评估结果，不断完善服务信息精准核对、服务需求精准对接、服务项目精准实施、服务流程精准监督，积极打造"弱有众扶"困难群体共富长宁样板。

链接二：

6大维度10个指标，健全分层分类社会救助体系

随着脱贫攻坚任务的圆满完成，我国社会救助迈向高质量发展的新阶段。救助理念从被动生存型向积极发展型转变，在保障基本生活需求基础上，着力增强困难群众的社会参与机会，确保改革发展成果更多更公平地惠及困难群众。《"十四五"民政事业发展规划》明确指出，"要改革社会救

2020 年上线的长宁区困难群众救助需求综合评估系统

助制度，扩大社会救助服务供给，积极发展服务类社会救助，拓展'物质＋服务'的救助方式"。

上海加快推进社会救助改革创新，积极引入社会工作专业力量，构建困难群众综合需求评估体系，多维度识别困难群众致贫根源，精准评估困难群众多元需求，分层分类开展服务类社会救助，取得显著效果。比如，长宁区"社区救助顾问""困难群众救助需求综合评估体系"等服务项目连续两年入选民政部全国社会救助领域优秀创新实践案例。在持续深入的探索实践中，上海市长宁区初步形成"评估为先、需求为要、服务为本"的社会工作救助服务模式，以社会救助高质量发展助力中国式现代化。

仅以单一的经济指标来衡量困难家庭，已不能反映困难群众的真实境况。2020 年，上海市长宁区率先探索建立"困难群众救助需求综合评估指标体系"，通过主动发现救助对象致贫致困根源，综合评估救助需求，精准进行政策、措施干预，推动社会救助高质量发展。

链接三：

构建"政策找人"工作机制，
长宁打造困难群众关爱服务体系

2022 年 11 月，在民政部社会救助司、江西财经大学共同主办的第七届中国社会救助研讨会上，长宁区民政局受邀围绕"构建'政策找人'工作机制，打造长宁困难群众关爱服务体系"进行案例分享和经验交流。

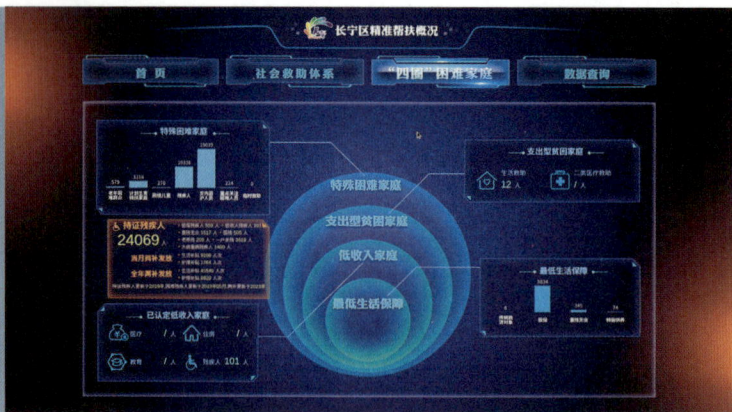

长宁区精准帮扶信息系统

  长宁区以全国社会救助综合改革试点区为契机，构建由最低生活保障家庭、低收入家庭、支出型家庭和特殊困难家庭组成的社会救助"四圈"防线。为了有效实现困难家庭救助资源的"按需对接"，长宁区积极推进大数据、人工智能等现代信息技术在社会救助领域的运用，并结合"社区救助顾问"制度，探索"政策主动找人、服务主动递送"救助帮扶模式。

  其间，在"一网统管"框架下，区民政局开发"长宁区精准帮扶信息系统"，打通民政、医保、人社、教育、残联等跨部门数据，实现信息数据共享比对。区民政局还推动"区精准帮扶信息系统"与市民政局延伸居村的"社区云"对接，构建"9+1+N"社会救助帮扶"标签字典"，推进"社区云＋精准帮扶"救助模式。以居民区、小区为单位，形成可标签索引、可自动匹配的困难群众数据库，让社区工作人员可通过"社区云"，对困难群众"一目了然"，主动发现其中"沉默的少数"。

  与此同时，区民政局梳理建立"政策信息清单""救助资源清单"和困难群众"心愿清单"，通过综合评估锁定目标群体，制定"一户一策"帮扶方案。

  除此之外，长宁深化推进社区救助顾问制度，通过走访调研、入户调查等方式主动发现困难群众，由区、街镇、居民区的社区救助顾问和志愿者、第三方专业机构适时介入，有效利用"政策信息包""现金救助包""资源链接包""赋能服务包"等，为不同类型、不同强度的困难群众开展分类适配的救助帮扶服务。

长宁区实施"家门口工程"

"家门口工程"项目内容包括绿化改造、车棚整修、路面修复、晾衣架安装等提升改善居民居住环境的项目，也包括了围墙修补粉刷、绿化补种提升、护栏安装、楼道整治粉刷、信报箱整修等工程。早在2014年，长宁就已将"家门口工程"列入每年的区政府实事项目。

"家门口工程"重点聚焦售后公房小区，重点实施社区居民有迫切需求、街镇有能力解决的社区建设和服务项目，强调项目的"小而精"。立项时，广泛听取居民意见，按照大多数居民的意见作出决定，并严格遵循过程公开、结果公开的原则，抓好拟建项目的申报、预算评估、工程招投标、项目监督和验收结算，按照全程公开的方式进行操作。

长宁的"家门口工程"并不是一次性任务，后续管理和维护也纳入其中。"家门口工程"项目建立长效管理的联动机制，各街镇和居委会组织发动物业公司、居委会、业委会，区域单位等方方面面对完成的项目进行认领，以签协议的方式落实后续管理的责任方，其他的一些工程类的项目也注重落实后续管理。

结合"家门口工程"实施以来，可以总结出一些工作经验：

一是加大宣传力度。"家门口工程"是政府为居民群众排忧解难的一件实事项目，各街道、镇通过"家门口工程"的实施，增强居民群众的知情权和话语权意识。联合"上海长宁"微信公众号开设"与'宁'说实事"栏目，及时将各主责部门的推进情况进行总结提炼，让群众了解项目进度和经验做法，分享经典案例，同时针对留言中的意见建议予以反馈。

二是把好工程质量。工程质量是确保工程项目完成的主线，也是提升居民群众满意度的关键。聘请专业资质企业作为工程监理单位，及时通报工程进度和质监情况，协调处置工程矛盾。发挥居委会干部和志愿者监督员的作用，一起参与工程质量验收。同时，主责方做好党代表、人大代表和政协委员实地视察、建言献策等工作，主动接受代表委员监督。

三是开展实时调查。收集居民群众对"家门口工程"项目的意见和建议，提升居民群众的获得感和满意度。

"家门口工程"之一的水霞科普长廊

四是强化建后管理。将项目作为业主的公共设施移交给业主大会，共同管理和维护好公共设施，进一步激发居民群众的自治意识和大局意识。

2022 年为民办实事项目共 15 类项目，安排资金 7.7 亿元。受疫情防控措施限制，很多项目上半年推进缓慢，但是各主责部门都克服重重困难，全力推进落实。至年底，所有项目均已完成年度预定目标。其中，实施美丽小区、美丽楼道等群众需盼求的"家门口工程"项目 70 个。

链接一：

周家桥街道实现老旧小区华丽变身

周家桥街道持续围绕"加快打造现代化城区，着力创造高品质生活"的目标任务，加大老旧小区改造力度，把一幅幅施工"效果图"变成幸福生活"实景图"，让幸福感在家门口"提档升级"。

铁路公房小区位于长宁路 1120 弄，紧邻轨交地铁 3、4 号线中山公园站，整体面貌呈狭长形。小区建于 1996 年，共有 9 排房屋，共 432 户。2023 年，小区正式启动精品改造。本着"改善居住环境，以人为本"的设计理念，小区在着力修缮建筑外观及设施、充分利用小区内的有限空间增设功能性空间、统一规划停车位、增加绿化的同时，更多注入"火车"元素，力求营造"舒适、安全、方便"的居住环境。

中狄小区位于万航渡路 2032 弄 1—13 号，北至万航渡路，东临凯旋

中狄小区精品改造后的健身设施

路。小区建筑面积 12419.52 平方米，共有 13 个门洞，238 户居民。2023 年年初，小区完成了精品改造，除了房屋外立面、单元门头、公共楼道修缮，小区大门、围墙的改造及美化外，其最大的亮点便是在居民区开辟了两个休闲、健身空间。

宁康小区是范北居民区第一批实施精品改造的小区。2022 年，小区面貌焕然一新，居民生活日新月异。宁康小区坐落在长宁路 1302 弄 73 支弄，是建于 1988 年的售后公房小区，10 栋多层建筑里，共有居民 695 户。在精品小区改造期间，居民区充分践行"全过程人民民主"的重要理念，牵头成立"工作坊"，征集居民对于改造更新的建议意见，推动小区共建共治共享。

链接二：

"美丽楼道"建设让 35 岁的玉屏大楼焕发新生

随着"美丽楼道"建设不断推进，位于天山路街道友谊居民区的玉屏大楼内部逐渐焕新。2023 年 6 月，5 个不同主题的公共会客厅打造完成并投入使用，进一步提升楼道环境，让居民开门就能"遇见"美好。

玉屏大楼建成于 1988 年，曾经这里因建造时间久远，部分楼层电梯外的公共空间墙面和地面斑驳不平、线缆凌乱，有时还存在着杂物堆放的现象，既影响居民的居住环境和日常出行，也存在着一定的安全隐患。为此，街

天山路街道友谊居民区的玉屏大楼积极开展"美丽楼道"创建

道党建办牵头友谊居民区推进"美丽楼道"建设，并组织大楼居民自治力量共同参与，让已经35岁的玉屏大楼焕发新生。

落实"美丽楼道"建设的首要任务就是清理楼道堆物，腾出空间进行施工打造，楼组长带头清理家门前的公共空间，并挨家挨户告知居民建设方案，同时了解大家的需求和想法，让这项民心工程可以开展得更加顺利。

除了墙面和地面变得崭新、空间变得宽敞，玉屏大楼"美丽楼道"建设过程中通过与多部门开展党建联建，还打造了不同主题的装饰布置。如11层是与街道妇联共同打造的妇女议事厅，12层是与街道司法所共同打造的法治主题空间，13层是与街道武装部共同打造的民防主题空间，14层则是携手市就促中心打造的就业服务主题空间。这些"公共会客厅"的打造不仅进一步提升大楼环境，也增强了楼内居民对就业、法治、民防和妇女儿童保护的了解。

"美丽楼道"建设不仅为居民带来了越来越丰富的活动空间，也进一步拉近了社企间和邻里间的距离。玉屏大楼共15层，其中4层为商用，11层为居民居住，本次借着"美丽楼道"建设的契机，不仅进一步提升了大楼"办公＋居住"环境，同时还加强建设楼事楼议、楼事楼办、楼事楼管的商住大楼治理共同体，真正实现大楼居民和企业白领和谐共融。

第二节　推进社会事业发展

数字化：长宁全面发展的"隐形翅膀"

长宁，是一个有着数字基因的城区。早在 2000 年，"数字化"对许多人而言还是个陌生的名词，长宁就确立"数字长宁"战略，开始大力发展信息服务业。经过 20 多年的积淀，"数字建设"在长宁已卓有成效——电子商务平台交易总额全市第一、发布全市首份数字养老报告、获评全市首个"教育数字化转型实验区"、"一网统管"城市生命体征建设等工作走在全市前列……

全球首发新能源无人驾驶牵引车 Q-Tractor

数字经济高质量发展。数字经济在长宁区已有 20 多年的积淀。自 2016 年上海市政府正式批复在长宁设立"互联网＋生活性服务业"创新试验区以来，长宁区积极贯彻落实市委、市政府重大战略决策，充分发挥创新试验区的示范引领作用，使得数字信息产业能级持续提升、制度建设卓有成效、品牌影响力逐步增强。第三届"五五购物节"期间，拼多多、携程、百秋、乐麦、玖盈、深屹网络等区内电商平台开展丰富的线上促消费活动，掀起一阵消费热潮。

2022 世界人工智能大会上，长宁科技企业带来的"新科技"，也让中外参会者眼前一亮——西井科技的全球首款智能换电无人驾驶商用车 Q-Truck、全球首发新能源无人驾驶牵引车 Q-Tractor、氢豚科技最新款的 COFE+ 机器人咖啡亭、诠视科技新推出的全功能轻量化 6DOF（自由度）AR 眼镜"SeerLens™ One"……

长宁区以人工智能、区块链、5G、工业互联网等新技术为引领，有

长宁区数字养老研究报告封面

力推动创新产业集聚，形成颇具规模的数字产业集群，经济数字化转型标杆效应已初步呈现。2021 年，长宁区入选"科创中国"第二批试点城区；2022 年 4 月，"虹桥临空数字经济产业园"获评上海市特色产业园区。同年 6 月，"虹桥之源"在线新经济生态园成为全市三大市级在线新经济生态园之一……"十四五"以来，长宁已设立"3320"数字化转型战略，以"3 区、3 带、20 个数字专项"为引领，以"十百千万亿"为发展目标。到 2025 年末，将集聚 10 家行业龙头、100 家创新型企业、1000 个有引领示范效应的场景应用、1 万家企业实现"上云用数赋智"，不断强化"人无我有、人有我优"的产业特色。

长宁人的生活，也有着数字赋能的"独特气质"。如虹桥社区 AI 食堂，从取餐到结账，整个过程，都是灵活的机械臂及可进行菜品识别、价格计算的 AI 识别智能结算系统在工作。2021 年 10 月，沪上首个"线上虚拟社区"——"北新泾 e 刻生活圈"在长宁上线。

2022 年，长宁还率先发布全市首份数字养老报告，打造全市首个"数字长宁体验馆"，建成全市首个"智慧图书馆"……这些"首个"的背后，是长宁推动生活数字化转型的不断努力。十年来，长宁聚焦社区、养老、医疗、教育及"文娱购行"等方面，打造"人人与共、人人参与"的数字化场景，集成为老服务一键通、智能出行即服务、数字社区生活圈、智慧早餐惠民心、民生保障贴心达等一系列群众最关心、最直接、最爱用的场景链条。

此外，数字治理高效精准，在聚焦"数字政务"新体验的同时，长宁还聚焦"数字治理"新中枢。长宁的"一网统管"城市生命体征建设等工作走在全市前列；开设全市首个"一网统管"垃圾分类街镇版专页模块；长宁区"一网统管"3.0 版系统正式发布等。

在加快建设具有世界影响力的国际精品城区的过程中，"数字化"是长宁迈出的一个个坚实的脚印。未来，长宁将聚焦数字经济领域"十百千万亿"发展目标，推动数字经济能级再提升；围绕教育、医疗、家园、出行、文旅、社保、养老等7个数字专项行动，打造20个典型应用场景，推动数字生活品质再提升；推进"一网通办"迭代升级，深化"一网统管"建设，推动数字治理效能再提升。

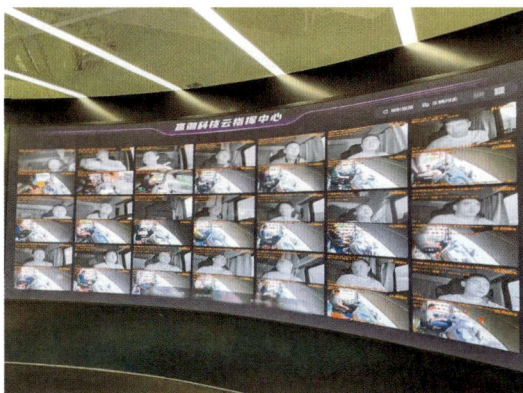

赢彻科技云指挥中心

链接一：

赢彻科技集团全资子公司赢彻星创入驻长宁

2023年6月，由长宁区新引进的重点企业赢彻科技集团全资子公司赢彻星创正式入驻东虹桥中心，这里将作为赢彻科技集团的智能驾驶实验室及智能驾驶云指挥中心，赢彻星创将与长宁区携手共同打造更富创造力的智慧之城。

赢彻科技运营平台功能主要包括OLP运力租赁平台、TMS运力服务平台、TSP车联网平台、FMS车队管理系统、CT运营控制塔。其中：OLP运力租赁平台主要向物流客户提供运力资产租赁服务，实现整个租赁服务的全过程精细化管控；TMS运力服务平台用于向物流客户直接提供运力服务，上接物流客户，下接承运商、合作伙伴、司机和车队，为物流客户提供覆盖全网的运力服务；TSP车联网平台用于运力服务资产、司机和工单的智能化管控，为运力服务保驾护航；FMS车队管理系统以车辆、司机和车线为基础，整合车辆运营、司机工资、运营费用、监管等功能，实现对车队日常运营及费用信息的有效监控；CT运营控制塔用于整个运营过程的全局监控，分为监控台、驾驶舱和信息屏三部分，监控台7×24小时值守，响应和处理各类紧急需求，驾驶舱和信息屏实时获取各类运营数据，及时发现和解决问题。

成立于 2018 年的赢彻科技是一家专注于自动驾驶领域的科技企业，业务聚焦于干线物流场景，公司自主研发的全栈 L3 和 L4 级自动驾驶技术，和汽车产业紧密合作，为物流客户提供绿色、安全、高效的自动驾驶技术和新一代 TaaS 货运网络。

随着企业正式入驻长宁，公司将依托东虹桥的区位优势及长宁区优质营商环境的软实力，持续推进科技创新，力争打造全球干线物流自动驾驶研发创新、应用高地及产业集群，助力区域经济社会高质量发展。

链接二：

上海首家社区 AI 食堂开业

2021 年 7 月 26 日，国内首个 AI 社区食堂在上海长宁区虹桥街道的居民区正式开业。

虹桥 AI 社区食堂实现全程数字化管理和全无人烹饪技术，从净菜、配料、烹饪、出菜到结算、点餐的各个环节都由机器完成。食堂建筑面积约 130 平方米，30 个座位，分为自助中餐区、自助浇头面档、网订柜取、24 小时智能小吃机四大区域。每小时可提供 300 余份正餐和 150 份小吃类餐品。营业时间从早上 6 点半到晚上 8 点。

自助生产区和无人面档区都采用自主结算方式。用餐者只需将餐盘放

虹桥社区 AI 食堂外景

在 AI 识别智能结算台上，屏幕上会自动显示每道菜品的价格，进行结算。

位于食堂中央的数据中台区，是整个食堂的"大脑"。屏幕上展示了餐品概览、食材来源、烹饪概况、人员健康等信息。而数据的后端，控制着各区域设备的运作，与手机端接口互通，处理用餐者的各项数据，如根据提前录入的用餐者身体各项指标或者日常用餐习惯，进行餐品推荐、营养配餐等，实现全流程可追溯。

除了在餐厅堂食，如果错过门店的营业时间，顾客还可以通过 24 小时开放的智能小吃机，吃上热乎的现做现售汤面。菜品涵盖有番茄牛腩面、老鸭红米线、冬阴功海鲜面、雪菜肉丝面等。

长宁区举行"聚焦课程建设　推进基础教育国际化"教育综合改革项目总结汇报会

2020 年 11 月 18 日，长宁教育综合改革项目"聚焦课程建设　推进基础教育国际化"总结汇报在上海市建青实验学校举行。

长宁区在推进基础教育国际化方面开展了不懈的探索，推出一系列扎实的举措，取得了实实在在的成效，基础教育的国际化扎根中国大地，优秀传统文化的特色进一步彰显，教育的国际影响力进一步得到提升。在建设国际精品城区的大背景下，长宁区充分利用区位优势，持续推进国际教育交流，既致力于为外籍人士子女提供适切的可选择的教育，更积极推进国际教育资源和本土经验的融合与创新，为办好人民满意的教育，服务区域经济社会发展提供有力的支撑。

会议强调，长宁的基础教育要注重远近结合，做好谋划。教育对外开放的作用有待进一步发挥，质量效益有待进一步的改进，治理能力和水平有待进一步的提升。要注重破立并举，深化改革，树立科学的教育发展观、人才成长观、选人用人观，促进学校教育教学和治理方式的变革，以更加开放创新的举措，继续推动长宁教育的发展。要注重中外融通，开创未来，在不同文明中寻求智慧、汲取营养，同时强化研究，提炼基础教育国际化项目的实践成果，特别是在外语学习领域、提高国际教育的影响力、培养具有国际视野的新时代青少年等热点问题上，探索更多更好的经验，培养

外籍教师在上教学展示课

一批又一批具有国家意识、家国情怀和全球素养，能够担负起建设社会主义现代化强国，建设人类命运共同体的未来的人才。

教育国际化是教育现代化的重要内容，教育对外开放是教育现代化的鲜明特征。一直以来，长宁区委、区政府都高度重视教育事业，始终坚持教育优先发展战略。在促进区域教育优质均衡发展的同时，大力推进基础教育国际化建设，形成"全职外教普及普惠""不出国门零距离互动""用国际声音讲中国故事""学科教师高端培训"等特色亮点，让"请进来"的优质教育资源惠及全体师生，让"走出去"的中国传统文化在国际上绽放夺目光彩。"十四五"时期，长宁将努力打造"活力教育"品牌，培养更多具有国际视野的德智体美劳全面发展的时代新人，以更加积极主动、开放包容的姿态深化基础教育领域的对外合作交流。依托现有基础和优势持续提升基础教育国际化水平，实现高品质的、内涵式的、均衡化的高质量发展，以项目化推进为主要途径，促进更多对话交流、推介展示，共同开创长宁教育对外开放的新局面。

上海是教育国际化的先发区，长宁是外籍人口的聚集区，也是很多国际学校的诞生地。为此，长宁聚焦学校办学，以"长宁教育国际联盟"为抓手，推进学校间高位沟通。联盟每学期开展内部核心校交流，进行信息沟通、主题研讨、课程合作、互访参观、跟岗锻炼。2018年起，设立"影子教师""影子学生"项目，让本土中小学生和教师代表赴国际学校，深入了解教育教学情况，体验校园生活。同时，联盟每学年还开展对外交流活动。近五年来，与很多外国教育专家、教材主编、学校校长、教育官员等，开展十几次高水平专题研讨活动。

长宁基础教育国际化走出一条不依赖特殊政策，坚持改革创新，让更多学生、更多教师、更多学校受益的普惠之路，彰显了优质、均衡、卓越的长宁教育特点。

复旦中学淞虹路（西）校区

链接一：

复旦中学被上海市教委评为"上海市实验性示范性高中"

2015年，复旦中学被上海市教委评为"上海市实验性示范性高中"。2016年，上海市复旦中学淞虹路（西）校区正式启用。

复旦中学前身为我国著名教育家马相伯创办于1905年的复旦公学，建校初即设中学科。复旦中学百年历程中，先后经历"复旦公学、复旦大学附属中学和复旦中学"三个历史发展阶段。

1917年，复旦公学改名为私立复旦大学，分设大学部和中学部。1922年，复旦大学大学部迁址江湾，中学部则留原址，对外称上海市私立复旦大学附属中学。1944年改名为上海市私立复旦中学，复旦大学校长李登辉仍兼中学校长。

1950年，上海市长陈毅为复旦中学亲笔题写校名。1953年和1955年，培真中学和联群中学（务本女子中学曾并入联群中学）先后并入。1956年改为公立学校，称上海市复旦中学。1959年，复旦中学高中部改为上海计算技术学校，同年改名为上海第二科学技术学校（现上海科学技术职业学院），翌年迁址嘉定。1959年，复旦中学高中部校址迁入上海第一科学技术学校。1962年，复旦中学在原址恢复中学建制。1978年，学校被批为长宁区重点中学。

多年来，复旦中学为国家培养了一大批文化名人、名师及十多位院士，输送数以万计的有用之才，如陈望道、陈寅恪、胡敦复、竺可桢、胡绳、李庆逵等。

长宁教育数字化转型推进工作会议现场

链接二：

长宁教育数字化转型推进工作会议召开

为进一步深化长宁教育数字化转型，推进数字基座常态化应用，促进教师数字素养提升，推广更多基于基座的教育应用场景，2022年11月29日，长宁教育数字化转型推进工作会议在长宁区教育学院召开，并通过数字基座面向全区进行线上同步会议。

会上，公布2022年长宁教师在各级各类教育数字化转型案例征集活动中的参与和获奖情况。

会议指出，教育数字化转型用技术和数据赋能教育教学，使教师得到更好的专业发展，使学生得到更适切的个性发展、更全面健康的成长，是实现教育现代化、建设质量一流的活力教育的必由之路，体现长宁教育培养对数字社会有责任感和贡献度的未来人才的担当。以数字基座为引擎，长宁教育走出一条整区推进"标准化＋个性化"教育数字化转型的可行之路，数字基座的标准数据和规范化入口，使每一位教师和学生都可以共享优质资源；基座上近百个数字应用和低代码搭建平台，保证学校和教师的个性化选择。基于此，数字化转型有力地促进了疫情期间有课堂互动、有情感交流、有丰富资源、有数据分析的线上教学，保证了教育教学质量，成效显著。未来，通过"数字作业"等若干应用数据的积累，数字化转型将更好地支撑过程性评价、增值评价，了解学生综合素质发展情况，从根本上变革教育教学模式，实现学生德智体美劳全面发展。

仪式上启动"延中附校办学思想研究项目"

链接三：

"上海市省吾中学"正式更名为"上海市延安中学附属省吾学校"

2023 年 2 月 12 日，"上海市延安中学附属省吾学校"正式举行更名揭牌仪式。仪式上，摁下"延中附校办学思想研究项目"启动键，正式开启延安中学与延中附校的融通发展之路。

上海市延安中学附属省吾学校是一所保留完中建制的公办初中，前身为上海市省吾中学，创建于 1945 年。上海市延安中学附属省吾学校在发展过程中，形成数理见长，科技、艺术为两翼的学校课程建设特色，上海市延安中学的课程建设也是数学见长，科技、体育为两翼，在课程建设方面，在一定程度上，两校办学特色紧密关联，保障了深度融合的学科建设基础。

"此次更名是上海市延安中学附属省吾学校与时俱进、开拓创新的新起点，也是以区域内高中名校辐射、带动品牌初中建设的新探索。"身兼上海市延安中学、上海市延安中学附属省吾学校两校校长的李德元表示，要将"老老实实办学、呕心沥血育人"的延安办学传统延续到新校的建设中，以初高中融通的新机制培养传统美德和现代文明相结合的新一代延中附校学子，促进长宁区教育优质均衡发展。

依托上海市延安中学的优质资源，上海市延安中学附属省吾学校将与延安中学携手探索一条融通发展的新路径，打造"轻负担、高效益、多类别、分层次"的初高联合课程与特色项目，形成联训联建机制，为师生提供跨学校、多学段的联动发展平台，助力师生的综合发展。

上海市青少年科创人才培养"芯"计划
暨长宁区青少年"微芯"科学教育实验室揭牌仪式举行

签订长宁区青少年"微芯"科学教育实验室三方共建协议书

2023年4月23日，上海市青少年科创人才培养"芯"计划暨长宁区青少年"微芯"科学教育实验室揭牌仪式在上海市延安初级中学举行。

仪式上，签订长宁区青少年"微芯"科学教育实验室三方共建协议书；为长宁区青少年"微芯"科学教育实验室揭牌。

自2022学年起，依托中科院上海微系统所科研和产业优势、长宁教育优质均衡与数字化教育新生态发展优势，双方开始携手打造多层级、模块化芯片科学课程，课程内容融入科学家精神教育、基础知识教学和实验创新教育，主题从材料到工艺，再到应用，贯穿芯片设计制造全产业链，环环相扣又自成体系，让学生从踏进实验室的第一步起，就能真实体验芯片研究的全过程，充分激活学生的探究欲、创造力。2023年4月16日，由参与课程培训的长宁高中生自行设计制作的第一块芯片在实验室内如期诞生，这也是上海市中学生的"001号"芯片。

仪式现场，启动上海市青少年科创人才培养"芯"计划，计划将通过精选、优培和特训，发掘与培育中国芯片的青少年后备力量，为教育"双减"做好科学教育加法。

未来，各方将继续努力，坚持强强联手，不断完善芯片科学课程，构建符合青少年认知规律和知识背景的芯片科学教育体系，实现高端科技资源与青少年科学教育的精准对接，为助力长宁建设质量一流的活力教育，建设具有世界影响力的国际精品城区贡献力量。

在长宁，与文化艺术"撞个满怀"

长宁，一个被文化浸润着的城区。在长宁，"四季都有好风景、转角遇见小惊喜"，随时都能和文化艺术"撞个满怀"……

十年来，长宁不断探索公共文化服务"优质＋均衡"发展新路径，满足百姓对普惠、共享、优质基本公共文化服务新要求，并于2021年荣获"国家公共文化服务体系示范区"称号，为区域经济社会全面发展提供强大的价值引导力和文化软实力。

长宁深耕细作"长宁舞蹈""长宁音乐""长宁演艺""长宁阅读"等文化品牌，持续多年承办和主办中国舞蹈"荷花奖"舞剧评奖、全国广场舞展演上海选拔赛、"虹桥之秋"文化旅游购物节、上海市民舞蹈大赛、上海国际艺术节"艺术天空"、国际传统艺术邀请展、上海世界音乐季、长宁国际草地钢琴音乐节、"上海之春"国际手风琴周等高品质赛事和活动，让居民在家门口就能享受到优质的国内外文化精品。

与此同时，长宁还不断拓展丰富中山公园红色文化圈、虹桥海派文化圈、新泾江南文化圈内涵，促进公共文化服务高质量发展，营造了"百姓家门之外便是文化所在"的区域文化氛围。

"长宁星期音乐会"是长宁区文旅局打造的公共文化惠民项目，旨在让观众在音乐欣赏中陶冶情操，提升文化素养。自2006年4月首场演出至今，长宁星期音乐会已走过16个年头，成功举办数百场，成为长宁文化的一个重要品牌，广受市民欢迎。像这样的公共文化惠民项目，在长宁已经成为日常。

长宁区文旅局每年通过广泛征集市民需求，多元主体共同参与，充分挖掘区内资源，将优秀的文化资源送进社区、楼宇、校园、军营、园区、公共空间等。

文旅是大产业、大民生、大展示，是流量型城市的入口，也是服务型经济的引擎。为此，长宁区出台《关于进一步推进长宁区文化繁荣发展的若干政策》，设立长宁文化发展专项资金，扶持文化企事业单位和个人，为长宁文化氛围营造作出贡献。

小音符大世界亲子音乐节

"何以爱长宁"双层巴士微旅行

2019 年以来，受疫情影响，文旅行业面临巨大挑战。长宁区高度重视文旅行业恢复和重振，多措并举助力文旅企业纾困，进一步深化文旅资源融合发展。除了联合春秋旅行社，以"何以爱长宁"为主题，打造 6 条音乐、艺术、非遗巴士微旅行线路之外，还以"品味长宁·最虹桥"为主题，推介长宁区域内最具特色的文化、旅游、休闲场所，提升长宁文旅影响力，让市民体验长宁社区、街区、城区魅力。

十年来，长宁的公共文化事业蓬勃发展，"数字化"则为发展注入新的活力。长宁图书馆的"新页书房"、长宁文化艺术中心的"AR 随行小猫"都是长宁推进公共文化数字化转型的优秀范例。

长宁区文旅局积极响应"数字长宁"的决策部署，成立文旅数字化转型专班，制定《长宁区文旅局数字化转型实施方案》，持续升级公共文化内容供给线上平台，全面完善公共文化资源配送"掌上点单"模式，打通服务群众的"最后一公里"，把文化资源送到居民身边。由线下走到线上的"长宁星期音乐会"、广受好评的原创直播栏目"'美好生活'长桌派"……让长宁人足不出户便可欣赏音乐会，动动鼠标就能参加"大咖级"艺术沙龙。数字化，给长宁文旅带来真真切切的新变化！

接下来，长宁还将持续提升公共文化服务效能和影响力，继续深化文旅融合发展，促进文化和旅游事业繁荣。不断推动文化服务数字化转型，加大各类文化活动的网络直播力度，加强公共文化数字产品内容原创研发，拓展公共文化服务的智能化体验场景和智能化服务场景，让群众享受更多优质、丰富的公共文化产品，让长宁人随时随地与文化艺术邂逅……

小广场音乐会现场

链接一:

转角遇见"小惊喜"

2022年，长宁原创作品口琴重奏《爱上这座城》获得文化和旅游部颁发的"群星奖"。这是继2019年器乐重奏《和·鸣》之后，长宁又一次荣获这一群众文艺领域政府最高奖项。而这部作品在长宁的街头，就能听到。

9月17日，苏州河畔华政步道上举办的小广场音乐会，吸引不少来往市民驻足欣赏。

"苏州河边小广场音乐会"是长宁文旅局打造的"音乐品牌"行动之一，让热爱音乐的居民在"家门口"就能"觅得知音"，偶遇《爱上这座城》这样的优秀作品。时而悠扬时而欢快的琴声，成了长宁苏州河畔的一道美好风景。

同样，喜欢戏剧的市民也能在长宁收获许多惊喜。2022年的长宁咖啡文化节板块之一——上生·新所第二届咖啡戏剧节中，英国咖啡戏剧《雪莉瓦伦丁》、法国咖啡戏剧《迷幻变奏曲》及原创咖啡戏剧《意浓马提尼》轮番上演，将品咖啡与赏戏剧的形式融合，别有一番海派情调，令不少"剧迷"大呼过瘾。

如今，无论工作日还是节假日，漫步在长宁的大街小巷、楼宇商圈、公园绿地，不经意间就能邂逅一场高品质的文艺演出。文化艺术，已然"飞入长宁百姓家"。

2022 长宁星期音乐会

链接二：

文化艺术"飞入长宁百姓家"

"长宁星期音乐会"作为高雅艺术进社区、进校园的公共文化服务项目，充分体现"走进市民、服务社会"的公益性演出宗旨，令观众在音乐欣赏中陶冶情操，提升文化素养。自创办以来，一直因演出节目质量高、涉及艺术跨度广、不断推陈出新，且观众欣赏素养好，而受到社会广泛关注。

虽然"长宁星期音乐会"是公益性质的，但其演出内容却毫不打折——表演者既有大咖名家坐镇，也有音乐界冉冉升起的明日之星，兼顾流行性和专业性、涵盖古今中外，可覆盖多领域、多年龄层次的受众。

"眼睛瞪得像铜铃，射出闪电般的机灵……"2022年9月16日，长宁星期音乐会第376期"那些难以忘怀的音乐记忆"刘念劬原创作品音乐会在长宁文化艺术中心520剧场举行。随着耳熟能详的《黑猫警长》主题曲响起，现场掌声雷动。

当晚，国家一级作曲家、钢琴演奏家刘念劬携手多位沪上知名音乐家及其优秀学生，为观众们带来一场"寻找记忆之旅"。像这场高水准的精彩演出，在长宁，票价仅为10元，还可以扫码在线上免费观看直播，可谓是真正让文化艺术"飞入长宁百姓家"。

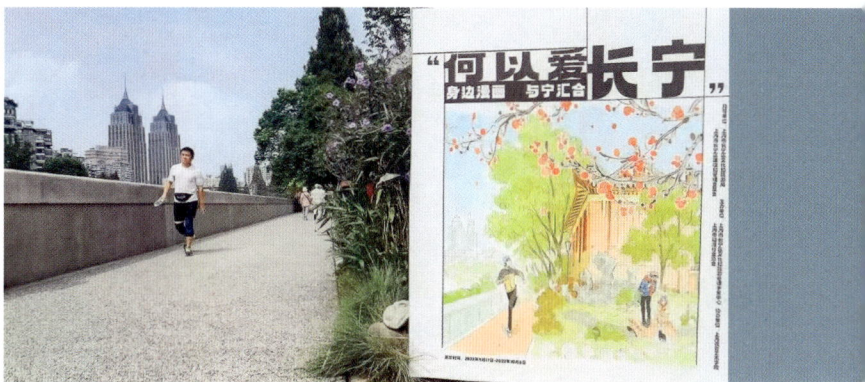

"身边漫画　与宁汇合"步道展

链接三：

文旅资源集聚，长宁魅力日益彰显

长宁，不仅有多彩的文艺活动，还有丰富的旅游资源。可以去新华路、武夷路上梧桐掩映的老洋房感受光阴流转；可以在潮人、"网红"聚集的愚园艺术生活街区"打卡"或沉浸式体验；也可以去《布尔塞维克》编辑部旧址，探寻红色印记……十年来，长宁不断加强文旅资源整合，将自身的文化资源和旅游资源深度融合，让越来越多的人游览长宁、品味长宁、爱上长宁。

"何以爱长宁"双层巴士微旅行，一经推出就成为长宁文旅深受市民欢迎的口碑之作，成了长宁"文化＋"的重要方面，也成为沪上一道亮丽的风景线。

2022年2月，一条用音乐主题串起的"建筑可阅读"双层巴士微旅行线路在长宁区启动。市民、艺术家、网红达人们一起乘坐春秋旅游的双层巴士，跟着专业导游，感受音乐快闪的欢乐，深度了解上生·新所的前世今生，探寻邬达克建筑的历史，聆听愚园路上的名人故事，且歌且行，深度感受长宁区的音乐特色和历史人文。

艺术微旅行、苏州河华政段步道旁的漫画展、"海派城市考古"双层巴士微旅行……今后，"何以爱长宁"双层巴士微旅行还将围绕"音乐演绎""建筑可阅读""街区可漫步""非遗可传承"等主题，将海派地标、苏州河风貌、历史保护建筑风采、64条永不拓宽小马路街景、各类潮流业态及文商旅综合空间囊括其中，挖掘长宁独特的历史积淀和艺术人文故事，找寻到属于自己"何以爱长宁"的理由。感兴趣的市民可以通过关注"何以爱长宁"小程序和"上海长宁文旅"微信公众号报名参加微旅行。

链接四：

数字化发展为文旅赋能

上海首个"智慧图书馆"内景

长宁文化艺术中心 AR 导览

2022 年"十一"长假期间，上海首个"智慧图书馆"——长宁区图书馆全新打造的智慧阅览空间"新页书房"正式与读者见面。

多年以来，长宁区图书馆不断探索数字化创新应用。2007 年，长宁区图书馆大力引进"RFID 自助借还机"，迈出智慧阅读建设之路的第一步；2015年，建成"24 小时无人值守图书馆"，打破传统图书馆在服务时间上的障碍，让"永不闭馆"成为长图新标签；2018 年，率先推出"大白"神器——预约借书柜，开创无接触预约借还的新模式；2019 年，相继推出"心悦书屋"——智能采书柜，实现"你选书，我买单"的许愿式阅读服务；2021 年，在以上数字化创新应用的基础上，率先开展智慧阅读项目的场馆建设与服务试行，打造一套结合系统借阅、数字阅读、开放获取的智慧阅读服务体系，让"图书馆永远在你身边"；2022 年，"新页书房"正式亮相，成为长宁在公共文化服务领域探索试点的首个数字化图书借阅应用场景。

同样有"数字"加持的还有长宁文化艺术中心。2021 年，长宁文化艺术中心推出 AR 数字化导识系统——"AR 随行小猫"。系统中设置两种模式，一为"线上地图"，二为"AR 之旅"，可满足市民的不

新时代非凡十年的长宁答卷

同需求。

长宁文化数字化转型持续加深，智慧图书馆、掌上文旅地图等数字文旅新场景逐渐出现在我们的生活中。区文旅局也将持续在数字文化馆升级、未来图书馆打造、陈列馆展陈优化等方面进行深化和突破，逐步实现文化和旅游数字化转型，不断提升市民对文旅事业的感受度。

健康长宁："优质＋均衡"的医疗服务

党的十八大以来，在中共上海市委、长宁区委的坚强带领下，长宁区在公共卫生事业发展上不断打牢基础、谋求发展、突破创新。致力于公共卫生体系建设，完善公卫服务体系，提高群众健康水平；强基层，建机制，树品牌，优服务，全面推进社区卫生服务综合改革；奋力抗击新冠肺炎疫情，织密织牢防控网络，持续调整优化各阶段防控重点和措施，守住全区公共卫生安全底线。

医疗建设提升健康保障。把加强医疗机构能力建设作为深化医改的重要内容，推进公立医院综合改革和高质量发展，加快优质医疗资源扩容和区域医疗均衡布局，构建有序的就医和诊疗新格局，持续改善基本医疗卫生服务公平性可及性，以保障人民群众身体健康。2013 年 12 月 8 日，长宁区中心医院和长宁区同仁医院整体合并，成立上海市同仁医院，同时也成为上海交通大学医学院附属医院。2020 年 10 月 22 日，上海市同仁医院正式挂牌三级综合性医院。未来五年，同仁医院将围绕三级综合性医院、区域性医疗中心、双一流大学附属医院、国境口岸定点医疗机构等定位，发挥学科优势和品牌特色，在长三角一体化建设中凸显作为。同仁医院并非"一枝独秀"，以"做大、做强、做专"为目标，将各自特色发挥得淋漓尽致的医院并不在少数。

社区卫生兜牢健康网底。长宁着力探索家庭医生工作室创新，通过建设一支高素质、有创造力、热爱社区卫生工作的家庭医生队伍，不断提升社区卫生服务能级。家庭医生们立足百姓需求，提供增值服务，包括药品保障、绿色转诊、适宜分诊等，构建多样化专科医联体，深化分级诊疗。同时，区内 10 家社区卫生服务中心还开展"一中心一品牌一特色"建设。

家庭医生签约
Family Physician

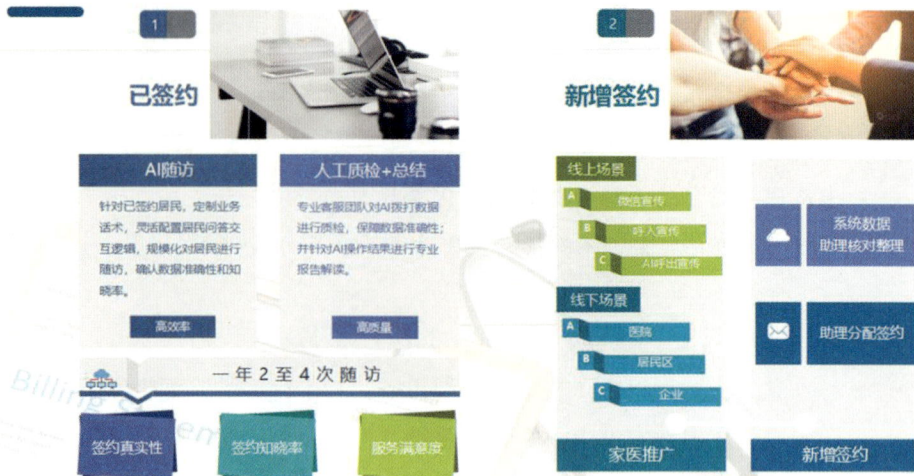

1 已签约

AI随访

针对已签约居民，定制业务话术，灵活配置居民问答交互逻辑，规模化对居民进行随访，确认数据准确性和知晓率。

高效率

人工质检+总结

专业客服团队对AI医打数据进行质检，保障数据准确性，并针对AI操作结果进行专业报告解读。

高质量

一年 2 至 4 次随访

签约真实性　　签约知晓率　　服务满意度

2 新增签约

线上场景
A 微信宣传
B 呼入宣传
C AI呼出宣传

线下场景
A 医院
B 居民区
C 企业

家医推广　　　　新增签约

系统数据助理核对整理

助理分配签约

家庭医生情况介绍

长宁深入开展优质服务基层行，推进预约诊疗、优化设施布局、改进就医流程、注重人文关怀，提高医疗服务质量，不断提升群众就医满意度和获得感。

公共卫生筑牢健康防线。疫情之外，长宁公共卫生健康防线也被牢牢构筑。全区孕产妇死亡率 0，传染病发病率管控、重型精神障碍患者管理、慢性病规范管理等各项公共卫生工作指标连年位居全市前列，人均期望寿命达 85.85 岁，持续保持世界发达国家和地区水平。完善区域协同机制，区内多部门联动协同，开展各类健康促进场所建设，深化医教结合、体医结合、老年人健康管理、残疾人康复和健康服务、精神障碍患者管理、失独和贫困人群健康管理服务等工作。同时深化中医预防保健服务内涵建设，借助市"治未病"发展研究中心落户长宁的资源优势，在全市率先建立中医预防保健服务体系，大力传播中医健康文化，开展分层、分类的中医预防保健服务。

这十年，是长宁医疗技术能力和医疗质量水平全面提升的十年。长宁这支队伍经受住了抗击新冠肺炎疫情的考验，用精湛的技术和高尚的医德，保障了人民群众生命安全和身体健康。

青少年游戏计划正在开展

链接一：

促进全人群心理健康，护佑妇女儿童全周期生命健康

精神卫生工作理念逐步从"以精神疾病防治为中心"向"以心理健康为中心"转变。作为全国精神卫生综合管理以及全国社会心理服务体系建设"双试点"区县，在区委区政府的高度重视以及多部门的通力协作下，"党政领导、部门协同、社会参与、群众受益"的精神卫生工作格局初具规模，"整合、相融、跨界、多元"的专业服务队伍不断扩容，"专业、惠民、便捷、可及"的心理综合服务举措持续涌现。

十年间，逐步打造多个具有较大群体效应和社会影响力的长宁精神卫生服务品牌，助力提高全人群心理健康素养，塑造自尊自信、理性平和、积极向上的社会心态。

长宁一直致力于全方位构建妇幼卫生体系，推动妇幼健康融入万策，形成多部门协同机制与共建共享工作模式。区妇幼保健机构先后被评为"国家级母婴安全优质服务单位""全国母婴友好医院"，2020年，被列入国家妇幼保健机构能力建设试点单位。

专业机构—医疗机构—社区联动网络有效运转，基础理论研究与妇幼适宜技术在社区实践中得以有效转化与应用，全区妇幼服务能级整体提升。作为首批国家级妇幼健康优质服务示范区，长宁区始终坚持以健康需求为导向，创建多个特色基地，打造多种妇幼品牌，以先进技术与优质服务贯穿妇女儿童生命全周期、健康全过程。辖区孕产妇死亡率、婴儿死亡率等核心指标逐年向好，妇女儿童健康事业取得长足发展。

联防联控精准处置，全力以赴应对三年抗疫战

疫情防控　一网统管系统

在2020—2022年三年抗击新冠肺炎疫情期间，长宁区持续巩固联防联控机制，精准快速处置疫情，始终将新冠发病率控制于全市低位，共历经三个阶段，形成多项特色。

第一阶段迅速反应，率先打响疫情防控阻击战。接诊处置本市首例确诊病例后，区内立即建立健全区委区政府双组长的疫情防控指挥体系，科学布局区域救治网络，各项防控措施贯彻"三清三落实"，全力做好人员管控、医学观察、物资保障等工作。

第二阶段平急结合，持续优化全流程常态化防控。随着抗疫形势不断变化，管控压力逐步加大，区内持续完善应急指挥工作机制，压实"四方责任"，强化疫情防控应急能力建设，做好重点场所防控、重点人群管理。社区疫情防控中，在全市首创社区"三人小组"工作模式，确保人员应管尽管。

第三阶段全面攻坚，坚决打好大上海保卫战。区内坚决贯彻落实"动态清零"总方针，持续强化指挥体系，全区上下凝心聚力形成"一盘棋"，全力做好各项防控救治措施。贯彻"前端清总量、中端治存量、后端控增量、全程保质量"的综合防控策略，及时复盘总结经验，持续调整优化各阶段防控重点和措施，守住全区公共卫生安全底线。

这十年，长宁区公共卫生工作健全完善公共卫生应急管理体系，提高公共卫生服务与管理的综合能力与水平，始终保持长宁区的公共卫生工作在全市，乃至全国的示范性和引领性；不断强化市、区、街道（镇）三级联动，以健全公共卫生应急处置体系和常态化服务体系为基础，完善各项工作机制，落实落细新冠肺炎疫情防控措施。

链接三：

长宁区卫健委与华东医院签署第九轮框架协议

2023 年 3 月 25 日，长宁区卫健委与华东医院签署第九轮"建立纵向医疗资源整合机制，全面进行战略合作"框架协议。

在第九轮框架协议的指导下，华东医院将进一步提升长宁区所属社区卫生服务中心的服务能力，

长宁区卫生健康委员会与华东医院第九轮框架协议签约仪式

以一对一的方式向长宁所属 10 家社区卫生服务中心给予提供全方位指导，定期安排专家到社区卫生服务中心进行常见慢病门诊带教及疑难病例查房、会诊，接受长宁各社区卫生服务中心医务人员的进修培训申请，将协助长宁区各社区卫生服务中心开展护理技能培训、提高护理能力、完善社区护理专科门诊的建设。

同时，华东医院还将全面支持长宁所属社区卫生服务中心家庭医生工作，由专家团队组长担任家庭医生顾问，提供 24 小时咨询服务。进一步完善双向转诊工作机制，设立"社区转诊病人接待处""签约居民服务专窗"，配备专职人员和专职医生，为长宁各社区卫生服务中心的转诊病人开通"绿色转诊通道"，提供院内分诊、优先预约、优先就诊、优先检查、优先住院的绿色通道服务。此外，双方还将继续开展社区科研合作，华东医院以后还将派出专家团队一对一指导，提升长宁社区医生的科研水平。

自 2006 年区卫健委与华东医院探索建立纵向医疗资源整合机制至今，双方的合作已迈入第 17 个年头。17 年来，双方共同携手在提升基层能级和畅通转诊机制上竭尽所能，进一步织密"保健康、防重症，分类分层科学救治"的基层医疗防护网。

从长宁区少体校游泳部走出的奥运会选手

培育奥运后备人才，传承中华体育精神

长宁游泳事业在几代长宁体育人的共同努力下蓬勃发展，先后培养出6位奥运选手，连续参加七届奥运会，长宁区少体校游泳部（原长宁区游泳学校）更是连续5个周期被国家体育总局评审为"国家高水平体育后备人才基地"。

2021年8月1日，长宁区少体校游泳部培养输送的优秀运动员唐钱婷携手中国游泳队队员张雨霏、杨浚瑄、彭旭玮获得第32届东京奥运会女子4×100米混合泳接力第四名；2021年12月20日，唐钱婷在阿布扎比第15届国际泳联世界短池游泳锦标赛女子100米蛙泳决赛中以1分3秒47获得冠军并破亚洲纪录，唐钱婷在2021年、2022年多次在国际比赛上打破女子蛙泳亚洲纪录。

唐钱婷是从长宁区少体校游泳部走出的奥运会选手。除唐钱婷跟随中国代表团参加2020年东京奥运会以外，长宁区少体校游泳部还培养输送多名奥运健儿，其中，王璐娜代表中国游泳队参加1996年亚特兰大奥运会、2000年悉尼奥运会，高庭艳代表中国游泳队参加2004年雅典奥运会，徐莉佳代表中国帆船队参加2008年北京奥运会、2012年伦敦奥运会、2016年里约奥运会，唐奕代表中国游泳队参加2008年北京奥运会、2012年伦敦奥运会、2016年里约奥运会，王欢代表中国水球队参加2020年东京奥运会。徐莉佳在2012年伦敦奥运会上获得帆船女子单人艇激光雷

迪尔级金牌，唐奕在 2012 年伦敦奥运会上获得 100 米自由泳铜牌的优异成绩。

十年弹指一挥间，从徐莉佳、唐奕在 2012 年伦敦奥运会争金夺铜开始，到现如今游泳小将唐钱婷不断在国际国内赛场崭露头角、多次打破亚洲纪录，长宁区少体校游泳部始终以目标奥运、培育人才为宗旨，赓续中华体育精神，书写着非凡十年的答卷。

因奥运人才辈出，长宁区少体校游泳部现已成为长宁区乃至上海市的一张名片。在培育优秀体育后备人才方面之所以能有这样的成就，与其先进的训练理念、科学的选材模式和过硬的教学技术密不可分，更值得一提的是学校在传承竞技体育事业的同时，不忘把大力弘扬中华体育精神作为光荣使命。

游泳训练场地弥漫着浓烈的奥运氛围，走入大厅首先映入眼帘的便是"目标奥运，培育人才"八个大字；大厅的宣传栏展示每一届从学校走向国际赛场的奥运选手；运动员在泳池的训练间隙，总能看到墙壁上醒目的五星红旗和奥运五环标志，中华体育精神便在如此浓烈的奥运氛围中，深深扎根于每位运动员心中。除此之外，学校还以党史教育和奥运课堂等方式，积极发扬和传递中华体育精神，在每个运动员心中播下梦想的种子，延续奥运健儿奋勇拼搏正能量。2016 年 9 月，徐莉佳和唐奕回到原长宁区游泳学校探望慰问，与小运动员们合影留念并分享奥运经历，顺利与偶像合影的唐钱婷，心中的奥运梦从此生根发芽。2021 年 8 月，原长宁区游泳学校组织以"观奥运赛事，悟体育精神"为主题的奥运课堂，课堂上党员干部、教练员和小运动员们一同收看唐钱婷东京奥运会女子 4×100 米混合泳接

长宁区游泳学校组织收看东京奥运会游泳比赛

力决赛直播。2021 年 10 月，原长宁区游泳学校组织奥运健儿回母校党史教育主题活动，唐钱婷回到母校探望慰问，向小运动员们讲解游泳技术，以亲身经历激励鞭策小运动员们刻苦训练、努力奋斗，进一步弘扬敢于拼搏、勇于争先的体育精神。

长宁体育加强科学育才建设，拓宽竞技体育后备人才培养渠道，完善青少年训练体系，推动形成多元化的青少年公共体育服务供给模式，打造一批优秀的体育竞技人才队伍，十年中创造出许多竞技体育辉煌的历史时刻，培养出诸多技术扎实、意志坚定，在竞技场上披荆斩棘，为国家赢取赞誉的运动健儿，他们用体育人拼搏进取、勇攀高峰的语言，呼应"体育承载着国家强盛、民族振兴的梦想"，描绘体育精神传承不朽的动人篇章。

链接一：

观奥运赛事，悟体育精神

2021 年 8 月 1 日，长宁区游泳学校组织一堂以"观奥运赛事，悟体育精神"为主题的"奥运课堂"。课堂上，党员干部、教练员和小运动员们一同收看东京奥运会游泳比赛女子 4×100 米混合泳接力项目决赛的直播。

长宁区游泳学校培养并输送的优秀运动员唐钱婷和中国游泳队队员张雨霏、杨浚瑄、彭旭玮一起在东京奥运会女子 4×100 米混合泳接力决赛中荣获第四名。

在观赛前，教练员结合奥运会比赛情况，讲解世界优秀运动员的游泳技术动作要点，并向大家介绍唐钱婷的情况。

唐钱婷和她的队友面对实力强劲的对手，以昂扬的斗志、顽强的作风和精湛的技艺，展现了"更快、更高、更强、更团结"的奥运精神，在东京奥运会游泳比赛女子4×100米混合泳接力项目决赛中，游出3分54秒17的成绩，荣获第四名，成为长宁区首位入选奥运会的女子蛙泳选手和获得奥运会女子4×100米混合泳接力项目第四名的蛙泳选手，为长宁赢得了荣誉！

她的出色表现不仅体现了长宁区游泳学校的教学宗旨——"目标奥运、培养人才"，也鼓舞和鞭策了观看电视直播的每位党员和运动员。小运动员们备受激励，党员们也纷纷表示要坚定信念，把自己的专业素养与党性修养更紧密地结合起来，一如既往，咬定目标，不懈奋斗。

链接二：

话传承共励志
——奥运健儿唐钱婷回母校长宁区游泳学校探望

2021年10月6日，在东京奥运会和第十四届全运会上表现优异的唐钱婷，回到自己的母校——长宁区游泳学校，感恩母校的培养，并向小运动员们分享奥运经验、讲解游泳技术，进一步弘扬敢于拼搏、勇于争先的体育精神，以亲身经历激励鞭策小运动员们刻苦训练、努力奋斗。

唐钱婷从6岁起就在长宁区游泳学校进行游泳训练，阔别母校多年的她刚踏入学校大厅，就被小粉丝们团团簇拥住，大厅里人头攒动，运动员及工作人员络

唐钱婷与小运动员们在一起

绎不绝，争相与奥运健儿唐钱婷合影留念。

唐钱婷来到游泳训练馆内为小运动员们讲解最新的游泳技术动作，通过口头讲解和亲身示范，把她在奥运会和全运会赛场上使用的蛙泳技术分享给小运动员们。

随后，唐钱婷换上泳衣一跃入水，将刚刚示范的技术动作，通过泳姿全面展现给大家。唐钱婷上岸后，小运动员们蜂拥而至，希望唐钱婷能够为他们在泳帽、衣服上签名留念，以此传递敢于拼搏的奥运力量。唐钱婷有求必应，不仅为小运动员们签名，还写上祝福的话语、与小队员们合影留念。

本次奥运健儿回母校党史教育主题活动，进一步传承和发扬"为国争光、无私奉献、科学求实、团结协作、顽强拼搏"的中华体育精神，激发运动员们以奥运健儿为学习榜样的斗志，纷纷表示要继续不畏艰苦、刻苦训练、敢于争先、勇于奋斗。

链接三：

长宁区游泳学校参与红河"蓝天筑梦计划"

2021 年 5 月 18 日，长宁区游泳学校迎来 15 名来自云南红河的特殊游泳学员。他们是通过上海开放大学航空运输学院和春秋航空股份有限公司共同发起的"蓝天筑梦计划"来到长宁，追寻自己的"空乘蓝天梦"。

"蓝天筑梦计划"是为响应党中央的乡村振兴战略，顺应上海市与云南省对口帮扶地区人民群众对美好生活的向往，让更多的云南儿女实现"学历教育＋蓝天梦"的梦想，是由上海开放大学航空运输学院联合春秋航空推出的项目。

游泳救生是空乘必须掌握的紧急救援课程，所以学会游泳是空乘人员的必修课。为此，长宁区游泳学校与上海开放大学航空运输学院进行合作，共同参与红河"蓝天筑梦计划"，对来自该校的 15 名云南红河哈尼族彝族学生进行游泳培训。

来自绿春高中的哈尼族女孩白亲梅讲，"她以前从没有去过游泳池，这次在教练的耐心教导下，她克服对水的恐惧，相信自己一定能学会游泳，为之后的空乘工作做铺垫。"

这批来自云南红河的15名学员中有12位女性、3位男性。长宁区游泳学校

长宁区游泳学校的教练员教授学员们游泳技巧

的教练员根据这15名学生的特点，制定因材施教的培训方案。他们将通过一个多月的游泳教学，初步掌握蛙泳的基本动作，为今后进一步提高游泳技术打好基础。

第三节　抗击新冠肺炎疫情

疫情初起，迅速吹哨，第一例新型冠状病毒肺炎确诊病例

2020 年 1 月 15 日晚，上海市同仁医院急诊接诊一名武汉来沪发热患者并转至医院传染楼发热门诊独立留观室单独隔离和临床救治。临时支援发热门诊的呼吸与危重症医学科医生于亦鸣详细询问这位患者的流行病学史。在得到血常规化验和胸片报告，发现血象和胸片符合病毒性肺炎表现后，他作出马上汇报的反应。

经上报，国家卫健委专家于 1 月 20 日正式宣布为上海市第一例新型冠状病毒肺炎确诊病例。区卫健委即发布防控方案，成立防控工作领导小组和 7 个工作组，组建两支专家组，并对医疗队开展培训。

经过前期积极救治，该名患者病情得到有效控制，氧分压升高到正常水平，肺部病灶明显缩小，两次鼻咽拭子及痰液采样，送市疾控中心病毒检测，结果均报阴性。经过专家的慎重评估，该名患者符合全部出院指证，度过危险的传染期。1 月 24 日，该名患者康复出院，这也是上海第一个获得治愈的"新冠"患者。

1 月 21 日，长宁区按照市有关工作要求启动二级应急预案。1 月 23 日，全区启动公共卫生事件二级响应。1 月 24 日，启动长宁区公共卫生事件一级应急响应。

1 月 31 日，长宁区调整充实长宁区疫情防控工作领导小组成员，区党政主要领导担任区疫情防控工作领导小组"双组长"，全面负责、统筹推进。主要领导每天赴社区、企业一线检查指导工作，连续 60 余天每天召开区委书记专题会

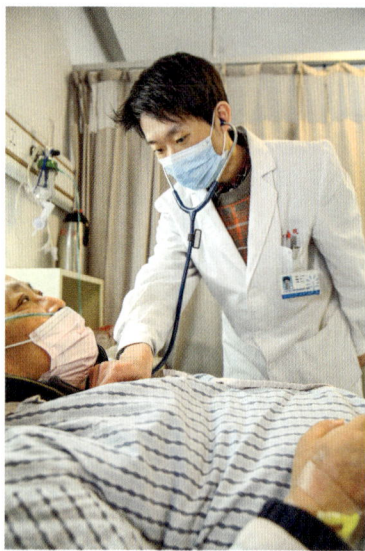
于亦鸣医生为患者做检查

议暨防控工作领导小组会议，听取汇报、解决问题；四套班子形成合力，分管领导各司其职，各部门、各街镇和企事业单位领导也都扑在一线，全区上下众志成城。

区卫健委通过落实全方位轨迹追踪、精准判定密接、实验室一锤定音、高风险人群转运"三专一定"机制（专线，专车，专人，定点医疗机构）、病家消毒全覆盖、质量督导无缝对接等七个环节，形成闭环管理。设在区疾控中心的 24 小时长宁卫生应急热线（52069595），持续回应社会关切；疾控中心 3 辆防控专车全天 24 小时保障疫情防控需要。

长宁区坚决贯彻中央和市委、市政府的决策部署，迅速构筑起联防联控、群防群控的严密防线，坚持依法、科学、动态、精准防控，取得积极有效的成果。

链接一：

长宁区人民政府虹桥街道办事处
荣获"全国抗击新冠肺炎疫情先进集体"荣誉称号

2020 年 9 月 8 日，全国抗击新冠肺炎疫情表彰大会在北京人民大会堂举行。中共中央总书记、国家主席、中央军委主席习近平向国家勋章和国家荣誉称号获得者颁授勋章奖章并发表重要讲话。长宁区人民政府虹桥街道办事处荣获"全国抗击新冠肺炎疫情先进集体"荣誉称号。

上海市长宁区虹桥街道辖区境外人士多、外省市来沪人员多、楼宇企业集聚，面对新冠肺炎疫情

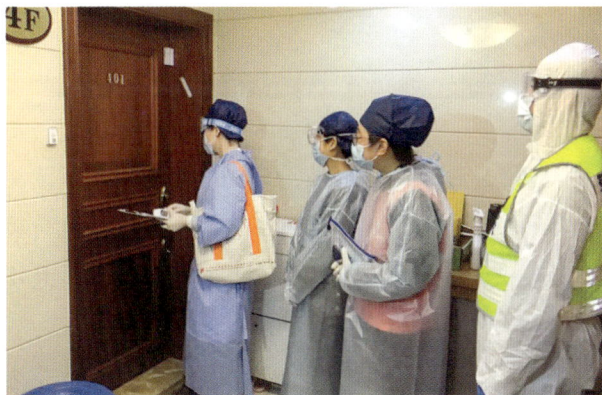

工作人员上门做好疫情防控工作

带来的内防扩散、外防输入、复工复产三重压力，在区委区政府坚强有力的领导指挥下，虹桥街道始终坚持以党建为引领，发挥基层立法联系点的法治优势，实施"党建引领强、下沉重心低、闭环管理精、民生服务细、治理手段智、经济发展稳"六字"战"法，全力确保上级部署落实落地，人民群众安全安心，奋力夺取"双胜利"。

街道第一时间传达部署、建立制度、开展行动，216个一线党支部、4671名党员、66支党员突击队和近百个党的工作小组成为防疫最坚强的堡垒，春节期间街道在沪干部全员上岗，近3000名志愿者走出家门参与战"疫"，共同筑起防控"安全屏障"。

面对防控压力，形成"线上＋线下"全覆盖排摸信息、"人工＋智能"多语种宣传告知、"守门＋护人"全流程闭环管理、"老外＋老外"柔性化关心服务的"4+"工作法，成为讲好中国防疫故事的社区窗口。

开展"防疫＋复工＋发展"全流程服务行动，全覆盖联系走访2386家企业，围绕政务、税务等"企业开门七件事"，送物资、送资金、送政策、送服务、送安心，为1902家企业打通复工复产"堵点"，推动一批规模企业危中寻机，一批在线新经济企业逆势飞扬，激发大批企业在长宁发展的共情感。

链接二：

面对疫情，守好"空中大门"

按照"外防输入、内防扩散"疫情防控要求，2020年3月5日，长宁区迅速行动，第一时间落实人员方案、物资保障等相关举措。同时，一支由机关干部为主体的支援机场疫情防控的志愿者队伍迅速集结。当晚8点全体成员召开紧急动员会，布置具体工作流程和安排，落实职责分工，培训相关防控知识。

3月6日，在区机关大厦接受防护服穿戴等防护培训后，全区155名机关干部及志愿者分别奔赴虹桥机场、浦东机场等一线岗位，在集中点做好街镇车辆衔接等，24小时不间断做好入境人员信息登记、人员分流接送、后勤保障、数据汇总统计等工作。从旅客下飞机那一刻起，直到安全抵达住所完成登记，形成一道无缝对接的管理闭环。

为便于重点国家入境人员了解防疫提示，填写

工作人员耐心为入境人士登记信息

人员信息，准确记录行踪，长宁区制作中英文对照版《防疫健康提示》《重点国家入境人员私家车接送登记表》和《重点国家入境人员集中接送登记表》及相关工作提示等发放给机场入境人员，同时，不断想方设法优化工作流程和表格设计。

针对虹桥机场航班集中，会在一段时间内形成人员集聚，工作组就采用两人一组的小组化模块化运作，事先为排队入境人员每人准备一表一提示，配好硬垫板，一到达指定集散点就填信息，核对无误后再集中上车，对于私家车接送人员，采用先陪同送至停车场再填表的方式，减少入境人员的短时间集聚，在降低人员交互风险的同时抚慰他们的焦虑情绪。浦东机场两个航站楼都有国际航班，为了及时处置，减少入境人员滞留时间，长宁区在浦东机场设了T1、T2航站楼两个接待点，工作组24小时全程运转，不间断接待。

此外，在长宁区派驻浦东、虹桥两大机场的人员中，还包括12名外语志愿者。他们利用自己的专业技能，协助公安民警、工作人员进行沟通交流、做好衔接，为入境人员答疑解惑。

疫情是一场特殊的考验，守好"空中大门"，实施闭环管理，就是为人民健康安全添一重防护，多一份保障。

第四节　对口帮扶全部脱贫

长宁区代表上海市在全国携手奔小康行动座谈会上作交流发言

2019年8月30日，长宁区代表上海市在国务院扶贫办举办的全国携手奔小康行动座谈会上作交流发言。

长期以来，长宁区委、区政府深入贯彻落实习近平总书记关于扶贫工作的系列重要论述，积极发挥本区优势，广泛动员社会力量，全力支持对口的红河州红河县、绿春县、金平县和果洛州甘德县打赢打好脱贫攻坚战。

一是加强动员力度，全面落实促进帮扶结对。长宁区主动对标中央、市委市政府有关政策文件，积极探索形成"区县帮扶、街乡共建、村企结对"三位一体的携手奔小康模式。在组织架构上，采取"街镇牵头"模式，由各街道（镇）任组长单位，各相关部门配合参与，组织动员辖区内区属国有企业、非公企业和社会组织广泛参与。在工作落实上，充分发挥各类企业主体资源禀赋优势，围绕见人又见物、当地群众确实需要而又"看得见、摸得着"的民生实事，开展捐资捐物、人员培训、产销对接及实现微心愿等帮扶活动。

二是发挥党建引领，爱心接力践行公益扶贫。长宁临空园区党委以党建为引领，以园区公益扶贫联盟为依托，以帮困助学和消费扶贫为重点，两年来发动园区各企业共捐助1080名云南贫困学生，帮困助学金92.79万元；设立"携程·志汇护航梦想教室"，落实博世公司"一校一梦想"和联合利华希望图书室项目，协调了伊顿公司平掌街小学围墙改造、兄弟机械和迪卡侬向乡村学校捐赠学习体育用品等一批帮扶项目；以"公益+回报"的形式，组织开展红米生态田认领活动，共认购公益生态田360亩；易果集团订购200万元红米线，帮助大山深处的农产品进入园区企业员工的餐桌。

三是畅通就业渠道，助力贫困人口有尊严脱贫。长宁区千方百计与对

新时代非凡十年的长宁答卷

2023 年 3 月举行的长宁区慈善帮扶捐赠仪式

口地区开展就业扶贫协作，帮助贫困劳动力通过就业实现有尊严的脱贫。春秋集团在符合民航规章标准的前提下，降低身高、学历要求，推出了面向红河州红河、绿春、金平三县建档立卡贫困户优先、少数民族优先的空乘岗位，最终通过面试、体检、政审的合格人员 35 名，正式开启圆梦蓝天之旅，也实现"一人就业、全家脱贫"的目标。长宁区华恩爱心志愿服务社 7 年来始终致力于红河州对口县绣娘培训和绣品产业发展，将少数民族特色民族文化传承与市场时尚元素需求相结合，一枚小小绣花针，解决了一个个贫困母亲的就业问题。

积力之所举，则无不胜也；众志之所为，则无不成也。长宁区委区政府将始终积极承担助力打赢脱贫攻坚战的政治责任，全面动员社会力量精准聚焦脱贫攻坚，携手对口地区同步迈入小康社会。

链接一：

长宁区临空公司持续开展公益扶贫活动

临空公司以园区公益扶贫联盟为依托，以帮困助学和消费扶贫为重点，以每年一次的公益行为载体，用初心、用使命、用行动持续开展公益扶贫活动，助力云南脱贫攻坚。

一是以党建引领，从一家企业做到发动百家企业一起做。临空公司把援建地区的公益项目通过主题党日活动、专题组织生活会、专题调研、走访交流等形式，在企业党组织、工会组织内爱心接力，成立公益扶贫联盟。

2019年1月举行的爱心红米进临空公益扶贫活动

同时，每年的公益行都拍摄活动纪录片，在园区纪念建党大会上播放，对参与相关活动的公益榜样企业和个人进行表彰。

二是以精准对接，从单方送项目到根据需求定制帮扶项目。为使公益扶贫能回应贫困地区的诉求，做到信息对称、帮扶有力有效，临空公司深入了解对口村的需求和资源，沟通困难家庭和学校基础设施情况，形成资源清单在园区各企业间传递，各企业匹配自身资源和公益诉求，最终形成公益项目。比如，了解到龙洞村建档立卡户家中的红米在当地卖不出好价钱增收困难后，公司组织园区29家企业以高于市场价的公益价认购193亩红米。与当地在原材料采购方面的合作、红米深度开发等消费扶贫，让当地的特色产品走进园区、走进楼宇、走进企业，使贫困家庭增收。

三是以品牌打造，使公益扶贫项目能够长效可持续运作。本着"扶贫先扶志""扶贫必扶智"的原则，临空除以携程旅行网"文旅＋扶贫＋大数据"扶贫、村内道路援建等扶贫项目外，重点推进帮困助学和公益红米认领项目落地。

链接二：

甘德县党政代表团到长宁区开展对口支援回访对接工作

为进一步推动上海市长宁区对口支援青海省果洛藏族自治州甘德县工作，深化合作交流，加强扶贫协作，确保帮扶工作取得实效，2017年12月4—8日，甘德县党政代表团到长宁区开展对口支援回访对接工作，在长宁区召开对口支援工作座谈会，共同畅叙合作情谊，共谋对口支援大计，使两地交流合作得到进一步深化与拓展。

甘德县党政代表团与长宁区召开对口支援工作座谈会

长宁区与甘德县对口支援工作开展以来，两地各部门通力合作，各项对口支援工作扎实推进。长宁区坚决落实党中央和上海市委的决策部署，进一步加大对甘德县的支持力度，充分发挥市、区两级优势，抓深入、抓落实、抓落地，确保对口支援工作取得更大成效。

这几年，甘德经济发展、社会稳定、民族团结，各项社会事业快速发展，这些与长宁区的对口支援是分不开的。长宁区的帮扶有力地支持了甘德县的经济社会发展，实施了一批涉及牧区基础设施建设、产业扶持和教育卫生等领域的项目，开展了多层次、宽领域的交流与合作，为促进甘德县各项事业的发展作出积极贡献。同时，甘德县代表就今后继续深化两地在生态环保、产业发展、脱贫攻坚等领域合作提出意见、建议。

在长宁期间，甘德县党政代表团一行参观考察了深蓝科技、临空经济园区、携程网、菜管家、古北5-2工地、上海现代中医药股份有限公司、上海工程技术大学科技园、千城智联公司、上海市食药监局和春秋旅游公司等地，双方就经济社会发展、人才培训培养、中藏药材和土特产品开发、旅游开发、社会力量扶贫等有关问题进行深入交流对接。

长宁区对口帮扶四县全部脱贫

2021年2月25日，全国脱贫攻坚总结表彰大会在北京召开。大会对全国脱贫攻坚先进个人、先进集体进行表彰，其中，春秋航空股份有限公司董事长王煜获得"全国脱贫攻坚先进个人"称号，上海虹桥临空经济园

长宁区投资建设的甘德县人民医院综合楼

区党群工作中心、上海寻梦信息技术有限公司获得"全国脱贫攻坚先进集体"称号。

长宁对口帮扶工作要追溯到1996年，长宁区与云南省红河州金平县率先建立对口协作关系，此后又先后同青海省果洛州甘德县，新疆克拉玛依市及云南省红河州绿春县、红河县结对。2020年以前，长宁聚焦精准扶贫、精准脱贫和"两不愁、三保障"，助力对口地区中的四个国家级深度贫困县脱贫摘帽；2021年以来，长宁助力对口地区巩固拓展脱贫攻坚成果同全面推进乡村振兴有效衔接，围绕"巩固、拓展、衔接"三条主线，聚焦"两保持、三加强"，切实推进东西部协作和对口支援工作迈上新台阶。

十年间，长宁不断加深与对口帮扶地区各领域的协作交流，在资金支持、产业帮扶、人才支援、劳务协作和消费帮扶等方面投入资金、精力，共同浇灌出脱贫攻坚的丰硕果实。2012年以来，长宁区已累计在云南省红河州金平县、绿春县、红河县，青海省果洛州甘德县和新疆克拉玛依市投入帮扶资金11.9亿元，开展实施项目726个，全区10个街镇与对口县40个乡镇实现结对全覆盖，136家企业集团、社会组织与对口县240个贫困村实现"村企结对"全覆盖，助力对口帮扶地区建设和发展。

长宁区通过加强政府引导、注重市场运作，开展与对口地区间产业供需对接、相互交流，通过市场化渠道落地产业合作项目。形成产业扶贫行动的跨部门协调机制，搭好信息桥梁与纽带，用实用好合作交流专项资金资助企业赴对口地区投资实施细则相关政策，鼓励更多企业赴对口地区投

上海市长宁区援助石头寨整村推进项目

资发展。充分利用好"互联网＋生活性服务业"产业集中集聚优势，动员携程、拼多多、易果等平台企业助力搭建商贸、电商、社区等方面的产销对接平台，帮助对口地区改造生产链、打通流通链、提升价值链。以"带人、带物、带产业和转观念、转村貌"为主要内容，组织区内园区与对口地区开展共建工作。倡导"消费＋公益"万家帮万户扶贫模式，通过定制式套餐化全配送模式开展公益扶贫进机关、进社区、进楼宇、进企业系列活动。

长宁区在因地制宜与对口支援县加强合作的同时，不断激发内生动力，见真章、求实效。长宁区积极统筹社会各方资源，加强政企联动，适时开展专场招聘，努力促进转移就业；立足当地发展实际，以市场需求为导向，加大技能培训、创业指导力度，帮助贫困户更好、更快地走上成功创业之路；在上海建立驻沪就业服务工作站，为到上海务工的劳动者提供就业服务信息，做好他们的"娘家人"，保障其务工的合法权益。

长宁区坚持精准扶贫、精准脱贫基本方略，组织区内企业、社会组织、爱心个人赴对口地区参与脱贫攻坚公益行动，实施、完成一批具有典型性、示范性的公益扶贫项目。2019 年，长宁区在全市东西部扶贫协作考核中继续位列第一档。2020 年 5 月，长宁对口帮扶的云南省红河县、绿春县、金平县和青海省甘德县已全部脱贫摘帽。

长宁全力帮扶对口地区劳动者来沪就业

2023年2月6日，在长宁、红河两地人社部门协作下，第二批"点对点、一站式"集中转移来沪就业的70余名红河务工人员抵达上海。

为进一步做好云南对口地区就业帮扶工作，区人社局在春节、元宵节等劳动者外出务工相对集中的时间节点，加大岗位供给力度。此前，区人社局已募集到"招聘人数多、福利保障好"的65家企业4000余个就业岗位，通过"长宁红河送岗专车"在当地各乡镇广泛推送，将优质岗位送到劳动者的"家门口"。

云南省红河县来沪就业人员

为了加强转移就业服务保障，区人社局还通过与对口地区人社部门、航空公司等多方协调，克服"航班座位不足""劳动者出发地不一致"等实际困难，采取"包车＋包机"等多种形式，提供转移就业服务和保障。

促进农民工及脱贫人口就业，是保持就业大局稳定的重要支撑，是巩固拓展脱贫攻坚成果同乡村振兴有效衔接的关键举措。区人社局将进一步健全东西部人社协作体制机制，创新工作方式、强化服务保障、提升对接效率、多措并举稳就业，进一步支持农民工及脱贫人口就业。

此前，区人社局建立长宁区、红河县、绿春县、金平县四地人社局长工作对接机制，并召开工作交流会，了解掌握来沪务工人员稳岗情况、农村劳动者外出务工情况和近期就业帮扶工作打算，做到人员底数清、就业需求清、帮扶计划清，为后续精准帮扶打牢基础。

链接二：

伊顿中国向新泾镇捐赠云南绿春农产品物资

2023年3月5日，"伊顿中国关爱社区困难妇女（儿童）家庭行动"捐赠暨新泾镇妇联2023年"我为群众办实事"项目启动仪式在新泾镇举行。

仪式上，伊顿中国为新泾镇捐赠总价

云南绿春农产品物资捐赠活动现场

值29000元的193份云南绿春农产品物资，主要包括长宁区对口帮扶地区之一——云南红河州绿春县的梯田红米、红米线等农产品。

2006年至今，伊顿在中国的捐赠超过1000万元人民币，支持许多教育及社区公益项目。2023年初，在得知新泾镇每年都会有一些重病大病妇女因为治疗及护理费用开支巨大而影响家庭正常生活，以及一些困难儿童家庭存在救助需求后，伊顿中国与新泾镇妇联开展对接，经过前期排摸、审核，双方就2023年伊顿中国定向关爱新泾社区妇女（儿童）家庭行动达成共识。

仪式结束后，伊顿中国的10余名志愿者与新泾镇的巾帼志愿者队伍一起对部分受助家庭进行上门走访慰问，实地了解困难妇女（儿童）家庭真切需求，关爱困难妇女儿童人员生活状态。

伊顿中国及新泾镇妇联表示，今后将共同持续关注、关爱社区困难妇女儿童家庭，整合资源、创新载体，开展形式多样的帮扶关爱服务，营造温馨和谐、守望相助的良好氛围，让镇域内的困难妇女儿童家庭切实体会到"娘家人"与"爱心企业"的温暖。

上海市消费扶贫直营店（长宁店）正式营业

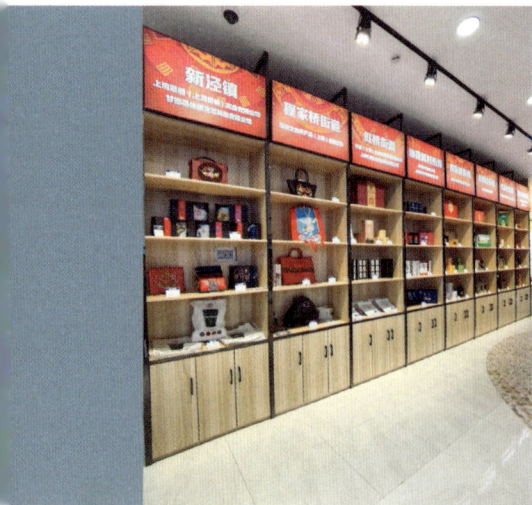

上海市消费扶贫直营店（长宁店）琳琅满目扶贫产品

2020年9月，上海市消费扶贫直营店（长宁店）入驻中山公园兆丰广场。

该直营店的面积为285平方米，店内产品种类丰富，集体验、展示、活动等于一体，全方位助推长宁区对口地区巩固脱贫成果。主要功能为销售和展示区，现场摆放着来自云南、青海、新疆、贵州等地的扶贫产品，其中不乏特色食品和手工艺品。

上海市消费扶贫直营店（长宁店）作为长宁区消费扶贫阵地之一，于2020年12月底举办上海长宁和云南红河两地女性创业和消费扶贫红品出滇电商培训交流会活动，为两地创业女性提供学习交流的平台，同时培养她们的电商销售思路和能力。

为助力对口地区巩固脱贫成果，长宁区加快推进消费扶贫阵地建设，在区对口支援与合作交流工作领导小组的牵头下，长宁区国资委党委积极强化国资国企责任担当，区属国企先后与云南、青海对口4县62个贫困村签订村企结对帮扶协议，持续开展产业扶贫、消费扶贫、公益扶贫行动。

本次投入运营的上海市消费扶贫直营店（长宁店）便是在上海新长宁集团的大力支持下，得以入驻中山公园商圈的兆丰广场，同时通过九华集团的管理和运营，将对口地区的优质特色农副产品带到广大群众的生活中。在消费扶贫方面，长宁区一直以来注重线上和线下双管齐下，不仅在辖区内设立6处消费扶贫直营店和23个消费扶贫线下销售网点，还在电商平台开设网店，为对口地区的特色商品进行推介。

2023 年对口支援与合作交流工作领导小组全体（扩大）会议会场

长宁区召开 2023 年对口支援与合作交流工作领导小组全体（扩大）会议

2023 年 6 月 25 日，长宁区召开 2023 年对口支援与合作交流工作领导小组全体（扩大）会议。

长宁区全力以赴助推对口帮扶地区巩固拓展脱贫攻坚成果同乡村振兴有效衔接，就做好 2023 年的东西部协作和对口支援工作，会议强调：一是要提高站位、深化认识，准确把握新的形势要求。2023 年是全面贯彻党的二十大精神的开局之年，是巩固脱贫攻坚成果同乡村振兴有效衔接的关键之年，做好 2023 年的工作责任重大、意义重大。对于长宁而言，助力红河州红河县、绿春县、金平县和果洛州甘德县做好"巩固、拓展、衔接"三篇文章，对口支援新疆克拉玛依，切实开展沪连合作及结对金山区农村综合帮扶，既是光荣的政治任务，也是义不容辞的帮扶责任。长宁要紧扣"守底线、抓发展、促振兴"这一主线，深化拓展以往工作中积累的好经验好做法，主动对标对表市整改工作方案中提出的问题不足，继续咬定目标、真抓实干、接续奋斗，与对口帮扶地区的干部群众一起，为全面推进乡村振兴、携手促进共同富裕作出新的贡献。二是要聚焦重点、精准发力，确保各项任务取得实效。切实做好项目、资金、人才等重点项目的帮扶工作，把握关键，不折不扣把各项帮扶举措高标准、高质量落到实处。依托当地资源禀赋，助力打造特色鲜明的主导产业。充分发挥长宁区互联网平台型企业集聚的独特优势，落实好市场前端、营销后端、消费终端的"三端联动"机制，帮助当地做好"土特产"这篇文章。积极发挥春秋航空红河空乘班、政府专职消防员招收等特色帮扶项目的示范引领效应，加大引入和留用对口地区来沪工作人员的力度，进一步在劳务协作领域打响长宁对口帮扶的工作品牌。用好教育、医疗"两大优势"，以组团方式帮助对口地区培养一批重点学科、特色专业、实用人才，打造一支带不走的人才队伍。三是要加强领导、压实责任，凝聚齐抓共管强大合力。全区要继续强化整体作战、主动跨前、合力推进。各成员单位要根据全区统一安排，既要扎实做好各项规定动作，又要突出优势打造特色亮点，切实做到心往一处想、劲往一处使。援外驻外干部人才要增强工作的责任感和使命感，在有限的时间里，做出成绩、干出亮点、不留遗憾，充分展现长宁干部人才的精气神和好形象，当好与对口地区交流往来的使者。通过生动讲述长宁精彩的对口帮扶故事，全面展现工作成效，营造全社会关心关爱、支持关注对口帮扶工作的浓厚氛围，更加广泛地汇聚起全区广大企业、群众和社会各界的磅礴力量。

会议对 2023 年东西部协作与对口支援重点工作部署安排。

链接一：

周家桥街道与上海珍滋味实业集团有限公司签订
《乡村振兴消费帮扶合作协议》

2023 年 6 月 19 日，在周家桥街道 2023 年东西部协作工作推进会上，街道与上海珍滋味实业集团有限公司签订《乡村振兴消费帮扶合作协议》，共同助力乡村振兴这条绿色健康可持续发展之路。

自 2020 年周家桥街道对口的云南省金平县提前实现脱贫后，街道立即投入乡村振兴国家战略，继续发动社会资源，引导鼓励辖区重点企业、社区企事业单位、广大社区居民积极参与。目前，周家桥街道在金平县已累计落实专项资金 300 万元，实施 29 个实体项目，爱心企业和爱心居民捐赠善款善物 215 万元，用于当地的教育、卫生、医疗等各项事业的发展之中。

在活动中，上海禾煜贸易有限公司、上海利联投资管理有限公司、赛莱默（中国）有限公司等 10 家爱心企业受到表彰。相关企业和居委会领授《2023 年村企协议书》《2023 年居村协议书》。

乡村振兴周桥实体店一角

下一步，周家桥街道将持续推进乡村振兴，做好与云南红河州金平县四个乡镇的需求对接，与金平县四个乡镇签订携手兴乡村协议，重点企业与 13 个村签订村企结对协议。

活动前，与会同志参观体验珍滋味乡村振兴周桥实体店，并现场连线金平县，了解当地情况。

链接二：

"虹桥友谊联盟"主席助力乡村振兴

2020 年 10 月，长宁区首创上海市区级对外表彰，举办首届"虹桥友谊奖"颁授仪式，并成立上海市首个区级高层次外籍人士固定交流平台"虹桥友谊联盟"。作为虹桥友谊联盟主席，2021 年上海市白玉兰纪念奖获得者，米其林中国区总裁、首席执行官伟书杰用自己的实际行动践行助力乡村振兴。

从 2020 年起，韦书杰每年都要亲自前往长宁区对口的红河州绿春县开展村企结对和爱心帮扶。两年来，米其林公司累计捐赠资金 62 万元，用于绿春县牛孔镇曼洛河坝小学的校园设施改善，包括修缮学校围墙、修建河坝防护栏以及平整校园路面等。学校师生还先后收到公司捐赠的棉被、乒

米其林"云南爱心行"活动

兵球桌、校园广播等价值8万元的物资，极大改善了师生们的学习环境和条件。

伟书杰表示，"米其林的企业文化深厚，历史悠久，一直坚定践行企业社会责任和回馈社区的初心。此刻我们在此播种希望的种子，开启一段美好的旅程，希望能尽力为孩子们筑造安全、愉悦的环境，期待来年春天，曼洛河坝小学绽放出美丽的花朵。"

2021年以来，长宁区充分发挥外事资源集聚，外资企业云集的优势，助力乡村振兴"不分内外，无问西东"，通过政府引导，联合利华、博世、伊顿、TEC等500强企业及高管及外籍人士团体切实发挥"责任和担当"，为对口帮扶地区可持续教育贡献来自社会各方的力量。孩子们的美丽梦想有了更多的温暖呵护，也将绽放出更加绚烂的花朵。

4

第四章
改善城区环境，打造美丽长宁

第一节　启动城市更新，建设智慧社区

全市首个区级城市更新总体方案和行动计划出台

为推进"四力四城"建设，加快建设具有世界影响力的国际精品城区，长宁按照区委、区政府的决策部署，坚持把城市更新作为推动转型发展、提升城区能级和核心竞争力的重要战略举措。2016年11月，长宁区在全市率先作出了关于全面实施城市更新战略的部署和要求，推进区域协调发展、可持续发展，探索城市更新有效途径。2017年，3月30日，发布了《长宁区2017—2021年城市更新总体方案》和《长宁区城市更新2017—2018年行动计划》，这是上海首个城市更新总体方案。

在2017—2018年行动计划实施的两年期间，长宁区按照"推进一批历史文化街区建设、启动一批功能形态再开发项目、实施一批存量经济楼宇综合改造、完成一批精品小区建设和非成套住宅改造"的总体要求，既针对重点区域、重点路段打造重点项目，又根据发展需求进行小尺度微更新，共计实施42个项目。重点打造愚园路、武夷路历史风貌区更新、上生新所、体操中心整体改造、水霞小区微更新等项目。

2019年3月，长宁区制定并印发了《长宁区城市更新2019—2021年行动计划》，按照"规划引领，项目带动"的工作原则，形成产业转型、功能拓展、活力社区、品质提升、历史风貌和文化创意等6种类型，共计实施58个项目。重点打造苏州河华政滨水景观提升、苏州河中环桥下空间更新、华政校园与中山公园融合开放等项目。

2022年，在全面完成2019—2021三年行动计划的基础上，长宁区以建设"四力四城"为总目标，助力"15分钟社区美好生活圈"基本覆盖全区，编制形成《长宁区城市更新2022—2024年行动计划》，包含69个项目，聚焦六个方面、实施六类更新，推进"东、中、西"整区域改造提升。重点推进西郊百联整体改造、新虹桥中心花园桥下空间景观提升、上

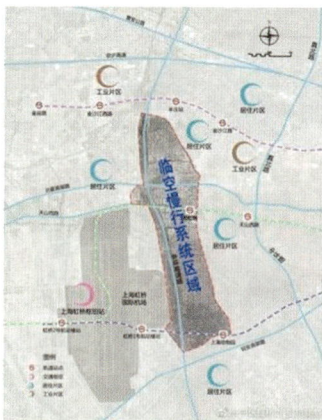

《长宁区城市更新 2017—2018 年行动计划》《长宁区 2017—2021 年城市更新总体方案》简介

海影城改造等项目。其中，上生新所、艺术生活街区/ART 愚园、武夷 MIX320 项目、苏州河华政滨水景观提升、苏州河中环桥下空间更新、华政校园与中山公园融合开放入选上海市城市更新最佳案例，成为建设人民城市的上海样本。

经过前两轮城市更新行动计划的有效实施，长宁的城市更新在管理措施上、更新理念上、环境氛围上都有了坚实的基础。2022 年至 2024 年，长宁区按照区十一次党代会要求，大力推进虹桥经济技术开发区成片更新，形成 12 个项目。其中：产业发展类 3 个、空间环境类 5 个、美好社区类 2 个；预备项目 2 个。东部地区保护式更新彰显文化风貌。积极推进"艺术愚园、人文新华、静雅武夷、漫步番禺"等历史风貌道路地区的特色保护式更新。推进中山公园地区整体提升。打造华东政法大学长宁校区开放式校园和苏州河沿线特色开放空间节点，结合中山公园、华政开放，推进中山公园地区整体提升，体现百年大学、百年公园、百年街区历史风貌传承。西部地区加强土地全生命周期管理。重点发展航空上下游产业链、航空运输业、航空配套衍生服务业及与航空相关的高端临空服务业。保障优势产业落地，经济载体提质扩容。如在临空一号地块（联影项目）城市更新中，为推进长宁区大健康产业发展，提升地块容积率，增加产业载体容量，结合对产业及税收落地等方面要求，形成城市更新方案，确保项目尽快落地。

愚园路上的"公共会客厅"

"艺术" 愚园

2014年起，长宁区开始尝试对愚园路的改造更新，从规划研究、体制机制等各方面开展了探索工作。在规划方面，邀请了在历史风貌街区更新方面有相当经验的沪上知名设计师开展了规划研究，提出了以下几方面的更新策略：一是以通过优化沿街绿化及临街口部提升街道景观，二是重要节点处开放空间优化，三是涉及市政线路和业态相关的整治提升，四是远景结合城市更新工作对部分项目地块进行改造提升。

在体制机制上，由区城市更新协调部门虹桥办总牵头，引入了社会力量参与，搭建了政府及企业共商推进的平台。最初的提升专注于愚园路沿线的微更新，除条线部门对沿街绿化改善之外，大部分精力用于沿街业态的调整，协调难度大，各家商户、房东之间意见也不尽统一，收效一般。而后城市更新工作开始向街巷里弄延伸，在微更新改造的同时，更多的文化内容、空间载体开始进入社区，形成了愚园路独特的旅游风貌，地区的活力得到进一步提升。如愚园路1088弄原医职大地块规划转型为文化、社区公共设施用地，具体功能及规模在广泛听取公众意见后确定为替周边社区居民提供接地气的生活服务，建成愚园路公共市集；打造愚园路1385号口袋公园，通过拆除违章建筑，逐步拓宽公共空间，改善街区形态，针对拆违以后的空白区域，将其改造成为口袋公园，为市民提供公共空间。

"人文"新华

链接二：

"人文"新华

  继愚园路之后，长宁区开展了《新华路风貌保护更新策略和重要节点设计研究》，研究从宏观、中观、微观三个层面对新华路的现状资源进行梳理，从新华路与上海的空间区位关系、新华路与所在片区的空间互动关系及新华路自身的街区空间系统关系进行了分析，以风貌和人文为特色，打造兼具都市生活服务功能的慢生活街区。通过空间优化和功能整聚合片区资源，提出沿线节点的空间织补、沿线功能的活力催化及沿线界面的品质提升三大规划策略。

  同时，根据新华路沿线的资源特点和空间特色，分为东西两个特色片区，在整体更新的基础上，发展侧重有所不同。新华路西片区主要体现社区生活特色，以梅泉别墅、光华医院、新华路639弄、万宝国际前广场为核心区域，以提升、更新社区空间环境、完善社区配套设施为主要策略。新华路东片区则展现历史文化、影视文化、艺术人文特色。以上海影城前广场、红庄小区，外国弄堂、东华产业园及香花桥路口区域为核心区域进行更新，以历史、艺术、文化空间为塑造主题，增强服务城市的公共属性。

  新华路沿线以居住为主，在实际实施改造提升的过程中主要集中于道路两侧的精细化微更新工作。完成新华路2.2公里架空线入地和合杆整治工作，塑造最美天际线。改造新华路沿线绿化，在6个道路节点打造街区景观。持续开展 30 余个新华路沿线微更新项目，形成睦邻微空间、街区会客厅等特色项目。推进红庄小区等 15 个精品小区建设、新华路 211 弄等 2 个非成套公房改造项目及历史保护建筑修缮，为居民打造适意的居住环境。

2019 年，新华路街道成为"15 分钟社区美好生活圈"首批试点街道，积极推进涵盖"出行、服务、休闲、特色、居住、就业"六大板块的行动规划。作为社区空间建设统筹的系统设计，通过广泛的公众参与及全要素评估，充分利用社区资源，依托多元手段补齐短板，形成具体行动计划，指导街道包括新华路在内各类项目整体、高效、有序实施推进。

链接三：

"漫步"番禺

根据《长宁区国际精品城区精细化管理三年行动计划（2018—2020年）》及《长宁区创建"美丽街区"两年行动计划（2018—2019年）》文件的精神，为进一步强化精品精细要求，集中力量打造番禺路（法华镇）"美丽街区"建设，新华路街道以"精致环境打造、精细管理举措、精准服务供给、精心品牌呵护、精密防线筑牢、精制队伍培养"的六个"精"作为任务和要求，对照标准、持续发力，努力推动美丽街区创建工作。

街道结合精品小区建设、非成套改造等工作，积极响应老旧公房加装电梯工作，对番禺路街区（法华镇路）各类有建设项目进场的小区进行排查，通过第三方公司对街区内所有门栋进行了现场走访，确认有 170 余个门栋可加装电梯。根据排查结果，街道也积极进行了推动与引导，通过努力，目前已建设开工 10 台电梯，其中 3 台电梯加装已完成并投入使用，另外有 27 个楼组正在意见征询中。

规划设计好的小区弄堂

美丽街区建设不仅限于市政道路的改造升级，而且更应该深入到城市"毛细血管"的背街小巷道路，打造可共享、有活力、有魅力的街坊弄堂。因此，街道结合美丽街区建设，重点挖掘主体性公共空间、闲置空间，塑造有活动承载力的公共空间。街道通过引入第三方团队对番禺路街区（法华镇路）沿线的5条街坊弄堂按其特点进行初步规划设计，铺装道板、粉刷立面、增补绿化，让每一条弄堂都能成为一个可走进的城市漫步空间。同时，街道通过法三小学大修、为老服务中心开业等项目完成了对法华镇路681弄、番禺路222弄50支弄、番禺路290弄等3条弄堂的道路提升。

结合哥伦比亚花园、上海影城、幸福里等城市更新项目，对整体商业业态进行重新规划，并依托问责管理平台、组建商家联盟等方式，引导商户对店铺重新设计及装饰，并按要求主动恢复店招，打造可停留、可漫步的街区亮点。

链接四：

"静雅"武夷

武夷路街区，是上海64条永不拓宽的马路之一，从1925年至今已有近100年历史，拥有深厚的历史人文底蕴。其全长790米，环境幽静，是上海著名的住宅区。马路两边遍布花园洋房、联体别墅和新式里弄。华阳路街道积极落实区委区政府关于武夷路"美丽街区"城市更新的目标——用三至五年时间，实现整个片区全面提升的开局，整体提升愚园路风貌区南部片区的布局、功能和综合品质，实现迈向国际水平的精品城区的第一步。

2019年，街道聘请同济大学规划设计专家对以武夷路为核心的47公顷土地进行整体研究，从武夷路城市更新的策略和相关机制等角度进行深入分析，并提出实施建议。

华阳路街道以保护保留为原则，深化城市美丽街区。从"拆改留，以拆除为主"转为"留改拆并举，以保留保护为主"，传承历史文脉，留住城

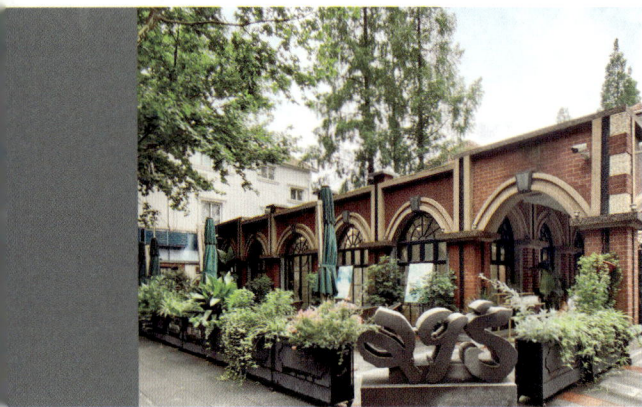

"静雅"武夷

市记忆。以公共利益为取向，通过微更新的方式释放城市公共空间。以"三生融合"为理念，注重功能复合统一。通过导入新业态，注入产业造血功能，激发出新的发展潜力。武夷路"美丽街区"始终贯穿生产、生活、生态相融合的理念，以地块更新为载体，推进经济转型；以公共服务为取向，提升生活品质；以文化产业为依托，打造文化地标。以社区党建为指引，围绕武夷路城市更新工作，在第一网格聚焦党建＋街区管理的基础上，重点围绕武夷路历史风貌区的建设，建立街区管理党建联盟。通过党建联盟平台，凝聚成员单位的智慧和力量，共同打造"特色、优美、繁华、静雅、和谐"的武夷街区。以"五违四必"为抓手，提升市容市貌品质。三年来，街道在武夷路上共封堵破墙开门开店点位 31 处，结合无违居村创建，街道共拆除武夷路街区内违建 6518.81 平方米，拆除存在安全隐患的店招共计 71 个。在建设过程中，街道杜绝传统简单的"一刀切"模式，转而因地制宜地实施"一段一策""一店一策"。

2020 年 7 月，街道还通过"美丽街区"项目，挖掘出一批历史故事、典型人物，举办"武夷路'美丽街区'红色印记展"，让人们在可看、可听、可触摸、可感知中鉴往知来。

北新泾街道把"五个全覆盖"专项行动与精细化管理相结合，深度践行人民城市理念

2022 年，北新泾街道率先建成全市首个无架空线全要素整治示范区，顺利完成辖区内全部道路 10.87 公里架空线入地全覆盖，为群众营造赏心悦目的天际线。

作为街道"头号"民生实事工程，坚持将"以人民为中心"贯穿始终，咬紧牙关、久久为功。一是优化施工，实现扰民更少。与区架空线指挥部

北新泾街道精品小区

保持实时沟通，实现无缝衔接，保障施工快速、有序、文明、和谐。特别是从严把控，在电站和箱变选址过程中不断优化调整方案。创新四阶段工作法，提炼出切实可行的排管路径，确保仅开挖一次。这些措施都从源头上减少了对居民生活的影响，为后续工作顺利开展奠定了良好基础。二是叠加项目，实现惠民更多。街道在架空线入地推进过程中注重与加装电梯、精品小区、美丽街区、污水管改造等民生实事工程相结合，和区架空线指挥部共同建立党建联建平台，解决小区难题，放大社会效益，衔接好时间节点，分摊好资源成本，减少多次开挖、最终让民心工程提质增效，老百姓更加受益。比如，街道在新泾四村天山西路主要出入口东侧新增一座箱变，同时联建了小区门头，实现了双向人车分流，消除居民出行安全隐患。

2017 年至 2022 年，北新泾街道全力推进精品小区项目并叠加民心实事项目，不断提升居民满意度水平。街道与区房管局密切配合，呼应民需实施更多改造项目，高效落实精品小区建设全覆盖。充分听取群众意见，提取最大"公约数"，组织设计师走入小区与居民"面对面"交谈，通过多轮"头脑风暴"转化方案。同步实施"水、电、煤气"管道总管更新，统筹推进电梯加装。持续跟进居民满意度调研，优选项目在其他小区中推荐推广。开展"美丽楼道"自治项目，由居民参与楼道建设、美化，逐步增强居民"主人翁"意识。攻坚改造废污水管，全力解决"肠梗阻"。辖区内售后公房均建于 2000 年之前，居民对室内老旧污水管堵塞问题反映强烈，为此，街道争取叠加室内废污水管道改造项目，把铁质污水管、老旧污水管统一更换为 PVC 静音材质管道，从根本上解决管道漏水堵水问题。截至

2022年，街道辖区内18个小区完成了改造，惠及近万户居民。聚焦绿色低碳热点，推动发展"可持续"。针对售后公房小区，依托精品小区改造，同步安装共享充电桩点位，实现"一桩多车"；针对动迁房小区，条块联动合力拔除"僵尸桩"，配建新型充电桩；针对商品房小区，引导业委会和物业为共享车位加装共享充电桩，现已建设13个电动汽车充电服务点，辐射面达28个住宅小区。推进老小区海绵化城市改造。新泾三村增设光伏能源收集系统，新宁小区还在海绵区增加了夜景特色。依托科技赋能管理，建筑垃圾"不落地"。运用新数字化手段探索"全封闭式"绿房子，实现建筑垃圾智能清运箱布点全覆盖。在25个有条件的小区中均已完成"绿房子"投放。街道与区绿化市容局条块联动，共同协商积极推进街道整区域高标准保洁，探索全覆盖全要素全过程一体化保洁模式，不断提升精细化管理水平。

链接一：

北新泾街道成全市首个"共享充电桩示范街道"

2023年4月20日，北新泾街道成为全市首个"共享充电桩示范街道"。截至2022年底，已建成13个电动汽车充电服务点，87个共享充电桩，覆盖28个小区。

北新泾街道新泾五村电动汽车充电服务点

直面"最后一公里"充电难题，老旧小区加装共享充电桩的案例考验着各方智慧，也为打造宜居、智慧、低碳、韧性的高品质社区探路先行。老旧小区安装充电桩面临诸多痛点，比如，无固定车位、场地有限、物业配合程度、基础设施配套不成熟等。老旧小区电容量设计不足，也成为一个堵点。北新泾街道的经验是：想在前头，将架空线入地和合杆整治工程、精品小区建设、电动汽车共享充电桩建设有机结合，一体化推进，让共享充电焕发生机。

充电桩建好后，新挑战也接踵而至。随着电车数量同步攀升，如何协调充电秩序，如何平衡电车和油车的停车需求等，成为新的问题。北新泾街道与国家电网、区城运中心携手，将共享充电桩设备数据接入"一网统管"平台，定时推送动态数据，实现市、区、街道三级数据共享。通过数据分析，合理引导周边居民区错时错峰有序充电，让闲置的共享充电桩"忙碌"起来，从"有充电"到"优充电"，深化AI社区先发优势，探索绿色低碳韧性社区建设，努力把中国式现代化的美好愿景变成社区群众可感可知的生动实景。

链接二:

上海首个全域完成市政架空线入地的街道诞生

2022年底，长宁区北新泾建成全市首个无架空线全要素整治示范区，率先在全域范围内实现市政架空线入地和杆箱整治。辖区内全长10.87公里的架空线均已入地，呈现出焕然一新的城市天际线，北新泾街道多个居民小区的环境也借此契机完成了综合提升。

长宁的架空线入地工程始于2018年，目前已竣工近118公里。2020年，北新泾街道对辖区内的平塘路、金钟路、清池路等6条道路展开综合整治，按下了建设无架空线全要素整治示范区的启动键。但北新泾全长10.87公里的市政道路施工过程复杂，每一条道路都要经过电站选址、管线综合平衡、管线方案设计、交通组织研究、管线搬迁、电力信息合杆主线施工、电力直埋进小区单位、停电割接、撤线拔杆立新杆、道路景观提升等诸多环节。为破解施工技术、施工条件、交通保障等多重难题，长宁区以精细化整治为立足点，施工牵头部门与交警部门逐路对接研判，对有条件的路段实施全天候围挡施工，不具备全天候施工条件的路段则开展"日间破碎、夜间施工"措施，化整为零增加施工作业面、调整施工时间段。

道路景观提升图

架空线施工期间，长宁区也在北新泾街道同步展开周边环境提升，打造宜居家园。结合架空线入地工程，中环苏州河桥下空间实现了环境提升，打造了以火烈鸟、猎豹、斑马等动物形象为主题的文体休憩空间，单调的桥下空间实现华丽转身。新渔路架空线工程进行至道路恢复阶段时，长宁区结合该区域的河道景观特点，对周边环境、绿化、新建管线桥等进行了景观优化。

北新泾街道在建成无架空线全要素整治示范区的过程中，还注重实践全过程人民民主，将市综管中心、市区供电公司、街道、居民区等各级党组织凝聚在一起，建立党建联建、议事协商平台，形成了市—区—街道—居民代表"四位一体"的沟通机制。此外，北新泾街道通过统筹协调，将架空线施工与加装电梯、精品小区改造、美丽街区建设、污水管改造等民生实事工程相结合；通过衔接好时间节点，让民心工程提质增效。金钟路在架空线入地和杆箱整治完成后，紧接着实施了道路设施、绿化景观、城市家具、围墙等品质提升，平塘路的迪亚天天广场和综治中心广场同步改建，使得金钟路的街区环境品质显著提升，成为长宁区在环外区域的第一个"美丽街区"。

苏州河华政段公共空间提质升级，着力办好民生实事

2021年9月23日，苏州河华政段滨河步道景观提升工程完成并正式开放，獬豸园、桃李园、法剧场等点位都颇受市民的青睐，周边的居民也纷纷前来打卡。

串珠成链，打造历史与当下交融的全新花园。2021 年，长宁区结合党史学习教育"我为群众办实事"实践活动，按照"彰显国宝建筑风貌，提升滨河景观品质；挖掘校园历史文脉，激活滨河人文空间"的理念，打造别具一格的"园中院，院中园"的景观形式，打造过程中极为重视对历史文脉的保护和传承，通过悉心设计，精心打造，让历史与现代相得益彰，让滨水空间与文保建筑交相辉映。通过保留保护空间格局、历史建筑、景观环境的方式，将华政校园整体风貌作为苏州河沿线景观的一部分，将景色开放给人民，使华东政法大学这所"政法名校，苏河明珠"成为苏州河沿岸最开放的公共空间，最高雅的历史风貌，最美丽的校园景观。沿线设计充分挖掘现有资源，通过空间梳理，让 27 栋历史建筑展露风貌，将原本相互独立的华政校园与滨河步道结合贯通，着力打造思孟园、格致园、倚竹苑、獬豸园、华政桥、桃李园、东风角、法剧场、银杏院、书香园 10 个景观节点，以滨河慢行步道串联起多元、活力、共享的滨河公共空间。

　　步道拓宽，每一厘米都来之不易。2019 年实施的苏州河华政段沿河步道，只能容纳两人并行，最窄处只有 1.5 米，最宽处不过 2 米。有序开放这段难得的滨河空间，展现上海独特的历史风貌，是长宁区和华政校方共同的目标，更是老百姓的殷切期盼。由于施工现场紧邻学校和居民区，嘈杂的施工机器必然会造成影响。为此，无论是开挖、回土，还是运输、铺设路面，施工方采取了最"原始"但在这里却是最"高效低风险"的人工作战策略，一砖一瓦、一树一木均由建设者们手工完成。长宁区与华政方面多次协商，将沿线的 10 处搭建房和围栏拆除，积极腾挪空间；通过绿植"挪位"梳理、绿篱后退等手段，增加沿河空间的绿化面积，用开阔的草坪代替围墙"打开"校园，通透的视觉效果令滨河历史建筑与人文风貌尽收眼底。改造后的步道拓宽至 3 米，公共空间面积达 2.1 万平方米，较原先增加 1.86 万平方米。市民能轻松自在地奔跑、漫步，一边饱览苏州河滨风光，一边欣赏百年校园整体风貌，感受自然生态与人文内涵的完美结合，这是独一无二的体验。

　　"温柔"施工，敬畏历史和城市文脉。华政校园 27 栋历史建筑组成的"圣约翰大学历史建筑群"，是第八批全国重点文物保护单位。为呈现最

华政苏河步道航拍图

具代表性的上海人文风貌，这里 900 多米的防汛墙采用历史保护建筑修缮时才会使用的水磨石工艺。这一工艺已不常见，精通的工匠在全国更是屈指可数。为此，施工方专门从浙江请来"老法师"驻场，由普通工匠完成前期打磨，最后一道关键工序则完全由"老法师"一人亲手完成，确保前后弧度完全一致。地面的"弹街路"，采用的是厚度达 10 厘米的大理石拼贴砖，每一片扇形的纹路均由工人一块块打磨、手工拼贴。整个施工现场使用了 8 万多块大理石砖，共 2000 多人次参与路面拼贴，大家夜以继日，花了不到 1 个月的时间总算完成。

长宁区认真践行"人民城市"重要理念，积极开展"我为群众办实事"实践活动，坚持以党建为引领、以为民惠民为目的、以推动人人参与为努力方向，发扬"啃骨头精神"，全面推进民心工程，积极推进苏州河华政段滨水景观提升，打造"一带十点"特色景观，为上海滨水空间点缀一条亦古亦今的"珍珠项链"。在克服了工期紧张、汛期影响、古树保护、文脉传承等难题的基础上，经过 4 个月的精心打造，2021 年 9 月 23 日，长约900 米的"一带十点"逐一揭开面纱，源自百年前"圣约翰大学"的历史建筑群与如今的苏州河美景完美"融为一体"。

虹桥河滨公园景观照明

链接一：

景观照明为苏州河长宁段沿岸增添一抹"亮"色

    2022年9月，苏州河华政步道沿岸的17幢校园建筑，经过景观设计改造提升，每晚18:30—21:00，均会点亮整条步道，也会照亮苏河两岸。市民漫步于苏州河长宁段11.2公里，沿岸华东政法大学、中山公园、虹桥河滨公园、天原河滨公园绿地、中环桥下空间、风铃绿地、海烟物流等活力空间串起长宁的跃动光影。

    长宁的景观照明正是伴随着城区经济的飞速发展而逐渐点亮。时尚繁华的中山公园商圈，夜景照明设计以轻松休闲风格为主，满足市民游逛、休闲、观赏等需求。上海虹桥经济技术开发区的景观灯光，通过智能控制系统，使楼宇灯光可以每天变化一个颜色，体现"七彩虹桥"的独特区域风貌。愚园路历史文化风貌区以花园洋房和历史建筑为特色，同时临近中

中环桥下"火烈鸟"主题设计

山公园商圈，具有繁华的商业和丰富多彩的夜生活，夜景定位为具有历史特色的居住休闲区。2022年年初启动的延安高架沿线景观照明提升项目，让一道"光影彩虹"贯穿长宁东西，也让沿线建筑呈现多点星光璀璨的景象，打造与长宁城市文化内涵相得益彰的城市夜景品牌。

链接二：

苏州河桥下空间精雕细琢

在苏州河长宁段河面上矗立着10余座大小桥梁，其中，凯旋路、古北路和中环立交桥下空间实现华丽转变，由本灰暗的闲置地带变为公共开放空间，吸引众多市民前去休闲散步、运动健身、赏景拍照。

苏州河中环桥下空间涉及苏州河、新泾港、哈密路所围的约3.5公顷范围，该空间按北翟路和中环线分为4个象限，并以"猎豹""斑马""火烈鸟"三种动物形象展现着桥下空间的不同主题。这里运用丰富而清新的配色，通过土地复合利用，综合设置运动场地、公共绿地、苏州河休闲驿站、市政配套设施等，既提高了土地资源配置效率，又为周边居民提供了适合的公共服务设施和有趣的休憩空间。同时，还结合长宁苏州河健身步道贯通工程，提升慢行系统通达性，优化景观和生态，将该区域造成苏州河特色滨水空间节点。

凯旋路桥以圆形彩钢与柠檬黄色为设计元素，增加1900平方米公共空间，古北路桥则以红色三角彩钢为设计元素，增加790平方米公共空间，

新时代非凡十年的长宁答卷

它们的更新改造促进沿岸整体功能的完善，使原本利用效率较低的土地转变为集体运动、休闲、科普为一体的多功能公共空间，进一步满足周边居民对公共开放空间的需求。

2022 年，长宁区桥下空间集约开发节地模式因改造既有桥下空间，无新增占地，节地率达 100%，成功入选自然资源部办公厅发布的《节地技术和节地模式推荐目录（第三批）》节地模式中的城镇低效用地再开发模式，成为上海市唯一入选的案例。

链接三：

新虹桥中心花园桥下空间提升

新虹桥中心花园桥下空间形象提升工程通过空间改造，提升丰富桥下休闲、运动、宣传、文化娱乐、通行等功能，并通过绿化改造提升美化桥下空间景观，形成区域亮点。项目位于延安西路娄山关路交叉口，延安西路高架桥下，涉及改造面积约 2 万平方米。

东侧停车场出入口迁移改造和停车场内外交通组织调整，对原来行人和车辆出入混行的出入口进行改造，将行人出入口和停车场库出入口完全分隔，人车分流后，行人出入更加安全便捷。延安西路娄山关路新虹桥中心花园北入口广场改建为集交通出入口、休闲娱乐、文化宣传等功能为一

新虹桥中心花园桥下空间

体的城市公共空间，并新增多处座椅，供市民休息。增加夜景灯管带，点亮桥下空间的夜色。在新虹桥中心花园西侧进一步扩建了原有的体育设施，在原有 3 个体育场的基础上再新建 3 个体育场，改扩建成 4 个篮球场和 2 个足球场，总体桥下体育场地面积达到近 3000 平方米。改造后，这里将成为以球类体育为主题的桥下运动空间，丰富市民休憩和健身空间，并配建运动服务中心和管理设施。

长宁区生境花园网络构建

2021 年 5 月 17 日至 30 日，《生物多样性公约》第十五次缔约方大会（COP15）在云南省昆明市召开，2022 年持续开展第二阶段活动。生物多样性保护的理念随着 COP15 会议召开迅速传播，长宁区结合自身实际开展了城市生物多样性保护的探索。

社区生境花园（Habitat Garden）是指具有生物栖息环境功能的花园，以提升生物多样性保护为目标，在社区中将"生境"与"花园"融合在一起，围绕五大原则营造的花园，即使用本土植物、杜绝外来入侵植物、丰富植物群落、减少农药化肥的使用，以及为城市野生动物提供辅助的食物、水源或庇护所。与传统绿化建设相比，生境花园遵循生物群落的自然演替，选址需考虑营造静区，以减少人的行为对生态的影响，尤其是昆虫、鸟类和小型哺乳动物的影响。与传统绿化管理相比，生境花园由于遵循自然演替的原则，维护工作量相对轻许多。对于高度城市化地区来说，社区层级的生境花园既是有大型斑块绿地的生态多功能的"踏脚石"，也是居民家门口的"沉浸式"绿色自治载体。在城市中建设生境花园可以实现"生多保护、绿色碳汇、雨水海绵、健康疗愈、自然教育"等多重功能。多种实践证明，生境花园尤其是城市里社区层级的生境花园是城市生物多样性的一种主要实现形式，也是一种基于自然的减排方式，近年来日益得到国内外各方的重视。

2019 年 11 月，长宁区虹旭居民社区在 TNC 的支持下将一块社区废弃空间建设为生境花园，生境花园不仅在城市生物多样性方面做得非常好，而且虹旭居委还将生境花园作为载体，开展了一系列长期的自治活动，吸

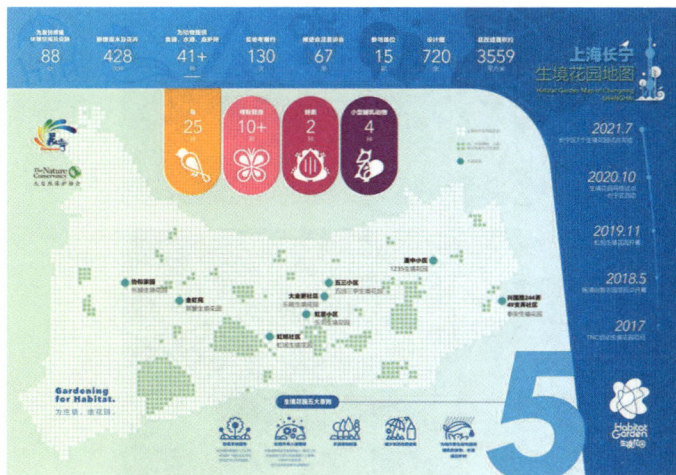

长宁生境花园地图

引一批居民参与生境花园的活动，增加了居民的获得感，形成了凝聚力。2020 年 9 月开始，长宁区在调研虹旭社区实施的生境花园案例后，推进了一批社区生境花园建设。在全区挑选了新泾镇绿八社区等 7 个小区进行生境花园建设。地点涵盖全区东、中、西部三区域，建设区域和生境特色具有各自典型代表性。截至 2021 年 8 月，此次 7 个生境花园全部完成建设。加上 2019 年建设完成的虹旭生境花园，长宁区共有 8 座风格迥异的生境花园，总改造面积约 3559 平方米，为城市野生动物提供食物水源的庇护所达 40 多种，新增灌木及花卉 400 种，为居民修建休憩空间及设施 88 处。目前，与 TNC 合作编制的长宁区社区生境花园地图已正式发布，获得较大的社会影响。8 个生境花园中，绿八社区乐颐生境花园在联合国《生物多样性公约》缔约方大会第十五次会议（COP15）上，代表上海作为展示案例；同时，从全球七大洲 26 个国家的 258 个申报案例中脱颖而出，成功入选"生物多样性 100+ 全球典型案例"名单。乐颐生境花园和常馨生境花园荣获上海市民"家门口好去处"称号。

　　长宁区生境花园在改造前多为社区废弃、脏乱场地，环境差，生物物种较为贫瘠。改造后，生境花园新增灌木及花卉 400 多种，均为 100% 本土物种，观测到鸟类 26 种、昆虫 36 种、传粉昆虫 20 余种、蛙类 2 种、小型哺乳动物 4 种，生物多样性水平已接近周边大型斑块绿地。据初步统计，已有包括黄鼬、东北刺猬、貉、赤腹松鼠、白鹭、夜鹭等 70 多种野生动物在生境花园驻留。

生境花园改造前后

长宁区在城市更新背景下，通过践行全过程人民民主，搭建全区生境花园支持机制，编制专业规划，探索建设条件，建立评价标准，逐步建成生境网络，并形成一套可复制、可推广的做法。一是吸收先进理念。社区生境花园是结合老旧居民区的更新改造而打造的"具有栖息地功能的花园"，既为许多野生动物提供食物、水源和栖息地，又为城市居民丰富了休憩活动空间。二是践行全过程民主。将全过程人民民主贯穿于生境花园建设始终，街道、社区等引导多方资源共建共享，居民共同参与，创新形成居民自治的社区治理体系。三是探索建设和运维机制。通过总结一批生境花园项目建设经验，确定了建设社区生境花园的基本条件，根据实际情况制定具有社区自身特点的运维方案。

链接一：

上海首个社区生境花园打造完成

2019 年 11 月，上海首个社区生境花园在长宁区仙霞新村街道虹旭小区打造完成。始建于 20 世纪 90 年代的虹旭小区，属于典型的老式公房小区。虹旭小区距离拥有丰富野生动物资源的上海动物园及外环绿带仅为2公里，小区所处位置有着较好的生态基底。因此，从景观生态学的角度，虹旭小区对向外迁移的动物可以发挥"踏脚石"的作用。

虹旭居委与大自然保护协会合作，共同引入泛境设计四叶草堂、上海大学上海美术学院公共艺术工作室等多方资源共同参与，合作探索社区自治、人文与公共艺术融入、志愿者培养等与社区生态空间打造、美好家园建设相结合的新途径与合作模式。空间布局上，整个花园兼顾居民的亲近体验和景观感受，对生境、体验和休憩进行了层次划分，呈现生境主题区、互动体验区、休憩科普区三大板块。植物配置方面，使用本土植物，充分考虑到野生动物尤其是鸟类的生境需求。从食源出发，种植火棘、枸骨等挂果时间长，又受到鸟儿喜爱的食源植物，让鸟儿们在食源匮乏的冬季也能填饱肚子。四季错落的开花植物帮助吸引昆虫，而昆虫大大满足了食虫性鸟类的需要。水源方面，设计了有坡度的小池塘，池塘边上的石块帮助鸟儿们站得更稳，根本不需要担心没有落脚点喝水、洗澡；水塘一侧靠近密集乔、灌木植被，保障鸟儿们能有停歇和躲避的空间；水塘内种植湿生植物和藻类，让水质更健康；丰富的植物群落为鸟儿们提供了最佳庇护所，乔木、灌木的衔接也为鸟儿们飞行穿梭提供通道。

目前，虹旭生境花园已监测到26种鸟类、2种兽类、2种蛙类及10余种传粉昆虫等。

链接二：

上海最大的生境花园

——乐颐生境花园正式开放

2021年8月3日，上海最大的"社区生境花园"——乐颐生境花园正式开园。乐颐生境花园位于新泾镇西部的绿八居民区协和家园，毗邻南渔浦，紧贴外环林带，总面积732平方米，是长宁区在全市独有的8座生境花园中最大的一座。

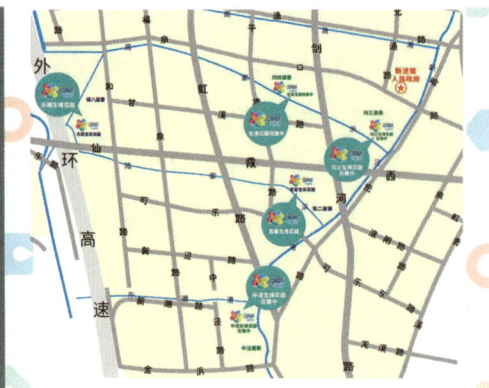
新泾镇生境花园网络图

乐颐生境花园坚持践行"全过程人民民主"理念,邀请社区居民从设计阶段就参与到花园建设过程中,历时180天,实现从无到有、从杂草丛生的"边角料"到生机盎然的"忘忧角"的华丽转身。花园分为四季花园、生境驿站、蝶恋花溪、疗愈花园、自然保育区五大区域,一条乡土鸟类科普长廊顺着南渔浦贯穿园区。园中利用本土植物还原本土自然生态系统,不仅成为城市修复动植物生态体系的示范,吸引到黄鼬、刺猬、松鼠,甚至貉等中小型哺乳动物入住,而且更成为各年龄段社区居民休憩散步、科普教学、亲近自然的绝佳去处。

绿八社区乐颐生境花园在联合国《生物多样性公约》缔约方大会第十五次会议(COP15)的上,代表上海作为展示案例;同时,从全球七大洲26个国家的258个申报案例中脱颖而出,成功入选"生物多样性100+全球典型案例"名单;还荣获上海市民"家门口好去处"称号及入选上海市第一批现代环境治理体系试点示范单位。

链接三:

观赏、休息和户外休闲皆宜,华阳路街道1235生境花园正式开园

1235生境花园位于上海市长宁区华阳路街道潘中居民区定西路1235弄小区,面积524平方米,划分有秘境花园、银发花园、涂鸦广场等三大区域,既为野生动物提供了必需的生存环境,也丰富了社区居民的交流、活动空间,进一步提高了社区居民的生活质量;在这500平方米的空间中,不仅布置了13处供居民休憩、交流的设施,如亭子、锻炼坡道等,而且更汇集了多达62种草本和灌木,配合场地中保留的5种乔木,构成了层次丰

1235 生境花园墙绘

富的植被群落，还有昆虫箱等补充生境元素，有望为鸟类、传粉昆虫、小型哺乳动物等 30 余种本土城市野生动物提供适宜的栖息环境。

1235 生境花园与中山公园、天山公园及海粟绿地三处大中型城市公共绿地的直线距离均在 500 米左右。在上海的生态空间中，这些中心城区内的大中型绿地起到了重要的网络节点作用，既为城市里的居民提供了休憩活动空间，也支持了为数众多的城市野生动物的栖息。1235 生境花园是连接三个大型绿地"踏脚石"，不仅能够为城市野生动物提供食源、水源、庇护所等生活环境，也为社区居民提供充满趣味、有科普性的花园。为人们提供交流和活动场所的同时，拉近人与自然的距离。

场景社区，数字赋能，打造人民城市幸福养老生活圈

新华路街道地处上海市中心城区之一的长宁区东南部，环境优雅宜人，人文底蕴深厚。街道辖区面积 2.2 平方公里，户籍人口 6.34 万，实有人口 7.99 万，下辖 17 个居委会。截至 2021 年 3 月，全街道 60 岁以上户籍老年人口 22382 人，占全街道户籍总人口的 36.9%。其中，街道 80 岁及以上户籍高龄老人 4845 人，占户籍老年人口的 21.6%；百岁老人已达 20 人。为积极应对人口老龄化形势，满足老人"原居安养"期盼，新华路街道在社区嵌入式养老建设上开展了系列探索。

街道围绕"优质＋均衡"的主线，大力发展"一中心，多网点，全覆盖"的社区嵌入式养老服务体系，着力建设场景社区，积极推动数字赋能，

综合为老服务中心门口

新华惠老通微信小程序界面

陆续建成综合为老服务中心 1 个，长者照护之家 1 个，老年人日间服务中心 2 个，社区食堂 2 个，助餐点 7 个，"物业＋养老"服务站 5 个，居委会老年活动室 17 个，睦邻点 58 个，"街道综合体＋家门口微养老"两级养老服务体系基本成型，推动实现"街道综合服务圈—社区托养服务圈—居民区活动圈邻里互助圈—居家生活圈""五圈合一"，老年人的获得感、幸福感、安全感不断增强，"十五分钟幸福养老生活圈"日益成熟。街道围绕养老"养、食、康、居"民心工程，着力在托养、医养、康养、体养、文养、智养等六方面加强嵌入式养老场景营造，让老年人更好地体验高品质、多功能的养老服务，更好地提升生命质量，推动构建老年友好型示范社区。街道养老以数字化转型战略实施为契机，建设了"新华慧老通"智慧养老数字化集成平台，全面整合嵌入式养老资源，加强大数据分析和应用，通过微信小程序方式在居家安全、健康监测、医疗问诊、网上生活、疫情防控等方面提供"智慧养老"服务，确保实现老年人养老"一网统揽、一站统筹、一屏养老、一圈可达、一键生成"，加速打造"人文化、智能化、专业化"嵌入式养老未来社区。

新华路街道先后获得"全国街道之星""全国文明社区示范点""全国和谐社区建设示范街道""全国最美志愿服务社区"等荣誉称号，建成"全国首批智慧健康养老应用示范街道"。2021 年，新华路街道智慧养老数字化集成平台项目获评上海市智慧养老应用场景优秀案例，并在综合为老服务中心建成"数字化生活—智慧养老体验馆"。

智慧空间管理平台

仙霞新村街道共享数字康养，智慧养老有亮点

自 2021 年开始，仙霞新村街道对标示范社区创建标准，细化指标明确责任、完善创建工作机制、分工协作合力推进。落实"1+3+X"示范体系，即："1"项工作特色，以智慧养老为重点，推动智慧终端和智慧楼宇应用场景取得重要突破；"3"个示范居民区，分别在虹旭、虹仙、仙逸居民区形成各具特色的智慧社区示范生态；"X"个创新应用场景和特色居民区，在辖区范围内展现整体效果，形成试点示范社区生态圈，更高质量提升社区治理服务效能，更高水平满足居民群众对美好生活的向往。

聚焦社区和居家养老需求，打造"一个数据库、三个平台，三个应用前端"，即为老服务数据库，智慧空间管理、智慧餐厅、一键呼叫三个服务平台，乐龄惠老、乐龄家人、乐龄助手小程序三个应用前端。通过仙霞新村街道社区综合为老服务第一中心、第二中心、社区大食堂、虹纺乐邻坊、虹旭乐邻坊、逸社等为老服务载体的数据连通，整合梳理用户行为数据，建立每位老年人的就餐膳食营养数据、生命体征检测数据、在中心、社区为老服务驿站的停留时长及行为轨迹数据等档案，深挖场景背后的老年人服务需求，进而更有效地融合基础信息资源，更好地赋能美好生活。

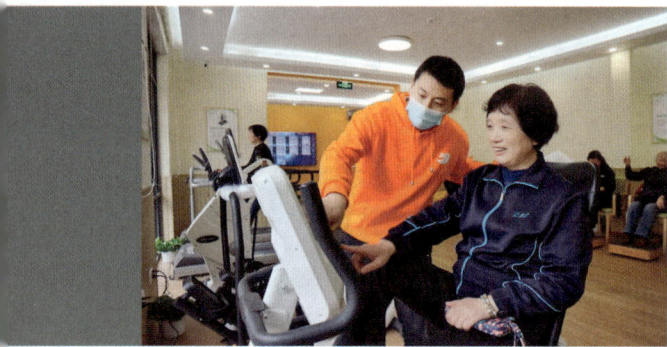

"心乐空间"长者运动健康之家志愿者在为社区老年朋友指导服务

链接二：

上海首个"心乐空间"长者运动健康之家
在虹桥街道正式开业

由虹桥街道打造的上海首个"心乐空间"长者运动健康之家于2021年3月8日正式开业，除了有适老化健身器材外，还有智能化监测设备及专业"私教"指导，一月仅要99元。

虹桥街道"心乐空间"长者运动健康之家位于中山西路1030弄4号（虹一小区内），总建筑面积约为100平方米，内设健康指导、体质检测、有氧心肺、微循环促进、等速肌力等5个功能区域，为老年人提供慢病运动干预、科学指导、器械锻炼、健康体测、营养膳食等近10项运动健康促进服务，是街道社区综合为老服务体的重要组成部分。

街道在前期的调研和座谈会上了解到，社区老人特别渴望拥有自己专属的"运动健身房"。于是，街道围绕老人的实际需求，和第三方专业机构尚体合作，将"健身房"嵌入到居民家门口，打造了上海第一家"长者运动健康之家"，让社区老人也能享受到专业的健身服务，这也积极对接了上海"十四五"规划中提出的"通过运动预防和改善老人慢性病发生和发展"的要求。

截至2022年底，长者运动健康之家已累计服务1.81万人次。作为长宁区首个体养、医养、康养"三养"融合的老年健身房示范点，长者运动健康之家围绕"精度＋温度"，在推动适应老年人需求的智能化服务的同时，加入专业的人工服务，让智能设备带来的运动健身变得更有温度。

"绿八"会发光的停车棚

新泾镇打造"智慧芯家园"，助力社区治理

"智慧芯家园"数字化转型项目，下设 6 个子项目，目前建成使用的有：①智慧科普课堂。紧扣 2021 年绿八居民区建设落成的目前上海市最大、设施最齐备的"乐颐"生境花园契机，数"智"赋能深化拓展生态科普内涵，依托智能会议平板、生态直播课堂（与华东师大生态与环境科学学院联手，定期开展生境花园生态直播"云课堂"）、电控调光玻璃、远红外线观测（目前陆续捕捉到刺猬、黄鼬、貉等多种社区久未谋面的中小型哺乳动物及鸟类萌宠镜头，以"芯"见证人与自然和谐共处）。②智慧都市农业。在生境花园配备远程智能雾化灌溉系统，实现远程土壤环境检测，以植物实际需水为依据，以信息技术为手段，提高灌溉精准度，增进水资源利用率，落实生态环保理念。③智慧电梯管理。利用大数据、物联网、云计算等高新技术手段构建智慧化电梯管理系统。实现对电梯进行多维度监测，完成电梯隐患的及时预警；电梯困人时自动报警，大幅缩短平均救援时间；24 小时智能监督，发现不文明乘梯行为系统自动警告并实时劝阻（如电动车上楼，电梯无法关门，同时自动闪灯报警）和维保监督。实现维保的透明化。目前协和路 239 弄、323 弄共实现 53 部智慧梯控的改造工作，增强居民对社区治理数字化转型的感受度。④智慧机动车引导。创设小区地磁车位引导系统，借助居民区微信公众号，实现车位监测、车位引

导、反向寻车、占位监控等机动车智能化停放管理，变老百姓的烦心事为便捷事、舒心事。⑤智慧非机动车充停。建设"智慧非机动车停车棚"，通过远程云端系统实现电动自行车车位管理、远程监控、故障报警、充电提醒、线上结算等一体化管理解决方案。⑥智慧生活平台。赋能"精彩绿八"微信公众号，叠加智慧机动车引导、智慧电动车充停、物业管理、生活服务等项目内容，做到"一屏全览、一号慧联（一个微信公众号联接多项服务内容）"。

"慧治芯家园"的"芯"，一方面是社区治理的数字化转型。在实现面貌更新、功能叠加、颜值提升的"基础件"之外，小区通过"精彩绿八"微信公众号叠加停车充电、物业管理、生活服务等多项服务内容，实现"一屏全览、一号慧联"。另一方面是以百姓心为"芯"，精确掌握群众期盼，精准回应居民需求。立项前，结合新泾镇"15分钟社区美好生活圈"规划编制，居民区党总支会同社区规划师对小区开展实地勘察和深入调研，还结合同心树家园理事会、居代会、"四位一体"会议等形式，广泛听取居民意见建议；项目推进过程中，注重"全过程人民民主"，通过居民代表会议、"诸葛亮会议"、业主委员会会议等，对建设的重点内容、重要环节开展征询，积极发挥社区自治共治、民主协商。

链接一：

用"芯"打理智慧社区

近年来，私家车、电动车爆发式增长，造成日益严峻的出行难、停车难、充电难，是众多老旧小区面临的共同难题。淞虹公寓没有地下停车库，居民车辆拥有率不断上升，小区硬件条件已无法满足日益增长的车辆停放需求。针对居民实际需求，淞虹公寓"一街一品"改造实施了众多与停车出行息息相关的项目，一方面，积极拓展空间场地，通过"七彩家园的幸福大道"对小区11000平方米的道路进行改造美化并划设车位线路，增设停车位。另一方面，推进实施智慧机动车引导、智慧电动车充停为内容的

"智慧芯家园"数字化转型项目。

小区大门入口处的智慧大屏幕，叫做智慧停车的线上管理，它能把小区近300个停车位显示出来，为需要泊车的居民提供停车位信息。智慧大屏联通地面上一个个手掌大小的地磁停车感

智慧停车的线上图

应器，通过地磁车位引导系统，能即时刷屏显示小区停车状况，借助"精彩绿八"微信公众号，实现机动车智能化停放管理。此外，非机动车库安装的128个充电插座，均有自动感应功能，接入智慧社区电脑端后台系统。居民可采用二维码付费及退款功能，插座还设有消防感应断电设置。

链接二：

凝心聚力，智慧出行

新泾镇绿八居民区位于仙霞西路、协和路、泉口路环抱地带，毗邻外环绿道，共有居民2330户，是早期商品房、公租房和动迁房混合型社区。绿八居民区曾荣膺上海市"十佳公益基地"、上海市"最青春社区"、长宁区第一批社区治理示范点等荣誉称号。

近年来，绿八居民区不断深化实施智能化建设和数字化转型，围绕老百姓的急难愁和需盼求，以居民需求为意向，以务实管用为导向，聚焦"居住（物业）、出行、休闲、健康、学习"五大要素，实施绿八居民区"智慧芯家园"数字化转型项目，打造智慧机动车引导、智慧非机动车充停、智慧电梯管理、智慧科普课堂、智慧都市农业、智慧生活平台六大运用场景。

找车位不再令人头疼，关注社区微信公众号就能知晓小区哪里可以泊

小区停车规划

车；进小区不用担心迷路，"会说话"的道路会指引你前往目的地；被困电梯时不用焦虑，"黑科技"会自动报警，且在等待救援的过程中用画面、语音进行安抚……2022年，结合新泾镇"一街一品"项目实施的契机，绿八居民区在实现面貌更新、功能叠加、颜值提升的"基础件"之外，还通过创设小区地磁车位引导系统，建设智慧非机动车停车棚，搭建智慧生活平台，引入智慧化电梯管理系统等"智慧芯家园"项目，实现了对社区治理水平的再赋能、治理方式的再转型。

从智慧机动车引导到智慧电梯管理，绿八的数字化场景应用也在不断延伸。结合乐颐生境花园，绿八不但创新打造了智慧科普课堂，还率先将物联网技术运用到都市农业中去，以"芯"见证人与自然和谐共处。

链接三：

绿八小区53台电梯全部换上"智慧芯"

2021年11月，新泾镇绿八居民区协和家园的53台电梯全部换上智慧"芯"，变得会感知、能安抚、可互视，让小区居民出行无忧。

电瓶车进入会在发出提醒的同时拒绝关门；电梯困人时自动报警，将信息第一时间传送到救援平台；等待救援过程中有画面、语音安抚，减轻被困者的幽闭感和焦灼感……在协和家园，53台电梯都安装上了一个全新的摄像头和一块智慧屏。若有人把电动车推进入内，摄像头就可以通过AI图形技术识别出来，并立刻发出警报，同时智慧屏会响起画面和语音提示："亲爱的居民朋友：本电梯自即日起禁止电瓶车、自行车进入，车辆请停放至地下车库！"而无论按哪一层楼，电梯都处于停运状态，让想上楼的电动车不能成行。直至车主将电动车推出，电梯才恢复正常。

这种智能梯控系统能识别车子的形状比如把手、坐凳、轮胎等特征，根据智能算法判断这一物体是不是电动自行车，正确识别后随即报警并停止运行。不过，婴儿车、轮椅都可以正常进入，不会影响居民的正常生活。

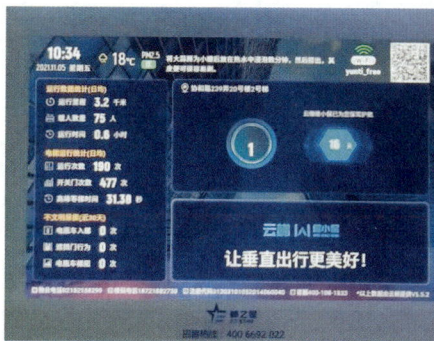

"智慧芯"联网管理

自从2021年10月安装了该套智控系统后，协和家园彻底杜绝了自行车、电动车的上楼现象，这一举措得到了广大居民的认同和赞赏。除了阻车警报，电梯智控装置通过画面传送、语音播报、即时通信等叠加功能，还能起到一定的宣传、警示、沟通的效果。特别是在电梯故障或者有人不慎发生意外时，电梯都能及时自动感应，物业安保可以通过手机App直接与受困人员进行沟通，避免一系列危险的情况出现。

不仅如此，智控电梯还有附带功能，它能对电梯本身进行体检，给自己打分。电梯零部件是否需要更换、维保重点在哪里、运行多少天，通过一个个数据来说话，各项指标都会一清二楚地显示在智慧屏下端，保证电梯良性运行。

北新泾街道深耕数字治理试验田，打造智慧社区新名片

2013年，上海发布《上海市智慧社区建设指南》，2014年，提出围绕"管理智能化"的智慧社区试点示范，2018年底，上海市启动"智城计划"，市经济信息化委开展人工智能应用场景需求征集，长宁区北新泾街道作为"AI+社区"场景建设主体作了社区"新开门七件事"的需求发布，并入选首批12大场景之一，至此翻开数字赋能社区治理的崭新篇章。近年来，北新泾街道聚焦居民实际需求，立足挖潜自身资源禀赋，紧抓城市数字化转型发展机遇，顺势而为、乘势而上，持续探索数字治理新场景、新应用，推动打造智慧社区新范式、新生活。北新泾街道探索数字赋能基层

"数字伙伴计划"志愿者到北新泾街道体验数字应用场景

治理、创建智慧社区品质生活已经历了三个阶段。

第一阶段是率先探索"AI+社区"人工智能应用场景。"新开门七件事"需求发布后，北新泾街道率先编制《北新泾街道智慧社区总体建设框架》，利用新一代信息技术和先进理念，构筑普惠宜居、以人为本的智慧社区应用场景。首批9大类30个项目在新泾六村小区实现了居民区层面的集中应用。元丰天山花园小区成为众筹模式下的首个智慧安防小区。

第二阶段是主动对接融入上海"两张网"建设大局。根据"一网通办"和"一网统管"要求，北新泾推动既有探索与"两张网"要求持续对接，促进服务精准化和治理精细化。聚焦多元需求，"一网通办"倡导急需事项"线上办"、社区事务服务"不打烊"、综窗专窗受理"一站式"。创新体制机制，"一网统管"抓好前端采集、强化后端处置、提升终端成效。立足实践应用，发挥"两张网"在疫情期间助力企业复工复产、持续优化营商环境的积极作用。

第三阶段是将"AI+社区"先发优势转化为推进城市数字化转型的实际行动。一是以需求为导向，探索数字生活标杆应用。开辟24小时数字法治自助服务区、24小时"一网通办"服务专区、24小时营商自助服务专区，在服务时间上实现了"全天候"。通过居民区延伸服务、线上远程服务、一站式综合服务，在服务空间上做到了"广覆盖"。将新泾六村应用拓展到辖区其他居民区和公共服务机构，打造"慧治金钟"数字街区，在服务内容上实现了"普惠性"。二是以应用为目标，推进社区治理提质增能。

聚焦民生和治理领域的高频、棘难、急需问题，开放征集应用场景建设需求和顽症问题解决方案。以数字化赋能社区安全，在社区安装智能感知设备实现阈值告警监控，探索智慧车棚、智慧门磁和电力大数据监测等安全应用，变事后处置为事前防范。以数字化赋能公共服务，开发特色场景应用程序，促进"15分钟社区生活圈"线上线下相融合，聚焦特殊人群和重点关爱对象提供个性化服务，变模糊覆盖为精准定位。以数字化赋能城市管理，将店招店牌变形智能感知、智能梯控等纳入"一网统管"平台，四大类管理顽症问题实现自动巡屏派单处置，变被动响应为主动介入。三是以场景为牵引，深化各方参与共建共享。社区既是汇聚各类治理要素、覆盖各类人群的重要场景，也是新技术、新应用的最佳试验田。立足财政投入合理、居民感受深切、政府创新引导、企业主体参与，探索形成政企合作新模式。在社区搭建实践平台，让百姓所需与数字技术所能相对接，让企业的新技术、新产品、新模式得到场景应用和实操检验。在鼓励企业提供试点应用的同时，同步引入试点应用定期评估机制，对社区体验度不高、居民感受度不强的场景项目予以淘汰，促进应用更新。2022年，北新泾街道AI智慧社区入选国家工信部人工智能创新应用先导区"智赋百景"典型应用场景，获评"全国智慧健康养老示范街道"，街道城市综合管理指挥中心在长宁区率先挂牌成立，率先开展"一网统管"社区试点探索。如今，"数字社区""慧居家园"不仅是北新泾街道社区发展方向，亦已成为基层治理数字化转型高光的名片、高质的品牌。

链接一：

北新泾：激发城市数字化转型变革力

立足AI社区先发优势，北新泾街道坚持以人民为中心，聚焦"管用、爱用、受用"，以经济数字化解锁新场景、生活数字化顺应新向往、治理数字化优化新环境，打造人人享有更具品质、更加美好的数字社区新范式，绘制中国式现代化的社区新图景。

线上15分钟社区生活圈

网罗社区新鲜资讯，带你走遍周边角落

扫一扫，开启美好家园

北新泾 E 刻生活圈小程序

北新泾 AI+ 社区探索始于 2019 年，成为全国首批人工智能示范应用场景。立足 AI 社区先发优势，北新泾街道坚持以人民为中心，聚焦"管用、爱用、受用"，不断推进数字化场景应用的迭代创新。2022 年，北新泾街道智慧社区入选国家人工智能创新应用先导区"智赋百景"典型应用场景。

"数智"新模式，政府和企业双向赋能。政企协同、场景共建、联合创新，是北新泾街道推进数字社区建设中走出的一条新路径。在探索智慧城市建设之初，北新泾街道以"揭榜挂帅"的方式，率先发布一批社区应用场景，吸引了数十家科技企业寻求合作，借由世界人工智能大会平台，无论是社区还是企业，都尝到了数字赋能社区治理"先行先试"的甜头。

"数治"新范式，线上和线下双向发力。北新泾街道建成全市首个无架空线全要素整治示范区，率先在全域范围内实现市政架空线入地和杆箱整治。北新泾街道持续推进共享充电桩全覆盖，通过数字赋能实时监测充电情况，提高充电桩周转率。"数字化治理"也关照到建筑垃圾清运。社区里，建筑垃圾不落地的"秘诀"是一套"绿房子"系统，通过可移动建筑垃圾堆放箱内置的超声波干音探头，能实现精准监测、自动推送收运任务，及时解决小区建筑装修垃圾清运难题。

"数质"新方式，改革和创新双向奔赴。北新泾街道聚焦居民"安全、康养、宜居、生活"四大需求，实施了 30 余个场景落地应用，还推出"爱馨办""电力哨""E 刻圈"等十大原创数字应用场景，并逐步"由点及线、由线及面"，从数字场景—数字家园—数字街区—数字社区，构成了北新泾街道社区数字化转型全覆盖格局。

聚焦北新泾数字社区品牌的再提升，街道将推进社区新基建的延伸覆盖、"北新泾 E 刻生活圈"智慧平台与"15 分钟社区美好生活圈"的深度融合。依托"社区云"等平台主体，实现基层党建引领的民意表达、听证论证、政策解读、群策群议、决策公示等方式，探索充分发挥"元宇宙"

沉浸式、强社交等属性，助力发展兴趣纽带连接的网络邻里社交，不仅增加城市邻里信任，也能充分调动起公民意识，使"共建共治共享"的数字城市要义得以实现。

链接二：

上海首个"加梯一件事"数字系统上线
北新泾是全市第一个试点街道

2022 年 2 月 7 日，北新泾街道召开 2022 年既有多层住宅加装电梯工作动员部署会。全市首个"加梯一件事"数字系统正式上线，这不仅是一网通办推进既有多层住宅加装电梯"一件事一次办"的新举措，也是北新泾街道在加装电梯"全生命周期管理"的新尝试。

作为全市首个试点街道，北新泾的居民可抢先体验全市首个"加梯一件事"数字系统，进入随申办 App 或网页端，搜索"智能物联"进入对应板块，绑定房屋居住信息后即可使用。该系统基于区块链、物联网、5G 等技术打造，融合了随申办、北新泾街道及上海城市智能物联服务联盟的力量，分为业主端和管理端，能实现加梯业主意愿数字征询、加梯项目立项、审批、签约、建设、管理、加梯智能运维及各类配套服务的在线办理，让"加梯"能够像网购一样方便。

在市、区、街道三级力量和资源的积极联动联合下，全市首个"AI+梯"联合服务中心——随申办"加梯一件事"联合服务中心在会上同步宣告成立。该中心位于天山西路 267 弄，可提供政策咨询服务、"加梯一件事"数字服务、加梯过程推进和服务以及加梯智能运维服务。

全市首个"AI+梯"联合服务中心——随申办"加梯一件事"联合服务中心

北新泾街道"以'数字化司法所'为载体的基层社会治理数字化转型实践"获评"法治建设十大优秀案例"

2022 年，在新泾六村"乐爱家"居民活动室二楼，一台有着"法律神器"美誉的多功能公共法律服务舱投入使用，备受居民关注。大家都很好奇，这台家门口的"法律神器"究竟有何妙用？

近距离看，空间并不大的服务舱竟然可以全天候地提供各项公共法律服务，可谓"麻雀虽小五脏俱全"，常规的法律咨询、法律专家连线、法律知识科普等自然不在话下。不仅如此，居民还可以在服务舱里选择在线调解、司法确认、各类公证的远程办理、律师对在押人员的远程会见等多项公共法律服务，随到随办，实在是方便。

其实，这一台机器只是北新泾司法所的数字化转型实践的缩影，而在激发基层社会治理的"神经末梢"方面，北新泾司法所数字化转型的探索步伐始终稳健。

"让数据多跑路，群众少跑路"，在"数据驱动"下，节省的不仅是时间成本，更体现了北新泾司法所将数字化技术与日常业务场景的深度融合。其中，"小法机器人"功不可没。强大的信息抓取和数据分析技术，将老百姓的法律诉求"集聚"后，"对症下药"地在互动屏幕上优先展示相应的解答、文书格式、程序流程，并提示司法所调整公共法律服务的内容和方向，居民毫不费劲就能找到答案，做到了精准又贴心。

很多居民对在线公证"情有独钟"，觉得这项服务省心又高效。其实，这中间还有很多看不到的努力和探索。这是因为，要搭建数字化服务后台的人力、物力资源保障系统，意味着首先要打破不同部门之间的数字壁垒，然后才能实现信息的互通、在线支付的完成和公证文书法律效力的认

远程法律服务仓

定，实现各类专业法律服务资源即时在线的调动响应。

北新泾司法所先试先行的多项探索，既达成了其促进公共法律服务"便民利民"的初衷，也为全市各基层司法所和相关公证机构提供了有益借鉴。

链接四：

建筑垃圾不落地，探索创新建筑垃圾智能清运新范式

2020年，长宁区绿化和市容管理局通过街镇联络员工作机制的反馈得知，北新泾街道部分老旧居民区没有条件专门设置装修垃圾箱房。其中，最具代表性的是北新泾街道元丰小区，居民日常产生的装修垃圾长期露天堆放在小区内广场边上，对周边居民影响较大。

面对建筑垃圾到处乱堆、扬尘特别大，而且还毁坏绿地的难题，北新泾街道和区绿化市容局对居民诉求和建议进行了广泛论证和试点，会同第三方公司共同试点探索使用可移动式"智能装修垃圾收集箱"，通过装修垃圾移动不落地、快速清运的模式，着力破解投放、收集、清运、扬尘、噪声五大难题。

智能装修垃圾收集箱内设有12个超声波感应探头，可实时监测箱内垃圾量，并通过手机App和电脑自动推送调度，后台系统对分配作业任务全过程监管，同时可自动产生收运记录报表，实时掌握收运情况。

在总结试点经验的基础上，智能垃圾箱被推广，在统筹推进、投放模式、群众参与等方面形成可借鉴可推广的经验。

智能垃圾箱

共建、共治、共享，打造"家门口"的文明风景线

长宁区始终坚持"创建为民、创建惠民、创建靠民"理念，将"美丽楼道"创建作为持续巩固提升全国文明城区创建成果的重要抓手，广泛动员长宁居民走出家门、走进社区，发挥广大居民的主观能动性，集思广益，共商共建共治共享，把公共艺术、文化艺术、科学普及、生态环保、睦邻友好等理念引入楼道。从创建初期的"零堆物楼道"，到 2.0 版"美丽楼道"，再到 3.0 版"新时代文明实践示范楼组"，将楼道文化从"净化、亮化"向"美化、内涵化、主题化"拓展，让"家门口"成为文明风景线。截至 2022 年年底，全区共创建 1000 余个美丽楼道（楼组、楼宇）。

整合盘活各类资源，打造家门口的文明之窗。为了有效解决基层群众面临的文化活动空间匮乏等问题，推动精神文明和优秀文化"飞入寻常百姓家"、丰富群众业余生活、提升百姓文明程度，不少居民区楼组都将目光转向了曾经被遗忘的角落，通过整合各类资源，组织居民集思广益，多轮听取居民意见，为曾经的犄角旮旯打造成为家门口的文明风采展示窗口和文明实践活动阵地。天山路街道新联大楼的新活动室，原本是被私人占用作仓库的公共区域，后在居委会、业委会和物业的联合整治下和居民的共同参与下，被打造成了居民活动室，不仅满足了葫芦丝、乒乓球等居民自治团队需要活动空间的需求，更让邻里之间的关系更加紧密。

示范楼组创建升级，居民参与变被动为主动。钢琴键盘墙绘顺着楼梯而上、每层楼的墙面印有经典曲目歌词、开辟仿真草坪空间并放置吉他供居民使用……北新泾街道新泾六村 12 号楼一改以往楼道堆物等不文明问题，被居民们亲切地称之为"音乐楼"。墙白、道通、窗明、灯亮、绿新，2021 年，"美丽楼道暨新时代文明实践示范楼组"不再满足于"美丽楼道"创建的基本要求，在此基础上将居民参与、自治共治融入创建标准，进一步丰富了全过程人民民主的内涵和参与方式，更广泛地动员居民走出家门，充分表达意见和建议，直接参与社区治理和社区建设，携手打造具有特色的楼组文化，让居民们的态度从"要我创建"转变为"我要创建"。自制楼组公约、设置小黑板居民每月轮流写稿、居民定期开展大扫除，在楼组志

天山星城 24 号楼"美丽楼道"建设

愿者的牵头下，虹桥街道的虹储小区 12 号楼成为名副其实的"凝聚楼"；也是通过居民自治，程家桥街道的嘉利豪园 5 号楼楼道打造成主题为"福人福地"的空间，悬挂着不少红色的装饰，显得格外喜气；新华路街道的当代新华 2 号楼则以"乐活生活"为主题，打出"世界这么大，文明一起去看看"的口号，由楼内的旅游达人于芳钦牵头，将旅行中拍摄的照片张贴在大堂中央……特色楼道不仅让原本老旧的楼道焕然一新，更搭起了居民之间沟通、交流、展示的舞台。

　　文明创建服务中心工作，提升居民文明素养。"美丽楼道"创建，是长宁区全国文明城区创建的重要抓手，也是群众性精神文明建设的重要载体，长宁区各街镇在区文明办的指导下，认真研究，将创建美丽楼道（新时代文明实践示范楼组）工作与加装电梯、垃圾分类等中心工作相融合，形成一体化发展，长效推进。2019 年 7 月，上海市实行生活垃圾强制分类政策，长宁区各街镇把垃圾分类工作有机融入各类群众性精神文明创建活动，依托阵地网络，广泛开展专题宣讲、志愿服务，通过文明创建，推动垃圾分类新风尚蔚然成风。兆丰花园是华阳路街道的商品房小区，相对于老公房小区来说居民构成较为复杂，且由于长期与邻近的兆丰广场共用一处垃圾厢房，垃圾分类工作推进难度较大。为了让居民们能够"配合到位"，兆丰花园所属的西一居民区结合"美丽楼道、美丽家园"创建工作，联合新长宁红色物业、"四位一体"形成合力，帮助兆丰广场新建垃圾厢房"自立门户"，解决了兆丰花园"配套到位"的问题，生活垃圾与商业垃圾混放的问题迎刃而解。与兆丰花园相似，新华路街道的鉴赏新华也是商品房小区。

其中，7 号楼是距离垃圾厢房最远的楼组，需穿越半个小区，想要一下子撤掉楼组内的垃圾桶适应垃圾分类并不容易。为此，楼组长和志愿者骨干们走出楼道，主动与居委会、物业一道开展垃圾分类工作，起到了模范带头的作用。与此同时，楼组还多次开展了绿色环保宣传活动，建设成为绿色环保特色楼组，在接受市级领导检查时得到一致好评。

链接一：

律动感、极简风、全透明加梯间的"音乐楼"

律动感的楼道装饰、极简风的休憩场景、绿意盎然的植物盆栽。作为长宁区独有全透明玻璃加装电梯的居民楼，北新泾街道新泾六村 12 号楼积极推进新时代文明实践示范楼组建设。

楼道是居民进出的必经之路，也是邻里交流生活与感情的平台。为进一步提高居民生活质量和幸福指数，在街道、居委的发动下，居住在 12 号楼内的退休老人们以音乐为主题将楼道打造成了音乐楼。要想写下"最美的旋律"，一张"干净的乐谱"必不可少。在前期的楼道大整治中，居民齐聚一堂，共同解决了堆积物和安全隐患等问题，还原了一个干净整洁的公共区域。之后，大家共同携手对每一层的楼道装饰元素出谋划策。在整体改造中，一楼最有特色，集音乐元素和休憩功能为一体的公共空间，成了居民闲暇时唠家常的小天地。为了突出音乐楼的特色，墙面上绘制了一排长长的钢琴键盘，同时，还在一旁设置了仿真草坪增添空间的活力。想要弹奏吉他的居民，亦可在此为大家表演一曲。拾级而上，每层的墙面都有不少经典曲目的歌词，如《黄河大合唱》《义勇军进行曲》等。音乐家的生平介绍也被挂在楼道内，大家在上楼的同时还能学到不少小知识。

温馨的公共空间是所有居民的期盼，在大家的共同努力下，如今的 12 号楼成了音乐的天堂。文明"小楼道"彰显社区"大和谐"，美丽楼道建设不仅让我们看到了一个个各具特色的示范楼道，也成功激发了居民自治的活力。

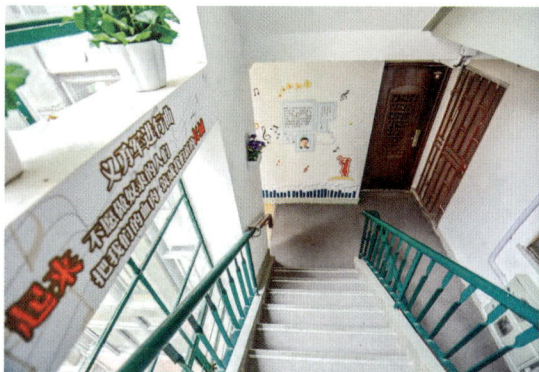

北新泾街道新泾六村 12 号楼的音乐楼

链接二:

长宁这个小区的"聚福楼"是这样打造的

　　新泾镇福泉路 495 弄 86 号 2 楼平台原本是个无人管理、居民随意存放杂物的地方。自 2020 年"邻里平台"自治项目开展一年来,二楼平台已完成整治翻新,堆物现象不复存在。与此同时,通过文化彩绘墙、宣传版图、制定楼道文明公约,整个楼道面貌焕然一新,曾经的墙体脱落、飞线充电、广告乱贴的现象都没有了,邻里关系也得到改善,成了人人羡慕的"聚福楼"。

　　2021 年,该项目升级到 2.0 版,绿十二居委对平台进行软件设施的更新。在楼道居民一致同意和支持的前提下,二楼平台增设了"绿化氧吧角""便民服务角""亲子互动角""分享涂鸦墙"等,让老旧楼道焕发出新活力。"聚福楼"格外与众不同,入口处摆放着两盆造型优美的粉色茶花,为萧瑟的寒冬平添了几分亮色,一踏进楼道,让人瞬间就有了温馨、舒服的感觉。楼道的墙面结合文化彩绘墙、西郊农民画、扇形文化墙贴等形式,将社会主义核心价值观和文明新风气等各种宣传标语张贴出来,既美观又引人注目。开阔的二楼平台,一侧设有便民服务角、爱心便民桌椅,十分贴心;楼道转角处则有一个木制花架,上面整齐摆放着几盆绿植盆栽,生机勃勃。居民的各种活动照片及好人好事则展示在大树形状的背景板上,让楼道从里到外都更加美丽动人。改造一新的邻里平台成了楼组居民温馨的"聚点",有居民还将家中闲置的绿植、图书搬到这里,供人们茶余饭后

"聚福楼"

在此休憩聊天。这里还定期举办各种邻里互动活动，开展楼道花草种植比赛、绿植展，并邀请楼道绿化种植能手分享种植技巧，让居民交流绿色盆景养护的心得。

为了维护好楼道秩序和卫生，"聚福楼"通过自推互推的方式建立了一支自治队伍，督查楼道堆物和维护二楼平台。

第二节　改善生态环境，推进垃圾分类

彰显自然生态理念，提升水环境品质——长宁区水污染防治行动计划专项整治项目

清洁安全的水环境是人民健康生活的根本条件，是经济社会可持续发展的重要基础。为全面贯彻落实国家、上海市《水污染防治行动计划》，切实加大水污染防治力度，持续改善长宁区水环境质量，保障水生态安全，维护水生态系统功能，2016年，长宁区河道管理所启动水污染防治行动计划专项整治项目。项目共分为三期，历时4年，一期治理河道为新渔浦、纵泾港、北夏家浜、联泾港、午潮港、水城路周家浜、野奴泾港七条，长度合计为8.96公里；二期治理河道为新泾港，长度4.22公里；三期治理河道为周家浜、新渔浦两条，长度合计3.698公里。

主要治理核心是通过构建良好的水生态系统，采用生态湿地、增氧设备和生态植物修复等多项措施，逐步恢复水体自净能力，努力消除河道黑臭，还原水清、面洁、岸绿、景美的自然面貌。

采用生态治理方式，部分河道水质治理成果超过既定目标。由于泵站放江、河道水动力条件差、水生态结构不合理等原因，治理前区域内绝大部分水体水质处于Ⅴ类甚至劣Ⅴ类状况，传统的截污、疏浚等治理方式已无法符合生态宜居的城市建设主旋律，修复生态、回归自然的生态河道建设需求日益强烈。本项目在生态安全与和谐理念指导下，充分考虑到立地条件和园林植物适应性及景观性，选择管理粗放、抗性强、无须精细管理的乡土植物品种及相应设施，运行费用低、管理维护容易，在提升水质的同时，营造出季相丰富、结构合理、生物多样、特色鲜明的滨水绿化景观带，形成具有特色的城市绿色廊道。2018年，提前一年消除黑臭，考核断面水质整治目标达标率达100%。

践行人民城市理念，引导群众深入参入河道治理与管理。环境治理得

野奴泾港治理前后对比照

水城路周家浜治理前后对比照

新渔浦治理前后对比照

好不好，老百姓感受最直接。在水环境提升中推动人民有序参与，善于发现群众内在需求，切实将群众需求和水环境景观品质提升有机融合，令周边居民们走出家门就能感受身边的幸福河。项目建设初期，积极与沿河社区、单位建立联系，通过党建联建建立联动"工作站"，充分发挥联建平台优势，采取走访调研、座谈交流等方式，切实了解沿河群众的诉求，并将群众意愿和项目要求有效结合，制定切实可行的工作方案。在施工过程中，又与联建单位不定期开展巡查，对于发现的问题，第一时间讨论研究，协

调各方资源，形成"难题共解，经验共享"的良好氛围。建设完成后，持续完善日常联动机制，邀请沿线居民实地调查，共同参与到水环境宣传、巡河等活动中，努力做到事物共管、资源共享，让大家在共同治理、共同监督河道的过程中，切实感受到水环境治理工作的重要性。

强化水质长效维护，持续夯实水环境治理成果。水生态建设完成后，后续维护也十分重要，是保障水质稳定的重要举措。结合不同河道现状和特性，根据水生植物自然生长规律，及时进行补种和收割，保持河道内水生植物覆盖率不过低，并在重点断面处安装不同种类曝气设备，有效提高水体溶解氧含量，加快水体营养物质代谢，同时，加强河道巡查，密切关注河道周边情况，努力做到水质问题早发现、早预警、早处置，推动河湖水质持续稳定改善。2012年，32个监测断面中，Ⅱ类水水质断面1个，Ⅳ类水水质断面6个，Ⅴ类水水质断面4个，劣Ⅴ类水水质断面21个；2022年，36个监测断面中，Ⅱ类水水质断面5个，Ⅲ类水水质断面30个，Ⅳ类水水质断面1个。经过10年治理，区域内河道完全消除劣Ⅴ类断面，年平均水质优Ⅲ类比例大幅提升至97.2%，水质显著改善。

现在，长宁河道碧波荡漾，水域岸线流畅整洁，彩色沥青步道、休闲廊架、绿植花草，处处皆景，吸引着周边居民出门亲水见绿，在散步休闲之余，纵览波光水色，感受盎然生机。

链接一：

我为群众办实事
——新渔浦河道生态建设

新渔浦位于长宁区北新泾地区，是长宁区东西向的骨干河道之一，总长约2.26公里，东起新泾港，西至广顺河，曾是一处普通的"家门口河道"，两岸基本为20世纪90年代建造的老城区，由于建设时间较久，河道两岸的绿化、景观效果相对落后，亲水性较差。

新渔浦河道生态景观工程党建联建会议

为改善这一情况，2020年，长宁区启动了新渔浦生态景观工程。工程主要增设沿河亲水平台，增加休憩观景区域；建设临河慢行步道，完善滨水慢行系统；河道栏杆移位改造，开放滨河活动空间；配置丰富的水陆域绿化，扮靓河道绿色岸线；新增河滨景观灯光，营造城市滨水光带；增添丰富多样的水生植物带，进一步改善水生态系统、提高水体自净能力，并营造优美、舒适的滨河景观。

长宁区水务局践行尝试沿河社区群众全过程参与项目建设。项目建设之初，就与沿线虹桥临空经济园区功能形态开发中心党支部、北新泾街道新泾三村居民区党总支、新泾镇虹九居民区党支部等党组织通过党建联建，建立联动"工作站"。在项目实施前期，各方通过走访调研等，了解沿河群众的诉求，收集对项目实施的意见和建议；结合摸底调研情况，将群众意愿和项目要求有效的结合，制定切实可行的工作方案；在工程施工过程中，沿河联建单位通过不定期巡查，发现问题，第一时间参加方讨论研究，协调各方资源，形成"难题共解，经验共享"的良好氛围。

链接二：

打造"一站一链"，建设滨河文化空间

程家桥街道水系比较丰富，呈现"四河五湖多小微"的特性，即有新泾港、北夏家浜、直挺浜、机场河4条河道流经，有5条其他河湖，以及22条小微水体。2021年，适逢建党一百周年暨"十四五规划"开局之年，为了激活河湖长制工作的"神经末梢"，街道整合资源，依托宝北滨河海绵广场，打造了宝北居民区河长制工作站建设项目，完善了"一站一链"的规划布局，进一步增强共建共治共享"人水和谐"氛围。

滨河护河主题墙绘

　　依托滨河广场，打造开放式文化长廊。2020年，程家桥街道结合宝北精品小区改造工程，以宝北滨河海绵广场为点位完成了海绵改造项目，针对性地实现了雨水"蓄、滞、排、用"。在此基础上，2021年，为了进一步提升河长制工作能级，依托宝北滨河海绵广场，推进河长制工作亮点提升项目，即打造"一站一链"，综合河道介绍、工作站机制及责任分工和海绵化改造工程、雨污混接改造、垃圾分类、生态环保等内容，结合垃圾分类暨河长制保护原创游戏互动墙、"潋滟荷韵"彩绘等，打造开放式宝北河长制工作站暨亲水长廊。

　　依托自治项目，打造滨河护河主题墙绘。在社区自治办"自治金"项目支持下，积极对接社会组织海涛社创，依托社区自治共治机制，组织宝北河长制工作站站长及商居大联盟代表、社区单位哈密路小学和小区物业等社会各界人士，共同完成宝北河长制主题宣传墙绘，进一步营造滨河宣传文化空间。

　　依托站点建设，打造"一站一链"文化。"一站"，即宝北河长制工作站，"一链"，即辖区内所有临新泾港的"小区链"。以河长制工作站为试点，向新泾港"滨河链"小区逐步推广，增强沿线小区爱河护河文化，充分挖掘社区护河资源，形成"一站一链"的辐射效应，即组织新泾港沿线所有小区进行培训、开展学习交流，分享推广宝北工作站建设经验，增强新泾港"滨河链"小区护河治河履责能力。

长宁区启动垃圾分类定时定点投放工作

2017 年，长宁区启动垃圾分类定时定点投放工作，让更多市民参与到市容环境建设中来。在这个过程中，长宁创新形成的垃圾分类"八大首创"（垃圾分类工作生活垃圾定时定点自觉分类投放模式；垃圾箱房分类标准化改造；形成固定垃圾箱房、固定收集点、移动收集点上门收集四种分类收集模式；采用密闭圆桶，以桶换桶的湿垃圾收运方式；设置符合环保要求的有害垃圾贮存仓库；建立全区"两网融合"回收体系；按照"四类垃圾、四种车厢、四条线路"全新打造区级生活垃圾全程分类体系；对沿街商铺创新采用定时分类上门收集方式），使得生活垃圾资源化利用率从 18.6%上升至最高 63.62%，全区生活垃圾分程分类体系趋于成熟，垃圾分类减量实效明显。2018 年，3 个街道创建成为上海市生活垃圾分类示范街道，超过 55%的小区创建成为生活垃圾分类达标小区。2019 年，成功创建成为全市首批生活垃圾分类示范区，10 个街镇全部创建成为上海市生活垃圾分类示范街镇。2020 年，持续深化巩固生活垃圾分类工作成效，资源化利用率始终走在全市前列。

2021 年 3 月 16 日，长宁区 2021 年生活垃圾分类减量推进工作联席会议（第一次）暨长宁区垃圾分类体系智管平台发布会召开。作为全市垃圾分类"一网统管"先行先试的 4 个区之一，会上，长宁区垃圾分类体系智管平台正式上线。该平台整合接入多个系统交互数据，直观展示长宁区生活垃圾全程分类体系整体运行态势，管理过程反映实时、管理方式便捷实用、管理结果体现实效，区街融合、管执联动，实现"观""管"高度融合，为长宁区垃圾分类管理工作全面赋能。

长宁区垃圾分类体系智管平台作为长宁区垃圾分类工作数字化转型的重要组成部分，紧紧围绕指挥体系及处置力量、垃圾量及指标体系、地理空间位置及轨迹、日常巡查实效监督、垃圾全程清运情况、管理执法情况六大维度高效运行，形成具有长宁特色的垃圾分类体系智慧管理平台。按照"管理先行、数据支撑、观管结合、动态交互"的原则，"智管平台"依托长宁区废弃物全过程监管系统和政务微信长宁垃圾分类智能评分模块的

虹桥街道华丽家族小区的垃圾箱房

信息化管理数据，结合街镇垃圾分类"一网统管"源头管理内容，打通了分类投放、分类收集、分类运输、分类中转各环节信息化数据交互渠道。

链接一：

仙霞新村街道夯实"五做"工作法，助推"新时尚"成为"好习惯"

在 2019 年打赢高层住宅管道井封闭攻坚战，获评"上海市垃圾分类示范街镇"的基础上，仙霞新村街道探索"宣传发动引导做、压实责任全员做、结对帮扶提高做、执法保障转化做、典型引领升华做"的"五做"工作模式，全力推动小区面貌和市容环境的提升。2020 年，街道荣获首批"上海市垃圾分类志愿服务特色社区"；在 2021 年 1 月公布的 2020 年下半年上海市垃圾分类街镇实效综合考评中名列前茅。

垃圾分类不仅是做垃圾的工作，更是做人心的工作，是撬动社区治理的杠杆。仙霞新村街道在居民区宣传中力求"上门率百分之百、知晓率百分之百"。明确责任分工，营造全社区深入参与的工作格局，将工作任务和责任层层分解包干，实施处级领导包居民区、联络员包块、社工包厢房、楼组长包户。做好针对性的帮扶工作，建立居民区与居民区、单位与单位、居民区与单位互查、交流、帮扶机制，先进带后进共同提高。坚持巡查发现机制、通报讲评机制、督办促改机制等，从严要求抓实效。注重典型引

参与垃圾分类服务工作的志愿者

领做示范，在垃圾分类实效比较突出的四个小区（虹旭、茅花、安龙、古宋）率先实施志愿者全撤，发挥物业的主业主责作用。加强巡视检查，杜绝个别外来租户的不文明行为，共建美好家园。作为上海唯一一家成功申报由万科公益基金会资助的"中国社区厨余堆肥试点项目"，通过典型引领作用，引导和吸纳社会力量、资源参与社区垃圾分类工作，凝聚社区正能量，不断促进垃圾分类工作更上新台阶。

链接二：

"数字化响应精细化管理'一网统管'助力新时尚" 入选全市二十佳"新时尚"示范行动案例

为全面贯彻习近平总书记考察上海重要讲话精神和普遍推行垃圾分类制度的重要指示，深入践行"人民城市"重要理念，做好《上海市生活垃圾管理条例》施行三周年系列活动工作，在上海市生活垃圾分类减量推进工作联席会议办公室指导下，上海市资源利用和垃圾分类管理事务中心、上海市绿化和市容宣传教育中心组织在全市范围内以"垃圾分类新时尚、绿色低碳新生活"主题，开展案例征集活动，总结社会各界在践行垃圾分类、低碳发展、绿色引领等实践中的"上海模式"。

在各区、各行业单位的积极响应下，经过为期三个月的申报和甄选推荐，共接获优秀案例144篇，其中，行动案例76篇、创新方法38篇、引领个人30篇。通过组织行业部门复审筛选、专家评审等方式，甄选出了一批优秀案例，最终形成"新时尚示范行动案例集"和"四十佳"优秀案例。其中，虹桥街道上报的"数字化响应精细化管理'一网统管'助力新时尚"入选全市二十佳"新时尚"示范行动案例，是长宁区唯一入选的案例。

虹桥街道依托数字化推进垃圾分类精细化管理，通过依托"一网统管""智能探头""智慧清运""管执联动"，多措并举提升垃圾分类实效，不断引领垃圾分类新时尚，倡导绿色低碳新生活。

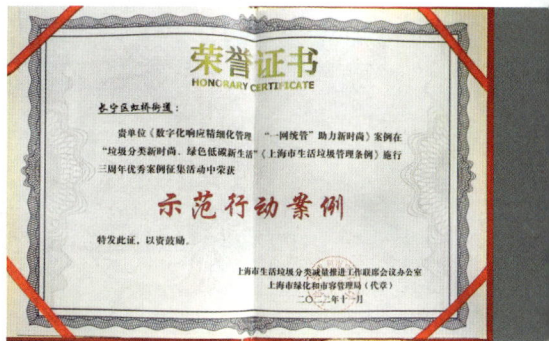

虹桥街道上报的案例获奖证书

虹桥街道发布年度任务答卷书和首个《操作指南》街道版

2018 年 11 月 16 日，垃圾分类就是新时尚——虹桥街道生活垃圾分类示范街道创建总动员暨《虹桥街道居民小区生活垃圾分类操作指南 1.0 版》发布会在虹 SPACE·党建之家举行。

2017 年 8 月，虹桥街道爱建居委会中华别墅小区率先成为第一个 95% 以上居民做到源头分类定时定点投放的居民小区，市委市政府主要领导通过批示、现场调研等方式给予了莫大鼓励。

虹桥街道垃圾分类工作面临"三多"特点：一是小区和单位数量多（居住和商务密度均较高）；二是条件先天不足的小区多（95% 以上商品房楼层设桶，30% 的小区无箱房或者沿街面弄堂敞开式箱房）；三是小区和单位类型多（楼宇、宾馆、商场等较为集中）。一年多来，虹桥街道按照区委、区政府要成为全市乃至全国垃圾分类最好的城区之一的要求，整区域推进垃圾分类工作，努力实现"六个全覆盖"。箱房改造全覆盖：虹桥街道 117 个垃圾箱房完成改造，占所有箱房的 95% 以上，改造数量列全区第一。售后公房"两网融合"全覆盖：32 个售后公房小区 69 个垃圾箱房实现"两网融合"全覆盖。各种类型小区"两定"投放全覆盖：45 个小区推行垃圾定时定点分类投放，成为全区"两定"小区数量最多的街道。小区投放准确率达到 95% 以上，日均资源化利用率达到 35% 以上。沿街商铺分类全覆盖：32 条道路 761 家商铺实现垃圾分类上门收集。小区达标全覆

虹桥街道发布年度任务答卷书和首个《操作指南》街道版

盖：辖区 90% 的小区实施了垃圾分类。单位达标全覆盖：辖区 90% 的单位实施了垃圾分类。

城市治理"最后一公里"在社区，垃圾分类源头"最后一公里"也在社区。虹桥街道基于一年多来的工作实践，总结垃圾分类理念方法，让垃圾分类这项"新时尚"久久为功、持续推进。操作指南的主要内容是"1+3"。"1"即"党建引领下的三培养—双促进"工作法。通过思想—行为—机制的"三培养"过程，滚雪球式地实现积极行动者越来越多，使得垃圾分类与社区治理双向促进。社区做垃圾分类工作，就是要通过党建引领，把人心拧成一股绳。"3"即通过全类型试点，形成三类小区操作办法，破解老小区、商品房、部队房等全类型小区在开展垃圾分类工作中遇到的不同瓶颈难题，形成相应的"破题"操作办法，完成虹桥垃圾分类"全类型"试点拼图。

链接一：

虹桥街道中华别墅区 95% 住户主动垃圾分类

2017 年 8 月，虹桥街道爱建小区中华别墅区的垃圾分类项目正式启动。三个月以来，95% 的住户做到生活垃圾定点定时分类投放，实现餐前垃圾减量近 30%。

在垃圾分类项目正式启动前的半年中，爱建居委会做了大量的前期准备和宣传工作。居委会首先集中党员骨干和楼组长，对垃圾分类进行宣传，形成共识。随后，制作了多种宣传资料和环保倡议书张贴在小区内的公共区域处。居委会还组建起一支40多人的志愿者团队，成员包括党员、楼组长、居民代表，他们以自己的实际行动影响带动其

志愿者记录下的居民垃圾投放分类情况

他居民。街道引荐第三方社会组织"绿主妇"环境保护指导中心，对垃圾分类进行帮助指导，通过环保小课堂等活动，让居民学会如何将垃圾分类，如何减少使用塑料袋，如何废物再利用。

垃圾分类正式启动后，按照制度设计，每户居民需从源头分类、定时定点投放。早上7时30分至9时30分、晚上6时至8时是垃圾集中投放时间。居委会为此组建了志愿者队伍。每天早晚轮班在小区垃圾房前蹲点督促，劝导居民对混装垃圾进行分类，亲手示范如何投放。居委会实施数据实时统计机制，由志愿者详细记录居民垃圾投放的分类情况，汇总形成一家一户的家庭绿色日志。小区还设置红黑榜，表彰分类良好的家庭，督促分类不彻底的情况。区绿化市容局组织环卫清运车辆进行垃圾分类收集，每天9时30分至10时30分，干垃圾清运车和湿垃圾清运车会相继开进小区。垃圾的分类清运，解决了居民垃圾分类的后顾之忧。

链接二：

全市首个"一网统管"垃圾分类管理平台上线

2020年7月1日，长宁区"一网统管"垃圾分类监管平台上线启动仪式在虹桥街道城市运行中心举办。这是全市首个"一网统管"垃圾分类街镇版专页模块，为全市提供了街镇层面全覆盖、全要素、全过程的垃圾分

2020年7月1日，长宁"一网统管"垃圾分类管理平台在虹桥街道城运中心第一家正式上线运行

类应用场景参考模板，同时也为社会治理创新提供了优秀案例。

作为全市首批整个区域推进生活垃圾分类试点之一、全国垃圾分类工作现场会的现场点之一，虹桥街道是全市第一个完成生活垃圾分类两定投放全覆盖的街道，也是第一个实现涉外商品房楼层撤桶的街道。2020年4月，虹桥街道研发并上线了全市街镇首个"一网统管"垃圾分类专页模块，聚焦"一网统管"平台统一界面、PC端派单系统、移动端政务微信，覆盖"一网统管"垃圾分类运用场景的整体设计、应用体系、案件分类、派单模式、处置流转等关键环节。其先后牵头或参与各类研讨会20余次，与区城运中心、区绿化市容局、区城管执法局、新锦华公司、科大讯飞等部门和单位紧密开展对接，提出实效评估、巡查进度、状态撤点、数据联通等20余条建议得到市、区采纳。基于此平台，虹桥街道开展一网统管下的"管执联合"，城管虹桥中队积极探索将垃圾分类执法纳入一网统管案件流转，并开具全市垃圾分类执法案件首单，大大提升了执法效率，展现出"一网统管"垃圾分类专页模块的实效。

百年公园打开围墙，推动公园与城市的有机融合

2022年9月18日，中山公园品质提升工程正式完工并对外开放。中山公园地区拥有蜿蜒美丽的苏州河湾和历史悠久的百年兆丰，但由于大学、公园及交通干道的阻隔，存在空间隔阂、视野受限等现实问题。通过实施公园品质提升工程，公园南、北侧围墙打开后，更好地联动校区、公园和社区。

优化空间布局，实现慢行系统勾连，进一步实现百年公园和百年校园

万航渡路人行道移至公园内，增添了"公园城市"的体验感

的融合。依托中山公园万航渡路出入口紧邻苏州河岸线的优越地理位置，通过公园围墙打开和品质提升，打造苏河沿线的"绿色明珠"，营造高品质生态空间。通过实施万航渡路沿线约 700 米长度的空间更新，拆除围墙、优化交通、梳理林木、新增设施等，施工面积共 1.63 万平方米；公园 3 号门对应的苏州河慢行步道部分区域从最窄的不足 1 米扩展到 3 米。实施综合改造后，将中山公园北部的慢行步道和万航渡路的慢行空间进行整合衔接，从而勾连起贯通中山公园、苏州河华政段的慢行系统，打造无隔阂的慢行空间网络。

全面开放绿化，实现人景交通共享，进一步实现百年公园和百年道路的融合。原万航渡路一侧机非混行，人行道狭窄，部分区域不足 1 米；公园 2 号门、3 号门空间郁闭，绿化景观显示度不佳。公园沿万航渡路的城市界面全面打开后，突破公园和市政红线功能，原本公园内的空间改造提升后兼顾万航渡路人行道功能，将原人行道拓宽成车行道，在不改变规划线型的基础上，优化机非混行的问题，进一步提升了交通畅达的便捷度。同步实施人行道林荫道建设，在保留公园原有树木的基础上，根据树木位置设计林荫道走向，营造蜿蜒流畅的林荫道景观，沿布置夜间灯光带，实现"人在画中走，人是景中画"的美好意境。

尊重历史文脉，实现城市记忆传承，进一步实现百年公园和百年公交的融合。在建设过程中，通过全过程人民民主，继续保留中山公园 2 号门区域的 20 路公交车站终点站站点，新建穹顶英式风格候车亭，对原有煤精亭进行外观创意改造，以科普形式向公众展现工业时代沿用至今的历史遗存，传承"辫子车"的百年记忆。候车厅旁新打造了"种子池"景观，构建"花园车站"的创意效果，营造"百年公交"融入"百年公园"的美好意境。配合全市苏州河旅游水上航线建设，在梧桐广场处设有游船码头站点，通过水岸联动串联起苏河沿线景观游览风貌，全面提升苏州河长宁段的生态空间和品质体验。

链接一：

临空滑板公园

临空滑板公园

临空滑板公园位于长宁区苏州河景观沿线西侧，北起临虹路，南至通协路，总面积24361平方米，其中，绿化面积16955平方米。公园于2019年10月正式对外开放。

公园分区分别为专项滑板区、休闲公园区、景观桥、疏林草坡区。专项滑板区包含一个专业滑板场和四个迷你滑板场，可以让滑板运动爱好者畅游整个区域。休闲公园区包含开放的草坪、避雨亭、亲水空间及丰富多彩的植物，为游人提供一种轻松、漫步的游园方式。园中共计73种乔灌木，如香樟、朴树、榉树、樱花、桂花等植物。公园里运动带和休闲带交织布置，将各分区进行串联，打造了一个以滑板为主题的苏州河滨水空间。

虹桥公园

链接二：

虹桥公园

　　虹桥公园位于长宁区虹桥商圈，占地约 1.87 万平方米，1987 年 6 月 1 日作为儿童交通公园建成开放，2006 年改建并更名虹桥公园。虹桥公园地理位置优越，地处上海虹桥经济技术开发区内。历经岁月洗礼，公园的绿化景观和基础设施已逐渐老化陈旧。长宁区立足虹桥商圈和虹桥经济技术开发区的区位优势，对标长宁"四力四城"发展目标，以"虹桥源"为总体理念，激发商旅文绿融合发展内核，在延续虹桥公园作为儿童交通公园独特历史属性的基础上，打造了一个全新的现代活力、充满童趣的公共生态空间，以更好提升周边居民的生活品质，彰显虹桥商圈的城区建设环境，构建崭新的城区文化风貌，进一步激发虹桥商圈的吸引力、带动力、软实力。

　　作为以"人民城市"重要理念打造公园城市的重要项目，公园在设计改造中充分践行全过程人民民主理念。2023 年 3 月 23 日至 31 日，长宁区人民建议征集办公室会同长宁区绿化和市容管理局及长宁区绿化管理事务中心，面向社会公开征集虹桥公园整体改造项目的意见建议，通过"上海长宁"公众号、"长宁绿化市容"公众号和书信等线上线下载体，广泛发动，公开征询人民群众意见。长宁区绿化和市容管理局及长宁区绿化管理

虹桥体育公园

事务中心多次召开周边商圈代表、居民代表等讨论会，结合相关意见建议进一步优化方案。通过各类渠道共收到意见建议 59 条，主要集中在健身活动、亲子游乐、生态环境、植物配置等方面，最终共采纳确定关于优化健身跑道、增加特色植物配置、增加举办活动区域等意见建议 18 条。

本次改造的主要亮点在全新打造了公园的视觉亮点和功能焦点——"虹桥源亭"，将原本分散的活动空间进行集中整合，进一步吸引人气。改造中对植物群落进行了重新梳理组合，在最大限度保留原生乔木的同时，对灌木和低矮乔木进行统一清理，塑造出新的植物空间结构，并增加花境、四化植物、四季花卉、艺术灯具，进一步提升公园绿化品质。本次改造重新梳理了公园内部及各出入口的动线，通过自由有机的曲线设计语言，彰显了活力的公园姿态，重新规划园内健身步道路线，避免健身步道与游客游览动线重叠造成安全隐患，提升游客承载量。充分利用现状地形和原生乔木，巧妙设计了云朵花园、山丘草坪等兼具休憩、游玩、打卡功能的休闲场所。

链接三：

虹桥体育公园

虹桥体育公园位于外环 100 米林带以西，天山西路以北，许浦港以东，北翟路以南。公园是上海市环城绿带"长藤结瓜"的重要组成部分，重点打造以运动体育为主题的专类公园。公园绿地规划面积约13.5公顷，公园植物特色主要围绕"春景秋色"主题：春景以樱花、垂丝海棠为主，打造春花烂漫的春季景观；秋景主要以银杏、无患子、栾树搭配桂花。同时，也种植了紫薇、凌霄等夏季开花植物，丰富公园整体植物景观。

中新泾公园内景

公园的建成，在生态建设、宜居城市建设中具有重要地位，也起到了完善区域功能性设施建设的作用。

链接四：

中新泾公园

中新泾公园位于新泾港东侧，哈密路西侧，北临野奴泾，南望淞虹路桥，占地面积2.99万平方米。公园内布置有绿化种植、水体景观、市民健身广场、健身绿道等，并有文化展示中心、配套服务用房及公共卫生间等，叠加园林景观、生态绿肺、地下停车、社区体育、主题文化展示等多个功能，是一个集生态效应、园林景观和公共服务于一体的复合型现代化公园。公园与福缘禅院隔水相望，为与其相呼应，公园整体设计采用莲花作为景观设计的主题元素。

中新泾公园是"网红"公园，因拥有徽派风格建筑，被誉为迷你版魔都"小宏村"。园子里边的水池两边都设立了观景台，这里是欣赏徽派建筑倒映水面的最好景观点。

5

第五章
坚持先试先行，加强社会治理

第一节 党建引领，激发基层治理活力

长宁区率先探索实施"两代表一委员"联合接待机制

2015年8月起，面对社区中群众诉求多、联系渠道有限的情况，长宁区在贯彻落实市委"1+6"文件精神过程中，率先探索实施"两代表一委员"联合接待机制，进一步"传党情、听民声、促和谐"，更好地畅通民意表达渠道、督促群众问题解决，使基层社会治理体系回应群众呼声更灵敏、提供服务管理更完善、开展群众工作更扎实。

区党代表、人大代表和政协委员每月一次定期联合到居民区接待群众，当面听取意见建设。在不打破原有工作格局、不替代信访的基础上，努力解决群众反映的群体问题。形成"五个明确"的工作机制，即明确地点，全区18个居民接待点；明确内容，以代表委员的个人身份解决个性化问题，并逐步向个性化、共性化问题并重拓展；明确流程，共有预排分组、预告登记、对接准备、开展接待、会商研判、反馈答复、督促办理和材料归档等8个步骤。这使得联合接待如同专家会诊般，得以"对症下药"。

开展接待时，代表委员通过现场面对面了解社情民意，原则上每次至少接待3名居民。接待结束后，代表委员以个人名义填写专用的工作信笺，将问题和诉求提交相关部门处理。受理部门在接到信笺后一周内，要向相关街道反馈收到的问题诉求，在接到信笺后一个月内，必须向代表委员本人答复处置情况并取得认可，由居委会负责向接待对象反馈。对于未能按时反馈和处置的问题，区委办则会跟踪督办。

"两代表一委员"联合接待，成为长宁区深入推进创新社会治理加强基层建设工作的一项重要创新举措。同时，创新的价值不仅在于解决看得到的问题，更在于提升社会基层治理这一"看不到"的能力，而代表委员接待，就让居民参与社区治理的积极性"大涨"了一番。通过两代表一委员

第三届上海社会建设十大创新项目获得名单

联合接待机制，进一步丰富了联系服务群众的渠道，也增强了代表委员的"身份意识"；进一步拓展了基层群众反映问题的途径，在党和政府与群众之间架起了沟通交流的桥梁，起到了很好的"润滑"作用；进一步提升了基层治理的能力，强化了资源统筹，营造了各方共同参与社区治理的良好局面。截至 2017 年 2 月底，共有 396 人次的"两代表一委员"参与接待，共接待群众 363 人，接受群众反映问题 363 个，其中已解决 327 个问题，群众满意率达 97.25%。

2017 年 5 月 5 日，第三届上海社会建设十大创新项目正式揭晓。长宁区"两代表一委员"联合接待群众制度荣获第三届上海社会建设十大创新项目。

链接一：

这里的荷花别样红

2020 年，虹桥机场新村居民区内的一个荷花池经过多方整治，终于明澈如镜。荷花池有 1000 平方米，在小区建设前是一个养鸭浜，由于疏于管理，一潭死水水质恶化，影响小区环境；而且由于该小微水体属于小区全体业主共有，得不到政府财政的支持，要使用大量维修基金来进行荷花池

为荷花池整治前后

改造也不现实。为此，居民区通过党建引领，充分发动各方力量参与到荷花池的整治与改造中。

虹桥机场新村居民区是长宁区首批试点"两代表一委员"联系社区的居民小区，听到居民群众的呼声，代表委员们实地来到小区，纷纷为这个大池塘出谋划策。在区人大代表、虹桥机场公司的帮助下，虹桥机场公司下属能源保障部参与小区荷花池清淤整治施工，通过"抽干找水、搭坝清淤、高压冲刷、垃圾清理"，直接把"黑臭水"改造一新；之后通过街道的"家门口"工程，对荷花池上的湖心亭、九曲桥也进行了翻新改造。"党建交叉任职单位"东航牧业公司履行企业社会责任，出资20万元，美化了整个荷花池背景墙，设置了太阳能景观灯、增加了景观道路地坪。

链接二：

听民意、解民忧，"两代表一委员"联合接待显成效

2020年，天山路街道"两代表一委员"以"知党情、听民声、谋发展、促和谐"为宗旨，积极探索发挥党代表、人大代表及政协委员在推动发展、服务群众、凝聚人心、促进和谐方面的模范带头作用和桥梁纽带作用。至11月底，33位代表和委员共参加11次联合接待，受理群众反映的

关于违章搭建、施工扰民各类问题和意见建议33个，居民满意度100%。

2020年，天山路街道创新代表委员履职形式，拓展代表委员履职阵地，充分凝聚各方力量，打造符合天山特色的居民区精细化治理新路。疫情期间，"两代表一委员"联合接待由线下转为线上，通过视频会议的形式听取茅

政协委员履职在街镇——《民法典》进社区活动

台居民区居民代表提出的关于扩建小区停车棚、修整小区绿化带内植物、扩建垃圾箱房等民生问题，并联系自身工作实际，提出客观有针对性的意见、建议，确保接待工作不断不乱。6月，为进一步拓宽区人大代表同人民群众联系的渠道，区人大代表工作室在天山路街道开展区人大代表与人民群众双向约见"二维码"试点工作，在原有代表联系人民群众制度的基础上，采取线上约与线下见的形式，增强人大代表反映社情民意的针对性和有效性。同时，新增街道社区事务受理服务中心、天山驿空间、南丰之家和金光之家4个联系点，扩大人大代表听取民意反映和表达的渠道及覆盖面。12月，政协委员履职在街镇，为18个居委会群众代表开展"民法典进社区"活动。

链接三：

虹桥街道开展"两代表一委员"联合接待工作

2020年7月1日，虹桥街道"两代表一委会"联合接待活动首次尝试将接待地点直接设到了辖区楼宇中。

代表委员先后听取了包括东银集团、中南集团、中国银行、恒通集团、思科（中国）等8家单位代表的发言，围绕当前企业在政策服务、人才引

虹桥街道开展"两代表一委员"联合接待工作

进、支部活动和工会组建指导等方面的需求进行了充分征集。

通过此次活动，代表委员进一步深入虹桥街道企业、深入群众听取基层心声。这是畅通社情民意新渠道的生动实践，也是赢得疫情防控和经济发展"双胜利"的又一路径，架起了党群之间、政企之间高效沟通的"彩虹桥"。

党建引领推进新泾五村数字家园打造

新泾五村曾是老牌金奖标兵单位，锻炼了一批优秀社区干部，培育了党建引领"香樟缘"等治理品牌，凝聚了一批小区骨干，但随着社区建设和人员更替，五村先锋优势逐渐不如以前明显。近年来，硬件建设让小区环境面貌有很大改观，但在党建品牌打造、治理理念更新和人文内涵挖掘等方面有待提升。对标北新泾数字社区新发展阶段、人民城市建设和全过程人民民主的新要求，五村亟待找到突破提升、再创辉煌的载体和抓手。

北新泾积极探索基层党组织密切联系群众的新方法，以社区数字化转型为契机，放大科技赋能基层治理、服务百姓的实效，并以此作为创新发展"凝聚力工程"建设的落脚点，按照"推动发展、服务群众、凝聚人心，促进和谐"的要求，将治理触角延伸到离群众最近的地方。

从基层实际出发，开展联系群众"大走访"。把项目推进和硬件建设的过程，作为提高党建引领"三驾马车"协同治理能力的重要抓手，组织引领居民自治、民主协商，带动群团和社会参与，使北新泾在公共服务设施、公共空间配置上更加符合群众的期盼和多元需求。2021年，北新泾在"一轴三圈多点"党群阵地的基础上，新建了"宁聚里·吾爱家"党群服务站，聚焦"引领、融合、服务"的目标，在改造过程中真正了解到居民的需求和想法，既拓展了居民公共活动空间，又叠加了智能化停车库、社区事务受理"智能双屏一体机"、智慧健身房等深受群众欢迎的多元数字服务项

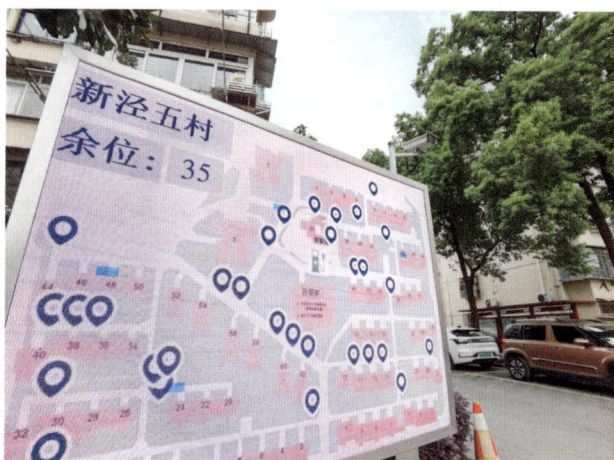

新泾五村"数字停车"显示屏

目，打造"吾爱的家园"。目前，这里每个月服务量已超 2500 人次，成了新的网红打卡点。

从突出问题出发，深化民生难题"大排查"。坚持遵循"人民城市人民建，人民城市为人民"重要理念，以群众需求为导向，街道结合工作实际，强化面上统筹，直面工作中的难点、堵点、痛点，抓好项目落实。在新泾五村这样的老旧小区，基础设施不完善，道路狭窄，造成小区居民停车难现象普遍存在，为此，北新泾在拓宽小区道路、增加停车位的基础上，试点推进"停车诱导系统"，通过物联网技术将车位情况同步到小区显示屏上，方便居民迅速查找车位，以"双管齐下"的办法有效解决停车难问题。同时，以其试点经验为基础，提升、扩充系统功能，并将系统覆盖全辖区，解决其他小区的停车难问题。

从群众感受出发，推动群众满意"大提升"。新泾五村利用好自身党建引领社区自治优势，发挥"香樟缘"自治平台作用，通过搞活动、创亮点，发动群众心向党，跟党走，构建了宜居宜乐的和谐环境。新泾五村探索创建了以居民为带头人的"刘玉明加梯工作室"，围绕"加梯一件事"为居民答疑解惑、提供支持。2022 年，在市、区、街道三级力量协同联动下，北新泾街道成立了全市首个"AI+梯"联合服务中心——随申办"加梯一件事"联合服务中心，推动加梯工作提质增效的同时，也为群众享受便捷、品质的生活按下了"快进键"。

广泛凝聚力量，参与社会治理

2014 年成立的零距离工作室，以"育人才、强自治、创特色"为工作理念，提供"培训、指导、咨询、实践"等服务。工作室创始人、原新泾镇淮阴居民区党总支书记张龙云，倾囊相授党建引领业委会建设、群众工作语言的运用等方法，培养了一批又一批 70 后、80 后优秀书记。

近年来，长宁积极培育打造包括零距离工作室在内的一批优秀书记工作室，培训带教各类党务工作者近万人，为基层社区治理提供丰富的经验和力量。为深入推进赋能工程，加强"导师传帮带"，2022 年 10 月，俞静、萍聚、雅玉、零距离工作室针对各街镇实际情况和不同需求，又创新推出多项定制赋能项目，与长宁 10 个街镇签约结对，进一步助力基层治理骨干队伍的建设。

除了多样化的书记工作室在社区治理中发挥作用，越来越多的社会第三方组织也参与到共治中来。大鱼社区营造发展中心、劳动争议志愿者联盟、张劼法律工作室、梦晓心理辅导支持中心等 796 家区级社会组织、316 家社区社会组织在社区改造、街区营造、矛盾调处中积极作为，提升了社区治理的系统性、专业性和针对性。2020 年，新华路街道"一街一品"项目在有着"外国弄堂"之称的新华别墅落地。为了系统解决调研中发现的困境，第三方社会组织大鱼社区营造发展中心组织多场共创工作坊的研讨，将独栋洋房居住者、楼组长、企业等群体代表齐聚一堂共同商讨，并成立了"外国弄堂"共治委员会。

2022 年 11 月 2 日，华阳路街道与萍聚工作室开展"共学二十大 传承映初心"师徒结队签约仪式

天山路街道打造社区"气象站"推动治理"全天候"

2001年，天山路街道在纺大居民区发起设立了"社情民意气象站"，主要由"一员、一网、一箱、一卡、一室"（气象员、社区网、民意箱、联系卡、谈心室）构成，共设8个自治小组，集聚了社区"气象员"300多名，成为全面感知群众需求、密切党群联系的重要阵地。践行"6+6"工作法。通过"建立民情室、发放民情卡、使用民情簿、设立民情箱、出版民情报、开通民意网"六种方式，全面掌握民情民意；通过"首问责任制、联席会议制、督查督办制、情况报告制、基础台账制、检查考核制"六项制度，及时回应居民需求，解决问题，办结率达90%以上。推行"三访"联系制。推行居委干部上门家访、志愿代表定期巡访、社区党员就地问访的"三访"联系制，让居委干部与党员骨干、志愿者深入居民群众，了解社情民意。针对居民反映较为集中的外来人口管理、独居老人照料及消防安全、停车难等问题，在全区率先启动老旧小区综合整治，并全面推进社区更新工程。打造"三园"治理链。设立"民星园"，展示优秀党员气象员、草根明星和社区热心人，以"身边榜样"传递社区正能量；开辟"民议园"，让居民有地方说事、议事，在居民"七嘴八舌"中充分了解群众急难愁盼问题，小区第一部加装的电梯就在"民议园"的协商讨论中发起和实现；打造"民沁园"，成立民沁护卫队、护医队、护老队等自治团队参与小区治理，疫情期间在看家护院、走访排查、矛盾调处、协调物资等方面发挥了重要作用。

纺大居民区外墙

虹桥街道率先探索社区共享空间新模式，成立长宁首个设在"家门口"的城市书房——
"融·书房"（外景）

群众身边的治理空间！长宁首个设立在"家门口"的城市书房

——"融·书房"正式启用

为深入贯彻落实"人民城市人民建　人民城市为人民"的重要理念，积极推动长宁区"我为群众办实事"社区治理"七个一百"实践行动，虹桥街道率先探索社区共享空间新模式。2021年3月30日下午，长宁首个设立在"家门口"的城市书房——"融·书房"正式启用。长宁区委宣传部副部长、文旅局党组书记朱剑伟，虹桥街道党工委副书记、办事处主任郭凯，区地区办副主任马汝玉，区文旅局副局长杨怡宁，以及融·书房主理人、居民代表出席了本次活动。

"融·书房"社区共享空间坐落在伊犁路140号，集邻里客厅、创新创业、文化生活、治理议事等功能为一体，以"城市让生活更美好"为主题，探索融合图书阅读、艺术展览、文化沙龙、轻食餐饮等服务的公共文化新业态；探索汇聚"课后三点半"、书房主理人、治理微课堂等项目的社区治理新空间；探索集成政策解读、招商推荐、创新创业等内容的营商服务新模式。

与此同时，三联书店在全市的首个社区书房也正式入驻融·书房。这里将通过设立人文艺术、设计规划、创新创业及社区治理等主题书架，为周边居民、白领和企业带来更充实、更丰富、更高质量的精神文化生活。

作为公共文化新业态的创新实践，融书房的空间实践，将探索一套社区基金会的运作机制，不断促进基金会吸纳社会资本，推动社区公益事业发展的良性发展。

活动现场，还邀请到了上海市青联委员、职业画家庄晓璐、上海红狐文化传播有限公司联合创始人、品牌总监、虹桥微光社区营造发展中心理事洪小淼、见山建筑规划设计董事、合伙人、爱创益公益发展中心理事长何京洋等一批热心于城市规划设计、人文艺术、创新创业和社区治理的大咖与达人作为首批书房主理人颁发了聘书。同时，现场还发布了"书房主理人召集令"，征集和招募城市规划设计、人文艺术、治理参与等领域的主理人，不断丰富"家门口"共享空间的内涵，让更多的人参与美好社区的共建、共享、共融、共创中来。

链接一：

首个国际社区治理指标体系在虹桥古北发布

1996年，国际社区中第一个居民区委员会——荣华居委会成立。20多年来，虹桥不断探索实践，总结了国际社区工作法——"融"工作法。2018年是改革开放40周年，市委市政府提出建成卓越全球城市的目标，长宁区委区政府提出建设国际精品城区的目标。为此，虹桥街道主动对接，积极落实，不断适应居民区分类治理的需要。

2018年11月9日，在虹桥古北国际社区治理研讨会暨古北市民中心功能提升发布会上，虹桥街道携手华东理工大学国际社工学院发布首个国际社区治理指标体系。

活动中，市、区各级

首个国际社区治理指标体系在虹桥古北发布

领导，社会治理领域的专家学者还实地视察调研了古北嘉年华庭涉外小区治理项目和荣华居委会国际版标准化建设情况。

古北新区内有1.2万户来自50多个国家和地区的约3.1万居民，是上海国际化程度最高的社区之一。经过多年的实践积累，虹桥街道梳理形成了古北国际社区治理需求清单、资源清单、项目清单等三张清单，为上海迈向卓越全球城市建设过程中的国际社区治理提供样本参考。

2018年以来，虹桥街道党工委、办事处结合"大调研"，除制定发布了国际社区治理指标体系外，成立于2013年的古北市民中心完成了4大功能和9个空间的提升。

虹桥古北国际社区治理顾问团同时成立，国内外著名专家学者接受聘书并在仪式后进行了虹桥国际社区治理研讨圆桌会议，碰撞思维的火花。

链接二：

虹桥街道成立全市首个国际社区街区妇联

2022年2月24日上午，虹桥街道黄金城道街区妇联在街道社区党群服务中心召开第一次代表大会，选举产生虹桥街道黄金城道街区妇女联合会第一届执行委员会委员、主席、副主席。这是全市成立的第一家国际社区街区妇联。

黄金城道步行街串联着周边6个居住小区4000多户居民和214家沿街商铺。自2019年起，街道围绕"共建共享、互助互利、和谐和睦、美丽美观、宜居宜业"的目标，探索成立黄金城道步行街共治委员会，打造"融·古北驿站"街区共享空间，先后发

虹桥街道成立全市首个国际社区街区妇女联合会活动现场

起 Open Box 街区共创行动计划、Knock Knock 街区提案计划，吸引了街区的居民、商户、社会组织等各方资源参与到街区的更新与营造中。

此次黄金城道街区妇女联合会的成立，不仅扩大了妇联组织覆盖面，推动妇联组织不断向"四新"领域拓展，也将黄金城道街区妇女凝聚成多元文化国际街区共建、共治、共享的社区治理新力量，为街区妇女发挥主动性参与到街区的更新与营造，为黄金城道"三元十景 N 次方"的街区美好生活作贡献。

按照程序，大会选举产生了 11 名执委、1 名主席、2 名副主席。11 名执委的平均年龄为 35 岁：党员 5 名，占 45%；大专及以上学历 11 人，占 100%。其中，研究生学历 2 人，本科学历 6 人，大专学历 3 人。

新当选的黄金城道街区妇联主席、中国银行黄金城道支行行长黄紫蓝表示："作为新当选的街区妇联主席，我希望未来能为街区广大妇女同胞服务，维护好妇女同胞的合法权益。与此同时，也要发挥妇联力量整合资源，调动大家的积极性，让更多的女性朋友加入社区治理和建设中来，为社区美好生活的发展贡献巾帼力量。"

党建引领综合施策，做实"红色物业惠民行动"

为深入贯彻习近平新时代中国特色社会主义思想和党的十九大精神，落实全国、上海市组织工作会议精神，有效推进长宁城市基层党建工作向社区全面渗透、统筹和覆盖，近年来，长宁区贯彻落实"人民城市人民建，人民城市为人民"重要理念，以"五个人人"为目标指引，以贯彻落实市委组织部《关于进一步加强党建引领业主委员会建设的若干意见》为契机，明确提出探索实施"红色物业惠民行动"，按照"党建引领、行业助推、国企主导、市场协同、多元融合"的原则，努力解决好人民群众在小区综合物业管理方面的操心事、烦心事和揪心事，以共建共治共享绘就新时代社区治理的美好画卷。长宁作为一个人口多元、社区类型多样的国际化城区，各个社区居民的幸福活力指数很大程度上取决于社区物业的治理水平。近年来，长宁区积极探索党建引领物业治理有效路径，不仅进一步强化了党对物业治理工作的全面领导，创建全完善了物业治理的制度体系，同时让

2021 年 5 月 31 日，区委组织部举行"党建引领物业治理 共建共享美好生活"居村书记论坛

群众"急难愁盼"问题得到有效解决，彰显红色物业建设的初步成效。

坚持党建引领是基层事业发展的根本保证。把党的建设摆在首位，强化党组织的全面领导，用党的组织体系去理顺、规范、支撑基层物业治理，推动"条""块"之间、"三驾马车"之间同频共振、同向发力。一是加强顶层设计确保工作"源动力"。区委将党建引领业委会建设工作写入《关于奋力推进新时代"凝聚力工程"建设 持续提升基层党建质量的实施意见》，制定《关于进一步建立健全党组织对业委会人选审核把关机制的实施办法》《"红色物业惠民行动"三年行动计划》、召开现场推进会、加强督促指导等方式，推动全区引起高度重视，加大主动探索力度。二是用好"三驾马车"输出强大"驱动力"。按照"因地制宜、分类指导、有序推进"的原则，加强党的组织覆盖和工作覆盖力度，全区业委会中党支部或党的工作小组组建率达到 100%，在管住宅项目物业企业党组织组建率超过 1/3，党组织对"三驾马车"的领导得到持续巩固。三是凝聚各方力量提供持久"续航力"。注重发挥社区能人的积极作用，不断扩大社区治理"朋友圈"，提升社区自治效能。

在红色物业建设中坚持"两手抓、两手硬、两不误"的原则，以物业服务提质计划和红色业委会能力提升计划等"两大计划"为牵引，不断提升小区综合治理的针对性和有效性。一是开展物业服务提质计划。坚持"党建＋物业"，充分发挥国企政治优势、资源优势，聚焦民生热点难点，制定下发红色物业创建三年工作方案（2019—2021）和新长宁集团物业服务"标准化"达标工作标准细则、"新长宁最美物业人"评选活动实施细则。二是开展红色业委会能力提升计划。提升业委会运作规范性，编撰《业主委员会组建和换届改选工作指导手册》，不断加大对业委会组建和规范运作的指导力度，规范操作流程。拓展服务业委会履职的支持性，在区层面成立了长宁区区域化党建联席会议物业业委会专委会，组建由一批社会治理领域的专家学者组成的社区治理专家指导团，为加强物业行业党建提供了"兜底性"的保障支撑。加强物业治理精准性，注重从全区住宅小区实际出发，针对商品房小区、售后公房小区、农民动迁房小区、涉外商品房小区等小区类型的差异性，探索形成不同类型居民区的"三清单一攻略一导则"。

针对物业管理普遍存在的"协调不畅、资源不多、抓手不强"等治理难题，注重机制创新，用好创新红利，盘活多方资源，起到聚资（资源）、聚智、聚力的作用。一是形成共建联建机制，全区各街镇普遍成立了业委会和物业参与社区治理的党群联席会议制度，对涉及物业服务管理的矛盾纠纷、居民关注的重大事项等，共同协商研究解决。二是形成协商约请机制，不断完善多方参与的联动分析、联动处置工作机制，深化以社区民情恳谈会、社区事务协调会、社区工作听证会等为重点的协商共治平台，制定《关于加强精品小区项目居民全过程参与的实施办法》。三是形成监督评估机制，进一步做实"环境和物业管理委员会"，加强对物业、业委会运行的监督指导，实行民主事项党组织先议、重大决策党组织预审、制定落实管理制度全程把关。

链接一：

党建引领努力推进老旧小区物业服务上新台阶

长宁区虹桥街道将"人民城市人民建，人民城市为人民"的重要理念贯彻落实到精品小区建设的过程中，始终坚持以党建为引领，发挥居民自治作用，以爱建居民区为试点，积极探索精品小区建设与物业服务提升同

中华别墅精品小区工作安排及虹叶物业工作汇报会

步行动，推动物业服务从以管理为主向以服务为主转变，居民消费理念从低价高质向质价相符转变，努力实现小区环境品质、物业服务水平和居民满意度"三提升"。

爱建居民区党总支以精品小区改造为契机，从物业管理区域成片化入手，推动物业管理"质价相符"，并初步形成党建引领居委会、业委会、物业公司协同运转的物业治理格局。爱建居民区党总支在平时小区公共事务协商、民生实事项目推进、党员"双报到"等工作中注重识人、选人，把一批有一定专业背景的业主纳入业委会成员人选库，通过法定程序成为各自小区的业委会成员，为业委会发挥积极作用奠定了基础。在党总支牵头下，业委会"组团"与虹叶物业公司几经协商，形成物业费调价的基本框架：一方面充分考虑居民对价格的承受度，将物业费的涨幅控制在一倍以内；另一方面也兼顾物业公司平衡运营成本。街道和居民区在对3个小区实施精品小区改造时，拓宽小区间的公共街坊道路并增加停车位，由虹叶物业公司经营管理。居民区党总支坚持"群众的事同群众多商量，大家的事人人参与"，组织群众开展民主协商，并做到调价前、调价中、调价后全过程公开透明。并建立由居委会、业委会、业主代表参与的"物业服务评估监督小组"，对物业服务开展全过程的严格监督，评估结果作为物业公司续聘、解聘及今后调整物业费的客观依据。

链接二：

售后公房小区形成"质价相符"的物业服务市场机制

华阳路街道是商圈型老城区，辖区内共有 141 个小区，其中售后、联建公房小区 85 个，建筑面积约 100 万平方米，不少小区存在体量小、区域分散、物业管理服务项目缺失，居委会代行物业管理弊端多等治理难题。华阳路街道自 2018 年

华院小区基层协商自治手册

起实施精品小区改造，截至 2020 年底，列入计划的小区有 49 个，约 52.8 万平方米，占可改造小区面积的一半。重点打造的精品小区中，街道一方面统筹资源，叠加了居民活动中心建设、适老性改造、墙面彩绘等硬件提升项目；另一方面通过发动群众、第三方社会组织参与的方式，叠加了物业管理一体化试点、弄管会、商户联盟等社区营造项目，全方位提升社区管理水平。街道通过积极推进售后公房形成"质价相符"的物业服务市场机制试点，初步建立了从分散管到集中管、从托底管到优质管、从无人管到有人管的"三管齐下"工作机制。

售后公房小区物业一体化管理、市场化运作后，物业管理实现了"质价双提升"，社区面貌均获得了较大程度的改善，居民的获得感和满意度大幅提升。比如，万华小区实行多层与高层合并管模式后，停车秩序井然，环境品质大为改善。在推进"质价相符"的物业服务市场机制试点过程中，基层党组织有效发挥了整合资源的能力，依托精品小区建设等品质提升行动，引导政府部门、社区单位、社区能人等多方凝聚共识，共建共治，共同寻找社区多元化需求的"最大公约数"。比如，华院居民区注重发挥同华东政法大学党建共建的优势，委托高校物业短期托管，并邀请法律教授为社区自治共治提供专业指导，带动了更多居民参与到小区自治共治中来。

基层民主协商机制不断完善。街道以双"四百"精神为指引，聚焦社区治理难题和民生痛点、难点，不断完善基层协商议事载体，坚持有事多商量、遇事多商量、做事多商量，开展广泛、多层协商，推动科学合理民主决策，初步形成了一系列协商议事机制。比如，华院居民区党支部组织居民反复协商讨论、小区业主大会表决后，通过了《华院居民公约》《小区停车规则》，议事会共商共议形成了《华院住宅区住户守则》等一系列规则。定西路1235弄创立了业委会联盟议事机制，将零散老旧小区的物业纳入一体化管理，巩固美丽家园建设成果。

链接三：

这个成功启动全国首创的业主投票神器
解决了六大至关重要的问题

2022年7月23日下午，在长宁区仙霞新村街道的长福公寓启动了一场全国首次用区块链和分布式数字身份（DID）技术支撑业委会线上投票工作，当日就有9名业主成功实现在线投票，这也标志着仙霞新村街道会同上海长宁业主自治研修院，与相关合作方共同申请的上海市公共数据社会化授权利用试点场景正式开启实际运行测试。

居民正在用手机操作在线电子投票小程序

长福公寓是1996年的第一批商品房，共有44家业主，不少是港澳台人士，实际居住在此的业主只有18家，考虑到此次线上投票是第一次实景测试，也考虑到部分老年业主的习惯，此次投票同时兼容线上线下投票。截至8月3日开箱，线上线下实际投票业主达到34家，超过了《民法典》规定的"双三分之二"界限，投票有效。

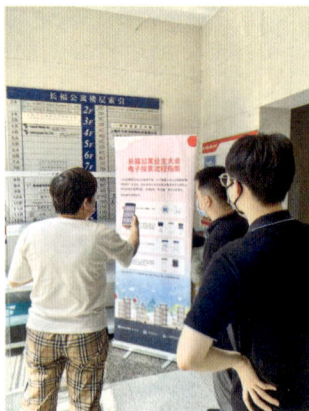

新时代非凡十年的长宁答卷

这次电子投票的成功测试，较好满足了业主因疫情防控等需要进行无接触投票，以及非本地业主进行异地投票的需要，通过数字赋能创造性解决了达到双三分之二难、身份认证难、隐私保护难、法律效果难、真实有效难、一键办理难的六大难题。

该项目是 2022 年上海市公共数据开发利用试点项目，由上海克而瑞信息技术有限公司连同云赛智联、上海市数字证书认证中心有限公司以及上海银行共同发起，旨在利用分布式数字身份（DID）结合公共数据授权运营及区块链技术底层，为业主和投票服务方提供业主身份可验不可见的隐私保护解决方案，并且系统投票全过程由上海张江公证处进行存证留痕，底层区块链平台的方案由上海区块链技术研究中心进行协调指导。

链接四：

党建红，让物业融入基层治理按下"加速键"

作为切切实实关系到百姓民生的关键点，建设美好和谐家园，营造多方齐参与、群众共治理的社区管理模式，离不开"红色物业"这一重要力量。上海市的基层党组织不断探索，推动物业服务融入基层治理按下"加速键"，持续释放"红色引擎"动能。

近年来，江苏路街道聚焦物业服务管理水平提升，持续打造"红色物业"品牌，携手各居民区、各辖区单位及物业公司广泛开展"红色物业"惠民行动，推进物业企业服务管理与社区治理融合协调发展，切实改善社区居民的居住环境，持续提升居民的获得感、幸福感和安全感。

江苏路街道将红色物业纳入街道"五大战区"建设，华山居民区党总支牵头成立"红色物业党建联盟"，形成"居委搭平台、物业齐参与、抱团送服务"模式，发挥"滚雪球"效应。截至目前，已吸引 16 家单位及社会组织加入，"双箭头"对接居民需求与企业公益服务资源，强化居委会、物业、业委会、居民四者之间良性互动。

结合"我为群众办实事"实践活动，街道持续推进"红色物业公益联

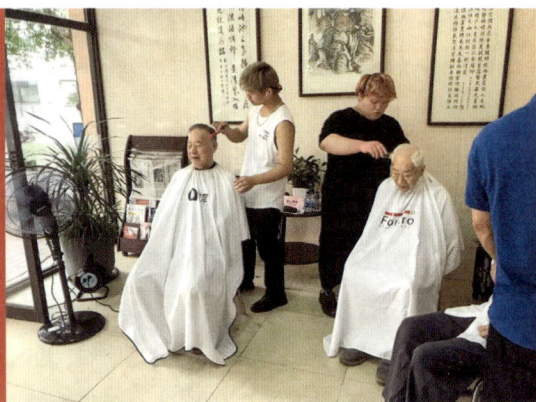
红色物业公益联盟正在开展便民理发活动

盟便民服务行动"：由居民区党总支联合小区物业、共建单位，梳理资源清单，通过常态化上门服务，动态掌握社区高龄、独居、行动不便老人的不同需求，制定个性化服务清单；每月中旬固定开展红色物业便民行动，为周边居民提供法律咨询、健康理疗、便民理发等多项便民服务；推动丁香公寓加装电梯等一批微更新、微改造项目。

做实街道、居委两级"民情会诊室"，居民代表会议、社区事务协调会、社区工作听证会等"三会一室"为重点的协商共治机制，深化"征询、设计、公示、实施"的全过程民主。不断拓宽民意反映渠道，开展"为民办实事项目"公开征集，引导人民群众有序参与城市治理，构建自治共治法治德治数治的社区治理格局。

分类施策、升级赋能，长宁持续探索社区治理新路径

2017年3月5日，习近平总书记在参加十二届全国人大五次会议上海代表团审议时指出："城市管理应该像绣花一样精细。"随着物质生活水平的提高，居民对高品质生活的追求日益加强，对提高社区治理水平的需求也不断增加。近年来，长宁区持续推进全国社区治理和服务创新实验区建设，以"优化社区分类治理，推进社区治理精细化"为主题，聚焦售后公房、普通商品房、涉外商品房、老洋房、动迁安置房五类居民小区特征和治理难点，结合全过程人民民主重大理念，深入推进社区分类治理，取得了较好成效。

突出问题导向，创新分类治理工作方法。不同类型的居民小区居住人群特点不同，在基础设施、小区环境、物业管理等方面存在着较大差异，公共财政为不同类型居民小区投入的资金、人力、物力也不尽相同，单一治理模式难以满足社区多元发展需求。长宁区梳理了售后公房、普通商品

"社区云＋一网统管"界面

房、涉外商品房、老洋房、动迁安置房五种主要居民小区类型，探索形成了不同类型居民小区的"三清单一攻略一导则"（即问题需求清单、社会资源清单、公共服务清单、分类治理攻略、分类治理绩效评估导则），编写了《社区分类治理工作指导手册》，开展全员培训，指导基层开展工作，推动治理类型合理划分、问题需求清晰梳理、公共服务精准配置、社会资源有效对接、治理方法普遍会用。结合社区实际情况，创新形成了上海市第一套《社区分类治理居民规约》，作为各类居民小区居民协商制定"居民公约""住户守则"的参照文本和实用手册。

践行"全过程人民民主"，提高分类治理居民参与的积极性。2019 年 11 月，习近平总书记在长宁区虹桥街道古北市民中心考察时指出："我们走的是一条中国特色社会主义政治发展道路，人民民主是一种全过程的民主。"长宁区作为全过程人民民主重要论述的首提地，始终坚持努力将全过程人民民主的制度优势显著转化为共建共治共享的治理效能。近年来，围绕社区治理公共事务，指导居民区深化分类治理，健全"五社联动"机制，以参与式社区规划、社区新基建等居民关心的社区公共事务为抓手，动员组织居民广泛开展基层民主协商，共同参与社区治理，激活社区自治共治活力。建立拓展"市民议事厅""弄堂议事会"等一批自治载体，健全听证会、协调会、评议会"三会制度"，深化创新居务公开工作，推进居务监督委员会建设，完善了"议题由群众提出、决策由群众产生、成效交群众评议"的民主管理、民主决策、民主监督机制。牵头开展基层治理全过程人民民主实践调研，明确社区实践"一核五有"目标："一核"即以党建引领为核心，"五有"即居民议事有阵地，民主协商有机制，社区实践有抓手，基层探索有氛围，资源供给有保障。

推广智能治理，赋能分类治理服务手段。将社区新基建的应用场景导入社区分类治理，优先开展适合小区特点的社区新型基础设施建设，推广布局智慧取物柜、智能垃圾回收站、智慧康养、智能零售、智能安防等终端设施，推进住宅小区非机动车车库（棚）智能改造，探索推广无人餐厅、共享充电桩等，与相关委办局、各街镇合力打造"十大特色应用场景"和"十大示范小区/街区"，丰富居民数字生活体验。制定《长宁区社区新型基础设施建设指引》，规范社区新基建的准入、管理、退出机制及资金筹措模式等，推动"需求居民提、项目居民议、点位居民选、成效居民评"。2022年，6个街道（居民区）获评市社区新基建试点示范社区。积极推进居村数字治理平台"社区云"在各居委会的落地应用，建立社区治理主题数据库，通过"社区云"的"接待走访"和"问题处置"等日常功能，切实掌握社情民意、群众需求、社区动态，及时回应解决社区问题。推进社区"云协商"，开展线上居务公开、自治议事、邻里互动等服务，推进"社区云+精准帮扶""社区云+15分钟生活圈""社区云+社区事务延伸服务""社区云+一网统管"等应用场景，为居委会依法自治共治、依法协助行政事务提供智能化保障。

链接一：

首届"中国城市治理创新奖"揭晓，长宁区民政局荣获优胜奖

获奖证书和奖牌

"中国城市治理创新奖"是"中国城市治理创新研究与奖励计划"的重要组成部分，该奖项旨在发现、奖励、推广和总结中国城市治理创新的先进实践，引领中国城市治理创新的前进方向，推进中国城市治理的现代化。首届"中国城市治理创新奖"共评选出10个优胜项

目，长宁区民政局申报的居民区分类治理清单模式荣获优胜奖。

　　长宁区聚焦售后公房、普通商品房、涉外商品房、老洋房、动迁安置房五类居民小区特征和治理难点，深入推进社区分类治理。其中，《关于"加强分类指导　全面提高居民区工作水平"调研报告》荣获 2016 年全国民政政策理论研究二等奖，荣华社区的涉外商品房居民区"融"工作法获评全国最具代表性的 10 个优秀社区工作法之一。2019 年，长宁区以申创全国社区治理和服务创新实验区为契机，运用"三清单一攻略一导则"，深入开展形成一本分类治理工作指导手册、打造一批分类治理优秀居民区、挖掘一批社区治理能人、推广一批优秀社区工作法等"十个一"工作。全区上下同心、久久为功，用居民区分类治理"绣"出了城市精细化管理的长宁品牌。

链接二：

《上海市参与式社区规划导则》在长宁发布

　　近年来，上海社区面貌发生了深刻变化，各类社区家园建设空间改造更新项目不断投向社区、聚拢社区，各区积极探索，形成了一批各具特色、百花齐放的典型经验。长宁区以全国社区治理和服务创新实验区为抓手，在市民政局指导下，大力推进"参与式社区规划"工作，积极探索具有长宁特色的社区治理模式，形成了一批特色鲜明、有影响力的治理成果。2022 年 9 月 16 日，市民政局总结近两年来的实践探索而形成的《上海市参与式社区规划导则》在长宁区正式发布。长宁区的新华·社区营造中心获评成为首批 3 家参与式社区规划实践基地之一。

社区行动者宣传栏

新华·社区营造中心由新华路街道和在地社会组织大鱼营造共同建设成立。中心占地面积800多平方米，是全市首个以社区营造为主题的社区公共服务空间，是引导和支持社区居民参与社区治理的美好生活共创平台。2022年初，新华·社区营造中心还被团市委命名为首批一刻钟便民生活圈·青年创新实验室，将致力于成为支持青年社会创新、培养青年社造人才的实践基地。通过创编街区杂志《新华录》、开展新华·美好社区节、"好伙瓣市集"活动等，使社区治理参与主体更加多元、参与范围更加广泛、社区治理更加智慧、自治共治更加规范、居民生活更有品质，让社区居民幸福感、获得感持续提升。

链接三：

长宁区启动社区分类治理"五大计划"

2020年6月10日，长宁区举行社区分类治理工作推进会。当天，长宁区社区治理支持中心成立，并启动社区分类治理"五大计划"。

长宁区社区治理支持中心通过整合区社会组织创新实践园、区社会工作协会、区社区学院等区域内各类社区治理组织、专家团队资源，努力发挥强化党建引领、开展政策研究、整合治理资源、推动能力建设、促进供需对接、培育孵化项目、指导民主协商、开展评估督导"八大功能"，为基层开展社区治理提供更有力的支撑和指导。

实施美好社区计划。督促精品小区建设等12项区政府实事项目落地，深入推动社区微更新等"家门口工程"，深化"一街一品"创新社区治理，打造社区治理示范点。

长宁区社区提案计划推进培训会暨长宁区社区分类治理居民规约发布仪式

实施社区提案计划。探索建立社区提案机制，畅通协商议事渠道，开展社区"云协商"，开展优秀社区提案评选，推动社区参与有序化、社区议题合理化、社区协商规范化、社区共识最大化。

实施社工成长计划。抓好管理、培训、成长、激励环节，坚持区街分层分类实施全员岗位培训，推行"三社联动"结对模式，依靠专家团队陪伴式督导助推社区工作者专业化成长，开展最美社工评选展示等活动，拓宽社工职业发展通道。

实施能人提升计划。培育社区治理典型人物，推动解决治理难题，挖掘社区规划领军人物，助力规划社区营造，鼓励基层文化团队积极参与社区治理，选树一批社区治理"达人"。

实施社会组织赋能计划。聚资金，整合一批社区治理清单；强团队，储备一批社区社会组织；造氛围，开展一批社区公益活动。

链接四：

"一平方米"解决老洋房居民"如厕难"

江苏路街道辖区老洋房星罗棋布，老弄堂纵横交错，新式里弄房屋面积约 11 万平方米，占全区该类房屋面积的 2/3。房屋权属复杂、设施陈旧老化、一体化物业缺失，且公共空间小、独居老人和来沪人员逐年增等，居民盼望实现"洗漱自由"。

江苏路街道党工委携手长宁区区房管局、物业公司等相关职能部门、设计单位和施工单位，着手在愚园路历史风貌区的岐山村一期、二期和宏业花园内进行非成套里弄房屋居住条件改善试点工程。

试点所在的愚园路是上海市中心城区 12 个历史风貌保护区之一，许多房屋是历史保护建筑，甚至是墙面上的马赛克都不能随便动。且试点范围内的卫生设施除了多户合用、小而陈旧等问题，房屋内格局也不尽相同，使用情况也可谓家家都不一样。

党总支将改造工程列为 2021 年度"我为群众办实事"重点工作任务，

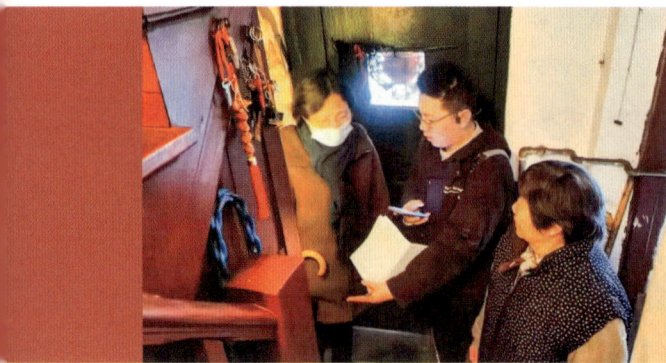
工作人员上门调研

整合物业、设计、施工单位资源和力量，共同推进工程落地。深入开展摸底调研，实地研究非成套里弄房屋居住条件改善整体方案，最大限度在保护历史风貌和改善民生环境中寻到平衡。党总支成员用"铁脚板"踏遍"楼梯板"，对改造涉及的495户居民逐一上门调研，充分摸清了试点区域居民的实际居住情况和具体诉求，联合小区物业公司从相关部门调取房屋图纸，在走访基础上进一步了解房屋设施情况，为细化方案和推进改造奠定了良好基础。

本次改造项目中，最小的卫生间仅有0.6平方米，最大不过6平方米。在不改变房屋外部结构的前提下，分批召开征询会、协调会400余次，综合考虑历史风貌、房型、房龄、居住情况等因素，依据每一户的不同情况和居民需求形成"一户一方案"甚至"一人一办法"。

为更加精细化推进改造工程，街道制定了项目进度表，房屋地址、改造类型、开工时间、施工情况一键可查，并根据施工进度动态更新。在改造期间，更是将居民的过渡性居住、如厕问题想在前，并落实到细微之处。还将居民议事厅腾出来作为临时休息室，愚园路街区联合体沿街商铺主动将铺面卫生间向居民提供，区域内的宽紧带厂党支部将闲置厂房拿出供居民休息，党员主动将自家卫生间拿出来与邻居共用……通过资源整合、共建共商，党组织的政治领导力、群众组织力和社会号召力得到了有效增强，老洋房小区形成了"一家有难大家帮、和美家园共出力"的良好局面。

为进一步推进岐山村卫生设施改造项目文明施工，岐山居民区党总支和某建筑装饰公司党支部签订了党建联建协议。此次党建联建，是双方党组织落实"我为群众办实事"，全力推进长宁区首个非成套里弄房屋居住条件改善工程的又一党建成果，旨在进一步推进服务群众联做、宣传发动联手、文明施工联促、安全稳定联保等工作，为打造"和美家园、社区范例"奠定更加坚实的组织基础。

小区停车管理现状

向人民"借大脑、借双手"解决社区"老大难"

淞虹公寓是建造于 20 世纪 90 年代的老旧商品房小区，总户数 924 户。几年前，私家车由原先的 180 辆猛增至近 430 辆，但小区原有规划落后，为了车位，业主之间，乃至业主与保安之间冲突时有发生，摩擦不断。停车费收缴率低，狭窄的道路常因车辆顶牛而发生堵塞，引发尖锐矛盾，呈现出典型的人民日益增长的美好生活需要和不平衡不充分的发展之间的矛盾。

绿八居民区党支部下定决心改变这种混乱局面。在经过群众大走访、反复调研后，党支部决定紧紧依靠群众，用支部引导、居委牵头、群众自治、社区共治的思路，最大限度集中群众智慧、发挥群众力量，组建一支既要接受组织引导，又能独立运行操作的群众自治团队。在党支部的组织下，"七彩淞虹车辆自治管理小组"诞生了。这是一支完全由小区居民业主组成的群众自治团队，初创的 7 人都是热心于小区公共事务的有车一族。

"走马上任"之后，车辆自治管理小组成员连续几个月在每晚 12 点车辆稳定时进行排摸，终于摸清底数，接着采用单向通行、换证缴费、电子门禁、共建挖掘、公示车位、阶梯调价、电桩多用等几招棋，逐步解决了社区停车难问题。

五年来，小区停车管理越来越有序。绿八居民区党支部以此为契机，继续发挥群众自治团队的作用，又陆续解决了宠物管理难、老人出行难、绿化布局乱这三大问题。

在这个过程中，居民区党支部始终以人民为中心开展工作，坚持党建引领，充分挖掘社区党员能人骨干参与社区自治共治，创建了在党组织领导下的以"同心树"为特色品牌的家园自治体系。目前，绿八"同心树家园理事会"旗下的群团组织共有29支，成为社区建设的重要力量。

人民城市人民建，人民城市为人民、体现在社区治理中，那就是一定要向群众"借大脑、借双手"，抓住老百姓的需求，依靠群众的力量开展工作，让居民凝聚在一起，而最终社区治理的成果又为老百姓所共享。

链接一：

善治中的三种力

绿八居民区的善治故事，体现出社区治理的三种力。

第一种力是党组织的引领力。人民城市人民建，但现实生活中，受文化习惯的影响，老百姓不太可能主动站出来做点什么。更多的情况是，居民有心、有意，但真正伸手的少。这种情况下，往往需要一个"带头大哥"。这个带头人，居民区党组织当仁不让。组织力是我们党的优势，能否将成百上千"散装"的党员居民组织凝聚成一股力，决定了社区治理力的强弱。

开展小区大调研征集居民意见

第二种力是居民中的关键力。百姓百心，居民区党组织一个一个去抓，不现实，也没必要，关键是要抓住社区里的"灵魂人物"。抓住"灵魂人物"靠的还是居民区党组织的服务。采访中，82岁的党员徐伏莲仍然带领志愿者做垃圾分类的工作，原因就是居委干部在其老伴过世时给予了充分的关心和照顾。绿八居民区党支部书记刘观锡在受访时说："心中有老百姓，老百姓心中就有你。你不为百姓，百姓凭什么为你呢？"一语道出了党组织凝聚人心的本质，就是全心全意为人民服务。

第三种力是社会的支援力。基层常常叹苦水，居民区没权没钱，怎么去整合资源？其实，居民区最大的资源就是人。可以借助人群的消费场景，引入市场力量；也可以借助人群的创造场景，发挥每个人的力量。应该相信，每个人身上都有能量，每个人也都有为公之心，关键是如何激发、运用这种能量。这就要求党组织动脑筋、想办法，尽可能搭建平台，让人人都能在社区公共事务的再造中有出彩的机会，从而积聚每一份善治的小力，汇成社区善治的大力。

当然，说一千道一万，关键的关键还是居民区党组织的实践力。只要做，办法永远比困难多；不做，永远不会有成果。

链接二：

善治之力

如何化解百姓的揪心事，是居民区党支部要解决的首要问题。停车翻身仗开启"善治之始"。

作为建造于20世纪90年代的老旧商品房小区，淞虹公寓总户数924户。但2014年私家车就逼近430辆，几乎占到了户数的一半。为了争抢车位，业主之间、业主与保安之间时有冲突，狭窄的道路常因车辆顶牛而发生堵塞。

经大走访、反复调研后，党支部决定紧紧依靠群众，用组织引领、居委牵头、群众自治、社区共治的思路，最大限度集中群众智慧、发挥群众力量，组建一支既接受党组织领导，又独立运行的群众自治团队。2015年，"七彩淞虹车辆自治管理小组"诞生了。

小区东西大门口道路狭窄，双向进出容易堵塞。车管组决定采用单向通行的方案。没想到、第一次党员开会讨论，就有人提出"东进西出"会

淞虹公寓车管组召开停车协调会

多走一公里，"多花一公里的油费"。这时，一位女党员站出来表态，"马路上不也设置单行道吗？"虽然表面是讨论通行问题，但实际也是党员统一思想、党组织树立威信的时刻，"从那时起，正气开始抬头了"。

针对小区车位紧张的难题，车管组与业委会主任石平、物业公司想办法挖潜力，在小区内陆续挖掘出28个停车位。同时，居委干部和车管组一起跑区建交委、交警队、停车管理公司等单位，拿下新泾镇第一个马路临时停车位，一次性解决了35个夜间和国定假日时段停车位。绿八居民区党支部又借助区域化党建东风，在协和家园和西郊协和颐养院落实20个地下停车位；并通过"两代表一委员"接待工作平台，争取了长宁区精神卫生中心的20个潮汐式共享车位。

接着，党支部和车管组又通过换证缴费、电子门禁、公示车位、阶梯计价、一桩多用等几招棋，逐步解决了社区停车难问题。小区停车费收入从2014年之前的不到26万元，达到了2019年末的86万元，为积累维修基金奠定了经济基础。

第二节 "一网通办"和城市运行"一网统管"两张网建设

深耕"一业一证"改革，厚植长宁营商沃土

为深化"放管服"改革，持续优化营商环境，长宁区结合区域特点，坚持以企业需求与感受为导向，全力推动"一业一证"改革。通过"制度创新、两端延伸、厚植特色"，在不断增"量"的基础上，更在优"质"上有所突破，跑出了具有长宁特色的"加速度"。在 2021 年 4 月 28 日发证首日，即取得了全市"率先发证最早、发证数量最多、行业覆盖最广"的阶段性成果。长宁区"一业一证"工作入选全国 2022 年营商环境创新发展 100 个重点宣传推广典型案例。截至 2023 年 4 月，全区已制发 2324 张，覆盖 17 个行业，发证量位居全市第二。

牵头落实"一业一证"改革试点工作，率先出台《深化"一业一证"改革试点的实施办法》，为改革提供制度保障。逐行业制定完善《行业综合许可要素流程梳理手册》，制定监管制度和变更、补证、注销工作制度，不断健全制度体系。率先开展"25+X"业态探索。在全市首批 25 个行业试点基础上，立足长宁实际和产业特色，2022 年，新增养老院、游泳馆、互联网电商 3 个区自建业态。率先探索复合业态。2021 年 6 月，颁发第 100 张行业综合许可证"国潮"品牌集合店——"例外·方所"，涵盖书店、文创、服饰、咖啡等多个业态，是长宁在全市率先创新探索行政许可事项复合业态自由组合的典型案例。

创新服务方式，优化服务能级。开展"肩并肩"帮办。在政务服务中心设置"一业一证"窗口、在帮办区设置超级工位，实现从"面对面"到"肩并肩"服务。提供"一门式"办理服务。结合区重点项目光大安石虹桥中心开业运营，现场开设首个"一业一证"集中办理点，以项目化、驻点式、定时性、集成度的模式开展运行，为入驻企业高效开业提供"一门式"

工作人员为办理综合许可证企业送"证"上门

办理服务。通过精准分析所有入驻企业的实际情况，做到凡符合"一业一证"改革试点行业标准的全覆盖，共发放行业综合许可证 32 家。创新发证方式。全市首推"窗口领证＋送证上门"常态化服务，当好政务服务"最后一公里"的"店小二"。截至 2023 年 4 月，已送证上门 950 多张。

探索监管模式，提升治理水平。创新提出"七个一"。在市改革任务"六个一"基础上增加"一同核查"，即"一次告知、一表申请、一口受理、一同核查、一网办理、一证准营、一体管理"。对需要现场核查的事项，统筹组织、部门联动，实现"多个事项一次核查、整改意见一口告知、整改情况一并复审"。率先探索业态综合监管模式。依托"一网统管"平台，对新增的行业综合许可证提醒各街镇做好营商服务。依托企业专属网页，探索建设智能化行业综合监管机制，对小证到期的企业，实现三次提前告知和预警。依托"互联网＋监管"系统，开启联合检查机制，通过"一体监管"，实现监管效能最大化、监管成本最优化、市场主体干扰最小化。2022年，多部门联合监管共发起 20 多次对 85 家有行业综合许可证的企业启动远程监管和现场监管。

拓展场景应用，增强社会影响。2021 年 5 月，与苏州相城区签约开展"长三角一体化"政务服务跨省通办，长宁区的政务服务终端机在相城区办事大厅实现跨省自助打印行业综合许可证副本。依托市大数据中心赋能，在"随申办"上线重点行业管理系统，日常监管直接调"证"，无须出具纸质证。作为全国首批国家"一刻钟便民生活圈"建设试点区，结合智慧菜场改造升级，实现入驻商户电子显示屏直接亮"证"经营。

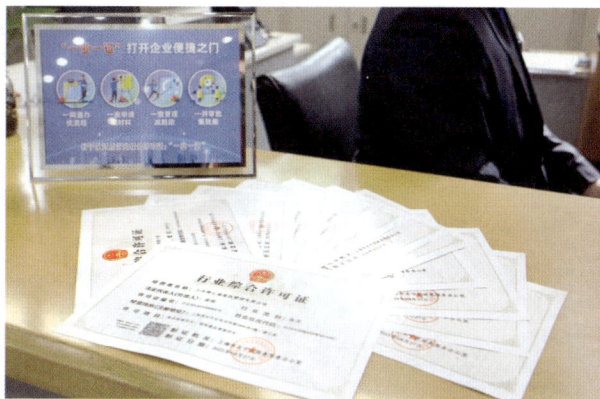

一业一证

有效提升行政效能和办事效率，实现市场主体"准入即准营"

长宁区以市场主体的需求为中心，在审批制度改革、优化营商环境方面都进行了一系列改革探索，联合相关审批部门简化审批手续，在最大程度上减材料、减证明、减环节、减跑动，有效提升行政效能和办事效率，实现市场主体"准入即准营"，从根本上解决企业开办过程中行业准营问题，提升了市场主体的办事满意度，营造了宽松便捷的营商环境。

办事流程更简化。依托"一网通办"平台做好"一业一证"网上申办系统迭代升级，实现智能填表、并联审批，切实做到减材料、减证明、减环节、减跑动。如开设饭店办理时间从原来58个工作日（最快17个工作日）到现在最快8个工作日即可开门营业，填表要素由230项减至79项，材料从23份减少至10份。

市场主体经营更便利。减少商户证照数。商户只需悬挂行业综合许可证，不需要悬挂其他单项许可证即可经营，市场主体经营更加方便。减少部门检查数。以往是多个部门单独对商户进行检查，现在是多部门"综合体检"，检查结果一并告知，大大减轻了市场主体的负担。

行业监管更高效。推行多部门联合监管，一是政策宣讲解读更加全面细致，能够一揽子解决企业发展遇到的困难。二是进一次门、查多项事，能有效解决多头多层重复监管等问题，进一步降低监管的制度成本。三是部门之间可以相互学习好的经验，实现信息共享、结果互认，使工作更加科学合理。

长宁区社区事务服务延伸系统页面

链接二：

不出小区"一键延伸办"社区事务，长宁实现全覆盖

自"一网通办"上线以来，长宁区持续深化业务流程再造，创新推出多项延伸服务。如在全市首创的"社区事务受理延伸服务系统"，一方面，"智能双屏一体机"可以让居民与受理中心工作人员远程视频连线，实现远程直办和一次办结；另一方面，嵌入扫描仪，可以进行材料远程审核，实现电子化办证。截至2021年10月，长宁区10个街（镇）都已设立"一键延伸办"服务点。

"一键延伸办"设备可以传输就医记录册更换、退休住院给付受理、残疾人信息卡套餐申请、敬老卡办理等近20项社区高频事项，还链接"一网通办"、适老化改造申请等业务事项，大大提升居民，尤其是老年人的办事体验。

在长宁社区事务受理服务中心综合运管平台上，可以一屏查询、分析全区受理中心各项事务服务受理情况和"一键延伸办"的办理情况，发现问题及时调整，让社区事务服务办理更便捷、更透明，进一步做深做细做实家门口"一网通办"服务体系。

上海长宁、苏州相城"长三角一体化"政务服务跨省通办启动仪式

链接三：

上海长宁、苏州相城启动政务服务跨省通办

2021年5月13日，上海市长宁区人民政府与苏州市相城区人民政府战略合作意向签约仪式暨上海长宁、苏州相城"长三角一体化"政务服务跨省通办启动仪式举行。仪式前，美能华智能科技有限公司CEO童先明在长宁区送来的"一网通办"政务服务超级终端机上打印了企业营业执照副本。这是长宁区"一网通办"政务服务超级终端机首次走出长宁，在异地发挥作用。未来，在苏州的企业和居民如有需要也可以至苏州市相城区市民服务中心便捷地办理涉及上海企业居民160项政务服务事项办理和企业营业执照、个人医保、社保信息等595类电子证照查询及打印服务。

长宁区"一网通办"政务服务超级终端机也是上海市首台实体提供跨省政务服务的"一网通办"自助终端。一方面，对于那些在上海和苏州两地都注册了公司的企业，提供一位法人代表在一地能办成两地事的服务；另一方面，上海居民也有许多人在苏州居住，对于这部分群体，在苏州就可以享受上海的"一网通办"自助终端服务功能，减少来回跑动，在苏州市民中心就可以预约上海政务服务窗口办事时间，进一步提升"长三角一体化"政务服务跨省通办能级。

虹桥街道首创"五站合一"服务平台，让便民服务资源更多元

居民通过古北市民中心移动窗口远程办理业务

虹桥街道致力于为企业、居民打造家门口的"一网通办"服务阵地，为国际社区构建更便捷、更智能、更全面的公共政务服务载体，创新建设"五站合一"。

2013 年，古北市民中心正式启用。为推进国际社区建设，同年 9 月，同步挂牌境外人员服务站，同步受理"境外人员临时住宿登记"业务。2018 年 10 月，首家在社区设立的海外人才服务窗口"虹桥海外人才荟"在古北市民中心落成。2019 年 1 月，开设"外国人来华工作许可（A 类）"受理业务，同年 7 月，古北市民中心成为上海市首批 6 家移民融入服务站点之一。2019 年 11 月，蒲公英双语税收服务站正式启用，分设 6 个服务区域，包括自助办税区、网上办税体验区、智能导税区、"税 chat"交流活动区、税收政策充电站、需求采集区。2020 年，在原有人才咨询服务的基础上，新建"一网通办"古北市民中心服务站（单一窗口），提供"家门口"的人工受理及自助办理服务，实现从可咨询到可办理的飞跃，打通服务群众"最后一百米"。

此外，在站点内的"政务服务线上自助区"，居民可以方便地通过 5 种智能化自助办理机实现各类事务的自助办理，立等可取，方便快捷，实现科技赋能基层社区"加法"效应再翻倍。

古北市民中心"五站合一"已为生活和工作在虹桥的境外居民提供境外人员临时住宿登记、出入境政策咨询、社区事务受理、外国人来华工作许可等 30 类业务受理和咨询服务。截至 2020 年 10 月，"外国人来华工作许可（A 类）"办理量为 200 余人次，境外人员临时住宿登记 8900 余人次。出入境、税务业务、涉外法律咨询等线上线下累计服务 5500 余次。

2022 年 6 月工作人员在新泾家苑政务服务延伸点为社区居民打印离线码

政务延伸服务，圈出社区居民的美好生活

新泾镇是长宁区"九街一镇"中唯一的镇级建制单位，总面积 11.89 平方公里，占全区面积的三分之一，拥有 121 个自然小区，常住人口 14 余万人。新泾镇社区事务受理服务中心地处新泾镇中部偏东方位，年均接待社区居民 12 余万人次，受理量 10 余万件。到事务中心办事的居民中，不乏老年群体、残疾群体，部分居住在新泾镇与外街镇毗邻区域的居民来事务中心的路程跨度较大，交通也不便，一来一去往往要耗费大量的时间。

为了充分践行全过程人民民主与基层治理的有机结合，推动新时代社区治理创新与发展，新泾镇党委政府主动回应社区居民的办事需求，在充分、广泛征询各方意见及建议的基础上，确定通过打造政务服务延伸点来破除社区居民办事难办事远的困境。2019 年，新泾镇以"15 分钟生活圈"为半径，对 33 个居民区及周边商务楼宇的走访排摸划定延伸点地理方位，并对居民区内部环境硬件设施进行评估，筛选出较为合适的点位，最终确定位于镇域东片区拥有便利交通的天山星城居民区、镇域西片区拥有大体量社区居民的新泾家苑居民区及镇域中片区地处新泾腹地的绿园八村居民区作为新泾镇社区政务服务延伸点。考虑到镇域北部片区多个商务区上班族的办事需求，2020 年 10 月，在鑫达商务楼的鑫天地党群服务站设立以上班人群为主要对象的商务楼宇政务服务延伸点，确定了"3+1"的新泾政务服务延伸的 1.0 格局。

在加强数字社会、数字政府建设、提升社会治理等数字化水平、运用大数据手段辅助治理能力等一系列城市数字化转型的大背景下，新泾镇也在政务服务"一网通办"工作上不断深耕，在政务服务延伸点的基础上升级再造，以事务中心"一网通办"超级终端自助服务区为起点，在广泛征询意见的基础上又分别在位于鑫达商务广场的镇营商中心、新泾家苑居民区及新泾镇公共服务综合楼这一大型的社区居民文化娱乐场所设立"一网通办"自助服务区，2021年，新泾镇打造完成了"园区＋社区"的"双区""一网通办"超级终端自助服务，让数字＋社区深度相融，为打造超大型城市数字底盘铺好基层数字基石，推进全流程的服务再造。通过打造4个政务服务延伸点与4个自助服务区，最终形成了"4+4"的人工与智能相结合的新泾"15分钟政务服务生活圈"。

考虑到社区老年群体、残疾群体的办事需求，新泾镇梳理排摸需要上门服务的社区居民、企业白领，主动到社区、园区为他们提供上门政策解答，申请指导，事项办理的多重政务服务，让行动不便的人群足不出户就能畅享基础的民生事项保障，也为园区白领、创业公司在繁忙的工作间隙提供好促进未来发展的民生事项支撑。以被服务对象的服务需求为导向，针对上门服务的内容进行及时的扩充延展更新，以科技赋能，将政务服务事项嵌入进"15分钟生活服务圈"打造"像网购一样方便"的政务服务体系。

链接一：

新泾镇的这项帮办活动将走进更多商圈、楼宇和社区……

专题视频、宣传海报、有奖竞猜问答……在"一网通办"上线四周年之际，新泾镇社区事务受理服务中心在光大安石虹桥中心、各大居民区、政务服务延伸点积极开展花式活动，扎实推进"一网通办"工作落地见效。

伴随着"一网通办"地全力推进，公共政务服务日益智能化、数字化，用老百姓最朴实的话来说："现在办事很方便，一部手机就可以！"为强化"一网通办"人人知晓的宣传力度，新泾镇社区事务受理服务中心将开展为期一个月的宣传活动，市民在办事大厅、自助办理区、政务服务延伸点、大融城数字"店小二"均可参与。

帮办活动走进商圈、楼宇

听说"一网通办"正在举办有奖竞答，商圈上班族、社区居民都纷纷加入到竞答队伍中来。在大融城工作的小王趁着上班休息时间来到长宁数字店小二"一网通办"自助服务区参与答题，"这题我会。"只见小王快速地按着选项，并获得了80分的好成绩。"我经常使用'一网通办'，我的居住证就是线上申领的呢。"答完题的小王笑着说道。

在新泾镇绿园八村政务服务延伸点，社区居民小陈在工作人员的帮助下参加完一轮竞答后还想再继续答题，却发现每人只有一次答题机会。她表示："感觉还有点意犹未尽，原来'一网通办'还有那么多门道，我要回去好好宣传宣传。"

链接二：

新泾镇政务服务再提速，居民办事更便捷

为进一步优化群众关于数字政务的体验度，新泾镇从社区居民出发，聚焦用户视角，不断完善"一网通办"政务服务，结合"15分钟社区美好生活圈"建设，扩大政务服务便民服务圈，推动数字政务事项落实落地，着力打造社区居民乐享畅行的政务服务。

构建社区美好生活圈，让政务服务触手可及。为了让社区居民在生活、出行中就能享受到触手可及的便利和服务，以构建好"15分钟社区美好生活圈"，让社区居民成为幸福的"圈"里人为目标，新泾镇积极推动新

社区居民咨询异地社保卡办理事宜

时代社区治理创新发展，着力打造便捷、高效、智能的政务服务延伸网络，持续优化"一网通办"自助服务区 2.0 版，通过"微更新"的形式实现政务空间形态的提升，近期增设的"离线码"卡制版申领制卡通道受到普遍好评。

新泾镇社区事务受理服务中心还积极承接 Art Park 大融城长宁"数字店小二"延伸服务，2022 年 2 月，长宁首张"随申码·离线码"卡制版就在该馆内的"一网通办"超级终端率先出炉，为老年人、不使用智能手机的人群减少出行障碍，更多人体验到政务服务数字转型带来的便利。

深耕"长三角一网通办"，让民生事项跨省通办。在长三角"一网通办"总体框架下，新泾镇社区事务受理服务中心作为试点单位，主动跨前推动"跨省通办"窗口全覆盖，在试点过程中不断完善收件、后台联动机制，主动为长三角地区居民提供"线上＋线下"的帮办代办助办服务。

"一网统管"为城市治理装上"智慧大脑"

长宁区城运中心坚持以习近平新时代中国特色社会主义思想为指导，以超大城市治理体系和治理能力现代化建设为方向，从群众需求和城市治理突出问题出发，把分散式信息系统整合起来，全面对标数据汇集、系统集成、联勤联动、共享开放的工作要求，做精"感知"功能，做强"处置"机制，全力打造符合长宁实际、彰显长宁特色、体现长宁作为的城市运行"一网统管"架构体系，推动城区管理理念、管理手段、管理模式的创新，实现数字化、智能化到智慧化的深度转型。推进过程中，区城运中心始终聚焦在"数字化呈现、智能化管理、智慧化预防"上下功夫，围绕"实战管用能级提升、落实市级任务要求、彰显数字长宁特色"等维度，扎实推进长宁"一网统管"各项工作落实，持续赋能好区、街、居的"观、管、

区城运中心指挥大厅日常巡屏

防、联、处"城运管理体系建设，更好地为持续提升上海世界超大城市治理能力和治理水平现代化贡献长宁智慧，为长宁加快建设具有世界影响力的国际精品城区保驾护航。

一是优化平台系统建设。2019年，中心在区科委首建的1.0版本"长宁区大数据分析决策平台"基础上进行了整合优化，建成了"公共管理、公共安全、公共服务"三位一体的2.0版实战指挥平台。2022年，在2.0版既有业务功能上，进一步完善了"功能提升、基础保障、安全可控、态势感知、场景赋能"等方面，搭建完成了3.0版区级城运平台大框架，汇集上线了26个应用场景，赋能基层实战需求，于8月底实现上线试运行，9月底完成试运行并举行了启动上线发布会，以实际行动为建党百年献礼。

二是加强应用场景研发。聚焦应急管理、公共安全、市场监管、民生保障、生态环境、党的建设等社会综合治理领域，推进大屏端、电脑端、移动端管理信息系统赋能建设，彰显条块深度融合式地推进智能化应用场景模块研发。应用场景包含区城运中心建设、区城运中心会同相关委办局共同建设、各委办局建设归集至"一网统管"大平台、市级部门推送四种类型。各个领域已经完成或正在建设的相关场景资源正不断向区政务云汇集，实现各类数据的集中统一管理，同时，在安全可控的情况下也不断规范全区数据系统的采集、汇聚、下发等流程，让基层同志在日常工作中及时了解重要信息，精准把握关键环节，确保事件高效处置。

三是夯实城运中台支撑。构建城区运行三维地理实体标识，为全区各领域、各行业探索更加精细的动态实时数字孪生应用场景搭建好全时空数据"一张图"；深度融入城市体检工作，聚焦人、物、动、态，围绕"平安、绿色、活力、健康"等维度，深度融合城市体检工作要求，在实践中持续优化和完善城区全生命周期体征指标，实时动态监测城区运行状况；深耕全区城运智能派单平台工具建设，主动搭建自动化预知研判模型，加强物联感知、图像汇聚、智眼监测科学布点覆盖；加强数据分类分级管理，完善安全运营管理模式，加强日常安全事件的协同处置。

四是提升运行保障效能。进一步夯实区街两级城运中心建设，更好地满足区领导、相关单位进驻开展联动指挥工作需求；完善市、区、职能单位、街镇之间一体化可视对讲系统和视频会议系统，按需在重点单位和各街镇适度增配移动单兵设备，形成24小时即时通信能力，保障高效指挥调度，逐步形成执法力量录像回放审查机制；依托数据中台建设，赋能"一网统管"平台，提供有力基础数据支撑，更好地推动"两张网"融合建设、一体发展，展现长宁小而精、特长生的优质工作形象。

链接一：

"智眼预警"赋能基层实战应用

长宁区城运中心围绕上海"十四五"规划建议中提出的数字化转型等新理念，建设AI视觉中枢，打造"智眼预警"，赋能基层实战应用。

智眼预警应用场景聚焦资源统筹调度、行动人机交互，在原有的1000路固定点位单场景算法能力的基础上提升打造多算法的算法资源池，可灵活调配不同点位与不同算法的搭配，发挥人工智能在暴露垃圾、单车违停、渣土车非现执法等16类治理顽症上的早发现、早预警作用。目前在全区范围，可基于不同职能部门和街镇园区的实际使用需求，将视频解析能力在不同算法之间灵活切换和调配，大大提升了算法任务下发和平台整体使用效率，满足了城市管理、社区治理和文明城区复评迎检等工作需求。如共

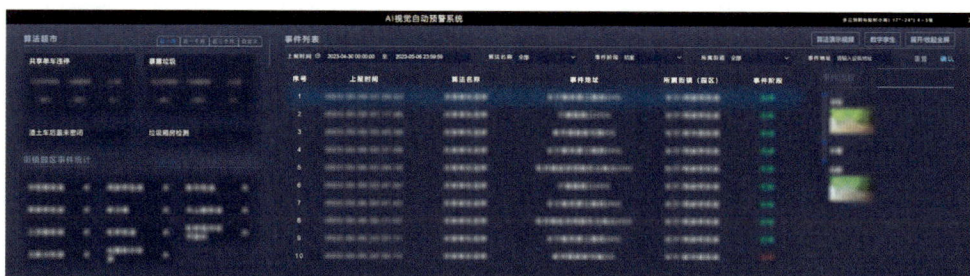

AI 视觉自动预警系统场景

享单车精细化管理，通过 AI 视觉分析算法形成了共享单车事件管理的自动闭环：自动发现、自动立案、自动派单、人工处置、自动核查、自动结案，大大提高了处置效率，减轻基层工作人员的负担。

"智眼预警"以现代化的手段助力经济数字化、生活数字化、治理数字化的全方位转型，实现由人力密集向人机交互转变，由经验判断向数据分析转型，由被动处置向主动发现转变，协助管理者进行决策调度，真正将智能化融入基层实战应用的全流程，探索实效"经济数字化""生活数字化""治理数字化"的道路。

链接二：

天山路街道 "智能充电桩" 实现辖区全覆盖

为进一步提升居民区的幸福感、获得感，营造和谐安全的居住环境，天山路街道不断推进充电桩规划和建设。截至 2022 年 8 月，已在辖区安装 158 个充电设备，提供近 1700 个充电口，实现 17 个居民区 51 个自然小区充电桩全覆盖，切实解决非机动车充电难问题。

天山路街道辖区内的居民区大多为老旧公房小区，因公共区域和相关配套设施有限，过去"飞线"充电的现象频发，不仅增加了居民楼及小区的整体用电负荷，也带来一定的消防安全隐患，影响居民日常生活。街道协同铁塔公司、天山物业和电力公司等社会力量，在辖区全面推进充电桩

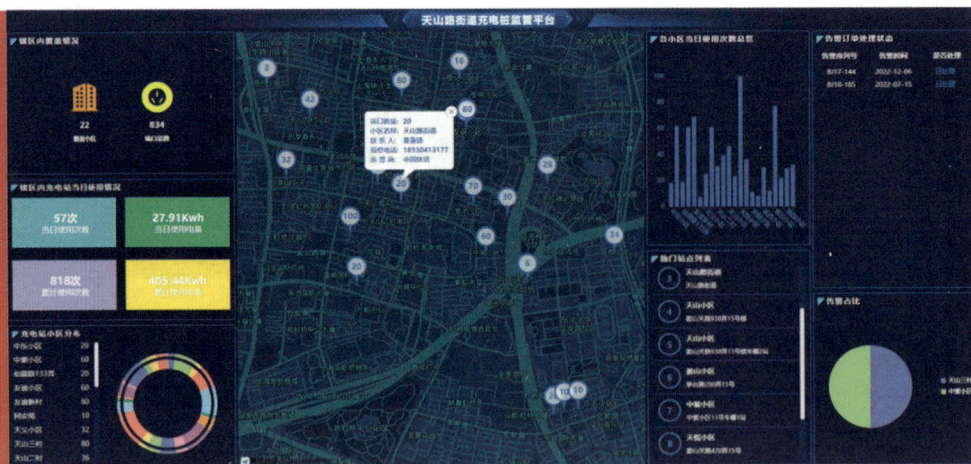

智能充电桩接入一网统管大屏

的规划和建设，从源头治理非机动车"飞线充电"和乱停放现象。通过对各居民区"安桩难题"的逐一破解，街道与各单位达成共识，做到满足设备最大负荷运转符合安全工况、最大化充电需求、合理规划电路路径、减少已完成精品小区建设居民区的额外施工等。针对未开展精品小区改造的小区，街道将充电桩安装项目统一融入其中，提前预设安装点位、数量和管线排布，有效避免重复无序施工，以更好地推进后续充电桩规划和建设。

本次安装的充电桩，均为新型智能设备。使用该智能充电桩充电后，后台系统会根据用电量和电费进行智能计费，居民只需按照使用说明扫码或刷卡支付费用即可。安设在停车棚附近电表箱内的智能总电表，可供居民实时监督用电，同时也方便物业公司与铁塔公司进行充电桩用电量和费用的核对统计。

链接三：

全市首个蓝牙道钉智能设备试点应用落地虹桥商圈

虹桥商圈周边地铁环绕，但核心地区"最后一公里"问题突出，共享

可根据需求调整，让禁停区可变可控

单车极大方便了商务区办公人士的短距离出行，缓解了"最后一公里"之痛。但随着共享单车投放量的急剧增长，单车乱停放、堆积占道等问题日渐突出，成为城市顽疾，对虹桥商圈品质产生较多负面影响。为有效监管共享单车乱停放引发治理难题，2020 年起，天山路街道摸索建立起以"蓝牙嗅探＋视频识别＋蓝牙道钉"等智能终端为前端基础，以"政务微信＋一网统管"为后台基础的管理新模式。自 2022 年 1 月起，天山路街道试点启用蓝牙道钉智能设备，再配合原有的视频识别和蓝牙嗅探功能，共同治理辖区共享单车停放乱象。

通过在地面上安装一个个醒目的蓝色圆形设备——"蓝牙道钉"实现区域共享单车的智能管控。"蓝牙道钉"简单来说就是一个信号发射器，它可向每辆共享单车发送信号，即当单位接收的禁停信号后，其车锁无法锁闭，而当车辆接收到可停信号后，才可成功落锁。

天山路街道试点启用的蓝牙道钉可同时控制多种品牌的共享单车，打破了已有共享单车品牌各自管控的分散局面，实现由街道高效统一治理。另外，街道城运中心还可根据实际情况调整蓝牙道钉的信号，让可停和禁停区域可控可变。

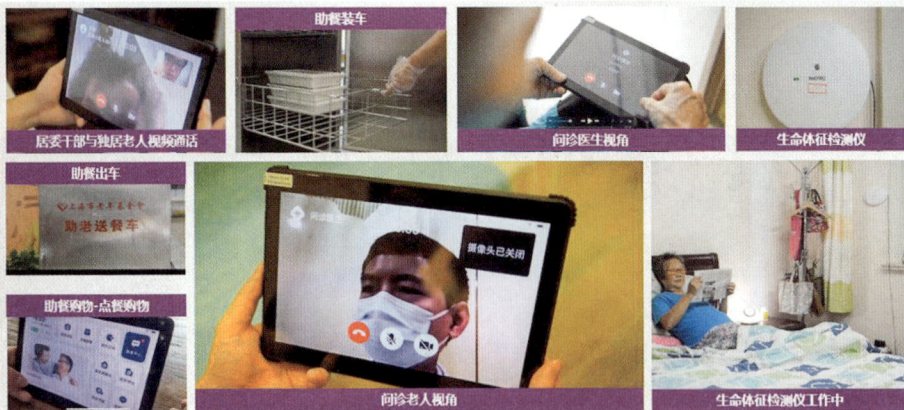

"乐享e家园"智慧化平台

个性化定制，智慧社区有特色

仙霞新村街道坚持从社区发展实际出发，集中解决社区智能停车、智能梯控、非机动车智能充电等共性问题，同时分类指导，因地制宜打造"有辨识度"的智慧社区。

聚焦市域社会治理现代化试点，在小区安装集成小区高空抛物预警、门禁管理及电子巡更、周边报警等安全技防设备，升级开发应用模块，打造虹仙智慧治理"样板房"。联手智能科技公司创新"乐享e家园"智慧服务平台，大力发展数字生活新服务，疏通社区治理难题，打通社区成员沟通壁垒，通过"一键式""一站式"的智慧服务功能，让社区居民足不出户便能于线上享受便民服务，打造虹旭数字社区"店小二"。深化拓展"霞e家"小程序移动民生服务平台功能，整合逸社、仙逸助餐点、慧生活护理站、长者照护之家等社区为老服务资源，创建更加优质高效的在线服务新模式，线上线下社区服务不打烊，打造仙逸美好生活"霞e家"。

拥抱数字化转型，构建新时代关爱服务体系

华阳路街道紧紧围绕"城市数字化转型"全新概念，不断完善和健全现代救助体系智能化治理与传统治理方式相互协同促进。依托"两张网"和"社区云"的场景应用，结合"长宁区困难群众救助需求综合评估系

"老传统+新手段"，构筑新时代救助体系的一体两翼

老传统 "凝聚力工程"双"四百"精神

新手段 救助工作融入"两张网"和"社区云"

"老传统＋新手段"展示

统"，让线上的数字，赋能线下的社区救助顾问工作，通过"线上＋线下"组合拳，深化"政策主动找人"，进一步提升社会救助在社区治理层面的工作能级，确保高效便捷、兜底有力、政社互补、贫有所救、弱有众扶的综合救助新格局。

"老传统＋新办法"，构筑新时代救助体系的一体两翼。传承并深化"凝聚力工程"和双"四百"精神"老传统"，用好"两张网"和"社区云"新系统探索救助"新办法"。依托社区云系统中构建的"标签字典"，汇总形成"可标签索引""可自动匹配"的数据库，及时锁定疑似困难群众和高危预警对象，为实现系统预警、主动推送提供数据支撑。同时，街道借助平台主动发现"沉默的少数"，通过构建特殊群体场景应用，将"独居老人"等数据在社区云上构建分级标签，以系统赋能"新办法"，攻破传统中的排摸盲点。

"线上＋线下"，扩大新时代救助体系的辐射范围。应用"线上求助"功能拓宽居社互动路径。街道在每个居委会设置一名"线上"救助顾问，收到居民在社区云平台提出的问题后，根据实际情况进行研判，涉及咨询的直接在社区云上进行回复，涉及诉求的第一时间上门核实了解情况，如有进一步需要，则联系线下"社区救助顾问"团队采取组团式入户形式，进一步评估需求，量身定制帮扶政策。通过"社区救助顾问"体系精准对接群众所需。街道率先建立"1+4+21+X"人员架构服务体系，畅通"线上求助"渠道，增强"线下帮扶"力量，配套建立基本救助服务与专业化个性化服务结合的精准服务机制、社区救助顾问与社会救助工作互通的主动服务机制，以及综合需求评估与服务主动介入的直达服务机制。培养出资源连接下的"政府 + 社会力量"的多元救助理念，通过整合慈善基金会、社区单位、党建力量及第三方专业力量等扩大社会救助服务供给，形成资源池，在继续发挥政府主导作用基础上，把社会资源用在刀刃上，使其"溢出效应"更大。

"人找政策 + 政策找人"，提升新时代救助体系的政策效能。完善社会救助政策资源库便于"人找政策"便捷化。依托街道和中心微信公众号、社区云"信息公开""社区公告"等板块及传统的宣传栏和宣传折页等模式，向居民无差别、零距离实时发布政策和服务信息等内容，并协同第三方社会组织申爱中心，投放"资源链接服务"，对接居民实际需求，提供各类优质服务，让居民有更多渠道更便捷的途径获得救助信息。形成"大数据比对 + 入户走访核查 + 信息动态管理"流程深化"政策找人"。街道逐步完善各类身份标签，将各种救助基础数据和其他特殊身份数据在社区云平台上进行集合呈现，并结合"长宁区困难群众救助需求综合评估系统"进行科学评估，进一步探索实现"政策找人"。通过"人找政策 + 政策找人"模式，形成双向互动的社会救助预警与主动发现机制，实现统筹高效精准的帮扶效果。

链接一：

跨越数字鸿沟
——我们在

随着现代科技的飞速发展，年轻一代享受着科技带来的便利，但同时，科技的普及也在老年群体面前竖起了一道屏障。如，购物扫码、地铁扫码、买菜扫码、政务服务电子化办理等，还有，疫情暴发后，扫健康码出行成为必须，方便的"智能出行"却成了老年朋友们的"拦路虎"。

关注老年人需求，让老年人不再害怕面对新科技，让他们也能享受科技进步带来的便利，周家桥街道社区服务办和"樊登读书"合作开办"手机摄影课"，教授老年人如何用手机记录精彩的瞬间，同时免费分享课程小程序，让老人可以随时随地反复学，弥补老年人不用就会忘的遗憾，手机摄影线上线下课程都受到了长者们热烈的追捧。周家桥街道事务受理中心开展助老应用培训。现场指导社区老年人如何使用智能手机出示随申码，手机"电子亮证"，下

老师在手机摄影课上教授老年人如何用手机记录精彩

载"随申办"App等智能运用，让老年居民在办事环节也能同样体验到"一网通办"带来的便利。街道事务受理中心同时还推出了为社区孤老、80岁以上独居老人、行动不便的残障人士提供一个电话上门服务项目。

2021年，周家桥街道按照"十四五"规划养老服务为您办实事——百万人次老年人智能应用能力提升行动的要求，目标完成至少1000人次的智能应用能力培训，积极拓展公益基地、公益网点，助力长者享受科技进步带来的幸福生活！

链接二：

江苏路街道织就城市精细化治理"两张网"

梧桐泛黄，树影里的江苏路街道有着上海老城区的典型特质，既有密集的商务楼宇、连片的老洋房，也有普通的小街、弄堂。街道辖区仅1.52平方公里，却人员居住密集，并且老年人多。近年来，依托"一网通办"和"一网统管"，江苏路街道在城市精细化管理和社会治理创新上成绩亮眼。

截至2019年底，江苏路街道60岁以上户籍老人约2万人，占户籍人口约40%，其中80岁以上高龄老人占8%，还有1200余名独居老人。

为服务好辖区内的独居老人，街道为他们安装了智能读水表仪，同时接入街道的"一网统管"平台。一旦智能水表12小时内读数低于0.01立

江苏路街道城运中心大屏

方米，系统就会把信息发送给街道和居委会，相关工作人员会及时上门查看。

有些独居老人家中配备的是门磁报警系统，如果24小时门未被打开，街道城市运行管理中心大屏幕上就会即时显示这一信息，系统将自动"派单"到相关工作人员的政务微信上。

近年来，在江苏路街道，自助服务终端机依托"两张网"数据，进入了居民楼、写字楼、公园和商圈，医疗报销、新能源汽车申领牌照、二手房过户水电气……居民生活里的13大项101小项业务，下楼步行15分钟，立等可办。街道在老年人较多的服务网点安排了志愿者，手把手教居民操作，高龄或行动不便的老人还可以预约上门办业务。

服务企业，高效办理。长宁区2020年单独为餐饮经营者们开了"餐饮综窗"专门办事窗口，把市场监管、消防、市容环卫等5个部门和餐饮有关的业务整合到了一起。餐饮"一件事"在"一网通办"网页端实现线上办理，对不熟悉操作流程的企业主，线下窗口也提供相同服务。街道和区级的受理系统和各市级部门实现了数据交换，企业在线填报的材料可以直接推送到市级审批系统，实现全程网办。企业跑动次数从5次减为0次，承诺办理时间也由31个工作日减为平均7个工作日。

江苏路街道和商汤科技合作，通过AI场景分割等技术，将街道内600多个探头转化为940多个智能感知神经元，涵盖水箱水盖、小区单元防盗门、道路扬尘和垃圾满溢情况等，一旦发生共享单车停在停车线外这类AI事先学习过的马路问题，系统便可立即感知，拍照并把情况迅速传入系统。

新时代非凡十年的长宁答卷

全市首个自治共治智慧小区

虹仙小区建成于 1995 年，地处仙霞地区，紧贴中环线、背靠西郊宾馆，是全市首个自治共治智慧小区。

2017 年，虹仙小区由区公安分局率先启动智能安防建设，先后建成 11 大类 520 个智能感知端。在数字化建设转型中，小区打通了公安和物业的所有监控数据链路，全部接入街道"一网统管"平台，运用到实有人口管理、治安综合治理、加强群防群治等方面工作中，实现警务责任区、综治网格、城运网格多格合一、一网统管。同时，将威宁大楼、四方花园、古龙公寓、长虹公寓作为拓展试点，尝试数据共享、智联互动，探索在部分公共区域的视频监控共享，提升居民在数字社区建设中的参与度。

自数字社区建设项目全面投入使用以来，虹仙小区治安情况持续向好，110 接警数大幅下降，小区入民宅盗窃、盗三车案实现"零发案"，为长宁区探索可扩展、可复制、可推广的民生数字化转型模式做好先行先试。

研究小区智能安防建设工作

元丰花园小区自筹自建智能安防设施

元丰花园小区建成于 2004 年，由于小区监控设备老化且数量不足，曾出现入室盗窃案件多发频发、群租现象屡禁不止、电梯设备被破坏、车辆乱停乱放、环境卫生状况差等各类安全隐患，严重影响了小区居民的正常生活。

智慧元丰监控中心

为破解难题，还居民干净整洁的社区环境。由长宁区委政法委牵头，协调区公安分局、北新泾街道、社区居委和物业，创新自治自筹、共治协调、法治保障的新模式，组建了由居民区党支部、居委会、业委会、物业与社区民警组成的技防改造项目协调小组，全面推进智慧小区建设。

2018 年，元丰花园小区智能安防系统建设工程启动，小区主要出入口安装了具有精准识别功能的微卡口系统，遍布社区地上地下的三百多个高清监控探头形成了视频围栏，另有防高空抛物探头、电梯监控探头、地磁感应、门磁感应、井盖检测、消防栓检测等各类泛感知智能设备逐一安装、调试到位。自智能安防系统运作以来，小区再未发生过一起入室盗窃和盗"三车"案件，实现了社区智能安防、精细化管理、群众安全感满意度"三提升"。

6

第六章
扎实推进党的建设

第一节　开展党内主题教育

长宁区着力打造"初心讲堂"党员学习教育品牌

2018年，长宁区委创办了"初心讲堂"，着力打造集理论学习平台、党性锻炼平台、实践交流平台于一体的党员学习教育品牌。自创建以来，每年聚焦一个主题，通过区内联合、区域统筹、各方联动的方式，共举办了70余场主题活动，覆盖了街道社区、"两新"组织、机关事业单位、国有企业等各领域党组织和党员近万名，已经成为全区最有影响力的党员学习教育品牌。"初心讲堂"主题党课基层理论宣讲团获评上海市"2018年度基层理论宣讲先进集体"。

在守初心、担使命中发挥"初心讲堂"的政治引领作用。区委组织部发挥统筹协调作用，始终把深入学习贯彻习近平新时代中国特色社会主义思想作为一条主线贯穿始终，指导各承办单位开展内容策划、环节设计和形式创新，确保初心讲堂"课课研习，堂堂可悟"。"初心讲堂"创办以来，始终坚持内容安排与区委区政府重点工作推进同频共振，同时根据机关事业单位、国企、社区、"两新"组织等不同领域特点进行针对性设计，确保分层分类全领域覆盖。

在找差距、抓落实中发挥"初心讲堂"的能力引领作用。通过初心讲堂发掘典型、培育典型，让各行各业的典型走上初心讲堂，发挥典型的示范带动作用，通过见人见事见精神，推动广大党员干部学有榜样、干有示范。把"基础是学、关键是做"作为"初心讲堂"的创办初心，每一期"初心讲堂"在内容设计上，紧密对接区委区政府中心工作和民生热点问题，邀请区相关职能部门和区域单位负责人选取重点项目、重要举措等作深度剖析分享，力争通过"初心讲堂"这一平台，广泛分享经验做法，深入推动工作实践。将每期"初心讲堂"举办时间、内容安排与全区党员干部相关培训课程相结合，作为各类主体培训班的必修课或选修课，进一步

2021 年 5 月 28 日，区委组织部、区教育局、团区委共同举办"初心讲堂"第六讲——"红领巾心向党"长宁少先队庆祝中国共产党成立 100 周年"六一"主题活动

增强了党员干部培训的针对性，同时也进一步提升了初心讲堂的影响力。

在抓长效、促提升中发挥"初心讲堂"的机制引领作用。邀请理论水平较高、实践经验丰富的社会各界人士做客"初心讲堂"，着力使"初心讲堂"既接"天线"又接"地气"。联合区域化党建联席会议成员单位共同商议设定年度"初心讲堂"整体安排，共同打造区域内各级党组织和党员进一步悟初心、守初心、践初心的联动机制。长宁区"初心讲堂"创办之初即与上海东方广播电台全媒体平台阿基米德 FM 合作，开发"初心讲堂"品牌电台，每期在阿基米德 FM"学习同心圆"社区全程直播。

链接一：

组织开展"不忘初心、牢记使命"主题教育

2019 年，长宁区委组织部严格按照中央、市委统一部署和区委工作要求，组织开展"不忘初心、牢记使命"主题教育，区四套班子带头，74 个处级领导班子、2268 个基层党组织、6.1 万名党员参加主题教育，得到中央第六巡回督导组和市委第五巡回指导组的充分肯定。区委组织部发挥领导小组办公室的统筹协调作用，提前谋划、积极准备、扎实推进，制定《实施方案》，细化工作安排，组建工作组和 10 个区委指导组，明确

2019年9月23日，区委组织部召开传达市主题教育整改落实工作推进会会议精神暨区委主题教育领导小组办公室第三次（扩大）会议

工作规则、规章制度和责任主体，全力保障主题教育向纵深开展。在市委组织部的指导下，打造以上海凝聚力工程博物馆为代表的"家门口"的新思想学习实践阵地，编印《初心使命——朱国萍的故事》，作为全区开展主题教育重要的学习阵地和材料。发挥"六个有"主题党日、"初心讲堂""学习达人擂台"等品牌作用，推动党的创新理论往深里走、往心里走、往实里走。推动分众传媒党支部独立组建，实现了党建工作在新兴传媒行业龙头企业的突破。在承担好"双重责任"，抓好面上主题教育的同时，扎实推动部自身主题教育，共组织专题学习13次，班子和个人检视问题77项，制定整改措施63条；牵头抓总落实整改好激发干部干事创业内生动力等三个方面6个专项整治项目，建立区管干部实绩考核办法等长效机制。

链接二：

长宁区开展"四史"学习教育

2020年，长宁区委组织部按照市委部署和区委要求，将开展"四史"学习教育作为建立不忘初心、牢记使命长效机制的重要内容，结合实际，制定长宁区实施方案和工作安排，引导全区各级党组织开展学习教育。建立领导小组办公室工作例会制度、工作简报制度等，推进各项重点工作项目，做到周周有简报、重点工作有专报、新情况新问题重点报。突出以上率下，区四套班子领导带头开展集体参观、学习研讨、到党支部工作联系点讲党课，激发基层党员、群众的学习热情。严格执行双重组织生活制度和全面落实党支部工作联系点制度，制发《长宁区关于认真落实党支部工

新时代非凡十年的长宁答卷

2020年长宁区区域化党建工作联席会议全体会议暨"四史"学习教育交流会会场

作联系点相关制度的通知》，推动各级党委（党组）书记和班子成员广泛建立党支部工作联系点，到联系点调研走访、参加组织生活、上党课。注重融入日常，把"四史"学习教育作为"三会一课"和主题党日等组织生活的重要内容，并纳入各类干部培训主体班教学安排，作为基层党组织书记、专职党群工作者、新发展党员、入党发展对象等培训必修课。结合《习近平谈治国理政（第三卷）》、习近平总书记在全国抗击新冠肺炎疫情表彰大会上的讲话精神、在第三届进博会开幕式上主旨演讲精神、在浦东开发开放30周年庆祝大会上的重要讲话精神等，组织全区各级党组织通过专题报告、交流讨论、主题党日等形式开展学习，推动习近平新时代中国特色社会主义思想往深里走、往心里走、往实里走。

链接三：

长宁区初心读书会在仙霞顺利举行

为推动党员、干部知史爱史、知史爱国，让初心薪火相传，把使命永担在肩，2020年11月13日，由东方出版中心、长宁区党建服务中心主办，中版书房、仙霞新村街道党群服务中心共同承办的长宁区"初心读书会"第四期活动暨"仙锋学思汇"学"四史"践"初心"——《党在这里

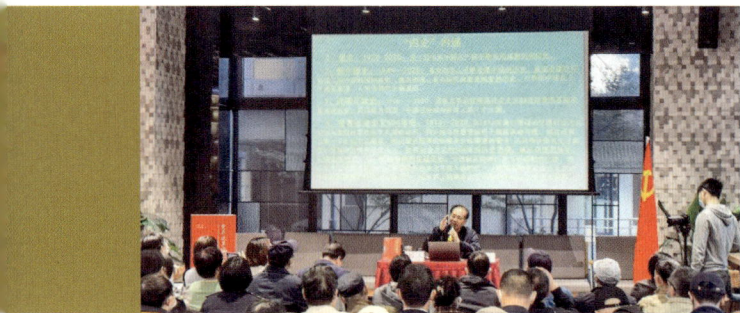

《党在这里诞生》读书会现场

诞生》读书会在中版书房党群服务点举行。

本期"初心读书会"以"学'四史'践'初心'"为主题，特邀上海大学教授，博士导师，原上海大学党委副书记兼纪委书记，现任上海市社联副主席、上海市中共党史学会会长兼党工组书记、上海市高校思政课教学改革协作组长，市"四史宣讲团"成员忻平，领学《党在这里诞生》一书。忻平围绕主题，从阐释"四史"内涵切入，划出"学'四史'的核心重点是学党史"并以此展开，将学习《党在这里诞生》一书的体会娓娓道来，还生动讲述了多个案例。

该书的推出，对于迎接中国共产党建党100周年，深入开展"四史"学习教育，坚守初心使命具有重要的意义。在忻会长的领学、解读下，与会党员抚今追昔，重温中国共产党创建史，全面深刻理解中国共产党发展、壮大的历程，进一步坚定初心、坚守使命，强化责任担当。

链接四：

虹桥街道发布"四史"教育特色项目

2020年8月19日下午，虹桥街道在HONG空间·党群之家举行知"史"砺行再出发——"四史"教育特色项目发布仪式暨虹开发园区综合党委、时尚创意产业联盟党委开放式组织生活。长宁区委常委、组织部部长宋宗德出席活动。虹桥街道党政班子成员、虹开发园区综合党委、虹桥时尚创意产业联盟党委党员代表，以及辖区单位代表和居民区党总支书记等参加。

虹桥街道作为改革开放的前沿窗口，拥有全国第一批经济技术开发区、全国第一家涉外居委会、全国首例土地批租试点等丰富的红色资源。依托于此，活动现场正式发布虹桥街道"七个一"的"四史"教育特色项目。

虹桥街道发布"四史"学习教育特色项目

虹桥街道按照"小切口、大格局、正能量、易传播"的思路，通过共建联建整合辖区各类资源，设计了线上实景、阅读、口述、行走四类"虹动力"四史教育系列"党课开讲啦"课程。系列课程之外，一批"四史"学习教育现场教学点也在活动上发布。这一阵容强大的教学资源"天团"将成为辖区党组织和党员开展"四史"学习教育的强力支撑。

活动的会场外，新一轮"记忆·虹桥"展正在展出。此次展览在上一轮成功展出的基础上，结合"家门口的四史教育"，重点突出了虹桥区域发展历史变革，增加了现场二维码扫码听解说的功能，提升观展人的参与感与体验感。与会人员一同参观了这一展览，感受虹桥地区在波澜壮阔的历史进程中不断焕发的新活力。

庆祝建党 100 周年，精心做好党内评选表彰、党史学习教育

2021 年，长宁区围绕庆祝建党 100 周年，精心做好党内评选表彰、党史学习教育等有关工作，坚持不懈用党的创新理论凝心铸魂。

全力做好"七一勋章"提名、"两优一先"评选表彰和"光荣在党 50年"纪念章颁发等工作。按照有关提名和推荐条件，集中排摸和遴选了我区近些年来涌现的先进典型 100 余个，其中，1 人获评全国优秀党务工作者，14 名党员和 7 个党组织获评全市"两优一先"、6 个党（总）支部被命名为上海市"党支部建设示范点"。召开长宁区"两优一先"表彰大会，评选表彰全区优秀共产党员 200 名、优秀党务工作者 100 名、先进基层党组织 100 个及区域化党建联建优秀单位 50 个。指导虹桥街道做好"光荣

2021年6月8日，在"光荣在党50年"老党员代表李仁杰的带领下，100名来自全区各行各业的新发展党员进行入党宣誓

在党50年"纪念章颁发仪式全国启动点工作，举办长宁区"光荣在党50年"纪念章颁发仪式，全区各级党组织共为7012名党员颁发了纪念章，并广泛开展重温入党誓词、党员过政治生日等仪式，进一步增强了党员的荣誉感、归属感和使命感。

组织开展党史学习教育"我为群众办实事"实践活动。围绕推进精品小区建设、加装电梯、早餐工程、企业服务、城市数字化转型等，区领导深入一线带头领办、推动落实区"我为群众办实事"重点项目13项。全区各级党组织完成重点民生和发展项目1660余项，围绕"我与群众面对面""我为群众解难题"等7个方面，解决群众"急难愁盼"问题或困难3200余个。联合区地区办，推进完成党建引领下的社区治理"七个一百"实践行动。养老服务数字化转型、智慧菜场等入选全市党史学习教育"我为群众办实事"典型案例，党建引领红色物业等31篇案例入选市委组织部"向百年交答卷"系列丛书，党建引领基层治理、协商民主等2篇征文获全市主题征文一等奖，2篇案例入选浦干院"百优庆百年"上海城市基层党建创新案例，愚园路的数字新生、既有多层住宅加装电梯入地等案例入选第二届上海城市治理最佳实践案例。

广泛开展群众性主题宣传教育系列活动。举办长宁区庆祝建党100周年群众性主题宣传教育系列活动发布仪式、全区重点行业企业红色地标打卡主题活动。推进上海凝聚力工程博物馆布展调整完善各项工作，2021年共接待参观11.2万人次，馆外巡展活动1.3万人次，线上博物馆点击量16.6万人次，"凝聚的故事"系列微党课直播活动点击量14.9万人次。上海凝聚力工程博物馆被评为新时代上海党的群众工作创新实践基地、上海市组织生活基地等称号。聚焦区委区政府重点工作推进，以"真学深悟百年路　凝心聚力启新程"为主题举办了 20 期"初心讲堂"，区委领导带头参加，持续推动各级党组织和党员学思践悟、砥砺初心。针对"两新"组织和年轻群体特点，开发长宁区"两新"组织百年党史天天学小程序和初心手册，共有 2200 余人线上参与。挖掘区域红色资源，开发 10 条"行走微党课"红色旅游线路，进一步激发"两新"组织党员学好用好党史的热情。会同区委宣传部，开展"我身边的好党员（好组织）"征集活动，在"上海长宁""凝聚长宁"微信公众号上广泛宣传优秀党员和支部事迹。

链接一：

长宁区开展"我为群众办实事"实践活动

2021 年内，区委组织部作为全区"我为群众办实事"实践活动的主责部门，做好组织发动、推进总结等工作。围绕推进精品小区建设、加装电梯、早餐工程、企业服务、城市数字化转型等，区领导深入一线带头领办、推动落实区"我为群众办实事"重点项目 13 项。各处级部门结合职能主动办，基层党组织发动党员合力办，形成"我为群众办实事"实践活动"13+200+2000"三级项目清单，推出党建引领下的社区治理"七个一百"实践行动。养老服务数字化转型、智慧菜场等 6 篇案例入选全市党史学习教育"我为群众办实事"典型案例，党建引领红色物业等 31 篇案例入选市委组织部"向百年交答卷"系列丛书，党建引领基层治理、协商民主等 2 篇征文获全市主题征

华阳路街道 16 部集中加装电梯开工仪式

文一等奖，2篇案例入选浦干院"百优庆百年"上海城市基层党建创新案例，愚园路的数字新生、既有多层住宅加装电梯等案例入选第二届上海城市治理最佳实践案例。将建立"我为群众办实事"长效机制与深化"不忘初心、牢记使命"长效机制统筹考虑，形成全区长效机制、制度举措、政策文件70余项，其中，区委组织部制定《长宁区街镇社区党群服务中心体系功能建设实施意见》《长宁区关于党建引领"楼门口"服务体系建设的实施意见》《长宁区关于进一步加强居民区党组织队伍建设的若干意见》等文件制度。

链接二：

建"家门口"的爱国主义教育基地　讲身边的红色故事

2021年6月4日，为庆祝建党百年，生动再现路易·艾黎为中国人民的解放和建设事业奋斗不息的一生，"愚园人家红色印记"路易·艾黎微展厅开幕。

华阳路街道在打造微展厅这一爱国主义教育基地的过程中，秉承"用活红色资源、讲好党史故事"的理念，充分彰显时代特征，针对当下年轻人的特点，推出了兼具实用性与传播性的系列红色文创产品，以饱含创意、富有感染力的形式呈现路易·艾黎故居的地标特点，将红色文化与潮流文化、红色血脉和城市文脉有机结合，与年轻人的需求"对味"，润物无声让红色故事"破圈"，潜移默化引发多元群体"共鸣"。

华阳路街道将爱国主义教育基地建设与多阵地功能相融合，通过行进的党课、红色诗歌朗诵等，开展形式多样的党史学习教育、新时代文明实践，专门成立了"红色

路易·艾黎微展厅外景

印记"志愿宣讲团，成员由高工谈心会的老干部、专职党群工作者和社区志愿者等组成，为参观者提供预约讲解，用切切实实的新时代文明实践活动来传承、传播"家门口"的红色历史和红色文化。

链接三：

翻转党课活力四射，党史学习"热力十足"

2021年4月15日，仙霞新村街道"仙锋学思汇"联手樊登读书，以党史学习教育为契机，推出"翻转课堂"党员培训教学新模式，本次党课以"觉醒年代——中国共产党的诞生"为主题，以畅销书《红色起点》为内容基础，让党员们在气氛活跃的交互场景中感受到中国共产党人不畏艰难险阻，探索建立中国共产党的伟大历程。此次党课线上、线下同步直播，实现党课进楼宇、学习零距离。街道领导班子，街道机关支部、居民区党组织书记代表和"两新"党组织书记、驻区单位党组织、党群阵地负责人、宣讲团老师等出席。

"翻转课堂"是在前期视频教学、分组研讨和情景模拟等教学精髓的基础上，遵循"任务驱动、学员主体、学习导向"的教学理念，在翻转师的带领下，学员们通过混合式，探究性主动学习和讨论解决问题，专注于党史学习和内容吸收，对党史产生了更深层次的理解，形成的一种全新的党员培训教学模式。

除了知识问答，活动还引进了"即兴表演"和"名著诵读"的环节。身披"朝服"，头顶"朝冠"，两名学员在课堂上用表演的形式还原了"张勋迎溥仪复辟"的历史事件。他们绘声绘色的演绎将大家重新拉回了那个军阀混战的战争年代。

"觉醒年代——中国共产党的诞生"党课现场

丰富载体，拓宽形式，助推党史学习教育走深走实走心

开展党史学习教育以来，程家桥街道立足街道实际，按照"规定动作不走样，自选动作有特色"的要求，把党的历史学习好，把党的经验传承好，以优异的成绩迎接党的一百周年。街道党工委采取形式多样，特色鲜明的方式开展党史学习教育，掀起党史学习热潮。

"领学＋自学"，以上率下学出"新感悟"。街道党工委理论学习中心组成员每个月都准时参加区中心组联组学习，在党工委中心组集中学习会上分享心得体会，并在参观陈云纪念馆时，领誓《入党誓词》，其他处级领导干部坚持集中学和个人学双管齐下，深入学习习近平同志《论中国共产党历史》、《毛泽东邓小平江泽民胡锦涛关于中国共产党历史论述摘编》、《习近平新时代中国特色社会主义思想学习问答》、《中国共产党简史》等书籍，随时随地、原汁原味学原著、悟原理，全面掀起学习"热潮"。

"请进来＋走出去"，培训寻访学出"新气象"。街道定期举办党史学习教育培训班，学习中国共产党成功推进革命、建设、改革的宝贵经验，和充满时代感的"上海故事"。在把专家教授"请进来"开展集中学习的同时，各基层党组织纷纷利用市、区红色资源优势走出去，深入各红色纪念馆、烈士陵园等开展现场学习，让党史学习教育更深入人心。如：街道机关党支部组织全体党员前往青浦区西乡革命烈士陵园和陈云纪念馆开展党史教育红色践学系列活动，缅怀革命先烈，传承红色基因；退休支部的老党员们参观上海工人第三次武装起义遗址的三山会馆等活动，追寻革命精神。

"线上＋线下"，多维并进学出"新氛围"。围绕党史学习教育，街道探索创新学习形式，推出"线上＋线下"的多维学习模式，营造浓厚学习氛围。街道在微信公众号开设"党史学习"专栏，将街道学习党史动态定期更新，并借助"学习强国""上海干部在线"等新媒体平台进行线上参与式党史学习教育。街道还将推出 AI 红声馆，将名家朗读的红色经典制作成二维码，设置在人流密集的动物园十号线站点等处，大力推广线上学习教育。

街道的社区党校作为"线下"学习教育的主阵地，探索推出行走中的情景党课、"千年非遗、百年建党"的沉浸式系列党课等，2021 年有 2 期

程家桥街道开展"请进来＋走出去"培训活动

行走的党课入选"学习强国"。各基层党组织则依托三会一课、主题党日等方式，不断普及党史知识，推动党史学习教育深入社区党员。

链接一：

党史学习教育串起多元参与社区治理一条链

　　程家桥街道深入开展党史学习教育，结合"我为群众办实事"项目，紧扣区域建设管理中的公共事务和涉及群众切身利益的实际问题，积极通过将商户和社区进行良好的联动，解决各方的困难，成立"商居共治联盟"，搭建商户与居民议事平台，促进商户与居民之间的沟通和联系，实现彼此互惠互利。

　　街道社区治理实践者微课堂围绕"商居共治联盟"的社区提案，聚焦居民提出的沿街商铺环境整治，宝北居民区党总支成为商居共治牵头人，发挥跨前作用，以"解决一件居民烦心事，破解一道治理题"为目标，主动在程家桥路慈善超市内搭建了商居共治联盟议事会平台，让商户和居民遇到困难和问题，到联盟议事桌上协商解决。设置信息驿站，一方面，形成优惠发布阵

增加后的非机动车停车空间

商居共治联盟启动仪式

地，刺激居民消费，拉动商业；另一方面，通过公益项目认领，为商户提供了服务社区的机会，让居民和商户感受到彼此的尊重和关怀。

在该项目落实的过程中，街道利用服务群众专项经费，引入社会组织海涛共同打造商居共治联盟。慈善超市内有一块区域，摆放着粮油、零食、服装饰品等商品。这个专柜上的商品，是由沿街商铺、爱心企业捐赠，再以超值的价格销售给居民，所得款项将设立宝北居民区慈善基金，用于社区小微公益项目的运作，为社区的发展造血运作，形成良好的可持续的发展循环。除了沿街商铺、爱心企业捐赠物品，在慈善超市专柜定向销售外，程家桥路商居共治联盟发布了十大公益项目。

程家桥路上商户众多，非机动车停车需求量大，容易引起车辆乱停放，尤其在美天菜场附近，此处上街沿区域相对宽阔，而地面非机动车场地划线不合理，导致停车不方便，行人走路也多有不便。为了解决这个问题，程家桥街道召集沿街商户开展了协商共治推进会，探讨美丽街区建设方案，听取商户意见。基于街道商居共治联盟，沿线商户形成了良好的门责自律自治，对街区改造都非常支持，并达成共识，统一将自家台阶向后退移20厘米，增加了非机动车停车空间。

链接二：

以党史学习教育为推手，助力社区跑出治理"加速度"

2021年，程家桥街道开展党史学习教育，牢牢把握人民城市的根本属性，以全面加强党对社区治理的领导为根本，以推进社区治理规范化、精细化建设为主线，深入探索实践，形成了多项成功的社区治理案例，获得

在《上海街镇》上刊登的程家桥街道社区治理案例

了广泛的推广和传播。街道不断总结经验，以党史学习教育为推手，加快社区治理现代化步伐。

在这些成功的社区治理案例中，街道始终坚持党建引领社区治理，将党建作为基层治理的关键。充分发挥街道党工委作为区域化党建的统领优势，居民区党组织作为基层治理中统揽工作、统领组织、统筹资源的作用，以党组织牵动社区居民、社区单位、社会组织各方参与，构建"街道—居民区—小区"三级网络，推动街道协商、社区协商、小区协商的有效衔接，共同破解社区治理难题。充分发挥街道航空行业党建联盟的作用，广泛链接联盟成员单位参与社区治理民心工程建设，推动重点点位改造，吸引外部资金支持，确保民心工程更好落地。充分发挥红色业委会等自治组织作用，成立街道党建引领业委会建设工作指导委员会，加大业委会党支部的组建力度，在符合条件的业委会中成立党的工作小组，鼓励退休党员干部通过合法程序进入业委会，使业委会的党员比例不低于50%。

最大限度盘活区域资源，通过与小区物业紧密对接，将虹桥中园居民活动室打造成为集党建、议事、学习、休闲、娱乐、服务于一体的邻里共享空间，开展各类自治活动，为社区老年人提供7类24项为民服务项目。在位于街道中心区域的程家桥路上改建以党建融合红色慈善为主题的社区慈善超市，内设"程家桥路商家共治联盟服务点"，为程家桥路商居共治联盟的67家成员单位和周边社区居民代表提供协商解决商家和居民矛盾的平台。将虹桥机场内一处闲置已久的仓库打造成集社区提案、自治议题讨论、案例展示于一体的共享空间——虹桥机场新村"小白屋"社区居民参与小站，定期策划组织社区提案征集活动，使其成为社区治理的重要空间载体。

第二节 城市基层党建

"凝聚力工程"的发展历程

"凝聚力工程"是上海社区党建的金字招牌。2007 年，时任上海市委书记习近平曾实地调研"凝聚力工程"发源地——华阳路街道，旗帜鲜明指出，"'凝聚力工程'是上海坚持时间最长、全国影响力最大的一个典型"，强调"这个典型一定要坚持，要继续发扬"。

"凝聚力工程"是在 1993 年市委组织开展的大规模调研活动中被发现的，时任市委组织部部长罗世谦带队蹲点 3 个月，总结华阳路街道"四百精神"，命名为"凝聚力工程"。1994 年 4 月，《解放日报》头版头条发表关于长宁区华阳路街道"凝聚力工程"长篇报道，并配发评论员文章《了解人、关心人、凝聚人》。同年，市委组织部在长宁召开"凝聚力工程"建设现场会，下发试点工作通知向全市推广。1995 年 6 月，《人民日报》头版头条报道长宁区华阳路街道建设"凝聚力工程"经验和感人事迹并配发评论员文章。同年，中央组织部下发《转发〈关于上海市开展建设"凝聚力工程"探索基层党建新路子的情况报告〉的通知》，要求全国各地借鉴。自此，"凝聚力工程"走出上海，走向全国，成为社区党建的品牌。2003年，市委八届三次全会审议通过了《中共上海市委关于进一步推进"凝聚力工程"加强和改进基层党的建设的决定》，明确提出"凝聚力工程"向"凝聚党员、凝聚群众、凝聚社会"拓展。2007 年，"凝聚力工程"写入市第九次党代会报告，2012 年，写入市第十次党代会报告。2013 年，上海凝聚力工程博物馆建设落成，成为至今为止全国唯一的"基层党建博物馆"，全市唯一的"城市基层党建创新实践基地"和"新时代党的群众工作创新实践基地"。

30 年来，"凝聚力工程"的发展得到历任市委主要领导的关注和指导。2023 年 5 月 5 日，陈吉宁书记调研长宁后明确指出："要把'凝聚力工程'

新时代非凡十年的长宁答卷

2023 年 6 月，长宁区举办新时代"凝聚力工程"建设研讨会

建设好、发扬好，在城市基层党建中体现重要作用。"

从最初的"了解人、关心人、凝聚人"，到后来的"凝聚党员、凝聚群众、凝聚社会"，再到进入新时代的"政治凝聚、组织凝聚、服务凝聚、文化凝聚"，"凝聚力工程"坚持"一个不变、两个回答"，在传承发展中历久弥新。"一个不变"就是："了解人、关心人、凝聚人"的价值追求永恒不变，"串百家门、知百家情、解百家难、暖百家心"的群众工作方法焕发着持久生命力；"两个回答"就是：回答了伴随社会发展变革基层党组织做什么、怎么做和城市建设为了谁、依靠谁的永恒命题。

"凝聚力工程"是党的群众路线和党的优良作风的基层实践，是党与人民群众保持血肉联系的传家法宝，是推动发展的不竭动力，是基层治理体系和治理能力现代化的范本案例，是践行人民城市理念，真情凝聚服务群众的时代缩影。

链接一：

新时代上海党的群众工作创新实践基地

上海市委组织部精心筹划、周密准备，推出了 12 个创新实践基地，包括物业治理、旧区改造、滨江、楼宇、高校、互联网、党员教育、群众工作、党群阵地、集体经济、居民区队伍及长三角一体化发展，都是上海基

上海凝聚力工程博物馆门厅——新时代上海基层党建创新实践基地

层党建高质量发展的典型代表。12个新时代基层党建创新实践基地，全景呈现了上海学思践悟新思想的最新进展，紧紧围绕习近平总书记"支部建在楼上、党建落到实处""建立资源整合型党建工作模式"等对上海基层党建的重要指示精神，聚焦楼宇、滨江、互联网、党群阵地、物业治理、旧区改造以及长三角一体化发展等方面，逐一对标落实，化为具体实践，翻开时代新篇。

长宁区依托上海凝聚力工程博物馆建设新时代上海党的群众工作创新实践基地。基地以上海基层党建品牌"凝聚力工程"为切入口，用鲜活的实践案例，展现上海生动践行党的群众路线，持续探索符合超大城市建设发展特点的群众工作新路，不断丰富城市基层党建内涵，开发6堂专题党课，打造成为上海市爱国主义教育基地、上海各级党组织联系服务群众的阵地和宣传展示的窗口。馆内布展共分为4个部分：初心使命。主要介绍上海以"凝聚力工程"为代表的基层群众工作从街居党建起步，向社区党建转型，到区域化党建深化拓展，群众工作的内涵得到不断丰富，在新思想的指引下系统开创了城市基层党建新局面。深化拓展。主要介绍上海坚持把党的群众工作作为一项极其重要的基础性、经常性工作来抓，各级基层党组织聚焦以人民为中心的理念，持续探索符合特大型城市特点的基层党建新路，使党的群众工作在新形势下乘风破浪再扬帆。创新发展。主要介绍党的十八大以来，上海面对新形势新任务，在城市基层党建和党建引领社会治理创新上不懈努力，上海党的群众工作的对象、机制、方法、平台都得到了创新突破，逐步形成了"上海经验"。奋进前行。主要介绍党的

新时代非凡十年的长宁答卷

十九大以后，上海各级基层党组织不断探索、走在前头，持续推进上海城市基层党建系统建设、整体建设，实现群众在哪里、党的工作就覆盖到哪里，"奋力创造新时代新奇迹"的探索和实践。

链接二：

上海凝聚力工程博物馆打造新时代学习实践中心

上海凝聚力工程博物馆于2013年建成开馆，目前，博物馆已成为中共中央组织部全国党性教育基地网上展馆、中国浦东干部学院和上海市委党校现场教学点，以及上海市爱国主义教育基地、上海市公务员践行社会主义核心价值观学习基地、上海市学生社会实践基地、上海市民修身示范基地。

博物馆开馆以来，秉持"把博物馆打造成为干部教育的课堂、群众路线教育的基地"的要求，聚焦党的群众路线教育实践活动、"三严三实"学习教育、"两学一做"学习教育、"不忘初心、牢记使命"主题教育、"四史"学习教育、党史学习教育等，主动对接、有效服务于党内学习教育。2014年，市教实办将博物馆作为第二批教育实践活动学习教育资源之一向全市各级党组织推荐，2016年，博物馆成为上海市"两学一做"学习教育红色基地。2023年，长宁区委组织部，对博物馆展陈进行了调整完善，对博物馆功能进行了拓展优化，博物馆已初步打造成为党员教育管理的实践基地，上海基层党建联系服务群众的阵地和宣传展示的窗口，新时代"凝

华阳路街道"凝聚力工程"微展厅内景

聚力工程"建设的见证物征集、保存、研究和展示的固定场所。

为有效服务于党内学习教育，系统展示习近平新时代中国特色社会主义思想的核心要义和丰富内涵，与时俱进展现习近平总书记对上海工作的重要指示精神。博物馆精心设计陈展内容，从牢记使命、敢于担当、善于发展、勇于创新、不懈奋斗等方面着重阐述上海市委学习贯彻落实习近平新时代中国特色社会主义思想，在城市基层党建中落地生根的情况。博物馆先后与中国浦东干部学院、上海市委党校、上海交通大学、复旦大学等合作开展党员干部现场教学培训，先后为中央国家机关党委副书记专题研讨班、中央统战部省级后备干部培训班等提供案例教学培训。博物馆序厅和多媒体影院内设立了入党宣誓基地，为基层党组织开展新党员入党宣誓、老党员重温入党誓言等党日主题教育活动提供服务，为党组织开展"三会一课"、开放式组织生活提供学习和场地资源。

链接三：

华阳路街道"凝聚力工程"微展厅正式开馆

2021年，位于安化路500号华阳路街道社区党群服务中心二楼的"凝聚力工程"微展厅正式开馆。相比较于位于中山公园的"上海凝聚力博物馆"，微展厅面积不大，但是通过各种实物、影像资料、工作成果的展示，起源于华阳近30年历史的"凝聚力工程"在这处精心打造的空间里得以完美诠释。

　　整个展厅包括三大板块。春风丽日暖华阳板块，从串百家门、知百家情、解百家难、暖百家心等方面回顾"凝聚力工程"在华阳的发展史。20世纪90年代初，华阳路街道"凝聚力工程"应运而生，继而推广到全区、影响于全市。2007年9月11日，时任上海市委书记习近平到华阳路街道视察，充分肯定"凝聚力工程"是"社区党建最早、最长的典型"。走进新时代板块，"凝聚力工程"建设进一步向政治凝聚、组织凝聚、服务凝聚、文化凝聚深化拓展，更加深入人心。华阳路街道始终把党的政治建设摆在首位，加强理论学习、有效开展主题党日、深化班长工程建设。奋进新征程板块，站在新起点，对"凝聚力工程"提出了新要求，始终做到四个坚持，始终充满生机活力。始终坚持以新思想为根本遵循，把党的政治建设摆在首位落到基层；始终坚持紧扣时代脉搏践行群众路线，密切党同人民群众的血肉联系；始终坚持强基固本尊重首创，不断增强基层党组织的战斗力；始终坚持以人民为中心，带领人民共同创造更加幸福美好的生活。

长宁区推动主题党日"六个有"　校准党员常态化学习"生物钟"

　　近年来，长宁区坚持将党支部主题党日作为加强党员经常性教育管理和党性锻炼的重要载体，推动全区基层党支部每月相对固定一天组织开展主题党日活动，将全面从严治党要求落到每一个支部、每一名党员，在强化党支部政治功能的基础上，不断提升组织生活和党员教育活动的生机活力，激发党支部战斗堡垒作用和党员先锋模范作用。

　　党员学习日，将党史学习教育内容、党章党规、习近平新时代中国特色社会主义思想作为主题党日的"必修课"，通过读原著、学原文、悟原理，引导党员把自己摆进去、把职责摆进去、把工作摆进去，做到学思用贯通、知信行统一。党员议事日，主要通过组织党员对党支部年度工作计划、推先表优、发展党员、党代表推荐、支部建设、党费收缴管理使用、党员群众关心的重大事项进行民主讨论研究，发挥党内民主、凝聚党员智慧，提升基层治理能力。党员调研日，旨在引导鼓励党员、干部深入基层、深入一线，在调研中转变工作作风、密切联系群众、增进群众感情。党员奉献日，根据党员专业特长、兴趣爱好、身体状况，结合"双报到""双报告"等制度，精准对接群众需求，开展党员志愿服务，做到每位党员每年至少参加1次志愿者服务，为身边群众至少办1件实事好事。

有坚持、有制度，严格规范党内政治生活。制定出台文件对基层党组织开展主题党日活动的周期、内容等作了进一步规范，明确每月固定1天，围绕"党员学习日""党员议事日""党员奉献日""党员调研日"四个主题开展主题党日活动，实现了党员党性教育的常态化制度化。每年党委（党组）会议至少集中研究1次基层党组织主题党日和"三会一课"工作，党支部对每年主题党日活动作出计划安排，书记作为第一责任人亲自谋划、亲自部署、亲自推动。各级党委（党组）书记及班子成员结合党支部联系点制度，重点联系至少1个基层党支部，对支部主题党日活动加强指导。各级基层党委组织部门采取随机抽查、现场观摩、情况通报等方式，定期开展督查指导，确保党支部主题党日要求落地落实。

有思想、有灵魂，突出主题党日党性党味。坚持把政治标准和政治要求贯穿每次主题党日始终，着力在政治性、时代性、原则性、战斗性上下功夫，推动主题党日的形式和内容凸显党的性质和特点，不断增强党味。一是整合点位资源，为主题党日提供阵地支撑。依托区、街镇、居民区（楼宇园区）"1+10+x"三级党群服务矩阵，持续提升"宁聚里"党群服务阵地体系功能，方便基层党支部就近因需选择合适的点位开展主题党日活动。二是挖掘红色资源，为主题党日活动提供丰富素材。"四史"学习教育期间，推出了《长宁"四史"学习教育革命历史遗址推介》清单，相关单位结合讲好红色故事，开发出一系列情景党课。如，愚园路上的红色资源结合路线党课开发，从街道辐射到全区乃至全市，吸引了越来越多的党员、群众前来参观，成为开展主题党日的"网红路线"。党史学习教育期间，命名授牌马相伯纪念馆等10家区级爱国主义教育基地，编印了《红色微旅游推荐线路菜单》《长宁区红色文化地图》，依托长宁"家门口"红色资源，讲活爱国故事、红色故事，让学习教育更加立体鲜活、可观可感。三是打造优质党课，进一步扩大主题党日示范效应。对照中组部、市委组织部"党课开讲啦"活动有关要求，遴选优秀党课进行分享展示，汇编形

三十七民众夜校旧址纪念馆中的主题党日活动

成《课程推介手册》。其中，"凝聚力工程博物馆里的初心之旅"和"百年岐山村——老洋房的红色新生"两堂微党课经过市组层层筛选，被列入市组选送中组部的 20 部微党课中。

有色彩、有温度，提高组织生活质量效果。既在"党味"上坚持原则，在政治引领上进行把关，也通过内容、形式、载体、方法、手段等方面改进，让每一次主题党日活动既有意义，又有意思，不断增强主题党日的吸引力和感召力，让党员每次都有收获、都有感悟。近年来，全区各级党组织精心策划思政党课、朗读党课、电影党课、故事党课、音乐党课、实践党课、绘画党课等各领域党员喜闻乐见的课程，增强主题党日的理论深度和情感温度，受到党员们的普遍欢迎和点赞。主题党日重点在学，关键在做。长宁区在规定"学习日"不少于全年主题党日次数的三分之二的同时，对"议事日""调研日"和"奉献日"也作出了具体要求，其目的就是让党员在接受党性教育的过程中，注重知行合一，积极参与"我为群众办实事"实践活动，将学习成效体现在组织群众、宣传群众、凝聚群众和服务群众中去，将好事实事办到群众的心坎上。

2018 年，长宁区创办了"初心讲堂"党员学习教育品牌。为基层党支部党员搭建了参加高质量主题党日活动的平台，更用坚持不懈的高品质党课为党员涵养出自觉参加组织生活、党员教育培训的习惯。近年来，全区各级党组织结合本区域、本单位资源优势，认真贯彻落实党的组织生活制度，推广党支部主题党日有关部署要求，以主题党日规范化建设为抓手，着力打造了"红色建管""国资大讲堂""新华讲坛""高工谈心会""初心愚

"初心讲堂"上，著名表演艺术家牛犇老师分享在电影创作和表演过程中始终坚定理想信念、坚持艺术追求、坚守人文情怀的故事和孜孜以求、于耄耋之年圆入党梦的真切感悟

园""三味学堂""虹动力""仙锋学思汇""小北学习社""初心说"等一批党员教育培训品牌，增强了主题党日的知名度和影响力。随着互联网、5G等技术不断普及，线上党员教育培训平台和资源不断丰富，拉近了与党员之间的距离，给创新主题党日形式带来了新的生机。疫情防控期间，长宁区各级党组织依托"互联网＋"，创新学习形式，确保党员学习"不停摆""不掉队""不打烊"。

链接一：

推广"六个有"主题党日

2018年，区委组织部牢固树立党的一切工作到支部的鲜明导向，推广"六个有"主题党日（有坚持、有制度，有思想、有灵魂，有温度、有色彩），将学思践悟新思想作为党支部主题党日的"必修课"。该做法在中组部基层党建工作会议上进行了经验交流，被《人民日报》《中国组织人事报》等媒体报道，市委组织部发文向全市推广长宁区"抓实主题党日、强化理论武装"的做法。创设"初心讲堂"全区党员干部学习交流的品牌，举办"'凝聚力工程'大家谈·25周年25人讲"12场，2400余名党员干部参加。基层党（工）委创新形式，形成新华路街道"新华讲坛"、周家桥街道"三味学堂"、虹桥街道"虹动力"等学习品牌。打造"长宁学习达人擂台"在线学习平台，营造党的最新理论和基础知识即时学、随手学的氛围，1636 个基层党组织、16876 余名党员参与，该做法被中组部肯定宣传。对接学习《三十讲》，开设区党建服务中心学"习"书架、"凝聚网"学习专栏。在各街道（镇）社区党建服务中心打造组织生活室，为基层党组织开展主题党日活动提供场地等硬件支持。

链接二：

抓实主题党日，强化理论武装

《布尔塞维克》编辑部旧址

区委鼓励基层党支部创新主题党日形式方法，拓展途径帮助党员理解掌握党的创新理论。一是开展誓词教育。党的十九大闭幕不久，习近平总书记带领中央政治局常委同志瞻仰"一大"会址、重温入党誓词，宣示坚定政治信念，为全党作出了示范。区委把入党誓词教育作为主题党日的重要内容，由优秀共产党员及党务工作者、市区两级党代表领誓，组织党员重温入党誓词，走进身边典型的内心世界，分享个人成长故事，强化党的意识和党员意识。党员普遍反映，每次诵读入党誓词都让自己热血澎湃，切身感受到党内生活的仪式感和庄严感。二是用好红色资源。上海是中国共产党的诞生地，长宁是大革命后中央机关刊物《布尔塞维克》的创办地，瞿秋白、罗亦农等革命先驱都曾在这里生活和战斗。充分挖掘运用红色资源，在全区开展"红色传承·力量之源·找寻初心"主题党日，组织党员参观"从石库门到天安门"主题展，编印《红色印记地图》，要求党员记录《寻访手记》，引导党员回望党的历史、追忆革命先辈、传承红色基因。基层党支部普遍组织党员到党的"一大""二大"会址和"四大"纪念馆，开展体验式主题党日，引导党员悟初

长宁区婚姻（收养）登记中心党员先锋岗、示范岗

心、筑初心。三是推送精品课程。统筹区内高校、党校优质师资和课程，发挥10家社区党校"家门口"党性教育阵地的作用，将学习资源送到支部。开展优秀情景党课评比、红色作品展演，将精品课件制作成音频视频，全区230多个党建服务中心（站）通过需求征询、排片告知、网上预约、视频直播等方式定期推送、支部自主选学。区凝聚力工程博物馆情景党课"信仰的力量"、仙霞新村街道社区党校"十九大报告里的民生红包"等成为"香饽饽""经典菜"。

链接三：

抓实主题党日，着力推动实践实干实效

全区党支部以主题党日为平台，组织引导党员扑下身子、苦干实干，把从习近平新时代中国特色社会主义思想中学出的信仰、担当和本领，转化为干事创业、筑梦前行的强大力量。一是推动改进作风。2018年，按照市委大调研要求，全区开展"走百居、访千企、进万家"主题党日，推动机关党支部与全区185个居民区结对共建，走访困难居民，帮助解决急难愁盼问题；推动党员深入调研企业发展的痛点难点，在全市首创新办企业专人管理、专属服务、专网对接的税收管理模式，实现105个办税事项"最多跑一次"。二是推动岗位建功。结合"支部亮牌""党员亮相"工程，在全区普遍设立党员先锋岗、责任区，以及各窗口单位和服务行业党组织集中开

展主题党日岗位大练兵、技能大比武、效能大比拼，"岗位学、岗位行、岗位赛、岗位优"深入人心，打通服务"肠梗阻"，实现服务"零距离"。三是推动为民服务。发挥主题党日集中发动、集中教育、集中组织的特点，聚焦群众"急难愁"和"需盼求"问题，切实把党员组织发动起来。在烟花爆竹禁燃、老旧公房加装电梯、精品小区建设等重点难点任务中，通过主题党日先学、先议、先行，形成"支部议在前、党员争先锋、骨干全发动、居民自觉行"的有效治理模式，基层党组织的组织力得到显著提升。

江苏路街道在提升四力中推动楼宇党建高质量发展

江苏路街道地处长宁东大门，顺应时代发展节拍，1.52平方公里辖区内集聚了15幢商务楼宇和1220家企业。商务楼宇已经成为"两新"组织集聚、创新创业集聚、资金资源集聚的"垂直式街区"，大量年轻活跃、富于创造的从业人群工作、生活和交往的"立体化社区"。近年来，街道党工委始终牢记习近平同志"上海党建的重点是楼宇"的重要指示，认真落实市、区关于加强楼宇党建工作的意见，紧紧聚焦楼宇经济、楼宇治理、楼宇人群，逐步形成以街道党工委为领导、楼宇党组织为主体、楼宇党群服务站点为依托、楼宇经济发展为重点、楼宇党群工作人才为支撑、广大楼宇党员群众共同参与的楼宇党建工作体系，持续推动"支部建在楼上、党建落到实处"向"组织引领发展、共建共享美好"迈进，让党旗在城市天际线高高飘扬。

以提升组织力为重点，在严密组织体系中确保"党建真覆盖"。一是以"两委制"创新楼宇党的组织设置，推动在华敏翰尊国际大厦等标志性楼宇成立楼宇党委，在其他楼宇成立党总支（支部）；针对商务楼宇鲜明的治理属性，创新设置楼宇治理委员会。二是以"两覆盖"加大楼宇党的基因植入，开展一楼一排查、建立一企一档案，实施把党员培养成骨干、把骨干培养成党员"双培工程"。三是以"两联动"提升楼宇党的工作能级，强化楼社联动，推动楼宇党建、居民区党建、区域化党建"三建"融合，通过人员"双向进入、交叉任职"；强化楼楼联动，发挥楼宇集群优势，成立长宁区广告传媒行业党建联盟，形成更为强大的党建惠企生态圈。

华敏翰尊国际大厦党群之家

以提升吸引力为目标，在服务凝聚引领中努力回答"时代之问"。一是坚持用红色资源教育人。深入开展"不忘初心、牢记使命"主题教育和"四史"学习教育、党史学习教育，引导楼宇党组织和党员学思践悟新思想，确保新思想在楼宇落地生根。二是坚持用优质服务凝聚人。依托区域强大的人流、物流、信息流，借助完善的医疗服务网络和优质的教育资源优势，聚焦楼宇职工最关心最直接最现实的利益问题，提供各类优质服务。三是坚持用有序参与引领人。组织企业和白领员工走出楼宇大厦、走进楼组社区，发扬志愿精神，有序参与进博先锋行动、文明城区创评、扶贫攻坚、垃圾分类新时尚，开展随手公益、"微心愿"认领、小剪刀献大爱等特色活动。

以提升竞争力为突破，在优化营商环境中争当"金牌店小二"。一是阵地赋能实现服务"零距离"。街道借势发力依托楼宇党群·家建立"零距离"服务站，建设党群服务专区、人才服务专区和营商服务专区，形成"目录式"清单、推出"一门式"服务窗口，引入"一网通办"、税务自助终端机等设备，推进"六个便利"服务。二是科技赋能延伸建设"两张网"。街道在全区率先实现"一网通办"和"一网统管"在同一地点运行。三是政策赋能放大人才"强磁场"。依托区企业专属网页和营商通平台，推出"企业政策专题库"和《江苏路街道援企惠企一本通》，依托楼宇营商服务专区，在华敏等设立"虹桥人才荟"人才服务分中心，在弘基、嘉春等建立人才服务站点。

以提升支撑力为基础，在形成常态长效中锻造"发展压舱石"。一是实施"双联"工作机制。街道领导班子包干联系楼宇和企业、广大干部全面走访联系楼宇和企业，及时解企业经营发展情况、回应困难诉求，形成服务总动员。二是实行"四全"工作模式。组建"全能团队"，组成包括专职党群工作者、营商服务干部、商会专职干部、人才专员的四人小组；升级"全岗通办"，强化能力提升让党群工作者既懂党建又懂经济，从专职化走向专业化，从一人联系到一口办理；倡导"全域共建"，依托税务、市场监管、人才等行业主管部门下沉力量，发挥"行业专属"服务团队作用，积极争取工作指导；探索"全员参与"，发挥楼宇企业党员骨干在增强企业党组织话语权和对企业员工的影响力方面的作用。三是实现"全面顺应楼宇发展、及时响应楼宇诉求、有效回应企业和员工关切"工作目标。

链接一：

江苏路街道构建楼宇善治新格局，汇聚经济发展新动力

为全面贯彻落实党的二十大精神和全市深化推进基层治理体系和治理能力现代化建设会议精神，江苏路街道以"全能团队、全岗通办、全域共建、全员参与"四全工作法为抓手，不断深化以"善治理"为特征的楼宇党建工作，进一步打造"楼事楼议、楼事楼办、楼事楼管"的楼宇治理共同体，努力构建党建、治理、营商、服务四位一体的楼宇发展新模式，推动楼宇高质量发展。

江苏路街道在实现有质量、有实效的"楼治委"全覆盖后，进一步总结经验、不断探索，稳步推进楼治委发展。华敏翰尊国际大厦楼宇治理委员会跨前一步，将人社局、市场局、税务局等服务专员纳入现有的楼宇治理委员会，结合工作实际和企业、员工需求，将楼宇治理委员会成员分为法律服务、人才服务、金融服务等工作专班，形成系列服务项目，为企业经营、员工发展保驾护航。

在链接资源、提供服务的基础上，街道当好基层党建和社会治理的组织者、引领者，激发楼宇善治"新效能"。拓展活动空间是不少企业员工共

华敏翰尊国际大厦楼宇治理委员会开展楼宇党建工作

同的诉求，兆丰世贸大厦楼宇治理委员会发挥积极作用，搭建协商平台、盘活楼宇资源，在兆丰逐步打造和完善高层区的分众传媒党群服务点、低层区的兆丰党群服务点和国泰君安证券江苏路营业厅暖新巢党群服务点三个党群服务阵地，拓展服务空间，凝聚服务发展"连心桥"，将兆丰世贸大厦打造成服务功能集聚的便利、和谐、美好的新型立体服务社区。

街道持续推进以"善治理"为主要特征的楼宇党建，推动党建工作与高质量发展同向共进。舜元企业发展大厦楼宇治理委员会举办"楼门口"午间逸小时创意手绘DIY、"智荟愚园·浪漫愚'缘'之旅"等主题活动，凝聚楼宇党员群众；聚焦楼宇人工智能领域、时尚创意产业、金融服务业等领域，精心组织沙龙活动，搭建银企交流平台和行业联盟平台，服务好具有前瞻性、引领性的特色企业，助推企业高质量发展。

链接二：

江苏路街道全面开展"上下楼行动"，推出"六边形服务"

"真诚期待社区各方力量走出楼宇、办公室、家门，走进社区，一起打造社区共同体！"2022年3月4日，江苏路街道召开"上下楼行动"部署会，全面推出"上下楼行动"，巩固深化党史学习教育常态长效机制，深入

江苏路街道"上下楼行动"工作部署会

推进"我为群众办实事"实践活动，将大走访、大排查工作具体化，创新发展全过程人民民主和新时代凝聚力工程。

在"上下楼行动"中，街道将充分发挥党建引领基层治理效能，号召各级党组织和党员干部、社区居民、青年朋友、志愿者，以及区域单位、"两新"组织等踊跃加入"干部下楼、走访上楼""青年下楼、活力上楼""数据下楼、慧智上楼""民声下楼、服务上楼"四方面行动中。

在"干部下楼、走访上楼"行动中，街道将引导更多基层干部与专业力量、志愿者、青年骨干形成"六边形"组团式联系服务的"六人小组"，包楼入户，实现整个社区党务、事务、服务、商务服务全覆盖。

在江苏路街道"六边形组团式联系服务小组"的构架中，街道针对网格党建、楼宇党建、街区党建不同领域，由不同人员构成。在网格党建方面，"六人小组"主要由机关干部、卫生中心、派出所、居委干部、党员志愿者骨干、青年志愿者组成，联系765幢居民楼，覆盖2万余户常住家庭；在楼宇党建方面，"六人小组"主要由领导班子、营商中心、党群中心、楼治委成员、楼宇党组织党员、市场所的力量组成，将联系16栋重点楼宇、8个园区、200余家重点企业；在街区党建方面，由机关干部、居委干部、城管队员、市场所干部、派出所干部、青年志愿者组成的"六人小组"联系服务愚园路、江苏路、宣化路等主要商业街区，以此解决群众"最近100米"难题，打造"5分钟联系服务响应圈"。

金虹桥楼宇党建与楼宇经济同向共进，同频互促

金虹桥楼委会会议

金虹桥国际中心位于长宁区虹桥—古北商圈的核心地带，总建筑面积26.5万平方米，是集办公、购物、餐饮、酒店、休闲等功能为一体的城市综合体。2019年4月，金虹桥楼宇成立楼宇党委，率先成为长宁区第一个楼宇党委。截至2022年底，金虹桥国际中心楼宇党委下设6个独立党组织、5个联合党组织，党员798人。形成了上下贯通、执行有力的"街道党工委（社区党委）—楼宇党委—楼宇企业党组织"组织体系，推动党的基层组织建设真正覆盖到了经济社会最活跃的经络上，努力实现党的组织"如身使臂，如臂使指"。

为了让企业和党员青年"足不出户"就可以享受到高效、便捷的一站式服务，天山路街道结合推进党群服务中心体系功能建设，围绕在"楼门口"为群众办实事，在金虹桥南楼18楼、北楼大堂打造"楼上活动议事＋楼下综合办事"的宁聚里·金虹桥党群服务站，跨楼联动、上下呼应、相互依托，形成前后台一体化、深受楼宇白领喜爱的"楼门口"党群服务阵地。位于南楼18楼的活动议事空间，以楼宇党建展示窗口、楼宇服务融合阵地、楼宇治理议事平台、楼宇白领共享空间为功能定位，分别设置党建展示廊、人民意见征集联系点、企业群英谱、共享直播区等区域，提供党群、政务、生活、金融、法律、健康、文体等综合性服务。位于北楼大堂的综合办事空间，通过引入"一网通办"自助机、税务自助机器、机器人咖啡亭、移动书柜等全自动智能化设备，用科技的力量打破空间、时间的桎梏，开启"楼门口"智能化服务新篇章。

"楼宇趣集市"组团活动

新华路街道发挥红色磁场作用，组团服务展新颜

2012年，新华路街道社区党群服务中心结合日常走访楼宇、企业，发现突出问题：楼宇企业多，相互沟通少；白领员工多，组织活动少；楼宇党员多，亮明身份少；优质资源多，整合利用少。为夯实党建基础、摸清企业底数、提升白领幸福指数，党群服务中心牵头相关部门、社会公益组织、社区单位、"两新"企业等组建志愿服务队，精准对接楼宇、企业、白领的需求，创办"三十日，我等你"组团式服务品牌，现场提供零距离综合服务。

创办至今，组团式服务进楼宇已成为新华路街道党建工作的"明星产品"和白领的"需求驿站"。服务团队一方面，把"三十日，我等你"组团式服务进楼宇园区延伸到进社区、进工地，为广大群众提供各种便民服务；另一方面，将"行政职能部门组团进楼宇园区，为白领服务"的单向模式，拓展成"白领、企业组团进社区，为群众服务"的双向模式。服务团队坚持深入企业、楼宇、社区，开展问卷调研、白领座谈、活动反馈表等，全面听取群众意见建议，梳理出基础服务项目和特色服务项目，构建精准化组团式服务体系。针对企业白领的个性化需求，在楼宇大堂醒目处张贴服务菜单，通过白领点单、按需送服务等方式提供"量身定制"的服务。服务团队在政策咨询和医疗服务两类项目基础上，不断拓展新的服务项目，更注重借助楼宇、园区内的一些"两新"企业自生的商业服务资源，以市集、活动、走访、共创等方式，与企业、白领建立链接，将楼宇内的各种资源串联，形成共筑、互助、共享的楼宇网络。鼓励辖区内优秀企业、商

志愿服务活动

家开展"楼宇趣集市""进博商品快闪"等升级版楼宇组团活动，将传统组团项目与文化图书、居家用品、美容护肤、科技体验、家庭菜园等时尚惠民项目结合，提高楼宇烟火气，改善企业营商环境。

党群连心、双向服务，新泾镇扎实推进"两新"党建工作常态化建设

2012—2022年，新泾镇社区党群服务中心立足楼宇党建工作、聚焦新就业群体党建工作，把党群服务中心与楼宇服务站、群众家门口的服务站紧密结合起来，通过"党建+"项目，扎实推进"两新"党建工作常态化建设，不断促使党群服务阵地提质增能。

完善"红色细胞核"组织架构。一是完善中心体系功能建设架构。完善中心大楼内外布置，推进中心与数字"店小二""health工享站""同XIN街区"等各种基层阵地、各类民生服务项目的双向开放、资源共享，初步构建平急转化工作机制预案，成为群众共同参与、熟悉喜爱的服务阵地，在新推出的"新泾视频"号上广泛宣传，进一步提升党群服务中心显示度。二是提升"楼门口"党群服务阵地能级。完善中心体系功能建设阵地服务布局、联动力量，优化"15分钟党群服务带"，建立鑫天地、大融城等网格实体站点，深化周家浜等"红色水连廊"，加强党的政治功能、文化功能、服务功能建设。持续在组织设置、阵地支撑、队伍建设、项目载体、楼宇（园区）治理等方面下功夫，试点"驻楼联企"机制，依托集体企业党组织优势，形成"112"全科服务团队，有效实现党建、治理、营

商三位一体。三是拓展新泾"YI空间"项目内涵。结合"我为群众办实事"立足楼宇、企业需求，承袭新泾历史和文化底蕴，形成"初心说"、非遗文化体验等定制版服务项目，进一步推动党群服务圈与营商服务圈、社区生活圈融合发展。

绘就新就业群体"暖心"地图。一是开展全覆盖摸排，设立"六可""暖新巢"驿站。通过社区党群中心体系功能建设，分别设立4个"六可""暖新巢"服务驿站，关心、服务、引领新业态新就业群体。

二是完善双向联络机制，传递党的关怀和温暖。通过"党建专员"+"流动党员"结对制度，加强和新业态企业的双向联系，配送"YI空间"项目、"夏季送清凉 冬季送温暖"公益服务和托幼、青年沙龙、工会咨询等群团服务。

三是运用联动治理机制，实现"暖"和"燃"党群服务。发挥快递小哥走街串巷、熟悉楼宇园区的优势，引导其成为思想"先锋者"、社区"服务员"、文明"宣传员"，实现党群双向服务，让新就业群体党建工作又暖又燃。

链接一：

双向服务"我中有你、你中有我"，新泾"暖新巢"暖·心潮

新泾镇党委围绕市、区工作部署，探索推进新业态、新就业群体党建工作，加强新就业人群的团结凝聚，把党的组织、党的工作覆盖到新兴领域，把党的关怀、党的温暖传递到新就业群体，通过社区党群中心体系功能建设

暖新巢

党群阵地、宁聚小站、重点沿街网点设立"暖新巢"，关心、服务、引领新业态新就业群体，运用联动治理"双报到"机制，充分挖掘新就业群体"三张清单"，发挥快递小哥走街串巷、熟悉楼宇园区的优势将他们纳入治理队伍，引导其成为思想"先锋者"、社区"服务员"、文明"宣传员"，实现党群双向服务，让新就业群体党建工作又暖又燃。

2022年8月，新泾镇西郊片区"顺丰速递"志愿服务队成立了，多名快递小哥通过淮阴居民区"暖新巢"向居委报到参与社区服务。

链接二：

"党建＋"奏响五大"强"音，
新泾镇深入推进党群服务中心体系功能建设

2022年，新泾镇持续推进党群服务中心体系功能建设，紧紧围绕市区镇工作要求，主推"党建＋"项目，进一步强基础、强载体、强功能、强服务、强特色，持续推进基层党建高质量发展。

新泾镇以中心为轴设立4个"六可""暖新巢"服务驿站，关心、服务、引领新就业群体。通过"党建专员"＋"流动党员"结对制度，配送泾彩"YI空间"项目、"夏季送清凉 冬季送温暖"公益服务和托幼、青年沙龙、工会咨询等群团服务。同时引导快递小哥们成为思想"先锋者"、社区"服务员"、文明"宣传员"，实现党群双向服务。

暖新巢组图

长宁区加强党建引领产业发展的探索与实践

长宁注重对接区域产业发展导向，聚焦"互联网＋生活性服务业"、航空服务业、时尚创意产业及人工智能和金融服务业等重点产业，一方面，不断加强区域内行业龙头企业的党建工作，着力提升党组织在龙头企业中的号召力、凝聚力和影响力，努力发挥龙头企业党建工作的示范效应；另一方面，根据区域内重点产业发展的不同特点，积极创新党的组织设置形式和开展工作的方式方法，用"党建链"串起"产业链"，在探索创新"产业生态圈"党建新模式的同时，进一步增强党建引领发展的能级。

坚持聚焦"五个结合"，以龙头企业党建工作为牵引，整体提升行业党建水平。党建工作和内部治理结合起来，努力实现"党政"之间的深度融合。党建工作和业务发展结合起来，注重围绕企业发展开展党建工作。党建工作和人才培养结合起来，注重在优秀技术骨干和管理骨干中发展党员，激发优秀人才加入党组织。党建工作和员工关爱结合起来，通过党建助推企业的团队建设和企业文化塑造。党建工作和社会责任结合起来，充分发挥党组织的政治优势和组织优势，不断强化行业企业的社会责任意识。

注重发挥龙头企业党建对于行业党建的示范带动效应，同时，基于区域内的重点产业发展，创新性地构建了一系列的行业党建载体。进一步加大在"互联网＋生活性服务业"、航空服务业、人工智能产业、时尚创意产业等区域重点产业和行业龙头企业中独立组建党组织的力度，并进一步加强对龙头企业党建工作的联系、指导和服务，不断提升龙头企业党建工作的品质。注重及时总结和不断提炼龙头企业党建工作的成功经验和做法，并通过广泛的宣传、交流和互动，促进龙头企业党建工作的成功经验和做法在行业中的传播、推广、复制和产生影响。根据区域内重点产业发展的不同特点，积极创新党的组织设置形式和开展工作的方式方法，把党的组织从建在楼宇、建在园区、建在众创空间拓展到了建在行业，把党的工作做进行业，围绕"虹桥智谷"人工智能建设和互联网行业，建立"虹桥智谷"人工智能产业联盟和"互联网＋生活性服务业"联盟党建专委会。围绕虹桥时尚创意产业示范区建设，建立时尚创意产业联盟党委。依托虹桥

为航空行业企业进行举办政策解读会

机场区位优势，围绕航空服务业发展，成立航空行业党建联盟。2020年上半年，又不断放大分众传媒组建党组织的溢出效应，结合助力消费复苏，组建广告传媒行业党建联盟。通过党组织建在行业上，不断在新兴领域中扩大党的影响力和号召力。

在创新性地构建行业党建的体系格局的基础之上，长宁积极探索，把行业党建的优势转化为区域内产业发展的优势。注重发挥行业党建载体在需求表达、利益聚合、资源整合、服务集成上的优势，根据不同行业的特点和需求，将行业所需、企业所盼同政府、市场、社会和区域单位的资源对接起来，使服务更精准地送入行业和企业。比如，"互联网＋生活性服务业"党建专委会成立后，打造出了"创新荟""人才荟"和"服务荟"三大品牌，组建了营商服务"楼管家"团队，为企业提供精准的营商服务。同时，进一步将"一网通办"、市场监管、人才、医疗保障等资源积聚到楼宇党群服务阵地上，打通服务行业企业的"最后一公里"。建立常态化吸纳行业头部企业、隐形冠军加入行业党建载体的机制，进一步扩大行业党建成员单位的代表性和影响力。依托行业党建载体及行业内企业党建联建共建的形式，进一步推进行业内企业之间的业务交流、资源整合与互动合作，以行业党建共同体来促进行业企业共同体，以行业企业共同体来推进区域内产业发展。加强不同行业党建载体之间的交流互动，推动不同产业发展资源在区域内依托行业党建载体平台充分整合集成，探索推进形成一批跨行业的合作项目。依托党建阵地、党组织渠道等资源，为人工智能、"互联网＋生活性服务业"等新兴领域产业创造应用场景，支持企业技术创新和推广应用，扶持企业加快成长壮大。

分众传媒成立党支部

链接一：

华阳路街道推进"互＋生"、人工智能产业党建的探索与实践

近年来，互联网、人工智能等产业蓬勃发展，长宁区明确了"3＋2"重点产业格局，形成了产业目录和配套举措，集聚了一大批优质企业，一大批优秀青年人才和党员。华阳路街道党建工作自觉地向中心聚焦、为大局聚力，围绕辖区内"互＋生"和人工智能两大重点产业集聚的特点，联合区科委、区商务委、区青联、区工商联等部门共同打造了"虹桥智谷"人工智能产业联盟、"互联网＋生活性服务业"联盟和产业服务群，并同步建立了党建专委会。把产业党建作为推动优化营商环境的有力抓手，搭建组织优势、组织功能最大化的党建新平台，集聚各方力量，推动新兴产业高质量发展。

坚持在区域化党建格局下不断创新组织设置，把党的组织建在产业发展最活跃的经络上，扩大党在新兴产业的组织覆盖、工作覆盖，"两个联盟"党建专委会的成立就是一次有益探索。2019年，党建专委会覆盖了各领域的党委17家，党总支4家，党支部22家，联合党支部5家，创新的组织设置突破了有形空间限制，串联起产业链上无形的党建资源。虹桥智谷和德必园区两大成员单位主动为"两个联盟"提供活动场所，同时，华阳路街道整合统筹楼宇、园区中党建服务站（点）、企业服务站、白领中心"凝·空间"、新友驿站等阵地载体，为"两个联盟"提供实体空间支撑。街道在党建服务站内配备了专职党群工作者，设立接待窗口，推出8大类

"党建服务菜单"，为成员单位党员提供就近就便的党群服务。

坚持"党建＋发展"双月走访联系制度，通过政府与企业之间的紧密联动、融合互动、共同行动，打造了"创新荟""人才荟"和"服务荟"三大品牌，有针对性地进行互联网、人工智能行业政策宣讲和辅导，实现"精准引导"，让政策的养分有效滋养每一家企业。在推动深化"两个联盟"实体化运作过程中，坚持组织一体化建设、阵地一体化布局、活动一体化开展、服务一体化推动，让企业、科研院所和政府部门都在这一大平台进行互动交流。一方面，打通产业链，促进产业上下游的融合和集聚；另一方面，打破企业和企业、行业和行业之间的壁垒，实现底层的技术、人才等要素的跨界融合，促进新兴领域改革创新联盟主动融入服务长三角更高质量一体化发展大局，融入服务市、区产业发展布局，依托"虹桥智谷"、亿欧等平台智库，积极培育一批"独角兽""隐形冠军"科创企业，不断扩张联盟企业版图，共同做大新兴产业"蛋糕"。联盟成员中科院曼谷创新合作中心发挥自身优势，紧紧围绕"一带一路"国家建设，协助联盟成员德必集团赴泰国考察开发园区，推动中科科创与深兰科技的人工智能基金合作，既实现了联盟成员间的互通有无、合作共赢，也在国际舞台上展现了我国人工智能企业的良好形象。

链接二：

虹桥街道推进虹桥时尚创业产业联盟党委的探索与实践

2018年5月15日，虹桥时尚创意产业联盟正式成立，与此同时，虹桥时尚创业产业联盟党委也揭牌成立，在区域重点发展的行业上，在经济最活跃的经络上建立"大党委"，形成了一个与创新驱动发展、经济转型升级相适应的党建工作新格局。

加强组织创新、机制创新，主要抓好"四个推进"：一是交叉任职——推进"三建融合"全覆盖，联盟党委成员除了有关系隶属的2家联合党支部和8家独立党支部外，还包括14家区域活动型党组织，通过与办公地所在居民区党组织"交叉任职"，积极参与区域党建和地区共治活动，实现了"组织关系不属地，作用发挥在当地"，促进了产业党建深度融入区域化党建大格局。二是专职社工——推进产业服务"全岗通"。借鉴居民区

时尚创意产业联盟成立

社工"全岗通"队伍做法，围绕文创企业的党建需求、发展需求和参与治理需求，着力打造楼宇、党群阵地和虹桥人才荟三类社工"全岗通"，将党群工作者从"单一业务"向"一专多能"拓展，对文创企业较为关心的行政审批、政策法规、党群服务等各类问题提供"一口式"高效服务。三是营商环境服务中心——推进企业服务"一站式"。创新推出"党建＋优化营商环境"项目，在宁聚里·Hong空间党群服务中心内设营商环境服务中心，联手区税务局、工商所等条线部门，推出楼宇全岗通、蒲公英税务服务站、"一网通办"楼宇服务点、虹桥人才荟及"午间一小时"五大功能，引入数十项自助功能，真正实现让企业少跑路，让数据多跑路。四是服务联盟——推进企业资源"内循环"。通过党建引领携手31家企业成立营商环境服务联盟，包含金融机构联盟、法律服务联盟、医疗服务联盟、楼宇物业联盟四大服务联盟。通过企业自主募捐，在虹桥基金会下设文创联盟专项资源，专门用于文创企业的发展，真正实现企业帮助企业，让优质的辖区资源形成"内循环"。

链接三：

程家桥街道推进航空行业党建联盟的探索与实践

2017年，党的十九大和全国城市基层党建工作会议相继召开，对基层

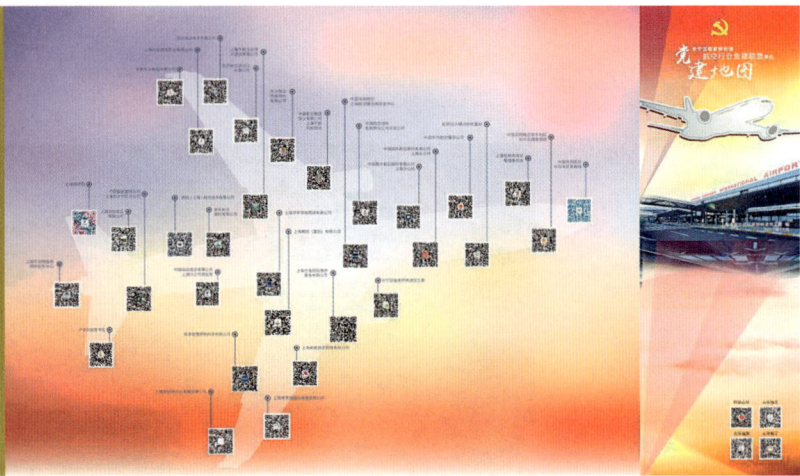

程家桥航空行业党建地图

党建提出新的要求。程家桥街道党工委围绕长宁区"国际精品城区"建设目标和"三大产业"发展总体部署，因地制宜，积极探索，确定以航空行业党建为主体的"一体、两翼、三建、四驱、五约"区域化党建格局，着力提升社区党建、单位党建和行业党建融合度。同年11月30日，程家桥街道航空行业党建联盟应运而生，联盟的首批成员单位共有41家，基本涵盖了航空产业链上的各个企业，既有航空行业的主管部门，如航管局、空管局，也有机场集团、各大航空公司，以及许多航空配套服务企业。

航空行业党建联盟由程家桥街道党工委作为牵头单位，联盟成员单位无论层级高低、隶属与否、规模大小，一律平等享有权利、平等履行义务。面对不同类型、不同层级的党组织，程家桥街道党工委不断加强沟通交流、统筹协调，力求小社区落实大党建。同时进一步将党建功能拓展延伸到社会责任共担、先进文化共生、群团组织共融等深层次带动，实现社企共同发展。街道推出区域化党建"三张清单"、开设志愿服务十大项目，联盟成员单位积极认领。

程家桥街道航空行业党建联盟将党建工作有效嵌入社会基层治理，通过平等协商、自治管理，事务"大家商量着办"，有效解决了管理职责不清、不到位等问题，成员单位之间沟通有桥梁、互助有渠道、干事有舞台；获得2018年全国城市基层党建创新案例和空港社区基层党建优秀提案奖。

广告传媒行业党建联盟成立

链接四:

18家巨头企业集聚长宁成立行业党建联盟

2020年6月5日,江苏路街道发起的长宁区广告传媒行业党建联盟成立仪式暨转型发展与消费升级主题论坛在长宁来福士广场顺利举行。爱奇艺、百视通、博报堂、迪岸文化、电通安吉斯、东方航空传媒、分众传媒、盖特威文化、千城智联、申通德高地铁广告、统量广告、威超广告、美视晅、易车互动、远誉广告、众成就、智海扬涛、中国电信上海西区电信局等18家广告传媒巨头企业集聚长宁来福士广场签约结盟,"长宁区广告传媒行业党建联盟"正式成立。

为全力推进经济社会发展各项工作,努力在危机中育新机,于变局中开新局,进一步做优行业党建激发区域产业创新发展活力,成立长宁区广告传媒行业党建联盟,旨在建设以党建为纽带的产业链合作发展新平台、新载体,打造党建惠企生态圈。通过发挥党组织的政治优势和组织优势,促使企业间联系更紧密、成效更显著。

本次联盟,必将实现各企业间互利共赢的美好愿景,齐心协力推动长宁经济健康卓越发展。区商务委与SMG纪录片中心通过现场签署合作备忘录,将SMG知名餐饮活动品牌未来三年的"东方食刻美食盛典"活动都落地长宁举办,并通过此活动平台积极引进龙头餐饮企业落户长宁,帮助商业企业打造餐饮板块在线新经济模式,为餐饮企业提供物流供应链金融服务。上海美视晅传媒有限公司将与高岛屋合作,通过引入美视晅的媒体优势,为高岛屋梳理、培训建立线上电商系统,推动高岛屋的线上导流到线下,优化升级高岛屋现有业态,实现促进消费的最终目标。阿里赋能下的分众传媒去年实现了 270 万的终端增长，此次作为联盟成员单位，将拿出旗下广告屏资源为长宁"魅力虹桥精品消费季"进行宣传。

现场，由区商务委、人社局、投促办、市场监管局、税务局、江苏路街道营商服务办、社区事务受理中心、党群服务中心等部门组成的专属服务团也正式成立，将为联盟成员单位提供全天候、一对一的专业政策指导服务。并同步发布包括产业政策服务、人才服务、投资促进服务、市场监管服务、税务服务、党群服务等六个方面的服务清单。

创新"三全"工作模式，推进新就业群体党建工作

习近平总书记对新业态、新就业群体党建工作高度重视，要求坚持网上网下结合，做好新就业群体的思想引导和凝聚服务工作。长宁站在巩固党的阶级基础和群众基础的高度，把推进新就业群体党建工作作为新时代"凝聚力工程"创新发展的重要领域谋篇布局、全力推动，围绕回答好"谁负责""怎么建""力量弱""起作用"等问题，创新探索"三全"工作模式，通过实现党的工作全覆盖、服务供给全方位、引导参与基层治理全周期，努力把新就业群体吸引过来、组织起来、稳固下来。

通过体制机制创新、组织设置创新、方式方法创新，不断延伸党在新就业群体中的影响力、凝聚力、号召力。筑牢"多方联动、合力推进"的责任体系，在区层面建立新就业群体底数动态排查、服务关爱保障、参与基层治理等工作机制，形成共同推进新就业群体党建工作的态势。织密"点面结合、有形有效"的组织体系。"面"上在各街镇普遍建立新就业群体党的活动小组，做好流动党员的教育管理工作；"点"上聚焦长宁互联网＋生活性服务业集聚的优势，探索推进网络主播等具有长宁产业特色的新就业群体党建工作。创新"天天报到、周周点名"的工作体系。在党群阵地设立报到处，让新就业群体中的党员和有意愿向党组织靠拢的骑手小哥找到组织找到家。建立党群工作者定点联系骑手小哥早会集合点工作制度，让工作和生活在长宁的骑手小哥实现"天天可报到、周周有点名"。

聚焦"取件的点、送餐的路、租住的家"，全路程、全天候让新就业群体感受到人民城市的温度。构建三级"暖新巢"服务驿站网络，把对新

暖新巢新就业群体驿站

就业群体的关心关爱延伸到工作地、家门口、马路边。在各街镇党群服务中心打造区域"暖新巢"旗舰店,依托体系功能建设,融合各方资源,打造集学习教育、活动开展、服务享受为一体的主阵地;在商圈街区、居民社区打造一批"暖新巢"直营店,实现"可饮水、可餐食、可充电、可休息、可盥洗、可上网"的"六可"服务标准;在原"宁聚里小站"及其他快递外卖配送网点、部分商超药店和银行打造一批"暖新巢"加盟店,统一配置"学习书架、休憩躺椅、应急药箱"的服务"三件套",实现党员就地亮身份、小哥就地入工会、服务就地可获取。绘制"暖新地图"。将附近的"暖新巢"服务驿站、社区(白领)食堂、公共厕所、充电点位等信息和各级党群阵地的活动项目和服务清单集成绘制发布长宁"暖新地图",并在"随申办"市民云上线。打造"暖新云巢"。开发线上打卡小程序,让骑手小哥利用碎片化时间开展党史知识、交通法规等学习。创新开设"身边美随手拍""啄木鸟"等板块,让新就业群体更好地融入城市基层治理中,成为社区的"民情前哨"、街区的"流动探头"、城区的"文明使者"。

把党建引领基层治理与推进新就业群体党建工作有机衔接,引领新就业群体成为参与基层治理的"新"力量。推出"长宁骑手七不公约",试点在部分"暖新巢"实现骑手小哥自主管理、自我服务,为首批骑手小哥基层治理志愿者发放"暖新头盔",引导其发挥好示范作用,做到守法骑行、文明配送。通过建立网点负责人例会制度、在"暖新巢"设立人民意见征集箱、邀请骑手小哥参与基层立法点意见征询等多种形式,推动新就业群体融合参与楼宇治理、社区治理。推动骑手党员"亮身份",注重挖掘新就业群体在岗位建功、抗击疫情、志愿服务、社区治理中的先进事迹,引领更多骑手小哥爱岗敬业、乐于奉献。

活力中山

——华阳路街道将"治理对象"变为"治理力量"

随着都市人生活方式的改变，华阳路街道内聚集了盒马鲜生、叮咚买菜、美团、光明奶站等站点13个，有外卖骑手、快递小哥500余人。为进一步服务、凝聚好辖区内的新就业群体，街道积极发挥"凝聚力工程"双"四百"精神作用，打造"宁聚里·暖新巢"，成立"华阳路街道新就业群体党的活动小组"。

在长宁路999号兆丰广场，一个位处中山公园商圈核心位置的"暖新巢"服务站点，已成为快递员、外卖员们的学习和休憩阵地。依托辖区党群服务阵地，华阳路街道织密了四级"暖新巢"服务站点，在社区党群服务中心开设兼具教育和服务资源的"中心站"，在社区建立"网格站"，在有条件的居民区、楼宇、园区、街区设置"微驿站"，为新就业群体打造可喝水、歇脚、遮风挡雨、热饭热菜的"15分钟服务圈"。街道党群中心"暖心巢"获评2022年全国"最美工会户外劳动者服务站点"称号。

华阳路街道还充分发挥"党建+"的优势，在街道8幢重点楼宇中成立楼组党委、楼治委，拓展"凝·空间"党群服务站，整合党务、商务、税务、警务、医务、法务、事务、安全等"七务一全"项目，通过"楼管家"服务凝聚企业和楼宇。并在上海凝聚力工程博物馆、华阳路街道党群服务中心、多媒体园区等设置"社区事务受理服务中心延伸服务点"，打造楼门口的营商服务阵地。

中山公园商圈"暖新巢"

江苏路街道新业态、新就业群体党的活动小组

链接二：

暖"新"聚力，谱写基层治理新篇章

为深入学习贯彻习近平总书记考察上海重要讲话和对上海工作的重要指示要求，自觉践行新时代党的建设总要求和新时代党的组织路线，不断扩大党在新兴领域的号召力和凝聚力，江苏路街道党工委乘势而上，向亮而进，努力做到新业态、新就业群体发展到哪里，党建工作就跟进到哪里，扩大党在新兴领域的号召力凝聚力影响力。

街道党工委以新视野、新视角加强新业态、新就业群体党建工作。组织建设更加扎实，将辖区4个快递网点纳入统一管理，建立江苏路街道新业态、新就业群体党的活动小组，设立"先锋骑手"党员示范岗，让党员快递小哥亮身份、亮承诺、亮风采，积极发挥党员先锋模范作用。线上线下学习更加深入，在线下依托愚园路上红色资源、宁聚里党群服务阵地，组织快递党员代表参与了"共学新思想"愚园初心讲堂系列专题党课。通过线上远程教育平台、"智慧党建"打卡等数字化手段，让党员快递小哥在线聆听了《习近平谈治国理政》第四卷专题辅导报告。真心倾听用心落实，落实新业态、新就业群体的党建联络员，参与快递小哥工作例会，开展交流座谈，了解他们的急难愁盼。通过"暖新巢"人民意见征集箱，引导新业态、新就业群体为社区管理建言献策，如快递小哥提出小区快递货柜存在管理不当，导致快递遗失的问题，在与相关居委、物业加强联动后，逐步形成有效管理机制。

街道党工委打造广覆盖、多层次、实用化的暖"新"服务阵地体系，构建了15分钟暖"新"服务圈。在宁聚里·镇宁路党群服务中心增加了"三充服务"，即人员充电、手机充电、助动车充电。利用国泰君安证券江苏路营业厅、长宁邮政支局、中国移动江苏路营业厅等的地理优势，嵌入"暖新巢"服务功能；将顺丰—兆丰营业点、圆通速递镇宁路直营公司打造成"暖新巢"加盟店，定期开展微党课、设置党员亮身份、社区共治活动集锦、工会入会码等版面。通过"暖新巢"服务阵地，有效解决快递小哥歇脚休息、错时就餐等现实难题，成为了面向新业态、新就业群体的"新"家园。

长宁区着力打造互联网党建新高地

长宁是全国首个"互联网＋生活性服务业"创新试验区，也是上海互联网高地，集聚了4900余家互联网企业，对全市互联网经济产值贡献达23.1%，更是集聚了携程等互联网龙头企业。近年来，长宁始终坚持深入贯彻落实习近平总书记考察上海重要讲话精神和考察长宁工作重要指示要求，站在坚持和加强党对互联网事业全面领导的高度，善作善成，切实推动互联网企业与行业发展同向发力、同频共振。

聚焦互联网龙头企业和新引入、新培育的独角兽、瞪羚企业，把党的工作延伸拓展到城市发展最活跃的经络上。紧盯重点互联网企业推动组建党组织。2019年，分众传媒组建独立党支部。2020年，人工智能头部公司深兰科技成立党支部，声望声学、氪涵教育等组建独立党组织。近年来，随着分众传媒、爱奇艺、西井科技、便利蜂、深兰等一批在行业有影响力的企业先后成立党组织，"组建一个、带动一批"的龙头示范效应不断显现，全区"两个覆盖"质量水平得到显著提高。贴合企业发展优化党组织设置。一方面，把党的组织设置更好嵌入企业运行架构，携程积极推进"双向融合"，党委班子成员进入"管理层"，党委书记由公司副总裁担任，党委委员全部进入公司管理层和部门经理。另一方面，推动党组织与企业

人工智能产业、"互联网＋生活性服务业"产业集群发展和集成服务的对话

同步成长壮大。探索创新行业党建模式。对接区域产业发展导向，建立了"互联网＋生活性服务业"联盟党建专委会，创新的组织设置突破了有形空间限制，串联起了产业链上无形的党建资源。

不断做强互联网企业党组织的政治功能。强化政治把关，为企业发展立根筑魂。进一步落实互联网企业党组织在网络治理中的政治把关作用，压实互联网企业管理责任，将"管事"和"管人"结合起来，推动内容编辑、审核、技术、产品把关等关键岗位由党员骨干担任，强化党组织对内容审核的把关定向作用。强化政治引领，积极传播向上正能量。互联网企业很多都是思想提供者、文化传播者，做好互联网企业党建工作不仅要推动企业抓好自身党建，还要发挥互联网平台优势，通过运用互联网传播功能，加强党的路线方针政策、社会主义核心价值观的宣传、教育和引导。比如，观察者网党支部充分发挥新闻媒体类企业特色，携手复旦大学中国研究院、东方卫视，共同制作思想对话类政论节目《这就是中国》，通过"演讲＋真人秀"的模式，以当下国内外百姓关注的热点、难点时政问题为切入点，把中国制度、中国理论、中国道路、中国文化的优势讲清楚，为讲好中国故事，传播好中国声音发挥了重要作用。

依托行业党建助推产业发展。制订《长宁区行业党建助力产业发展服务手册》，以"互联网＋生活性服务业"联盟党建专委会，推出一份涵盖29 项服务内容的互联网行业服务清单；组建一个由市场监管、税务、商务委等相关职能部门和街道营商服务团队、区域资源等 10 名同志组成的行业服务团队；结合"十三五"规划评估和"十四五"规划的编制，听取"互联网＋生活性服务业"代表性企业对互联网发展的专业性意见建议，形成一份相关行业的决咨报告。打造营商专区提升服务能级。推进"一网通办"自助终端、居住证自助机、自助办税终端进楼宇工作，为楼宇企业、员工涵盖纳税服务、社保服务、档案查询、信息查询、证明出具、养老保险、生育及医疗保险服务、居住证业务等在内700余项业务，实现党建业务、行政事务、社会服务在楼宇党群阵地一站式通办。2019年，在全区建立40个楼宇园区党群阵地营商环境服务专区。首批楼宇党群阵地营商环境服务专区运营以来，自助办税终端和"一网通办"自助终端共办理各类事项11748次，居住证自助机共办证1000余张，占全区居住证办证总量的13%。增强党组织自身推动企业发展能力。把提高企业产业层次、技术创新和经营管理水平作为"两新"组织基层党组织和党员践行初心使命的主舞台和主战场，发挥党组织核心引领作用，带领党员立足本职，当好服务企业的先锋队、解决问题的突击队。

链接一：

临空园区探索创新互联网党建发展新模式

上海虹桥临空经济园区是长宁三大经济组团之一，历时20余年的发展，目前航空服务业、"互联网＋生活性服务业"、时尚创意产业等重点产业集聚，云集了联合利华、博世、携程、爱奇艺等一批国内外知名企业，获批"国家级电子商务示范基地"和国家级"上海虹桥临空经济示范区"。截至2020年10月，临空园区党委有党员3600多名，独立党组织76家其中包括携程、爱奇艺等多家互联网企业党组织。在创建市互联网企业党建工作创新基地工作中，园区党委通过全覆盖的组织模式、实效性的党建内容和共享化的党建载体，探索党建引领切入点，寻找服务发展落脚点，助推互联网企业发展，营造园区良好营商环境。

临空园区党委针对园区互联网企业业务板块多、人员流动性大、党员

凝聚"e"企 携手共进——长宁区互联网企业党建主题活动

队伍年轻化、服务部门一线化、工作时间差异化、工作地点分散性的客观情况，以"党组织建在线上"和"双向互动"的组织模式，探索建立了互联网企业党组织全覆盖的党建管理运作体系。突出互联网企业的特性、适合互联网企业特点的党建形式，线上线下结合中心工作安排学习内容，创新学习形式，让参与党员有认同感、归属感，不断提升了园区党组织的凝聚力、向心力。依托互联网企业资源开展的六个便利及购物节活动，不断满足了园区白领生活多样化的需求和企业市场拓展需求的同时，也拉动了"后疫情"时代园区消费。党建引领助园区治理，园区党委通过推动和促进志愿服务活动常态化、长效化，切实发动党员群众投身社会治理，团结动员广大党员群众建功新时代，在共建共享国际精品城区中发挥积极作用。

链接二：

华阳路街道聚焦发展动能，深度强化党建和业务融合

华阳路街道深刻领会、准确认识党建和业务融合发展的关系，以强化党的建设和切实推动业务发展为共同发力点，突出党建和业务的系统性嵌入和整体性构建。一是深入开展大走访、大排查，精准对接需求。坚持从企业中来，到企业中去，积极收集诉求，形成"采集上报—任务分流—部门办理—企业回访"的服务闭环。针对企业反映的融资难、融资繁的诉求，搭建企业与银行对话协商平台，为企业提供金融咨询、政策解答、银

点亮华阳"楼管家"创新创业进校区

行贷款等服务。二是全面组建"楼管家"团队力量，加强集成服务。坚持"班子带头、全员走访、网格分片、职责分工"的组团走访联系机制，为楼宇企业提供"七务一全"（党务、商务、税务、警务、医务、法务、事务、安全）一站式服务，把党建资源、政府资源、社会资源整合起来，打通服务企业的最后一公里。三是积极打造具有显示度的平台，汇聚产业高地。打造"创新荟""人才荟""服务荟"，探索成立联盟商学院，引入高校、科研院所等资源，开展圆桌会议、线上直播和交流沙龙。依托新微集团等平台企业，积极培育矽睿科技等一批"独角兽""隐形冠军"等科创企业。围绕智慧定西主题街区建设，以微系统所和硅酸盐所为依托，与愚园路、武夷路历史风貌保护街区内已入驻的互联科技类企业为链接，采取街区党建和街区治理的方式打造"上海硅巷"，进一步促进了街区的生产生活生态呈现完美融合，实现党建对产业的促进，对人才的凝聚。

通过体制机制创新、组织设置创新、方式方法创新，不断延伸党在新就业群体中的影响力、凝聚力、号召力。聚焦"取件的点、送餐的路、租住的家"，全路程、全天候让新就业群体感受到人民城市的温度。把党建引领基层治理与推进新就业群体党建工作有机衔接，引领新就业群体成为参与基层治理的"新"力量。

第三节　党风廉政建设和反腐败工作

长宁区深入推进纪检监察体制改革

深化纪检监察体制改革，是全面深化改革的重要组成部分，也是全面依法治国和全面从严治党的必然要求。党的十八大以来，长宁区委把深化纪检监察体制改革作为全面深化改革的重要内容，严格按照中央、市委的"路线图"和"时间表"，履行主体责任，加强直接领导，统筹部署推进，抓好落地落实，党的纪律检查体制改革、国家监察体制改革、纪检监察机构改革稳妥审慎推进。

2013年11月，党的十八届三中全会通过《中共中央关于全面深化改革若干重大问题的决定》，其中第36条，明确提出加强反腐败体制机制创新和制度保障，党的纪律检查体制改革由此拉开帷幕。随着纪律检查体制改革深入推进，明确"两个责任"、深化"三转"、落实"两个为主"、实现"两个全覆盖"等新体制机制逐步形成，释放出推进正风反腐、全面从严治党的巨大正能量。

在"两个责任"方面，区委始终以高度的政治担当，履行全面从严治党主体责任，区纪委强化协助职责、履行监督责任、发挥推动作用。2017年，区纪委把知责、履责、督责、述责、问责"五责"工作链和党委主体责任、纪委监督责任、党委书记第一责任人责任、班子成员"一岗双责"责任"四责协同"机制落实同步思考、同步谋划，以"一方案两清单"的方式推动"两个责任"层层落实。随着改革的深入推进，全面从严治党"四责协同"机制不断深化细化，管党治党的政治责任进一步夯实。区纪委协助区委制定和修订《中共长宁区委关于深化细化全面从严治党"四责协同"机制的实施意见》，对责任落实的目标要求、环节流程、考核评价等作出系统安排，进一步巩固知责明责、履责尽责、考责问责的工作闭环。推动区四套班子领导、各处级部门领导班子以及班子成员每年制定全面从严治党"问题、责任、项目"三张清单，层层传导压力。

在深化"三转"方面，区纪委深化转职能、转方式、转作风，严格对照中央纪委、市纪委有关部署和要求，清理区纪委议事协调机构和调整机关内设机构，把参与的议事协调机构从 59 个精简清理至 12 个，解决参与过多、职能泛化的问题，进一步推动区纪委聚焦主责主业，增大增强监督执纪力量，增强纪委监督相对独立性和权威性。2014 年，区纪委对机关内设机构进行调整，在不增加机构、编制、职数的情况下，撤销纠风室、监察综合室，将原来承办执纪审查的 1 个案件检查室调整到 3 个纪检监察室，使区纪委机关监督执纪部门达到机关内设机构总数 75%，监督执纪人员达到机关干部人数 73%，监督执纪力量大为增强，为做实做深主业奠定了良好的组织基础。

在"两个为主"方面，区纪委严格落实上海市纪委相关制度和工作规程，通过制定《基层纪检监察组织办案工作规程》等工作制度对基层查办腐败案件审批把关，做到"查办腐败案件以上级纪委领导为主，线索处置和案件查办在向同级党委报告的同时必须向上级纪委报告"。严格落实市纪委制定的"三个提名考察办法"，对照市纪委有关制度，制定《长宁区纪委监委派驻纪检监察组组长、副组长提名考察办法（试行）》《长宁区街镇纪（工）委书记（监察办主任）、副书记（监察办副主任）提名考察办法（试行）》《长宁区区管国有企业纪委书记、副书记提名考察办法（试行）》等制度规定，会同区委组织部对委办、街镇、企业纪委书记、纪检组长提名进行考察，做到"各级纪委书记、副书记的提名和考察以上级纪委会同组织部门为主"。

在"两个全覆盖"方面，长宁区委于 2014 年制定《中共长宁区委关于实行巡察工作的实施办法》，成立区委巡察工作领导小组，建立区委巡察办、区委巡察组。2018 年，根据新修订的《中国共产党巡视条例》等文件精神，制定《中共长宁区委关于深化巡察工作的实施意见》《中共长宁区第十届委员会巡察工作规划》，确保一届区委任期内实现对全区所有处级部门、单位的巡察全覆盖。2017 年 11 月，区委印发《长宁区关于试行纪委派驻机构的意见》，按照"试点先行、逐步推开"的方式，成立区纪委第一

区委制定的《关于长宁区纪委监委向区一级党
和国家机关派驻纪检监察机构的实施意见》

派驻纪检组，对 6 家部门进行综合派驻。2019 年 1 月，长宁区委制定《关于长宁区纪委监委向区一级党和国家机关派驻纪检监察机构的实施意见》，派驻机构改革工作与全区机构改革同步实施、同步完成，撤销部门内设纪检监察组织，成立七个派驻纪检监察组，实现区纪委监委向区一级党和国家机关派驻纪检监察机构全覆盖。

链接一：

深化国家监察体制改革

国家监察体制改革是一项事关全局的重大政治体制改革，是推动全面从严治党向纵深发展的重大战略举措。2017 年 12 月，长宁区委制定《长宁区深化国家监察体制改革试点工作实施方案》，区委主要领导任改革试点工作小组组长，区委履行主体责任、加强统一领导，区纪委履行改革专责、抓好具体落实，工作小组成员单位各负其责、协同推进。2018 年 1 月，长宁区如期完成区监委挂牌组建工作，区纪委监委实现合署办公。

区纪委监委全要素试用《中华人民共和国监察法》赋予的调查措施，重点探索用留置取代"两规"。认真贯彻落实《中国共产党纪律检查机关监督执纪工作规则》，严格贯彻落实本市纪检监察机关监督执纪监察工作办

2020年12月16日，长宁区监委召开第一届特约监察员聘请会议，优选聘请12名特约监察员

法、调查措施使用规范、留置措施操作指南等"1+2"基本制度规范，强化监督检查、审查调查、案件监督管理、案件管理等部门横向协同。认真贯彻落实市纪委监委制定的监察机关与检察机关办理职务犯罪案件配合协作机制等相关事项的实施意见，加强与区检察院等司法机关的沟通协调，召开监检法联席会议，细化完善相互衔接的工作机制，扎实推进纪法衔接。制定《长宁区推动监察工作向街道、镇延伸的实施意见》，向全区10个街镇派出监察办公室，赋予街道镇监察办公室一定的监督调查处置权，推动监察职能向"神经末梢"延伸。

为推动区监察机关依法接受民主监督、社会监督、舆论监督，2020年12月，区监委召开第一届特约监察员聘请会议，聘请12名特约监察员，履行监督首要职责，推动区监委依规依纪依法行使监察权。为规范特约监察员工作，区监委制定出台《长宁区监察委员会特约监察员工作办法》，对特约监察员的聘任要求、工作职责、权利和义务以及履职保障等内容作出了规定。

2021年8月，根据中央纪委国家监委和市纪委监委相关工作部署要求，区监委以开展廉政教育工作情况为主题，首次向区人大常委会报告专项工作。这是贯彻落实宪法和监察法的必然要求，是接受人大及其常委会监督的重要方式，有利于促进监委依法接受人大监督程序化、制度化，确保监察机关依法严格履行职责、行使权力。

链接二：

深化纪检监察机构改革

纪检监察机构改革，是党的纪律检查体制改革和国家监察体制改革职能转变的表现和条件，是对推进反腐败体制机制改革要求的制度回应。在深化国家监察体制改革试点工作中，长宁区纪委监委按照全市统一部署，设13个内设机构，为办公室、组织部、宣传部、党风政风监督室、信访室、案件监督管理室、第一到第六纪检监察室、案件审理室。2019年，区纪委监委以制定区纪委监委机关"三定"规定为契机，对6个纪检监察室的名称、职责进行再调整，第一至第三纪检监察室更名为第一至第三监督检查室，第四至第六纪检监察室更名为第四至第六审查调查室，进一步增强监督力量。

深化派驻机构改革后，区纪委监委建立区纪委常委会统一领导、区纪委监委机关统一管理，委领导分管，相关职能部门分工负责、协调配合的派驻工作领导机制，加强对派驻机构的指导、管理、服务和保障。第三监督检查室协助分管领导协调派驻机构日常工作，指导派驻机构加强日常监督，开展审查调查。对照市纪委监委相关文件及工作办法，区纪委监委制定《长宁区纪委监委关于进一步加强监督工作的实施意见（试行）》《关于规范运用监督执纪第一种形态的实施办法》，推动加强日常监督和运用第一种形态制度化、规范化；制定《长宁区纪检监察组织监督执纪监察工作程序》，对区纪委监委机关、派驻纪检监察组、街镇纪（工）委、监察办的纪检监察各项业务工作机制进行一体化设计、全流程再造，完成内部流程重塑，有效规范工作程序，逐步建立起统一决策、一体化运行的执纪执法权力运行机制，推动监督检查、审查调查工作有序规范；制定《长宁区派驻纪检监察组工作规则（试行）》《长宁区纪委监委职能部门对派驻纪检监察组业务指导工作办法（试行）》《基层纪检监察组织审查调查工作规程》等工作制度。2020年，区纪委监委修订《长宁区派驻纪检监察组日常监督工作办法》等有关工作制度，形成派驻纪检监察组工作制度汇编（2.0版），不断完善区纪委监委机关部室和派驻纪检监察组、基层纪检监察组织协作配合的制度机制，严格流程规范，细化监督措施，形成上下联动、协同共进的良好工作格局。

长宁区纪委监委挂牌照片

链接三：

长宁区召开区纪委监委转隶大会

人员转隶是监察体制改革中的关键环节。第十二届全国人民代表大会常务委员会第三十次会议通过的《在全国各地推开国家监察体制改革试点工作的决定》要求，将县级以上地方各级人民政府的监察厅（局）、预防腐败局和人民检察院查处贪污贿赂、失职渎职以及预防职务犯罪等部门的相关职能整合至监察委员会，对转隶作出了规定。中央办公厅印发的《关于在全国各地推开国家监察体制改革试点方案》，明确要求整合反腐败资源力量，完成相关机构、职能、人员转隶。

2018年1月4日，长宁区召开区纪委监委转隶大会，宣布区纪委监委内设机构及人员安排，通过转隶整合反腐败资源力量，有效解决行政监察范围过窄、反腐败力量分散等问题。如期顺利完成人员转隶，为监察体制改革夯实了基础，标志着长宁区深化国家监察体制改革试点迈出了关键一步。

链接四：

长宁区设立7个派驻纪检监察组
覆盖全区54家单位及其合署、挂牌机构和直属单位

深化派驻机构改革，有利于完善纪检监察领导体制和工作机制，提高

派驻监督质量，推动构建系统完备、科学规范、运行高效的党和国家机构职能体系。根据《关于长宁区纪委监委向区一级党和国家机关派驻纪检监察机构的实施意见》，长宁区设立7个区纪委监委派驻纪检监察组，覆盖全区54家单位及其合署、挂牌机构和直属单

长宁区纪委监委派驻纪检监察组成立大会

位。第一至第五派驻纪检监察组全体干部党组织关系、工资关系等由区纪委监委统一管理。第六、第七派驻纪检监察组在"两院"编制、职数总量内单列，人员职级、编制性质不变。对照中央纪委、市纪委有关规定，根据国家监察体制改革、派驻机构改革的实际情况，制定纪委监委"三定"规定，明确委机关、派驻机构编制、职数等。同时，赋予派驻机构一定的监察权，进一步推动监察监督向基层延伸。

2019年4月2日，长宁区纪委监委举行区纪委监委派驻纪检监察组成立大会暨派驻纪检监察工作专题培训班开班式，通过深化派驻机构改革，进一步发挥派驻机构"派"的权威和"驻"的优势，督促党组（党委）担当起政治责任，推动全面从严治党向纵深发展。

长宁区深化细化全面从严治党"四责协同"机制建设

长宁区纪委监委深入贯彻落实习近平新时代中国特色社会主义思想和习近平总书记考察上海重要讲话精神，按照中央纪委要求和市纪委工作部署，秉持"传承＋创新"，协助区委推动管党治党责任更加深入有效落实。

紧跟形势要求，抓一体设计。区纪委监委积极协助区委构建全面从严治党"1+N"责任落实体系，制定《中共长宁区委关于深化细化全面从严治党"四责协同"机制建设的实施意见》，以全面从严治党重点责任项目表为载体，围绕每位党员领导干部个性化的项目、问题、举措和履责承诺书，建立"N"张责任清单，突出责任的协同联动。

"廉洁上海"刊登的《深化细化全面从严治党
"四责协同"机制建设，长宁这样做》

  紧扣责任主体，抓压力传导。围绕主体责任、监督责任、第一责任、"一岗双责"的内容和要求，按照各级责任主体的职责定位，逐级明确责任内容，细化具体工作项目，推动各级领导干部明晰责任、"对号入座"，形成层层传递互动的责任落实链条，做到责任边界明晰化、责任落实协同化、责任追究精准化。

  紧盯关键环节，抓提升质效。围绕知责明责、履责尽责、督责问责环节，建立分类培训、项目审核、检查建议、分类述责、调研督导、宣传提升等6项工作举措，从抓实重点责任项目、落实廉情抄告制度、开展履责明示等方面，努力补齐"一岗双责"短板，督促责任落实。

  紧贴工作实际，抓拓展延伸。以推动"大调研"常态化制度化为契机，深入基层开展全面从严治党工作相关调研，探索有效机制，指导督促全区各部门党组织深化细化推进全面从严治党"四责协同"机制建设的具体措施，将"四责"要求和关键环节延伸到下属国企、事业单位和基层组织，努力形成横向到边、纵向到底的责任体系。

链接一：

长宁区检察院出台"捕诉一体"廉政风险防控机制

2019年8月，上海市长宁区检察院出台全市首个《"捕诉一体"廉政风险防控机制（试行）》（以下简称《机制》），为检察官公正廉洁司法筑起一道"防火墙"。

《机制》贴合"捕诉一体"办案模式中的关键环节和重要事项，将"四责协同"机制与内设机构改革、司法办案责任制改革有机结合，细化分为"防控措施""处理规定"等四章20条。如在防控措施中规定业务管理部门对承办检察官办理"捕诉一体"案件在一审公诉办结后启动评查，并规定对不批准逮捕后又作出不起诉决定的案件等四类案件纳入重点评查；对检察官办理认罪认罚从宽案件加大评查力度，一旦发现量刑建议与判决在刑种、刑期、刑罚执行方式等方面存在明显差异的，将予以重点关注；规定相关内设职能部门，通过受理审查控告申诉、办理国家赔偿、羁押必要性审查、监管场所检察等，对"捕诉一体"案件的办理进行跨部门监督，防止检察官被"围猎"。

《机制》严格按照检察官权力清单，将事中监督与事后监督相结合，把放权与监督有机统一，以综合运用统一业务应用系统、流程监控系统、案件评查系统和检察官办案全程监督考核系统等"四个系统"的各种信息化手段，为防控廉政风险、精准发现违规问题提供智慧支撑。如规定对于适时介入侦查的案件，承办检察官应当根据统一业务应用系统的要求，将适时介入侦查的案件信息和相关报告、请示、书面意见等，录入至统一业务应用系统。

《机制》还规定，对相关风险防控举措落实不到位、监督管理职责履行不力等情况予以问责。

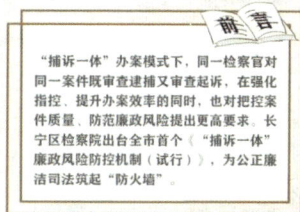

前言

"捕诉一体"办案模式下，同一检察官对同一案件既审查逮捕又审查起诉，在强化指控、提升办案效率的同时，也对把控案件质量、防范廉政风险提出更高要求。长宁区检察院出台全市首个《"捕诉一体"廉政风险防控机制（试行）》，为公正廉洁司法筑起"防火墙"。

制定目的

- 一体推进不敢腐、不能腐、不想腐；
- 探索构建检察权运行监督制约新格局；
- 为司法体制综合配套改革提供有力保障。

适用范围

刑事检察部门及办案人员中

审查逮捕 ←同时承担→ 审查起诉

《机制》共四章二十条
- 总则
- 防控措施
- 处理规定
- 附则

"捕诉一体"廉政风险防控机制图解（部分）

链接二：

新华路街道持续压实"四责协同"机制建设

2021年8月，新华路街道党工委通过学、议、查等多种方式，压紧压实"四责协同"机制建设。

学讲话精神，增知责意识。街道党工委认真履行全面从严治党主体责任，党工委书记切实履行第一责任人的责任，把学习习近平总书记"七一"重要讲话精神，作为当前理论武装工作的重中之重，领导班子带头学、机关干部集体学、各支部深入学。学习传达市、区纠"四风"树新风警示教育大会精神，以案示警、以案为戒，推动全面从严治党、党风廉政建设不断向纵深发展。邀请市纪委原常委赵增辉为街道全体干部作党风廉政教育专题报告，进一步增强党员干部纪律规矩意识，筑牢廉洁自律思想防线。

议项目清单，明履责方向。召开落实全面从严治党深化"四责协同"机制建设年中会议，集体讨论研究班子"三张清单"落实情况，党工委办事处主要领导带头交流落实全面从严治党"四责协同"机制三张清单推进情况，领导班子成员分别汇报三张清单项目上半年工作落实情况，分析存在的不足，并提出了下半年工作计划。班子带头，以上率下，示范带动街道各科室、中心、居民区党组织开展年中履责小结工作。

查进展情况，强督责举措。召开街道纪工委会议，全面检查当前街道纪检监察工作的已有进展，并分析问题短板，进一步明确重点工作举措：压实管党治党责任，持续推动落地落细；维护群众切身利益，持续做好日常监督；开展反腐败斗争，持续深化"三不一体"；抓好队伍建设，持续夯实基层基础。开展疫情防控专项检查，听取基层党组织负责人履行主体责任情况汇报，以有力的监督推动"四责协同"机制落地见效。

新华路街道召开2021年落实全面从严治党深化"四责协同"机制建设年中会

长宁区法院七项举措推进党风廉政警示教育走新走心

2023年以来，长宁法院充分发挥连续多年开展"党风廉政警示教育月"活动的有效经验，注重纪律教育与思想政治、审判执行工作融合创新，通过打造"学、履、观、讲、访、践、展"教育套餐，强化干警自律意识，全面奏响"廉洁奉公 树立新风"主旋律。

学一遍纪法。院党组坚持落实"首学制度"，将习近平新时代中国特色社会主义思想、党的二十大精神、党章党规等作为第一议题学习，将执行"三个规定""十条禁令"、队伍纪律作风情况作为第一专题研讨，形成"头雁"效应。在党组的示范引领下，全院各部门采取主题党日、部门会议、分组讨论等形式组织干警集中开展纪法学习，全院305名干警参加纪法知识测试，营造知纪守纪的良好氛围。

履一岗双责。把开展警示教育活动作为推动全面从严治党"四责协同"向一线延伸的重要载体，纳入党风廉政建设责任制考核。各部门班子主动开展"全覆盖"谈话，对干警思想、工作、生活情况进行全方位了解，共形成廉政情况分析报告12份，排查风险隐患29个，制定整改措施40项，为法院党组开展党风廉政建设提供有力支撑，确保后续教育监督更具靶向性。

讲一堂党课。坚持分级分类、系统精准施教。党组书记、院长孙培江参加长宁区2023年全面从严治党警示教育大会，5名新提拔正科级干部参加区纪委监委廉政教育报告会，全院干警聆听区廉政教育讲师团成员、区法院党组成员、纪检监察组组长柏传祥讲授的廉政党课，各党支部先后开展廉政微党课，28名团员青年参加"学思践悟·奋斗担当"廉政主题团课，推动廉政教育与党性教育相互贯通，把铁的纪律内化为"日用而不觉"的自觉遵循。

观一批案例。把警示教育作为经常性纪律教育的重要内容。编订《长宁法院"以案明纪"警示教育案例选编》，组织信息、财务、基建等重点岗位人员旁听职务犯罪案件庭审，观看警示教育片，召开市高院综合督察情况反馈会，通过以案明责、以案说纪、以案释规，把问题通报、纪律处分

廉政作品

"一张纸"变成纪律教育"一堂课"，切实提升"三不腐"一体推进实效。

访一个阵地。推行沉浸式、场景化、互动式学习，用好用实长宁区廉政教育阵地资源。民事审判庭自发前往天山社区"廉洁天山"清风厅参观，办公室与行装科联合党支部运用新华路街道廉政教育布展资源进行廉政党课，法警大队结合"能力提升年"活动在宁聚里 HONG 清风廉政教育基地开展专题学习会，各部门纷纷走访更新后的长宁区全面从严治党警示教育基地，充分发挥警示教育强震慑、严作风、固防线的作用。

践一纸承诺。深入贯彻落实习近平总书记关于注重家庭家教家风建设的重要论述，进一步筑牢家庭助廉的牢固防线。以"远离家庭腐败"为主题，向全体干警家属寄送《廉政家信》及警示案例，邀请干警家属共签《家庭助廉承诺书》、共读家风读物、召开线上倡廉会等，进一步发挥好家属贴身监督的优势，共同构筑"业内＋业外"廉洁双保险。

展一组作品。"小作品"承载着"大文化"。全院干警以水墨丹青抒怀、古诗新韵讴歌，深度挖掘革命文化、社会主义先进文化、中华优秀传统文化中的廉洁元素，共征集作品13件。运用微信、H5等新媒体形式开展廉政作品展，不断增强教育感召力，扩大宣传辐射面，让廉洁文化内化于心、外化于心，融入干警生活工作的各个方面，推动法院干警把党章党规党纪牢牢印刻在心上。

清廉之家党纪法规版块

链接一：

长宁区街镇首家廉政警示教育展厅，你打卡了吗？

全区街镇首家廉政警示教育展厅——周家桥街道清廉之家，2021年3月10日正式启用并对外开放，为广大党员干部提供了一个交流学习的廉政文化互动平台。

走进位于玉屏南路520弄18号三楼的清廉之家，一朵清莲映入眼帘，寓意"出淤泥而不染，濯清涟而不妖"的廉洁理想境界。这间约50平方米的展厅共分为6个板块，从法纪条规到清风典型，以清莲洗心，以警钟示警，汇聚正能量，传递清廉风。

第一板块——廉政警句。展厅内贯穿着习近平总书记关于党风廉政建设的重要讲话，为党风廉政建设和反腐败斗争指明了方向、提供了遵循。第二板块——党纪法规。以纪法衔接，重点突出"全面"与"从严"两个关键词，吹响了全面从严治党新的号角。第三板块——正风护航。展示街道党风廉政教育系列活动，体现了街道坚持用制度管权、管事、管人的工作作风。第四板块——步步警醒。以事为镜以警其身，以身边的真实案例，为基层干部们敲响警钟，切实筑牢拒腐防变的思想防线。第五板块——见贤思齐。以史为鉴，以人为镜，展现先贤典范执政为民、勤勉自律品德，告诫为官当以廉洁为先。第六板块——清廉书吧。清廉微书架，提供党风廉政、廉洁文化、优良家风书籍供党员干部学习使用。同时，触摸屏增加

区纪委印制的警示教育宣传品

宣讲团成员在作宣讲

了线上学习党纪法规、观看廉政宣传视频，扩大学习视野。

清廉之家自对外开放以来，成为广大党员干部参观学习的新晋"打卡地"。

链接二：

长宁多措并举抓廉洁、筑防线、传清风

2023 年 5 月，长宁区纪委监委深入贯彻落实全市警示教育大会精神，以"廉洁奉公 树立新风"为主题，在全区范围内开展党风廉政警示教育月活动。本次活动注重突出分层分类，通过组织开展新任处级干部廉政谈话、参观警示教育基地、纪法宣讲、讲座报告、旁听庭审等形式，打出一套警示教育"组合拳"，进一步促进警示教育触及灵魂、震撼心灵，进一步增强警示教育的深度力度广度。

作为本次警示教育月的新举措之一，长宁区"廉政教育讲师团"和"青锋尚廉宣讲团"相关课程一经推出，便广受欢迎、预约不断。宣讲团分别由区纪委监委部分班子成员、部室组负责同志和青年干部组成，针对全区广大党员、干部，尤其是年轻干部开展纪法教育和警示教育。从党的六大纪律到新时代廉洁文化建设，从廉政风险防范到履行"一岗双责"，宣讲团成员们精心设计宣讲课程，一个月以来深入各部门宣讲近 40 次。

此外，区纪委监委还依托长宁区新时代廉洁文化建设统筹协调工作机制，联手区文旅局、区图书馆和上海广播电视台戏曲广播等单位，共同开

展"观今鉴古话廉政"主题教育活动，组织党员干部现场聆听，在传统戏曲文化中品悟"非我之有莫伸手、非分之财不进门"的箴训。

为丰富各部门警示教育活动形式，区纪委监委面向全区提供了学习资源菜单，包含1份警示教育读本、14门纪法宣讲课程、10部警示教育片、11处廉洁文化阵地等四大类目，为高质量开展警示教育提供有力支撑。5月份以来，全区各大口、部门纷纷以专题交流、收看警示片、参观警示教育基地等形式开展警示教育活动，10个街镇分三大片区联合开展讲座报告、座谈交流等活动，形成上下有效联动的工作格局和齐抓共学的浓厚氛围。

链接三：

长宁区举行"观今鉴古话廉政"主题廉政教育活动

2023年5月23日，由长宁区纪委监委、长宁区文化和旅游局主办，长宁区图书馆与上海广播电视台戏曲广播承办的"观今鉴古话廉政"主题廉政教育活动开展。该活动通过主题报告和品读传统艺术经典中的"廉吏"形象，展现了"廉政＋文化"的多元形式和丰富内涵，让参加者仿佛穿越古今，在中华优秀传统文化中感受警廉与赏廉。

活动中，上海广播电视台戏曲广播总监张源老师作为"书文戏理·艺术对谈"活动的阅读领读人，以"走近穿越千年的廉吏"为题，为大家介绍了中国古

"观今鉴古话廉政"现场活动

代两位赫赫有名的廉吏形象——包拯和于成龙，他们是如何从历史人物到老百姓心目中的"清官"，而在戏曲舞台上又是如何通过戏服、脸谱、造型的营造，显现出中国传统文化对于"廉洁"的体现。

上海京剧院女老生演员耿露老师现场表演了《铡美案》中包公的经典唱段"包龙图打坐在开封府"，上海评弹团的青年演员陈超老师则用一段风趣幽默的苏州评话《包公轶事》，展现出另一种古典"廉吏"的舞台形象，两位嘉宾的精彩表演博得现场热烈掌声，也让本次廉政教育更加生动与深入人心。

7

第七章
特色板块

新时代非凡十年的长宁加梯答卷

长宁扎实推进在老旧小区加装电梯工作，坚持把党建引领贯穿始终，积极践行好全过程人民民主重要理念，逐渐形成"全覆盖征询、全资源调动、全方位指导、全过程管理、全要素维保"和"整小区推进"的"五全一整"长宁工作模式。截至 2022 年 10 月，长宁区既有多层住宅加装电梯已累计开工 566 台，正式投用 278 台，完成意愿征询 898 台。

紫云西路 50 弄 1—4 号是长宁区首批加装电梯的楼房，楼洞在推进加装电梯的过程中没有任何经验和参考借鉴的案例，只能一步步地"摸着石头过河"。经过居民充分协商和政府指导，2013 年底，其所在业主委员会发起加装电梯申请，2014 年，区房管局作出立项批复，直到 2016 年电梯才正式投用，前后历时三年多，其中跑部门、办各种审批手续就耗时 2 年。在大家的共同努力下，紫云西路 50 弄的居民们率先住上"电梯房"，社区生活的幸福感大幅"梯"升。根据第一批成功案例在加装电梯过程中碰到的问题和实施的解决方法，后续启动的项目从居民意见征询、费用分摊，再到设计规划施工，都有了可循之例。

与此同时，长宁区也对电梯加装的审批流程进行梳理和简化。2018 年，长宁区启动立项批复与规划许可审批联合公示，将两个环节的审批时限从至少 33 个工作日缩减至 15 个工作日。2019 年，长宁区又推出"提前规划，成片整体公示"工作法，即在小区申报首台电梯方案公示的同时，公示整个小区的加装电梯方案；长宁区行政大厅开出加装电梯"综窗"，实现所有手续"一窗"办理，让居民办事少"跑腿"。2020 年，长宁区既有多层住宅加装电梯服务中心正式投入运行，提供现场勘察、手续代办，电梯代建"一门式服务"。2021 年，区委区政府把加装电梯纳入全区民心工程，区房管局牵头成立加梯工作专班，制订《长宁区既有多层住宅加装电梯工程实施方案》。2022 年，各项新政策陆续出台，极大地推动长宁既有多层住宅加装电梯的速度。

长宁区加装电梯工作从 2020 年累计完工 50 台，到 2021 年完工 150 台，再到 2022 年完工 300 台，长宁加装电梯工作正在不断提速。程家桥

投入使用的加装电梯

街道上航新村的 16 幢住宅就于 2022 年 1 月同步完成加装电梯，成为上海市首家加装电梯全覆盖的小区。

除此之外，2022 年区房管局优化加梯审批建设流程，研究总结提炼出"4 段 16 步"工作指南。启动"美丽楼道"建设，进一步提升底楼居民获得感。研究制定《管线搬迁补贴管理办法》，推动加梯规模化、便利化，确保管线搬迁工程质量与安全，减轻居民的负担、提高业主的支持率。小区成片化加装电梯让居民告别了"爬楼"时代，实现上下楼"一键直达"。如今再提起这项民心工程，更多的老百姓交口称赞。今后，随着电梯加装的批量化、规模化推进，更多长宁居民都将享受到品质新生活。

链接一：

仙霞新村街道蓉城小区举行首批 12 台电梯竣工交付仪式

2023 年 3 月 29 日，蓉城小区迎来首批 12 台加装电梯集体竣工交付仪式。

蓉城小区的规模较大，包括仙逸小区和芙二小区，其中的仙逸小区更是超大规模小区，小区内的老年居民所占比例较高。随着居民生活水平的提高和人口老龄化趋势的发展，大家对原有住宅增设电梯的呼声高涨。

在成规模加装电梯的同时，蓉城小区被列入长宁区精品小区建设名单。

仙霞新村街道蓉城小区举行首批 12 台电梯竣工交付仪式

依靠两大工程的叠加效应，设计方和施工方将小区硬件提升到最大化的程度，为加梯楼栋解决管线迁移、门洞改造、美丽楼道等诉求。蓉城小区的加装电梯团队为 5 个带裙楼的楼组引入了长连廊设计，突破了审批先例，解决了原本不具备加梯条件的问题，实现了居民们的梦想。

2021 年 11 月 29 日，蓉城小区举行集中加装电梯的开工仪式。目前，蓉城小区竣工交付的加装电梯有 12 台，仍在建设阶段的有 10 台，已签约待开工的有 8 台。

蓉城小区的首批加梯竣工起到很好的示范引领效果，将会带动辖区内有条件的小区陆续形成规模加装。街道将继续发挥好党建引领下的"四位一体"协商平台作用，按照加装电梯年度工作计划，继续深入各楼组，提高加梯覆盖率，形成竣工一批、开工一批、签约一批的持续推进模式，让加梯阳光政策惠及更多百姓。

链接二：

长宁区既有多层住宅加装电梯服务中心成立

2020 年初，长宁区既有多层住宅加装电梯服务中心成立，并由一直以来致力于为老公房加装电梯程序提供代办和指导服务的上海慧加美老公房咨询服务中心运营。

2020 年，服务中心与新长宁集团共同成立"红色物业加梯联盟"，并在服务中心设立党员志愿者活动基地。新长宁集团旗下各物业公司纷纷派驻党员志愿者，在服务中心进行培训学习，为前来居民提供加梯咨询服务，随后在各物业公司管辖的小区中开展志愿者宣传服务工作，方便居民咨询加装电梯相关事宜。2020年，此类志愿者服务活动共开展20场，除

长宁区既有多层住宅加装电梯服务中心

此之外，服务中心还进行"红色物业加梯开放日"活动，为居民宣传普及加梯知识。

居民区方面，服务中心则主动和各街镇基层党组织建立联系，面向各居民区党组织社区工作者主讲加梯培训会，普及加梯基础知识。联合居民区党支部，组织居民召开加梯工作推进会，培养居民的自治意识、自治能力。

针对加梯过程中出现的居民意见反馈和投诉等问题，服务中心通过与上海市物业管理事务中心签订党建联建服务协议，深入了解并参与加装电梯的每一次业主咨询、上门调研和作业全流程，为快速解决居民问题提供保障。

加装电梯项目完成后，服务中心还与新长宁集团旗下各物业企业，为居民提供物业托管式的电梯后续维保服务，真正解决居民在加梯工作后的后顾之忧。

链接三：

新泾镇率先开发运用电子版的"加装电梯导图"

2022年9月，新泾镇创新工作方式，率先开发并运用电子版"加装电梯导图"，实现加梯数据动态更新、项目进度一键可知，促进辖区加装电梯

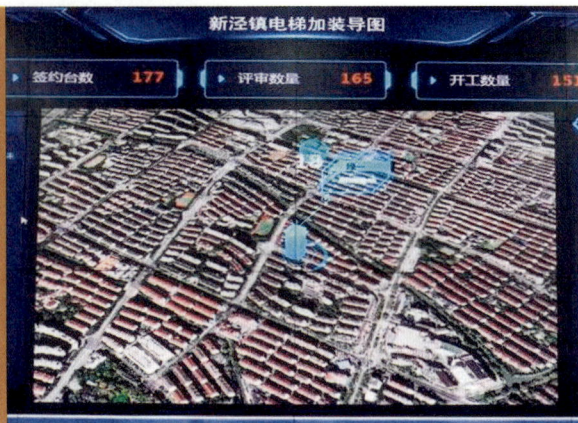

新泾镇电梯加装导图

民心工程再"提速"。

新出炉的 1.0 政务版"加装电梯导图",由新泾镇和新长宁集团大楼物业管理有限公司联合研发,具有数据统计、数据汇总、进度展示和项目跟进 4 个功能。这个数字平台分政务、企业两个不同版本:政务版主要是让街镇能对标对表地去监管自己辖区的加装电梯项目;企业版是从代建单位角度出发,为了便于加梯"四段十六步"施工过程的监管,实现与居民实时互通,同时也让居民可以直观地看到施工全过程。

导图的数据分为镇层面和居民区两块。镇层面的数据集中在屏幕的顶部和左侧。这里既有对全镇加装电梯的历年总体数据统计汇总,又有当年的工作量的体现;而居民区的数据在这个屏幕中主要分布在右侧和中间两块看板。右侧是以镇域内已启动加装电梯的居民区为单位,进行分类统计,以加梯数量为序,通过横向柱状图进行展示进入加装电梯缓解的各居民区的实时数据。

"新泾镇加装电梯导图"1.0 政务版是新泾镇电梯加装数字化管理的第一步,未来,还会推出 2.0 版本,届时新泾镇所有进入加梯环节的电梯,将全部纳入管理平台,通过"一张网"实现对项目上的远程巡屏,提升效率,实现电梯加装的全生命周期管理。

长宁区成为全国首批"一刻钟便民生活圈"试点地区

2019 年,上海市选取 15 个试点街道全面推动"社区生活圈行动",长宁区的新华路街道被率先"点名"。2021 年 8 月底,长宁区又跻身全国首

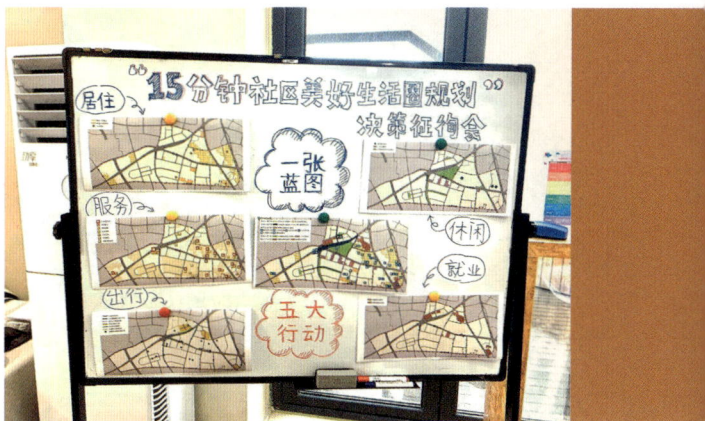

虹桥街道"15分钟社区美好生活圈规划"决策征询会展板

批30个城市"一刻钟便民生活圈"试点地区。

2020年11月，长宁区明确在"十四五"期间要着力实现"15分钟社区生活圈"在十个街镇的全覆盖，成为上海首个全覆盖推进规划建设的区域。

根据《上海市15分钟社区生活圈规划导则（试行）》要求，"15分钟社区生活圈"是上海打造社区生活的基本单元，即在15分钟步行可达范围内，配备生活所需的基本服务功能与公共活动空间，形成安全、友好、舒适的社会基本生活平台。

坚持"以需求为导向""以矛盾诉求为切入点"循序渐进补短板，长宁区明确提出，生活圈"缺什么就补什么"，区规划资源局精心挑选专业的规划设计团队，深入服务对象，做到"事前问情、问需于民，事中问计于民，事后问绩于民"，逐步推动形成"全过程人民民主"社会参与机制。同时，以共建为基础、以共治为关键、以共享为目标，逐步完善社区生活圈服务体系、提升社区服务能级，实现从"有"到"优"的升级，推动"人民愿景"成为"服务场景"。

作为上海市"社区生活圈行动"的试点街道，新华路街道精心绘制了街区蓝图。两年来，新华路街道聚焦"补齐短板、回应需求、服务民生、提升亮点"等关键环节，注重理念引领及方法创新。在打造有温度的人文新华、花园社区的过程中，优化调整规划建设，从大街区到小街坊、从宽马路到窄弄堂，从大拆建到微改造、从求增量到拓存量，尝试探索出了循序渐进、自我调解、有机生长的"城市更新"模式。

15 分钟生活圈慢行导览图

美好的城市空间是美好生活的载体。其实，不单是新华路街道，在推广可灵活嵌入的社区微更新、推动更高品质社区生活"全图景"建设过程中，长宁的十个街镇都把"精准均衡"诠释得十分到位。

为满足"人民对美好生活的向往"，立足长宁加快建设具有世界影响力的国际精品城区和超大型城市治理的优势，长宁区推进建设"15 分钟社区美好生活圈"。简言之，"15 分钟社区生活圈"行动规划是一个专业名词，"15 分钟社区美好生活圈"是长宁区落实行动规划的建设目标，而"一刻钟便民生活圈"的提法来自商务部等 13 部门发布的《全面推进城市一刻钟便民生活圈建设三年行动计划（2023—2025）》。

除了新华路街道的"人文新华、花园社区"、江苏路街道的"和美家园、社区范例"，不论是华阳路街道的"春满华阳、多元魅力"、周家桥街道的"智绘苏河、悦融周桥"、天山路街道的"时尚商圈、活力天山"、仙霞新村街道的"宜居仙霞、乐龄乐邻、品质生活"，还是虹桥街道的"社会主义现代化国际大都市的国际力典范社区"、程家桥街道的"一站程桥、开放枢纽"、北新泾街道的"韧性社区、慧居家园"、新泾镇的"水绿交融、生态新泾"等，无不融入了居民对美好便捷生活的向往，让更丰富、更优质、可适应、可参与的功能聚合中沁润着区域文化特征。

与此同时，全方位的数字化转型，为长宁"15 分钟社区美好生活圈"的推进建设可谓是"如虎添翼"。"便捷就医少等待、为老服务一键通、快捷停车助通畅"……以数字新技术赋能社区服务和社区治理，直接促进了公共服务从"线下"到"线上"的转变。

新华路街道打造"15分钟社区生活圈"

2019年，上海选取15个试点街道全面推动"社区生活圈行动"，长宁区新华路街道被"点名"，成为"第一个吃螃蟹"的街区。

新华路街道有着"千年法华、百年新华"的美誉，不得不面对的是建成度达97%的"窘境"。如何"要"空间，实现创新发展，成为新华路街道寻找出路的第一动力。于是，重新治理老旧消极空间，活化利用、重塑街区风貌人文特色成为破题之举。

新华路街道"15分钟社区生活圈"行动规划图

历史保护建筑的价值被激活、杂糅的空间功能变得包罗万象，"花园"的概念得到进一步延伸，从"一栋别墅"走向"一个社区"，从"风貌人文"拓展到"人文关怀"，进而"花园社区·人文新华"的愿景目标被确立提出。

新华路街道由此发力，从强化顶层设计到稳步分类实施，发动社会力量共建、共治、共享，打造人人参与构建社区的"新华样本"。

2022年，新华路街道又先行先试，编制全市首个"15分钟社区生活圈"三年行动计划并已启动第二轮工作，获得2022年度国际城市和区域规划师学会（ISOCARP）卓越设计奖"优秀奖"，建设全市首家社区营造中心和开设常设展览，形成的"一个愿景、三大目标、五宜行动、六共方法"成为全市推广复制的经验机制。

"15分钟社区生活圈"是"上海2035"总体规划建设上海社会主义现代化国际大都市的重要举措之一。作为全市乃至全国第一家全面开展"15分钟社区美好生活圈"建设的示范区，长宁自然也展示出排头兵的姿态和先行者的担当。

两个街道"一刻钟便民生活圈"蓝图规划

链接二:

江苏路街道、华阳路街道入围首批
"一刻钟便民生活圈"示范社区建设试点单位

2022年7月20日,上海市公布第一批"一刻钟便民生活圈"示范社区建设试点单位名单,长宁区两个街道成功入围。

作为成熟的中心城区,江苏路街道处在静安寺—南京西路商圈、徐家汇商圈、中山公园商圈三个市级商业中心和中央商务区之间,以愚园路、江苏路、宣化路、东诸安浜路构成集中的商业布局。

在全力以赴打造"15分钟社区美好生活圈"的过程中,江苏路街道针对社区公共服务配套设施现状情况,围绕"全方位、高质量、创和美、成范例"的工作基调,提出建立"一圈两轴三边四格五大战区"的蓝图规划。

江苏路街道将以"和美家园,社区范例"为目标,通过打造创新社区、品质社区、数字社区、韧性社区、先锋社区,主动融入长宁"四力四城"建设和经济社会发展大局,探索发挥中心城区历史风貌区兼容并蓄的独特优势,建设布局合理、业态齐全、功能完善、智慧便捷、规范有序、服务优质、商居和谐的城市便民生活圈,不断提高城区吸引力和生活体验度。

结合打造"15分钟社区美好生活圈",华阳将聚焦建设注重提升商居环境品质的"15分钟睦邻社区生活圈"和实践数字化转型的"15分钟智慧社区生活网",将街道建设成为宜居、宜业、宜养的幸福凝聚社区,建筑可阅读、街区可漫步的人文传承社区,绿色、生态、低碳的慢行友好社区,创新、购物、文艺、美食协同的休闲活力社区，共商、共建、共治的典型示范社区。

华阳路街道还提出三大亮点项目规划，从提升城市品质入手，着力打造"北部长宁 KiNG88、中部 AT300 华宁、南部我家菜场"，努力实现街区可漫步、建筑可阅读、城市有温度。

链接三：

打造美丽街区"荟水天中"，串联"一河十景"

2023 年 6 月 5 日，由众多微景观串联而成的"荟水天中"美丽街区开园。

"荟水天中"美丽街区位于以长宁路、威宁路、天山路、芙蓉江路合围而成的约 0.48 平方公里范围内，该片区域背靠苏州河景观步道、天原河滨公园，坐拥长宁图书馆、华东师范大学附属天山学校等区内文化、教育地标。街道针对涉外居民较多的商品房小区特点和需求，聚焦人文悦读荟入、漫享国际社区、增色苏河绣带三大主题，打造具有国际社区韵味、书香气息浓厚、友邻交往和谐、空间开放共融的国际精品社区缩影。

在设计和建设中，街道秉持着"针灸式"的精细化手法，通过全过程人民民主征集居民心中的"荟水天中"金点子畅想，街区内融入了浮动艺廊、潮汐剧场、涟漪吧台、书山勤径、儿童彩绘球等独具特色的微景观。

对于寸土寸金的中心城区而言，"荟水天中"美丽街区也是街道深入践行"人民城市"重要理念，继首个小区附属绿地——"乐享花园"对外开放后，又积极探索挖掘城市微空间，创造条

"荟水天中"街区内的涟漪吧台

件把封闭空间变成开放空间，全面提升社区软实力的又一个成功实践。

如今，位于长宁路沿线的荟水天中、乐享花园、镜花园等口袋公园以及镶嵌在苏州河畔的街区艺术装置，共同绘就了"一河十景"苏河靓丽风景线，成为街道的"精美项链"和"亮丽名片"，让"苏河周桥"的"15分钟社区美好生活圈"更加丰富多彩。

虹桥街道中国特色社会主义全过程民主基层实践基地成立

2019年11月2日，习近平总书记在考察上海市长宁区虹桥街道基层立法联系点时提出："我们走的是一条中国特色社会主义政治发展道路，人民民主是一种全过程的民主，所有的重大立法决策都是依照程序、经过民主酝酿，通过科学决策、民主决策产生的。希望你们再接再厉，为发展中国特色社会主义民主继续作贡献。"

作为"全过程民主"的首提地，虹桥街道深入学习总书记重要讲话精神，始终牢记嘱托、深耕实践、率先探索。2月26日，虹桥街道中国特色社会主义全过程民主基层实践基地正式成立。

虹桥街道既是全国基层立法联系点上海市人大常委会基层立法联系点、上海市人民政府基层立法联系点，又是上海市委办公厅社情民意直报点、上海市政府办公厅社情民意直报点、长宁区委宣传部社情民意信息采集点、长宁区人民建议征集点，也是浦东干部学院、市委党校的现场教学点，党建引领基层社区治理有着较为扎实的实践基础。

实践基地将成为连接党心民心的彩虹桥、沟通社情民意的直通车，以党建引领实践基地、理论研究基地、宣传展示基地为主要功能，以立法意见征询、规划决策意见征询、人民意见征集、社区公共事务协商等为主要内容，以表达、沟通、协商、征询、决策、评价为实现路径，让"众人的事情由众人商量"成为全过程民主的重要实现方式，将人民民主的制度优势充分转化为基层治理效能，探索党建引领下全过程民主的长宁虹桥实践范式，以基层的生动实践不断丰富全过程民主的时代内涵，以解决问题的成效体现全过程民主的成果，努力成为新时代人民城市建设中基层党建和基层治理现代化的实践范例，成为讲好中国特色社会主义民主故事的基层

上海市长宁区虹桥街道中国特色社会主义全过程民主基层实践基地揭牌仪式现场

窗口。

实践基地揭牌仪式上，"中国特色社会主义全过程民主实践基地"专家指导团同步成立。他们将为基地全过程民主实践、理论研究、宣传展示提供专业指导。

在随后进行的访谈环节，上海广播电视台首席主持人、主任编辑王海波与复旦大学国际关系与公共事务学院教授、政治系主任刘建军，华东政法大学附属中学党委书记陈伊群，上海市凝聚力工程博物馆馆长方卫星，虹桥街道爱建居民区党总支书记徐秀，上海戎磐网络科技有限公司董事长、党支部书记刘旭，结合各自专业领域，就如何更好推进党建引领全过程民主的探索与实践进行了分享交流，碰撞思想的火花。

虹桥街道全国基层立法联系点也是开展普法宣传、讲好中国民主法治故事的窗口。从《古北三十问》到《涉外社区法律服务一本通》，再到当天活动发布的《国际社区法律事务指引》，虹桥街道致力于中外法律服务。2020 年版《国际社区法律事务指引》新增了社区疫情防控、《外商投资法》（创业相关）、外籍未成年人法律保护等诸多新内容，并根据《民法典》等法律法规的修订，在旧版本的基础上进行了逐一校改，希望为更多生活在这里的中外朋友提供帮助。

揭牌仪式后，与会人员纷纷通过"全过程民主，我想说"留言卡，留下自己对"全过程民主"的理解与展望。

与此同时，社区公共事务议事协商活动也在古北市民中心同步开展。6

上海人大全过程人民民主研习实践基地成立

研习基地大厅内景

个不同主题的议事协商活动，吸引了社区多方自治共治主体的踊跃参与，体现了街道各方面工作中充满活力的全过程民主实践。

链接一：

上海人大全过程人民民主研习实践基地成立

2021年9月23日，上海人大全过程人民民主研习实践基地在古北市民中心揭牌成立，未来将发挥研习、实践、展示和辐射四大功能。

为深入学习贯彻习近平总书记关于全过程人民民主的重要论述，全面落实市委学习贯彻习近平总书记关于全过程人民民主重要论述推进基层立法联系点工作座谈会精神，充分发挥上海作为全过程人民民主重要论述首提地的引领作用，倾力打造全过程人民民主最佳实践地，市人大会同长宁区在虹桥街道古北市民中心建立上海人大全过程人民民主研习实践基地。

揭牌仪式标志着上海人大全过程人民民主研习实践基地正式成立。上海人大将以此为契机和动力，同心协力、奋发有为，以丰富的理论研究成果和生动的探索实践，为发展全过程人民民主、打造全过程人民民主最佳实践地，贡献智慧和经验。当日，一场基层立法联系点业务培训成为了研习实践基地的首场活动。

研习实践基地设立后，市人大会同长宁区、虹桥街道制定了周密的工作计划。三个不同层级与全过程人民民主相关的很多研究、会议、活动，都在这里举行。其中，既有关于民主的理论和实证研究，又有宣传民主的论坛、研讨、培训、成果展示，还有邀请人民群众参与的征询会、座谈会。比如市人大依托研习实践基地，与沪上著名政治学学者桑玉成、程竹汝的研究团队共同开展全过程人民民主的理论和实践研究；市、区、街道借助研习实践基地举办各类民主法制培训活动；接待参观者访问专题展示区；征询对法律法规的意见建议；交流立法联系点、代表家站点的工作经验和体会；举办论坛、研讨会，发布全过程人民民主研究成果等等。甚至中央党校也慕名而来，计划在研习实践基地建立自己的"全过程人民民主实践基地"。

链接二：

虹桥经验：基层立法联系点六大工作法

上海市虹桥街道办事处基层立法联系点（以下简称"虹桥联系点"）是全国人大常委会法工委 2015 年在全国设立的首批基层立法联系点之一。2019 年 11 月 2 日，习近平总书记在这里考察时，首次提出"人民民主是一种全过程的民主"的重要论述。

为深入贯彻落实"全过程人民民主"重要论述，虹桥联系点坚持"重

全国人大法工委批复文件原版

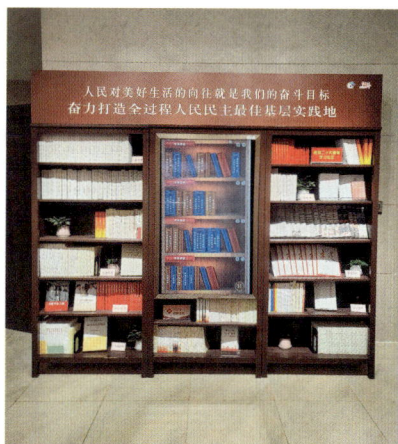

打造全过程人民民主最佳基层实践地的展示书架

在参与、形式多元、质量第一"的立法意见征询原则，根据不同法律内容，积极探索立法意见征询新形式，丰富民主立法新实践，形成了"民意广覆盖，流程全链条，信息全方位，联动聚合力，征询促法治，宣传接地气"的虹桥经验。

2021年12月，虹桥联系点与上海全市唯一一个设立在工业园区的基层立法联系点嘉定工业区基层立法联系点合作，共同开展反垄断法修正草案意见征询工作。这次联动，通过该联系点的协助，收集到了位于工业园区的20家工业、商贸业企业和外资企业的高质量意见建议，扩大了意见征询范围。2022年1月，在公司法修订草案法律意见征询过程中，虹桥联系点走进海通证券基层立法联系点，邀请外资、内资、台资、港资一同参与民主立法、体验开门立法，实现"四商"互动，听取了企业群体和公司法专家很多高质量的意见建议。

作为立法"直通车"，基层立法联系点保障了立法能够直接反映和体现民情、民意、民智、民心，把握各方诉求，兼顾各方利益，关注各方关切，形成社情民意"最大公约数"，形成国家和社会治理的"向心力"。

实践证明，基层立法联系点已经发展成为联系群众的桥梁、民主协商的平台、宣传法治的阵地、立法工作的窗口、贯彻落实全过程人民民主重要论述的实践载体和展示中国特色社会主义民主的舞台。随着基层立法联系点工作的不断深入，将不断推动基层民主实践发展，积极为"发展全过程人民民主"贡献力量。

链接三：

直播立法，联动立法，这场法律草案意见征询会走进虹桥商务区

2021年11月18日下午，全国人大常委会法工委虹桥街道基层立法联系点在虹桥商务区管委会召开《中华人民共和国反垄断法（修正草案）》意见征询座谈会。会上，全国人大常委会法工委虹桥街道基层立法点挂职

干部陈宇博首先介绍《反垄断法（修正草案）》修改背景。市发改委、虹桥商务区和相关企业代表就《反垄断法（修正草案）》提出了意见建议并展开互动交流。

本次意见征询会，正值国家反垄断局正式挂牌成立的重要历史时刻，是立法工作"多级互动、国沪联动"新机制与"直播立法"新模式的创新实践。

直播立法，联动立法这场法律草案意见征询会走进虹桥商务区（国沪联动　直播立法　联动立法首创会议）

携程、美团、罗氏诊断、三菱电机、依视路集团、君悦律师事务所等相关企业代表就《反垄断法（修正草案）》提出意见建议。本次意见征询会，是全国人大常委会法工委基层立法点首次实现"直播立法、联动立法"，以视频形式将各级声音直播到全国人大立法机关，实现国家、直辖市、管委会、街道和相关企业代表"多级互动、国沪联动"，让立法点"走出去、沉下去"，做到"走出虹桥听上海、沉到企业采心声"，对于意见征询工作进一步"拓展广度、挖掘深度、提升高度、夯实厚度"作出虹桥探索。

黄金城道融情国际街区建设

黄金城道步行街位于虹桥街道古北新区内，启用于2008年，全长670米，通行区域面积3900平方米，道路两侧分布着6个大型的商品房小区和200多家商铺。黄金城道步行街就像一条玉带，贯穿于古北新区，中央广场、园艺植被、灯光水景、休闲长椅为古北的中外居民创造了更加融合亲密的开放式街区生活。

在过去十余年中，步行街已逐渐成为长宁乃至上海标志性的国际街区。随着人们对高质量发展、高品质生活、高效能治理需求的不断提升，黄金城道步行街也迎来了硬件设施更新、管理方式焕新和治理模式创新的关键转型阶段。无论是居住、生活、工作还是游憩的人们，都对步行街充满了更高的期待和向往。"有事好商量，众人的事情众人商量"，虹桥街道党工

黄金城道共治委员会召开会议

委将全过程人民民主的重大理念融入黄金城道国际融情街区治理实践，不断探索党建引领全过程人民民主基层协商机制，推动形成形态、业态、生态、心态、神态"五态"融合的融情国际街区。

2019年，虹桥街道党工委牵头成立了由荣华居民区党总支、步行街周边6个小区业委会、物业管理方、商户联盟代表等共同组成的街区党建联盟和共治委员会，并通过众筹的方式在社区基金会设立了街区专项共治资金。在专业律师指导下，共治委员会成员商议制定了《黄金城道共治委员会议事规则》，对共治委员会的组织构架、工作职责、议事流程予以明确规范。同时，共治委员会还商议了《黄金城道步行街街区守则》，对居民普遍关心的通行秩序、宠物管理、垃圾分类、商铺外摆管理进行了约定，通过民主协商形成的"软法"，促进业委会、物业、商铺等在地群体中达成共识、共同遵守。

为了鼓励更多的居民参与到街区治理中来，街道党工委发起了"Knock Knock"街区提案行动计划，探索了一套"提、议、行、督"议事流程。经过半年多的实践探索，先后收到了有关街区公共安全、空间更新、绿色生态和文化生活等4方面共计22项提案，其中8项提案当年便在街区落地实施。例如，古北社区居民、华东理工大学艺术设计与传媒学院的安大地老师，针对步行街非机动车穿行的问题，提出了公共空间改造计划，利用分区分流、疏堵结合的方法，让驻留的行人、非机动车都找到了归属，还给改造后的空间起了好听的名字，叫"融·阡陌小筑"。

除了提案计划，街道还在步行街与玛瑙路的路口打造了一个街区

黄金城道黄金小屋开展街区共治 Knock Knock 计划

BOX，名叫"融·古北驿站"，它以街区会客厅的形式成为整个街区友好空间网状布局的中心点。Open Box 计划的实施，联合起了街区商户，以空间、亲子、宠物、生活友好为主题，促成了街区友好商铺联盟的成立，并有效提升了街区整体的黏合度和共同体意识。

经过两年多探索，黄金城道融情国际街区的建设生动演绎了党建引领下全过程人民民主的基层实践。通过参与式规划和共情式治理，街道党工委探索形成了一套国际融情街区创新治理的工作机制，即精准引领的组织协同机制、自下而上的议题形成机制、集约高效的沟通表达机制、专业赋能的社会参与机制，最终实现从求同存异到求同化异，达到共建共治共享街区共同体。同时，也探索形成了基层治理新模式、群众路线新范式、美好生活新方式、国际社区新样式。

链接一：

40 多国驻华使节走进古北市民中心

由中共中央对外联络部和中共上海市委共同主办的"中国共产党的故事——习近平新时代中国特色社会主义思想在上海的实践"特别对话会于2021 年 6 月 16 日在上海举行。作为此次特别对话会的活动之一，6 月 17日上午，与会的多位外国嘉宾一同参观了位于虹桥街道的古北市民中心，其中还包括了 40 多个国家的驻华大使。

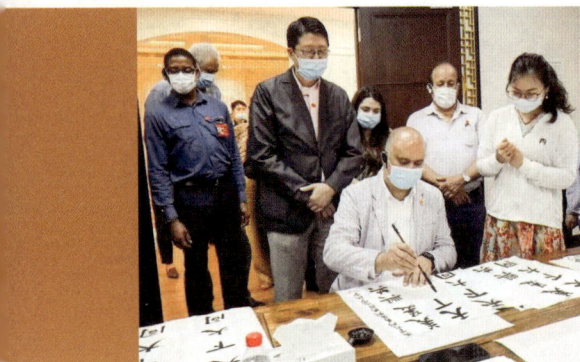
40 多国驻华使节走进古北市民中心，进行书法交流

古北市民中心 3 个楼层面积共 2500 平方米，有事务受理、生活服务、文化交流和社区共治四大功能，堪称"市民之家"。海外人才荟服务区打造"家门口"最便利的涉外办事综合窗口，外籍人士关心的"安家就业一件事"，在家门口就能办成。美好生活服务站内的国学教室，为中外居民提供"华夏云"系列课程，包括琴棋书画等学习和体验。现场进行的书法交流中，不少外国使节都模仿写下了"美美与共、天下大同"。古北市民中心的 2 楼整层就是一个昆曲研习中心。当天，古北社区居民、中国第一位职业昆曲推广人赵津羽老师就向驻华大使们讲述了中国的昆曲《牡丹亭》。古北市民中心的 3 楼设有社区为老助餐点，附近的中外老年人在"家门口"就能吃到健康营养的餐食，省心又方便。

在基层立法联系点会议室，立法信息员们正在进行《中华人民共和国未成年人保护法》的宣传培训，以便在社区中更好地普法。除了参与立法工作，垃圾分类、老旧小区加装电梯、营商服务……这些居民十分关心的民生实事，居民都可以表达意见，参与到社区治理的过程中去，"主人翁"意识大大增强。

链接二：

全市首个在社区设立的外国人工作—居留"单一窗口"在虹桥落地和启用

虹桥街道贯彻落实习近平总书记的重要讲话精神和"人民城市人民建，人民城市为人民"重要理念，聚焦"高效办成一件事"，根据辖区内中外居民的实际办事需求，不断探索创新。在上海"一网通办"总门户正式上线 2 周年之际，古北市民中心事务受理板块功能再次升级。

2020年10月16日下午，在"凝心荟聚海内外人才，融情助力国际城区建设"外国人工作—居留单一窗口暨"一网通办"古北市民中心服务站启用仪式上，市、区、街道相关领导，长宁虹桥辖区领事馆、国际学校、涉外企业、涉外机构、涉外群体代表等聚集一堂，共同见证全市首个"单一窗口"在社区的落地和启用。

全市首个在社区"外国人工作—居留单一窗口"在虹桥落地和启用

为了让境外人员在"家门口"就能通过"一网通办"高效办成"安家就业"一件事，虹桥街道在上海市公安局出入境管理局、区公安分局、区府办、区科委等部门的大力支持下，通过窗口整合、业务流程再造，在办事成本上"做减法"，在服务体验上"做加法"，于古北市民中心开设外国人工作—居留单一窗口，实现海外人才服务再升级。

通过这个窗口，符合A类工作许可申请条件的外国人，均可在窗口同步提交工作许可和居留许可申请，办理时间由原来的17个工作日缩短至7个工作日，并由区科委（区外国专家局）和区出入境并联审批，一并将两证快递到家。

上海首个加梯"全覆盖"小区缔造城区风度、民生温度、韧性安全度

位于程家桥街道西部的上航新村是建于1990年的售后公房小区，是随着虹桥机场建设发展而形成的家属配套区，共16栋6层住宅，居民203户，小区总人数647人，60岁以上老年人318人，占比49%。自2017年成为上海市首家试点生活垃圾定时定点投放的居民区后，居民区党总支将"敢为人先"的魄力和勇气不断传承发扬，2021年伊始，将整小区加装电梯工作纳入"我为群众办实事"重要民心工程，以解决"悬空老人"下楼难问题为己任，唤醒小区居民"自主改造"人居环境，用实践行动共同参

上航新村成片化加装电梯集中开工仪式

与见证小区全部 16 个楼栋加装电梯的拔地而起。2022 年 1 月，上航新村成为上海市首家加装电梯全覆盖并且交付使用的小区，居民区党组织牵引下的深化基层社会治理创新，践行人民城市理念，结出丰硕成果。

加装电梯是一块难啃的硬骨头，整小区协同推进难度更大。小区加梯启动后，2021 年，居民区党总支召集楼组居民沟通协调会百余次，上门意见征询更是不计其数，居委干部跑遍上海东西南北，甚至利用周末时间，多次到金山石化寻找业主，一来一回足足 120 公里，做通居民思想工作。带动一批小区党员、热心社区事务的居民全身心投入到加梯这桩"新事业"中，成立上航新村"幸福到家"加装电梯自治小组，成为加梯进程中的"老娘舅""巡查员""监督员"，让小区治理更有力度、臻于精度、洋溢温度。

上航新村居民区在整小区加梯进程中动足脑筋广发"英雄帖"，各路"大神""贵人"纷纷相助，"多元合力"促成了上航加梯"天时地利人和"的快车道秘诀。在上航可以欣喜地看到社区的事就是大家的事，居民乐于献计献策，社会各方鼎力支撑，社区氛围日趋融洽，大家共同以"心"焕"新"村，齐力打造和美家园的"正循环"状态。市安监所为上航新村专门开设"绿色通道"，成为长宁首个成片加装电梯专家"上门"评审的小区。专业支持的背后还有精通门道的"民星"团队，居民区通过幸福到家自治小组联席会平台，让居民快速及时了解加梯新政策、新做法，高效畅通的衔接沟通与透明公开的信息交互促使各方"状态在线"，对加梯工程从"门外汉"成了"小灵通"。

全过程人民民主实践地的锻造，是全链条、全方位、全覆盖的民主。

上航新村居民区在搭建多元平台畅通居民表达诉求，征求建议的基础上，小区"智囊团"总结提炼"六律"机制，在短短1年时间内就实现了民意征询同意率100%，较难加梯门栋由"黄"转"蓝"，量楼定制个性化加梯方案，叠加精品小区改造"五个同步"等保质提速"壮举"。

"加"得快、"架"得稳、管得"佳"，如今上航新村小区16台能够"一键直达"幸福好"升"活的电梯已经成为居民喜闻乐道的"最佳民心工程"。上航新村小区经过全过程人民民主的深化实践，2022年1月在全市首家完成整小区加装电梯并且交付使用，成为全市加装电梯的"样板房"。

链接一：

虹桥居民区党建引领全过程人民民主基层协商的创新实践

虹桥街道虹桥小区是一个鱼骨状的社区，主弄堂长约350米，连通安顺路和虹桥路两条干道，两侧的支弄将居民楼划块分割。社区以主弄中轴线为纽带，沿线配置了虹桥街道文化中心和图书馆等公共服务设施和虹西市场等10余家商铺，并设有通往爱建、虹储和虹东等三个相邻居民区的边门。该小区作为典型的通道式社区，一方面因其支弄纵深有限而缺乏慢行交通和闲暇休憩的公共空间；另一方面在承载相邻居民区通行和消费功能的同时，也由此滋生了小区内流动人口多和环境脏乱差的问题。

虹桥小区自2020年起关闭了边门，这一举措虽然在一定程度上改善了小区的人口流动和环境卫生状况，但招致了相邻居民区的强烈反对。为此，虹桥居民区党总支将虹桥小区的边门问题作为完善基层民主制度体系和工作体系的良好契机，主

虹桥、爱建党总支牵头双方居民代表共商共享空间如何打造事宜

动申报 2022 上海市"美好社区 先锋行动"，积极搭建社区公共事务的协商平台，推进社区治理多方主体的共同参与，在社区民主实践中逐步形成党建引领下的基层协商机制。

虹桥和爱建居民区党总支广泛开展居民需求调研，拟定了贯通邻里社区、推动双方资源互补的方案——虹桥居民区可以通过共享爱建居民区内的健身点、慢行步道和多功能活动室等公共空间资源弥补社区缺乏公共空间的短板；爱建居民区则可以共享虹桥小区内的公共服务设施和生活配套商业提高居民日常生活的便捷性。虹桥与爱建居民区曾在开门的"拉锯战"上僵持不下，两边居民为此心存芥蒂。在党总支的牵头下，双方业委会、居民代表先后开展了三次"破冰"交流会和两次方案讨论会，社区内的老中青群体参与协商。在第三轮座谈会中，虹桥小区居民主动提出"去门"建议，进而扩大公共区域面积，以社区微花园的形式促进社区之间更好的共建共治共享，这一提议随即得到了双方居民区的一致认同，成为居民区凝心聚力的美好图景。

链接二：

在公共空间休憩座椅优化提升工作中推动人民有序参与

习近平总书记在考察杨浦滨江时提出"人民城市人民建、人民城市为人民"的重要理念。人民城市重要理念深刻回答了城市建设发展依靠谁、为了谁的根本问题。2020 年，上海提出了"五个人人"的目标愿景。公共空间休憩座椅优化提升工作就是上海践行"人民城市"重要理念，推进城市管理精细化，让市民有序参与到城区"共建、共治、共享"的创新举措。

公共空间休憩座椅优化提升工作最初是由市政府参事室江海洋参事提出的建议，市委统战部把公共空间休憩座椅优化提升纳入党史学习教育"我为群众办实事"重点民生项目，整合各方资源，牵头各部门共同推进。2021 年 6 月，上海市绿化和市容管理局正式印发《本市公共空间休憩座椅优化提升工作方案》，希望通过新建新增一批休憩座椅、改造提升一批现有

《长宁区公共空间休憩座椅设置导则》封面

武夷路定西路口座椅

座椅、认建认养一批公共座椅、社会共享一批沿街座椅等方式，努力实现"小座椅、大关怀"，为市民群众培育打造可亲近、可参与、可展示的文化空间和休憩场所。

区绿化市容局于2021年5月启动公共空间休憩座椅优化提升工作，从本案例开始之初就非常注重推进群众和社会的参与，努力将推进人民有序参与的理念扩展到座椅优化提升的"全生命周期"：通过大调研、大走访了解居民需求；制订《长宁区公共空间休憩座椅优化提升三年行动计划（2021—2023）》，分步骤满足群众诉求；在全市率先组织编制《长宁区公共空间休憩座椅设置导则》，为公共空间休憩座椅优化提升工作的开展提供了技术标准；开发创建"一网统管＋城市家具"数字化管理应用场景，搭建全民参与社会治理的新平台，为市民参与社会治理开拓了新渠道。

经过三年的努力，全区共新建、改造提升、社会共享座椅923组，新华路街道"可以坐得下"的整街区全面完成建设，认捐认养工作也取得积极进展。随着座椅数量和质量的不断提升，城区品质和群众对城区的感受度也有了不同程度的提升。公共空间休憩座椅的优化提升工作在提升城区温度的同时，也受到了市委统战部、区人大等各级部门和社会各界的广泛关注，上观新闻、解放日报等沪上主流媒体相继进行了专题报道，数字化治理的相关案例入选了上海市十二次党代会宣传片"初心如磐谱新篇"。已经有越来越多的企业、单位、个人开始关注到城市建设和城市治理，也有越来越多的社会力量愿意参与和投入城市治理当中。

后　记

　　党的二十大报告在总结新时代十年的伟大变革时指出，党的十八大以来的十年，是我国发展迈上新的大台阶的十年，是党和国家事业开创崭新局面的十年，是中华民族伟大复兴加速推进的十年。新时代十年的伟大变革，在党史、新中国史、改革开放史、社会主义发展史、中华民族发展史上具有里程碑意义。为全面生动展现党的十八大以来在以习近平同志为核心的党中央的坚强领导下，在中共上海市委带领下，长宁区在经济建设、政治建设、文化建设、社会建设、生态文明建设以及全面从严治党领域的发展历程和标志性成就，中共上海市长宁区委党史研究室编撰的《新时代非凡十年的长宁答卷》与大家见面了。

　　本书的编写得到了中共上海市委党史研究室的关心和支持，在编写全书大纲时提出了重要的意见和建议。本书的综述得到了区委研究室、区府调研科的大力支持，并在本书编写过程中提出了宝贵的修改意见和建议。本书的资料征集和编纂工作还得到了区纪委监委、区武装部、区人大、区政协、区委组织部、区委宣传部、区委统战部、区委政法委、区合作交流办、区发改委、区科委、区商务委、区市场监管局、区国资委、区司法局、区文旅局、区体育局、区建管委、区生态环境局、区绿化市容局、区教育局、区卫健委、区民政局、区房管局、区城运中心、新华路街道、江苏路街道、华阳路街道、周家桥街道、天山路街道、仙霞新村街道、虹桥街道、程家桥街道、北新泾街道、新泾镇、区融媒体中心等单位的大力帮助，他们为本书的编纂提供了大量的资料和照片，在此一并致谢。

　　编写这本书，分量是很重的，任务是艰巨的。在历史的长河里，十年只是沧海一粟。新时代的非凡十年，虽然时间跨度不大，但意义重大，由于编者水平和资料所限，所录内容难免会有疏漏和不妥之处，竭诚希望广大读者给予批评和指正。

编者

2023 年 10 月

图书在版编目(CIP)数据

新时代非凡十年的长宁答卷/中共上海市长宁区委
党史研究室编.—上海:上海人民出版社,2024
ISBN 978-7-208-18719-1

Ⅰ.①新… Ⅱ.①中… Ⅲ.①社会主义建设成就-长
宁区 Ⅳ.①D619.513

中国国家版本馆 CIP 数据核字(2024)第 023504 号

责任编辑 吕桂萍
封面设计 汪　昊

新时代非凡十年的长宁答卷
中共上海市长宁区委党史研究室　编

出　　版	上海人民出版社	
	(201101　上海市闵行区号景路 159 弄 C 座)	
发　　行	上海人民出版社发行中心	
印　　刷	苏州工业园区美柯乐制版印务有限公司	
开　　本	720×1000　1/16	
印　　张	27	
字　　数	386,000	
版　　次	2024 年 2 月第 1 版	
印　　次	2024 年 2 月第 1 次印刷	
	ISBN 978-7-208-18719-1/D・4256	
定　　价	186.00 元	